KB040076

역사 속의 한국과 러시아

상호 인식과 이해

이 책의 내용은 2007년도 정부재원(교육인적자원부 학술연구조성사업비)
으로 한국연구재단의 지원에 의해 연구되었음(KRF-2007-362-B00013)

역사 속의 한국과 러시아 상호 인식과 이해

초판 1쇄 발행 2013년 2월 25일
초판 3쇄 발행 2014년 4월 10일

편   자 ㅣ 한양대학교 아태지역연구센터
           러시아 · 유라시아 연구사업단
발행인 ㅣ 윤관백
발행처 ㅣ 선인

편   집 ㅣ 소성순
표   지 ㅣ 윤지원
영   업 ㅣ 이주하

등록 ㅣ 제5-77호(1998.11.4)
주소 ㅣ 서울시 마포구 마포동 324-1 곳마루 B/D 1층
전화 ㅣ 02)718-6252 / 6257   팩스 ㅣ 02)718-6253
E-mail ㅣ sunin72@chol.com
Homepage ㅣ www.suninbook.com

정가 32,000원

ISBN   978-89-5933-610-4   93900

· 잘못된 책은 바꿔 드립니다.

역사 속의 한국과 러시아

상호 인식과 이해

한양대학교 아태지역연구센터
러시아·유라시아 연구사업단 엮음

선인

책 발간을 축하하며

이인호

전 주러시아 한국 대사
현 아산정책연구원 이사장

〈역사 속의 한국과 러시아: 상호 인식과 이해〉의 발간을 축하합니다. 한양대학교 아태지역연구센터가 주관한 2010년 〈한러수교 20주년 기념학술회의〉를 발전시킨 이 책의 필자들이 대부분 제가 개인적으로 오래전부터 알고 지내온 친구와 동료들이기 때문에 더욱 반갑습니다. 더구나 당시 제가 기조연설을 맡았던 학술회의의 결과물이 이렇게 단행본으로 출간된 것을 대단히 기쁘게 생각합니다.

이 책이 지니는 큰 의미는 물론 그 주제의 중요성 때문입니다. 한국과 러시아의 관계는 수교 이래 그리 길지 않은 시간 동안 여러 면에서 괄목할 만한 발전을 이룩했습니다. 그러나 그런 발전에도 불구하고 무엇인가가 크게 미흡했고 기대에 못 미친다 함을 우리는 느끼고 있습니다. 양국간의 관계가 서로에 대해 따뜻한 관심을 갖고 있는 사람들의 기대에 못 미치는 근본 원인은 서로에 대한 정확한 지식과 이해의 수준이 아직 매우 낮을 뿐더러 서로 간에 많은 오해와 편견이 쌓여 있기 때문입니다. 상대방이 걸어온 역사의 길이 어떠했는가를 제대로 알지 못하고 서로 간에 직접적으로 교류한 역사가 짧기 때문에 오해와 편견이 들어설 자리가 많았던 것이며, 오해에 기초해서 정형화 되어버린 상대방에 대한 잘못된 인식은 또 다른 오해와 편견을 낳게 되는 악순환이 거듭되었던 것입니다. 〈역사 속의 한국과 러시아: 상호인식과 이해〉라는 이 책의 제목은 바로 그러한 문제를 정면 돌파해 보겠다는 의지의 표명입니다. 따라서 이는 단지 한번의 학술행사와 단행본 출판으로 끝날 것이 아니라 한국과 러시아 간의 관계가 한층 더 높은 단계로 올라서고 있다는 증거이고 새로운 시작이며, 사회 정치적 파급효과가 매우 클 것으로 기대됩니다.

주제의 중요성 못지않게 책의 구성이 매우 짜임새 있다고 봅니다. 제한된 지면 속에서 역사에 대한 모든 것을 한꺼번에 다룰 수는 없습니다만 서로에 대한 인식이 어떤 시대에 어떤 역사적 요인들의 영향 속에서 형성되었는가를 구체적으로 살펴보는 시도는 편견을 벗어나 서로를 진정으로 이해하는 데 가장 빠른 지름길이 될 것이라 생각합니다.

학술회의 개최에 뒤이어 단행본 발간이 매우 반갑고 감동적인 일로 다가오는 또 하나의 이유는 그 사실 자체가 한-러 양국이 다 같이 지난 20년간 얼마나 크게 좋은 방향으로 발전해 왔으며 양국간의 관계가 얼마나 훌륭한 결실을 이미 낳고 있는가에 대한 강력한 증언이기 때문입니다. 한국이나 러시아 양국 모두가 20년 전에는 기대하기 쉽지 않았을 정도로 높은 수준의 정치와 경제의 발전을 이룩하지 못했더라면 이것은 현실적으로 불가능했을 것입니다. 우리는 이제 양국 모두에게 큰 족쇄였던 이념대립의 분위기에서 벗어나 진정한 의미의 자유인으로서 양국관계를 재점검해 볼 수 있는 정신적 물질적 여유를 갖게 된 것입니다. 그리고 보다 구체적으로 한국에는 이제 수교 이후 러시아에서 유학생활을 하면서 그 나라의 언어와 문화를 몸으로 익힌 새 세대 러시아 전문가 층이 형성된 것이며 러시아와 한국의 학자들은 제3자의 매개 없이 서로를 마주 대하고 서로 간에 거리낌 없는 토론을 할 수 있는 지적 토대와 분위기가 조성된 것입니다.

한국과 러시아는 지리적으로 인접국일 뿐 아니라 많은 역사적 체험을 공유하고 있습니다. 표면으로 보면 나라의 크기, 언어, 종교적 배경, 문화의 성격 등 여러 면에서 서로 공통된 것이 별로 없을 듯 보이지만 고난으로 가득 찬 역사적 체험을 통해 형성된 기층문화나 정서에서는 다른 어느 나라보다 공감대가 형성되기 쉬운 것이 두 나라 국민들입니다. 관계의 기복은 있었을망정 두 나라는 역사적으로도 서로를 의식하지 않고는 살 수 없게 운명 지어진 것이라 말할 수 있습니다. 러시아와 한국의 대표들이 서로 만날 기회를 가진 것은 늦어도 몽골제국 초기까지 소급할 수 있는 오래전의 일이었습니다.

그러나 이처럼 가까운 이웃인 우리 두 나라가 서로에 대해 올바른 지식과 이해를 갖고 있는가라는 면에서는 아직도 많은 부족과 어려움을 안고 있습니다. 그 이유로는 여러 가지를 들 수 있겠습니다만, 그 중 가장 큰 것으로는 한국이 100년 전에 일본에게 주권을 강탈당하고 러시아에는 혁명으로 공산주의 정권이 탄생한 후로 약 70년간 남한과 러시아 두 나라 간에 공식적인 접촉 통로가 차단되어 있었다는 사실에서 찾을 수 있습니다. 한때 한국은 러시아의 도움으로 일본의 침략에 맞서 나라를 지킬 수 있기를 바란 적이 있으나 러일 전쟁에서 일본이 승리함으로써 그러한 기대는 수포로 돌아갔습니다. 일제강점기에는 일본이나 그 밖의 다른 매개 세력을 통해서 한국인들과 러시아인들은 서로 간혹 접촉할 수가 있었고 러시아의 고전 문학이나 대체로 은밀하게 입수한 공산주의 선전물만이 한국인들에게 러시아를 향한 통로의 역할을 했습니다. 러시아 연해주로 이주해 들어갔다가 1937년에 중앙아시아로 강제 이주 당한 "고려인"들이나 망명객으로 독립운동을 하는 소수의 한국인들이 러시아에 있었듯이 한반도에는 혁명으로 밀려난 러시아 난민들이 간혹 발견되면서 러시아에 대해 대체로 부정적인 대중적 이미지를 형성시키기도 했습니다. 그러나 정치적으로 이념적으로 차단된 상황에서 이런 제한된 접촉을 통해 형성되는 상호인식은 균형 잡힌 진정한 이해와는 거리가 먼 것일 수밖에 없었으며 오해와 편견이라는 큰 부작용을 동반하는 상호인지 현상이기도 했습니다.

두 나라간 상호 이해에 가장 큰 걸림돌 또 한 가지는 언어장벽입니다. 사실 발음체계나 언어 속에 배어 있는 생활 정서로 본다면 러시아어는 인도유럽어족에 속하는 언어들 가운데 한국인들이 가장 쉽게 익힐 수 있는 언어라는 것이 제 개인적 체험이지만 냉전이라는 국제정치적 상황과 그 영향을 크게 받는 국내 정치적 여건 때문에 남한에 거주하는 한국인과 러시아인들이 서로의 언어를 배운다는 것은 양국간 수교가 이루어지기 전까지는 기대하기 어려운 일이었습니다. 수교 후 20년이 지난 지금까지도 언어의 장벽은 무시할 수 없으며 전문가라는 사람들조차도 이제는 세계어가 되다시피 한 영어로 된 자료를 통해 서로를 인식하게 되고 따라서 그런 자료들 속에 담겨있는 시각이나 접근방식의 영향을 받지 않을 수 없는 것이 오늘날까지의 현실입니다. 하지만 이러한 한계를 뛰어넘어 한국과 러시아가 직접적 교류를 통해 협력할 수 있는 가능성은 이제 활짝 열려 있으며 한러 수교 이후 비교적 짧은 시간 사이에 이룩된 성과로 볼 때 전망은 결코 어둡지 않습니다. 러시아에서는 새롭게 한국사를 해석하는 작업이 활발하게 진행되고 있고 한국에서는 2007년에 발족한 동북아재단이 중심이 되어 제정시대 러시아에서 발간된 한국관련 자료들을 번역 출간하고 있다는 사실을 예로 들 수 있습니다.

양국이 다 같이 직면해야 되었던 또 한 가지 어려움은 위에서 이미 언급한 정치적 상황과도 연계되어 있던 것으로 역사적 자료에 접근하는 일이 어려웠다는 점입니다. 러시아 안에서도 스탈린 치하에서는 역사의 자의적 왜곡이 통상적인 일이었고 학문적 자유에 대한 제약이 심했다는 것은 새로운 이야기가 아닙니다. 그런 상황에서 한국의 지식인들이 러시아 측 사료를 제대로 볼 수는 없었던 것은 말할 것도 없고 서로 간에 많은 오해와 편견이 쌓이는 것은 당연한 일이었습니다. 김일성이 스탈린을 집요하게 설득하여 재가를 얻는 다음에 계획적으로 준비된 남침으로 시작된 한국전쟁이 남측의 북침으로 시작된 것이라는 주장을 러시아 국민이 오래 동안 믿었을 뿐 아니라 유럽의 지식인 사회에서도 그러한 선전에 설득 당한 사람들이 많았다는 것은 의도적 왜곡의 중요한 사례이지만 의도적이 아니라도 오해와 편견이 자리 잡을 여지는 매우 컸습니다. 한국에서는 한국대로 불의에 들어 닥친 분단과 6·25전쟁이 낳은 뼈아픈 체험 이외에도 전후 오랜 시일 동안 매우 우매한 방식으로 추진되었던 반공교육 덕분에 러시아나 공산주의국가들에 관한 정보나 지식이라면 맑스-레닌주의 고전은 물론 서양인들이 반공적 시각에서 써놓은 학술서적 조차도 금서목록에 오르는 상황이었으니 러시아에 대한 한국인들의 지적 이해 수준은 오히려 일제강점기보다도 더 떨어져서 거의 백지 상태에 이르는 현상까지 있었던 것입니다.

지금까지 열거한 문제들은 상호 이해를 증진시키는 과정에서 한국과 러시아 양국의 학계나 사회 전반이 공통으로 직면했던 것들이지만 좀 더 자세히 살펴보면 상호 이해의 수준에 관한 한 러시아와 한국의 사정은 매우 다른 점이 있었다는 것을 알 수 있습니다. 유라시아 대국으로 성장했던 러시아에서는 19세기 초 외무부 산하에 아시아국이 설치된 이래 아시아에 관한 탐사와 연구가 학술원뿐 아니라 지리학회 등을 통해 조직적으로 이루어졌으며 한국에 관해서도 많은 자료들이 발간되었습니다. 러시아 재무부가 1900년에 발행한 『한국지(Описание Кореи)』는 지금까지도 유용한 자료로 평가받고 있으며 20세기 초 극동대학교에는 이미 4년제 지역연구 과정이 한국, 중국, 일본 별로 따로 설치되어 있기도 했습니다. 또한 러시아에는 표트르 대제 시대에 설립된 학술원(Академия наук)의 산하 기구인 동방학 연구소의 연구 전통이 혁명기를 관통하며 이어져 오면서 매우 어려운 여건 속에서도 한국연구의 맥을 이어 온 헌신적인 전문가 학자들이 있었습니다. 17세기 한국 언문소설이나 실학, 광개토대왕비 등에 관한 선도적 연구들이 러시아에서 나왔지만 언어의 장벽 때문에 한국에서뿐 아니라 서방의 학계에서도 널리 활용되지를 못한 유감스런 경우가 많았습니다.

학자들의 연구만으로 전반적인 정치적 분위기 속에서 형성되는 서로에 대한 인식이 좌우되지는 않습니다. 그러나 학술원 산하 연구소들이 중심이 되는 그러한 학문적 기초가 있었기 때문에 러시아에서는 불리했던 외적인 여건들이 개선되자마자 그동안 학문적 자유를 속박했던 정치적, 이념적 막을 걷어내고 한국의 역사를 새로운 눈으로 보려는 노력이 소생하고 새로운 역사교과서들이 비교적 짧은 시일 내에

쓰일 수가 있었습니다. 러시아의 한국 연구 전통의 깊이를 잘 드러내
주는 증거로는 박노자나 안드레이 란코프 같은 러시아 출신 학자들이
젊은 나이에 이미 제3국 또는 한국의 대학에서 한국사 교수로 발탁되
었다는 사실을 들 수가 있습니다.

　서로에 관한 학문적 연구와 이해라는 기준으로 볼 때 한국의 사정
은 러시아 보다 훨씬 더 열악했습니다. 1884년 수교 이전 한국에는 러
시아에 관한 정보나 지식의 축적이 거의 없었고 경흥 군수의 보고조
차 조정이 오히려 외면하는 일까지 있었습니다. 친러 정치 노선이라
는 것도 러시아제국의 내부사정에 관해 무지한 상태에서 추진된 일이
었기 때문에 러일전쟁에서 일본이 승리하자 러시아에 대한 기대와 관
심도 사라졌습니다. 일제강점으로 직접적 관계가 단절된 상황 속에서
한국의 신지식인층은 러시아 혁명에 대해 당시 세계 지식인 세계가
걸었던 막연한 기대에 동참하면서 일본어 번역으로 읽히는 러시아 고
전 문학이나 소련의 공산당국이 내보내는 선전자료를 통해 러시아 관
을 형성해 갔습니다. 일제강점 체제 아래 신음하던 한국의 젊은 애국
적 지식인층에게는 민족해방, 계급해방을 동시에 성취할 수 있는 가
능성을 시사하는 코민테른의 통일전선 전략은 구원의 메시지로 받아
들여졌고 한국의 신문학은 쉽게 이른바 "프로문학"으로 경도되며 "브
나로드" 운동의 모방자들을 낳기도 했습니다. 그러나 학문적 기반 위
에서 러시아를 객관적으로 이해하려는 노력은 일제시대에는 물론 해
방 이후에도 학문적으로 뿌리를 내릴 수가 없는 정치적 상황이 계속
되었습니다.

　러시아에 대한 한국 지식인 세계의 이해 부족은 단지 러시아를 상
대로 했을 때만 나타나는 특이한 현상은 아니고 한국 사회가 체험해
야 했던 지적 전통의 심각한 단절 현상과 밀접한 관계가 있는 일반화
된 현상이기도 했습니다. 러시아에서는 학술원이 볼셰비키 혁명을 거

치면서도 학술의 본산으로 그 권위를 상실하지 않았던 것과는 달리 한국에서는 문호 개방과 정치적 독립의 상실을 계기로 구학문 전통과 신학문 간에는 심각한 단절이 발생했습니다. 세대 간에는 한문, 일본어, 한국어, 영어 순으로 사용하는 학문적 언어까지 달라지는 불행한 상황이 계속되었으며 그 결과 한국 사회에서는 관계가 오래 단절되었던 러시아에 대해서는 물론 1945년 이후 가장 가까운 관계를 맺고 살아온 이웃인 미국에 관해서까지도 상대방에 대해 객관적 지식에 기초한 공통된 인식이 형성되지 못하는 상황이 있었습니다. 외국에 대한 관심과 연구는 문학 분야를 제외하고는 전반적으로 대체로 매우 낮은 수준에 머물러 있었으니 70여 년간 직접적 교류 없이 반공적 시각에서만 바라보았던 러시아에 대한 이미지가 현실성을 크게 결여할 수밖에 없었던 것은 놀라운 일이 아니었습니다.

다른 말로 표현하자면 한국의 외국연구와 인식과정에서는 아직도 학문적 검토와 합의를 통해 도출된 지식이 기반이 되어 특정 외국에 대해 공통된 이해가 생기고 공통된 이미지가 형성되는 과정이 정착되지 못했다고 할 수 있습니다. 물론 정부가 주도한 반공교육 정책은 러시아에 대한 한국인들의 인상이 부정적인 것으로 형성되는 데 크게 기여했고 사실 해방 직후 미국과 러시아 군대의 주둔 아래서 국토와 민족이 분단되는 과정과 6·25전쟁을 직접 경험한 대한민국 제1세대에게는 반공 교육이 따로 필요하지도 않았습니다. 체험적 반공주의자들이 양산되면서 러시아와 공산주의가 동일시되었던 것입니다.

그러나 우리 지식인들은 너무도 잘 알다시피 정치권력의 힘으로 사람들의 생각을 통제하는 데는 엄격한 한계가 있으며 사상이나 지적 자유를 제한하려는 시도에서 도가 넘치면 심각한 반대 현상이 빚어지

게 마련입니다. 한국의 지식인 세계의 대 러시아 인식 형성 과정에서
그 대표적 사례를 볼 수 있습니다. 공산주의 관련 자료들에 대한 정부
의 통제가 강화되면 강화될수록 군사독재 치하에서 민주주의를 갈구
하던 젊은 지식인층 사이에서는 공산주의 소련이나 공산주의 중국에
관한 정보라면 모든 것을 무비판적으로 받아들이는 풍토가 조성되었
습니다. 1970년대와 80년대 한국의 대학가에서는 소련에서조차 스탈
린 사망 이후 지나치게 왜곡된 내용을 담은 것으로 폐기 · 처분되었던
책들, 예를 들어 1938년에 간행된 『소련공산당사』 같은 책들이 교과서
처럼 읽히면서 스탈린 시대의 소련이나 중국의 문화혁명을 모두 무조
건 긍정적인 눈으로 받아들이는 풍조가 있었습니다. 예를 들어 페레
스트로이카가 한참 진행되고 있던 시기 한국을 방문했던 고르바초프
대통령의 측근 바딤 메드베데프씨는 "사회주의 종주국인 러시아가 사
회주의의 대의를 저버린다면 세계는 어떻게 되는 것입니까?"라는 질
문을 한국의 대학생으로부터 받고 놀라던 일도 있었습니다. 우매하게
추진되는 반공정책에 대한 반작용으로 러시아에 대한 인식이 역방향
으로 다시 왜곡되는 현상이 한편에서는 일고 있었던 것입니다.

러시아와 공산주의를 완전히 동일시하는 편협한 반공주의와 공산
주의라면 무조건 미화시키는 양 극단의 교조주의적 입장이 서로 대치
하는 가운데서 사실적 연구를 통해 러시아를 이해하려는 노력은 들어
설 자리를 찾기 어려웠고 연구에 필요한 지원을 얻는다는 것은 거의
불가능했습니다. 그러나 수교 이전부터도 경제발전에서 자신감을 얻
음으로써 공산주의에 대한 공포에서 해방된 상당수의 일반 한국인들
은 러시아에 대해 대체로 호의적 관심을 갖기 시작했으며, 러시아 팀
이 처음으로 한국을 방문한 88서울올림픽에서 한국 청중들이 러시아
팀을 열심히 응원하는 풍경에서 그 조짐을 엿볼 수가 있었습니다. 어

느 면에서는 한러 수교 자체가 그러한 막연한 호의적 관심과 서로에 대한 지식부족과 오해, 그리고 그에 기인하는 과장된 기대에 기초했던 면이 없지 않았으며 그 때문에 수교 후에 한러 양측이 체험해야 했던 실망과 좌절, 그리고 현실적 적응과정은 만만치 않은 것이었습니다.

한국과 러시아 간에 수교가 이루어지고 러시아에서 공산독재 체제가 종식되면서 우리 두 나라 사이에는 서로에 대한 정확한 지식에 기초한 객관적 인식이 형성되는데 장애가 되었던 주요 요인들이 거의 사라졌습니다. 특히 한국에서는 많은 대학들이 앞다투어 러시아학과를 개설하고 학생들 사이에서 러시아 유학 바람이 불면서, 또 체제변환기의 현실적 어려움 속에서 많은 러시아 지식인, 예술인들, 사업가들이 한국을 왕래하게 되면서 러시아는 다시 가까운 이웃으로 다가올 수 있게 되었고, 북한과의 관계가 소원해지면서 사양길에 접어들었던 러시아의 한국 연구도 어느 정도 다시 활기를 찾게 되었습니다. 그러나 오래 시일에 걸쳐 생겨났던 지적 공백이 메꿔지고 각종의 편견이 극복되어 서로가 경쾌한 마음으로 소통할 수 있는 단계에 이르기까지에는 아직 많은 의식적 노력과 시간이 필요할 것이 분명합니다. 지난 20년간 어문학, 역사, 사회과학, 자연과학 여러 분야에서 양국간에 협동이 이루어지면서 많은 결실이 이루어졌지만 러시아인과 한국인들이 서로를 깊이 이해하며 소통과 협력을 할 수 있으려면 아직도 갈 길이 멀다고 하지 않을 수 없습니다.

그런 면에서 볼 때, 러시아와 한국이 서로가 서로를 어떻게 인지해왔는가를 역사적으로 살펴보고자 하는 이 책의 발간은 매우 의미가 큰 새로운 시작이라 하지 않을 수 없습니다. 역사적 삶의 구체적인 맥락 속에서 어떻게 타자에 대한 인식이 형성되었고 그것이 어떻게 변하며 확산 또는 실종되었는가를 살펴보는 일은 단지 호고적 취미를 충족시키기 위한 일이 아닙니다. 그것은 우리가 지금 직면하고 있는 현실을 보다 다각적으로, 다층적으로 볼 수 있게 해주는 지침을 얻는 가장 확실한 길이라고 생각합니다. 서로 입장을 바꾸어 놓고 상대방의 행동이나 사고의 흐름을 이해해 보려는 노력이 지속될 때 양자간의 관계는 가까워지지 않을 수 없을 것이며, 이웃들 모두가 서로 친구인 동시에 경쟁자가 될 수밖에 없는 이 세계화 시대에 한국과 러시아가 가지고 있는 전략적 협동관계의 잠재적 가능성은 남김없이 현실적인 힘으로 변환시킬 수 있는 열쇠를 거기에서 발견할 수 있을 것입니다.

마지막으로 간곡히 부탁드리고 싶은 말씀이 있습니다. 타자에 대한 인식을 분석하고 평가하는 과정에서 결코 잊지 말아야 할 것이 한국과 러시아는 아직도 서로 매우 다른 정치 풍토와 학문 전통을 지니고 있는 나라들이라는 말씀입니다. 한국은 러시아에 비해 훨씬 규모가 작고 민족구성이 덜 복잡한 나라지만 학술적으로는 러시아 보다 훨씬 덜 통일이 되어 있습니다. 백가쟁명이 항상 허용되어 왔던 나라이며 여러 사안들을 둘러싸고 입장 차이가 많습니다. 한국인들 사이에서도 의견이 분분한데 러시아 측과 한국 측 사이에 합의점을 찾는 다는 것이 쉬운 일인가라는 의문을 가질 수 있습니다. 그러나 그런 의문에 대한 대답으로 동원할 수 있는 가장 좋은 방패는 "학문에는 국경이 없다"는 경구가 아닐까 생각합니다. 때로는 국적을 달리하더라도 학문적으로 대등한 경지에 이른 사람들 사이에서 합의를 이루는 일이 국가적 민족적 소속은 같아도 인간으로서, 학자로서 공유하는 가치관이나 기율이 없는 사람들 사이에서 합의를 도출하는 것 보다는 훨씬 더 쉬운 일이라고 저는 믿습니다. 그리고 바로 그러한 사실에서 현실문제에 대한 인문학적 접근은 그 타당성과 유용성을 찾을 수 있는 것이 아닌가 하는 질문을 던지면서 저는 제 글을 마치겠습니다. 다시 한번 〈역사 속의 한국과 러시아: 상호 인식과 이해〉의 발간을 축하합니다.

책머리에

한양대학교 아태지역연구센터는 2010년 9월 한러수교 20주년을 기념하여 〈역사 속의 한국과 러시아: 상호 인식과 이해〉라는 주제로 국제학술회의를 개최하였다. 이 책은 회의 참석자들의 발표문을 수정보완하여 하나의 단행본으로 엮은 것으로서, 전문 연구자들뿐만 아니라 일반 독자들에게 한러관계사의 최근 성과를 알릴 요량으로 출간하게 되었다.

한러수교 이전의 한러관계사는 중요한 역사의 분기점마다 단절과 굴절을 겪어왔다. 그것은 구한말의 짧은 조우, 일제강점에 의한 단절, 한국전쟁 이후 이데올로기 대립, 페레스트로이카와 소련해체 이후 단절을 잇는 새로운 양국관계 등에서 여실히 나타난 바 있으며, 이러한 일련의 상황은 역사연구와 역사인식에도 중차대한 영향을 주었다. 그동안 한러관계사는 한국과 러시아 양자 공히 연구의 주제와 시기에 일정한 제한이 있었을 뿐만 아니라, 사료에 기초한 연구보다는 북한이라는 '창'과 '냉전 이데올로기'라는 앵글에 맞춰 연구를 진행해 온 측면이 있었다. 또한 한국과 러시아 사이에는 완전한 이해를 기반으로 하기보다는 편견과 오해를 동반한 일그러진 인식이 존재하고 있음도 부인하기 어렵다. 이러한 맥락에서 한러수교 20주년의 의미를 되새기면서, 상호간의 인식과 이해를 역사적으로 반추하고 성찰하는 작업은 큰 중요성이 있다고 하겠다.

단절과 굴절을 겪어온 한러관계사를 복원하기 위해 이 책의 저자들은 무엇보다도 중요한 역사적 쟁점이 되는 사안들을 검토하고자 하였다. 저자들은 150년이라는 긴 시간의 흐름 속에 양국관계를 배치하고, 그동안 한러관계사 연구의 쟁점들 속에 녹아있는 '상호인식'의 측면들에 초점을 맞추었다. 아울러 동아시아의 복잡한 국제관계 지형도에서 러시아에 한국은 무엇이었고, 한국에게 러시아는 무슨 의미를 지녔는지의 역사적 흐름을 추적함으로써, 양국의 역사적 관계에 대한 성찰을 시도하였다.

우선, 1부에서 저자들은 19세기 말 20세기 초 한반도를 둘러싼 복잡한 국제정세에서 조선과 러시아 양국이 서로를 어떻게 인식하고 있었는지를 다루고 있다. 김영수는 1884년 조러수호통상조약(朝露修好通商條約)에 체결되는 과정에 집중해, 러시아와 조선의 상호이해가 이 조약에 어떻게 투영되었는지, 다른 국가들과 맺은 조약들과는 어떤 차이가 있는지, 이 조약의 근본적 성격이 어디에 있는지를 차분하게 분석하고 있다. 미국, 영국 등과 조약을 체결한 바 있는 조선은 청국과 일본의 견제에도 불구하고 러시아와의 조약 체결을 통해서 외교노선의 다변화를 도모하였으며, 러시아 역시 1884년 극동지역의 행정체계를 '동시베리아'에서 '연흑룡강' 지역 체제로 전환하면서 극동지역에 자국의 영향력을 강화하려고 노력하였다. 아울러 1860년 북경조약 이후 국경을 맞대고 있는 조선과 러시아 정부는 비공식적 교역 및 비합법적인 연해주 지역의 조선 이주민 문제 등을 더 이상 방치할 수 없었다. 이와 같은 상황에서 공식적인 외교관계가 이루어졌으며, 조러조약은 조영조약에 기초하여 마련되었다. 김영수는 조러조약의 토대가 되었던 조영조약이 조미조약, 조청조약, 조일장정의 항구개항과 관세규칙 등을 참고로 하였으며, 그러한 조약들은 제국주의 열강의 치외법권, 자국에 유리한 관세율, 상대국의 영토와 영해를 침해할 수 있는 조사권한 및 개항장에 대한 직접적인 조계지 설정까지 담고 있었음을 강조한다. 김영수는 제국주의 열강의 이해관계가 합법적인 조약체결을 통해서 추진되었다는 맥락에서 볼 때, 조러조약 역시 제국주의 열강의 본질적인 모습을 보여주는 조약이었다고 주장한다. 저자는 러시아제국이 당시의 서구열강들과 비교해 상대적으로 온건했다든가 또는 공격적이었다든가라는 도덕적 잣대나 감정적 흑백논리를 배제하고, 제국주의라는 시대적 한계와 복잡다단한 국제관계 속에서 조선과 러시아가 무엇보다도 상호이해에 기반해 움직였다는 점을 부각시키고 있는데, 저자는 조러조약의 원문에 대한 꼼꼼한 비교분석을 통해 그것을 입증하고자 하였다.

박벨라는 아관파천을 전후한 시기에 조선에 체류했던 러시아인들에 집중하여, 그들의 조선인식을 조명하고 있다. 저자는 조선에 체류했던 러시아제국의 여행가들, 러시아제국지리학회의 학자들과 해양탐험가들, 상인들, 군인들 그리고 외교관들의 기록을 통해 당대 러시아인들의 조선 인식에 대해 상세한 정보를 제공하는 과정에서, 그들이 남겨놓은 문헌들이 매우 다방면에 걸쳐있음을 보여준다. 저자는 개인적 인상을 담은 여행가들의 여행기와 회고록, 자연환경과 지리, 역사와 문화, 언어와 민속 등 각종 정보를 종합적으로 엮은 탐험가들과 학자들의 연구서, 상인들의 상품거래 정보들, 조선의 국내 정치상황과 민중의 정서에 관한 군인들과 외교관들의 보고서 등을 언급하고 있는데, 이것은 매우 풍부한 내용을 담고 있을 뿐만 아니라 그동안 한국학계에 잘 알려지지 않은 새로운 자료도 포함되어 있어 눈길을 끈다. 박벨라는 무엇보다도 조선에 체류해 조선에 대한 기록을 남긴 러시아인들이 지닌 따뜻한 시선을 강조하고 있는데, 저자의 주장으로는 바로 그들이 한국의 역사와 지리, 민족학, 언어 및 문학을 다양한 각도에서 연구하면서 방대한 사실을 모으고 값진 학문적 업적을 남김으로써, 조선과 러시아의 관계의 친밀성에 중요한 역할을 했던 사람들이었다. 박벨라의 연구는 한러관계사에 대한 심층적 이해의 필요성을 강조하고 있을 뿐만 아니라 좀 더 다양한 시각을 가지고 읽을 수 있는 가능성을 제시한다는 점에서 중요한 의미를 지닌다. 물론, 저자는 그것을 의도하지 않은 것으로 보이지만, 예컨대 에드워드 사이드의 '오리엔탈리즘'이나 '타자' 인식의 해석틀을 러시아제국에 적용한다든가, 러시아제국이 시베리아와 태평양, 그리고 중앙아시아로 팽창하는 과정에서 조우한 여러 민족들에 대한 대응방식으로서, 실용적(아시아에서 복무할 관리들을 훈련시키려는 목적), 학문적(대학에서 체계적인 연구) 차원에서 출발한 동양학에서 한국학이 지닌 의미에 대한 비교분석을 할 수 있을 것이다. 또한 조선에 체류했던 러시아인들의 인식변화나, 그들의 인식변화가 중앙 정부의 권력층에 미친 영향 등 다양한 주제를 새로운 시각으로 연구할 수 있을 것이다.

한편, 최덕규는 "태프트-가쓰라 협정"에 대한 상세한 분석을 바탕으로 국내외 역사교과서 서술의 왜곡문제를 지적하고 있다. 한러관계사 전문가 최덕규는 러일전쟁 전후의 상황에 대한 역사적 인식에서 한반도를 둘러싼 국제관계에 대한 종합적 이해가 필요하다는 점을 역설해왔으며, 특히 이 논문에서는 "태프트-가쓰라 협정"의 역사적 오류를 집중적으로 분석함으로써 총체적 이해의 필요성을 입증하고 있다. 그는 1905년 7월 27일 미국이 필리핀의 안전을 보장하는 대가로 일본에게 한국에 대한 보호권을 인정했다고 알려진, 이른바 "태프트-가쓰라 협정"이 사실상 1959년을 기점으로 미국학계에서 역사적 사실이 아니라 신화에 불과한 것이라고 정리되었지만, 국내외의 중고등학교 역사교과서와 대학교재에서 여전히 역사적 사실로 서술하는 현상에 주목한다. 저자는 태프트와 가쓰라 사이에 오고간 단순한 대화기록이 "밀약"이나 "협정"으로 바뀐 배경과 각국의 교과서 서술과 역사왜곡에 대한 비교분석을 시도하였다. 그는 결론에서 러시아와 북한의 경우에는 반미(反美)의 냉전적 역사인식의 잔재로 인해, 일본의 경우에는 러일전쟁 이후 한국강점의 당위성을 설명하기 위해 사료를 왜곡하는 태도에서, 그리고 한국의 경우에는 이를 무비판적으로 수용한 데서 그 원인이 있다고 밝혔다. 저자는 19세기 말 20세기 초의 한반도를 둘러싼 국제정세, 특히 러일전쟁 이후의 국제관계사를 글로벌 히스토리의 시각으로 재검토할 필요성을 강조하며, 역사왜곡문제를 해결하기 위한 구체적 방안으로 일종의 '한국사국제연구위원회'와 같은 연구모임을 제안한다.

2부는 일제강점기를 조명하는 3편의 논문으로 구성되어 있다. 2부의 저자들은 복잡한 국제정세에 내몰려 민족적 존립마저 위태로운 조선과 세계 최초의 신생 소비에트사회주의 국가 간의 상호 인식에 집중하고, 공식적인 외교관계는 불가능했으나 다양한 루트를 통해 지속되었던 사상적, 문화적 관련성을 제시하고 있다.

우선, 반병률은 1919년 대한민국 임시정부 수립 이후 1923년 국민대표회, 그리고 창조파의 국민위원회가 러시아 영토로부터 추방되는 1924년 초까지 약 5년 동안 소비에트정부의 지도부와 코민테른의 책임자들이 상해임시정부를 어떻게 인식하였는가를 추적하였다. 저자의 설명에 의하면, 그동안 소련과 코민테른을 상대로 한 임시정부의 초기 외교활동을 이끈 주도세력과 그 내용은 어느 정도 파악되었으나, 그 반대의 상황은 제대로 연구되지 않았다. 그러한 사정은 소비에트러시아와 코민테른의 상해임시정부 관련기록이 적은 데서 연유하는

데, 이 논문은 공산당 기관지와 코민테른 기관지 등 신문자료들에 기초해 소련 측 입장을 재구성하려는 시도이다. 저자는 소비에트정부나 코민테른 책임자들이 대부분 한인 혁명가들의 보고문과 발언을 통하여 상해임시정부에 대한 정보를 확보했다는 점을 고려하여, 특히 소련 측 책임자들과 접촉한 한인 혁명가들에 주목하고, 이들이 소련 측에 제출한 상해임시정부 관련 보고서나 결정서 등의 자료를 분석하였다. 반병률은 한형권, 박진순 등 한인사회당의 대표들이 주도하던 초기, 1920년 말부터 시작된 상해파와 이르쿠츠크파 등의 이념적 노선의 각축 과정에서 한인 혁명가들 또는 혁명세력이 상해임시정부에 대하여 어떻게 소개하였는가를 검토하였으며, 한인 혁명가들의 집회에서 채택된 문건에 나타난 상해임시정부 관련결정이나 평가를 분석하고 있다. 이 글에서는 한인 혁명가들 간의 이념적 갈등뿐만 아니라 그들을 통해 정보를 입수한 소련 측 지도부의 상관성이 잘 드러나는데, 저자는 한인 혁명가들의 당파적 차이가 점점 커질수록 상해임시정부에 대한 인식의 차이가 커졌고 결국 소비에트정부와 코민테른의 상해임시정부에 대한 편파적 인식이 자리 잡는데 일조하였다고 결론짓고 있다.

홍웅호의 주요한 관심은 일제강점기에 관한 역사서술에 집중되고 있다. 저자는 1917년 사회주의 혁명에 성공한 소비에트 러시아의 대외정책이 가지는 핵심적인 목적은 바로 전 세계의 사회주의 혁명화와 식민지 민족해방이었다는 점을 전제하고, 당시 이러한 대외정책에 가장 부합하는 곳 중의 하나가 극동과 한반도였다고 파악한다. 중국은 영국과 일본에 의해 반식민지 상태가 되었고 한반도는 일본이 강점하여 식민지화했기 때문이었다. 저자에 따르면, 그동안 일제강점기에 대한 소련의 역사서술에서 중요한 특징은 조선이 당시 주권행사를 할 수 없었기 때문에 국제정세나 대외 정책적 측면보다는 민족해방투쟁이나 노동운동을 강조하는 경향이 있었다. 논문에서 저자는 제국주의 국가들의 지배로 고통당하는 식민지, 반식민지 국가들의 민족해방투쟁이 사회주의와 밀접하게 결합될 수 있었는데, 바로 이러한 맥락 때문에 사회주의 러시아와 조선의 인민들이 동일한 공감대를 형성하고 긴밀하게 결합될 수 있었다고 평가한다. 특히, 저자는 소련해체 이후 마르크스주의에 근거한 역사연구 방법과 역사서술 경향이 시장경제로의 전환, 그리고 남한 학계와의 교류 등으로 인해 이데올로기적 제한을 넘어서 구체적이고 실증적인 역사서술로 변화하고 있는데, 일제강점기에 관한 역사서술에서도 잘 드러나고 있음을 보여준다.

한편, 박노자는 1920-30년대 백신애와 이효석 등의 문학작품 속에 나타난 러시아와 러시아인의 이미지를 중심으로 일제강점기 한국인의 소련인식을 분석하고 있다. 식민지시대에 톨스토이, 투르게네프, 예세닌 등 위대한 러시아 예술가들의 작품들이 번역되었으며, 한국인들의 러시아와 소련에 대한 인식에서 문학작품들이 중요한 매개가 되었음은 익히 알려져 있다. 박노자의 결론에 따르면, 일제강점기 한국인들에게 러시아인들은 교양이 있으나 가난하며, 본질적으로 "서양인"인 동시에, 새롭게 떠오르는 아시아의 "세계질서"로서 "동양"일본제국 영토의 무력한 망명자 신분으로 몰락한, 그들은 인간 삶의 비극성이자 모호함의 상징이었다. 공식적으로 소련에 대한 부정적 태도에도 불구하고, 식민지 조선의 지식인들에게 러시아인들은 일본이라는 비공식적 제국의 테두리 안에서 유일하고 매우 큰 규모의 "서양" 민족 집단이었으며, 가장 가깝고 가장 쓸모 있는 문명적 서구사상의 일부분이었다. 이러한 측면들은 1945년 이후 북한에서 많은 문화 인사들이 강요된 소비에트 체제를 추종하고 능동적인 태도를 취했던 중요한 문화적 전제조건이 되었다.

3부에서는 한국전쟁, 박정희의 유신체제, 개발독재체제 등 한국현대사의 주요 쟁점들을 짚어보았다. 기계형은 2007-2009년에 출판된 한국사 관련 대학교재 5종과 중등교과서 4종을 분석하는 과정에서 한국전쟁 관련서술이 과거 소련시대에 공산당이 주도하는 도그마적 내러티브에서 분명히 벗어났음을 확인해준다. 아울러 한러수교 이후, 한국전쟁에 관한 러시아의 역사서술은 북한이라는 창을 통한 설명방식에서 벗어나 사료에 근거하는 치밀한 연구가 진행되고 있으며, 그러한 연구성과가 중등교과서의 서술에도 상당부분 반영되었다는 사실을 확인하였다. 저자는 이러한 역사서술 변화의 배경을 이루는 컨텍스트를 두 가지 차원에서 제시하고 있으며, 그것이 긴장관계에 있음을 보여주고 있다. 한국전쟁에 대한 인식과 역사서술에 나타난 일정한 변화들은 한편으로 소련해체 이후의 새로운 역사교육과 역사쓰기의 연장선에 있으며, 다른 한편으로 소련해체 이후의 정치, 사회적 변화와 무관하지 않다는 점이다. 다시 말해, 국가-당의 이데올로기적 지침에서 벗어나 사건에 대한 객관적 서술에 기초하는 균형적인 역사서술의 경향과 함께, 소련붕괴 직후의 옐친정부의 정치적 고려, 푸틴과 메드베데프정부의 현실적 고려가 동시에 작동했다. 저자는 러시아 민족주의의 고양 속에서 메드베데프정부 말기부터 대통령 산하에 역사왜곡을 차단하는 특별기구가 설립된 것을 예로 들어, 역사를 둘러싼 국가의 개입과 이에 대한 역사교육 주체의 비판적 입장이 중요하게 요청되고 있다는 점에서 한국의 상황과 유비의 관계에 있으며, 양국 역사연구자들의 긴밀한 상호협력을 과제로 제기한다.

구자정은 러시아에서 사용되고 있는 3종의 대학교재에 나타난 박정희/전두환 정부 시기의 한국현대사 서술을 검토하는 가운데, 개발독재 시기의 한국에 대한 러시아 학계의 평가와 인식을 분석하고, 러시아의 한국 현대사 인식 속에 투영되어 있는 러시아의 과거 "경험 공간"과 "기대 지평"을 읽어내려고 시도한다. 저자의 주장에 따르면, 러시아의 한국학 연구자들은 박정희/전두환 정부 시기의 한국의 개발독재를 "한강의 기적"을 만들어 낸 "권위주의적 근대화"로 인식하고 있다. 러시아 교과서 저자들의 견해에 따르면, 한국의 이러한 "권위주의적 근대화"는 형식상의 민주주의를 유지하면서도 실제적으로는 정치적 참정권을 제한하는 "한국적 유형의 민주주의"와, 자본주의적 시장경제 체제를 유지하면서도 정부가 시장에 적극 개입하고 참여하여 시장을 통제하는 "통제된 자본주의 경제"로 특징지을 수 있다. 저자는 러시아 대학교재의 저자들이 한국의 역사와 전통 속에 내재된 권위주의적 전통 때문에 한국에서는 서구식 민주주의의 실현이 불가능했다고 보며, 이러한 "한국적 특수성" 때문에 "권위주의적 근대화"는 한국의 경제 성장을 위해서 필연적이며 필수적인 선택이었다는 시각을 견지한다고 판단한다. 저자의 주장으로는, 한국현대사에 대한 러시아 교재의 이러한 인식은 개발독재 시대의 한국과 유사성을 가지는 현대 러시아의 정치적 지형과 이데올로기가 반영된 것으로, 러시아인들의 자국사 인식에서의 핵심적인 가치, 즉 "러시아적 특수성" 테제가 타자 인식에 내면화되어 투영된 것이라고 할 수 있다.

보론쪼프는 소련해체 이후 러시아에서 박정희정부와 그의 활동에 대해 "혐오감"에서 한국의 "경제기적"을 이룩한 인물로 재평가가 이루어지고 있다고 지적하면서, 특히 박정희 개인에 대한 진지하고 실제적인 관심은 최근에 러시아에서 "목적과 수단" 그리고 "강력한 인물"의 필요성에 대한 문제가 제기되는 상황에서 더욱 부각되고 있다고 설명한다. 저자는 "강력한 인물"은 국가의 정치력과 경제력 강화를 지향하는 과정에서 시민권이나 개인의 자유를 제한하는 방안을 채택하는 경향이 있다는 점을 염두에 두고, 최근 젊은 연구자들이 그 양자의 관계를 객관적으로 분석하기 시작했다고 평가한다. 예컨대, 연구자들은 권위주의 체제에 대해서는 원칙적으로 부정하지만, 그들에게 한국의 경험은 민주주의와 근대화의 상관관계를 보여주는 중요한 실례가 되고 있다. 저자가 주목하는 점은, 최근에 많은 연구자들이 박정희정부를 포함해 권위주의 시기의 한국의 발전과 현대 러시아를 비교하면서, 일정한 역사적 단계에서 양국이 직면하는 문제들의 동일성에 대해 고민하고 대담한 결론을 제시하는 데 있다. 저자는 연구자들 사이에서 박정희대통령 시기의 수많은 정치구호들이 40년이 지난 러시아에서도 현실화되고 있다는 점을 지적하며, 민주주의를 위협하는 억압적 정치권력에 드는 비용을 최소화하면서 근대화를 이루는 문제가 본격적으로 제기되고 있다고 주장한다.

4부는 한러수교 20주년에 맞춰 20년 동안 이루어진 성과들을 살펴보고 새로운 한러관계를 모색하는 2편의 논문으로 구성된다. 우선, 쿠르바노프는 한러수교 20년 동안 러시아에서 한국사에 대한 서술에 큰 변화가 나타났으며, 사회발전 방안을 바라보는 시각이 본질적으로 달라졌다고 평가한다. 저자에 따르면, 소련시대 "과거의 잔재"로 여겨졌던 자본주의적 시장경제가 올바른 사회경제 발전 방안으로 부각되었으며, 진보적이라 간주되었던 사회주의 체제는 막다른 골목에 들어섰다는 사실이 강조되기 시작했다. 이에 따라 러시아의 한국학계에서는 남북한의 역사적 발전 노선에 대한 재평가가 이루어졌다. 또한 지난 20년 동안 변화를 거듭해온 러시아의 대외정책도 한국사 서술에 영향을 주었는데, 그동안 한국과 관련해 적지 않은 규모의 단행본과 논문집이 출간되었다. 이를 통해 현재 남북한 양국의 현황이 종합적이고 상세하게 독자들에게 소개되었다. 저자는 그동안 한국에 관한 연구 축적의 결과, 한반도에서 평화와 번영이 도모되었으며, 남북한 그리고 러시아가 서로 가까운 이웃으로 발전하는 데 필수적인 일이 되었다고 평가한다.

마지막으로 정세진은 한러수교 이후 러시아 대학교재에서 김대중 및 노무현 정부에 대해 어떻게 서술하고 있는지에 주목하고, 그 안에서 러시아의 한국인식을 탐색한다. 저자는 오랫동안 한반도문제의 중요한 이해 당사자였던 러시아가 바라보는 한국은 어떤 것이었는지 묻고 있다. 저자는 최근에 출간된 대학교재에 나타난 한국 인식은 기본적으로 러시아 국익의 측면에서 바라본다는 점을 전제하고 있는데, 김대중과 노무현 정부에 대해서는 전체적으로 진보적 이념으로서 민주주의 체제를 옹호했다는 긍정적 평가를 유지하고 있다고 지적한다. 저자에 따르면 교재에서는 이 시기에 "높은 수준의 정치적 민주화"가 한국적 특수성으로 해석되며, "자주 및 균형"이라는 원칙 하에 단행된 외교정책은 한국사에 있어서 가장 극적이고 새로운 역사 발전 단계로 해석될 수 있는 충분한 개연성이 있다고 적고 있다. 저자는 러시아의 한국사 대학교재에 나타난 한국인식은 매우 중요한 시대적 관점을 제시해 주고 있으며, 4강 외교의 핵심국인 러시아의 한국인식과 관련 담론들은 궁극적으로 양국의 미래에 유익할 것으로 전망하고 있다.

앞에서 밝혔듯이 이 책은 한러수교 20주년을 기념하고 양국관계의 역사적 의미를 되새기는 작업의 일환으로 지난 150여 년간 러시아는 한국에 어떻게 인식되었는지 그리고 러시아에 한국은 어떠한 존재였는지를 진지하게 되묻는 작업이다. 양국의 상호인식을 확인하고자 출간하는 이 책이 양국관계사에 대한 깊은 이해를 바탕으로 향후 한러 관계사 연구의 발전과 양국의 상호이해를 진작시키는 데 도움이 되기를 바란다.

이 책이 나오기까지 많은 분들이 애써주셨다. 우선 이번 작업의 의미를 함께 공유하고 글을 주신 저자들에게 감사드린다. 또한 국제학술회의 토론자, 사회자로서 함께 참석하여 활발한 논의를 해주신 알렉산더 티모닌 러시아 부대사를 포함해, 고재남, 한정숙, 권희영, 최덕수, 석화정, 김종헌, 민경현, 심헌용, 박상철, 윤해동, 기광서, 정병준, 이완범, 박태균, 정일준, 황영삼, 백준기 교수님 등 모든 분들께 감사드린다. 함께 아이디어를 나누고 교정을 도와주신 연구소 동료선생님들을 비롯해 기획단계에서 번역과 통역을 도맡아준 김나자 선생님께 감사를 드린다. 무엇보다도 이러한 작업의 의미를 높게 평가해 주시고 서문에 해당하는 글을 주신 이인호 전 러시아대사님께 각별히 감사드리며, 이 책이 나오도록 격려해주신 엄구호 한양대학교 아태지역연구센터 소장님께 고마움을 전한다. 아울러 원고를 기다려주고 편집하는 과정에서 엄청난 인내심을 발휘하셨을 선인출판사의 편집진에 감사드린다. 아울러 독자여러분의 많은 관심과 질정을 바란다.

2013년 2월
필자를 대신해 기계형 정리

[일러두기]

    이 책에 실린 논문들은 일차적으로 한국연구재단의 지원을 받아 한양대학교 아태지역연구센터 HK러시아·유라시아연구사업단이 주최한 국제학술회의에서 발표된 것이다. 필자들이 개별적으로 학술지에 실었던 논문을 수정·보완하여 단행본으로 엮었음을 밝힌다. 일일이 각 논문에서 소개하는 번거로움을 피하기 위해, 각 논문의 게재 상황을 일괄해서 아래와 같이 표시하기로 한다.

- 김영수, 「1884년 한러조약, 언어와 해석의 차이」, 『사림(성대사림)』 Vol.38 (2011), 141~167.
- Пак Бэлла Борисовна, "Восприятие Кореи в России в период пребывания Корейского короля Коджонна в Русской миссии".
- 최덕규, 「"태프트-가쓰라 협정"에 대한 러시아와 한국 및 일본 역사교과서 서술 분석」, 『사회과교육』 제49권 4호(2010), 67~83.
- 반병률, 「러시아(소련)의 대한민국임시정부 인식」, 『역사문화연구』 제35집(2010).
- Vladimir Tikhonov, "The Images of Russia and Russians in Colonial-Era Korean Literature: the 1930s".
- 기계형, 「러시아 대학의 역사학 교재와 중등학교 역사교과서에 나타난 한국전쟁 인식」, 『역사교육』 제117집(2011), 65~101.
- Александр Воронцов, "Новые подходы в России к оценке режима Пак Чжон Хи".
- 구자정, 「개발 독재 시기 한국 현대사 서술을 통해 본 현대 러시아의 한국 인식과 자기 인식 — 러시아의 한국 현대사 인식 속에 투영된 현대 러시아의 자화상」, 『국제지역연구』 Vol. 14, No. 3(2010), 3~28.
- Сергей Курбанов, "Изменение восприятия современной Кореи в российской историографии в 1990-2010 гг".
- 정세진, 「한러수교 이후 러시아의 한국 인식 — 러시아 대학교재 분석을 중심으로」, 『국제지역연구』 Vol. 14, No. 3(2010), 441~468.

차례

1장 구한 말기의 한러관계

2장 일제강점기의 한국과 러시아

3장 현대사 속의 한국과 러시아

1장

구한 말기의 한러관계

1884년 한러조약에 관한 내용과 분석

김영수

1. 머리말

러시아는 1856년 말 동시베리아지역에 캄차트카주, 우다지방, 연흑룡지방을 포괄하는 연해주가 만들어지면서 17세기 후반에 상실했던 아무르지역을 다시 차지하게 되었다. 1860년 북경조약 체결로 북으로는 우다지방, 서로는 만주, 북서로는 우수리 코사크관구, 남으로는 만주 및 조선의 일부, 동으로는 타타르해협과 표트르벨리키만을 접하는 광대한 남우수리지방이 연해주에 포함되었다. 러시아의 연흑룡 우수리지역 병합은 19세기 후반 러시아 극동정책의 핵심적인 사건이었다. 1861년에는 항카호에서 해안선으로 이어지는, 러시아와 중국 사이의 가장 끝 접경지역에 경계비가 설치되었고, 연해주 남쪽 국경이 두만강까지 내려오면서 러시아는 극동에서 조선이라는 새로운 이웃 국가와 접하게 되었다.[1]

러시아 정부는 1884년 한러조약을 체결하기 위해서 1880년대 초반 미국, 독일, 영국의 조선과의 조약을 참고했다.[2] 해군대신 사무대리 해군대장 쉐스타코프(И.А. Шестаков)는 1882년 5월 외무대신 기르스(Н.К. Гирс)에게 "주청 러시아공사가 러시아의 군사항로를 위한 조선 항구의 중요성을 인식해야 한다"고 알렸다.[3]

일본에 수신사로 파견된 박영효는 1882년 11월 주일 러시아공사 로젠(P.P. Розен)을 만나면서 한러수교의 필요성을 제기했다. 그 자리에서 박영효는 조선의 자주와 독립을 보장하기 위해서 조선정부가 청국의 어떠한 중재나 협조 없이 나머지 열강들, 특히 이웃한 강대국 러시아와 조속하게 조약을 체결하는 것이 유일한 방법이다"라고 주장했다.[4] 이후 주청 텐진(天津) 러시아영사인 베베르는 1884년 5월 도쿄에 도착했고, 이후 러시아군함을 타고 서울로 출발해서 1884년 7월 7일(러6월 25일, 윤5월 15일) 한러조약(朝俄通商條約)을 체결했다.[5] 한러조약은 "상대국 분쟁의 평화적 해결에 협력해야 한다"라는 내용을 근거로 전체 13조 및 부속장정(俄約附續通商章程)으로 구성되었다.[6]

당시 조약의 명칭으로 한문본에는 '조아통상조약'(朝俄通商條約)이 사용되었다. 현재 학계는 조러수호통상조약, 한러수호통상조약, 한러조약, 러한조약 등의 다양한 명칭을 사용하고 있다. 필자는 다른 열강과 명칭을 구별하고 간단한 표기를 위해서 '한러조약'으로 사용했다.

한국의 국립중앙도서관은 독판교섭통상사무아문(督辦交涉通商事務衙門)이 1884년 편찬한 『조아통상조약(朝俄通商條約)』의 원본을 소장했다.[7] 한러조약의 한문본(고적 0234-2-22), 한러조약의 러시아본(고적 0234-2-21) 원본 등이 바로 그것이다. 국립중앙도서관 소장 한문본은 현재 『고종실록』의 전체 13조 및 부속장정은 조약원본과 일치한다. 그런데 『고종실록』에는 선후속조(善後續條)가 빠져 있다. 원본을 비교 분석할 경우 국립중앙도서관 소장 한문 원본이 반드시 참고되어야 한다.

조약의 러시아 명칭은 '우호와 상업에 관한 러한조약'(Русско-корейский договор о дружбе и торговле)이다. 국립문서보관소에 소장된 러시아 원본은 필기체이다. 국립문서보관소의 러시아 원본은 러시아 외무부 소속 모스크바 소재 대외정책문서보관소(АВПРИ) 및 러시아 해군부 소속 상 트페테르부르크 소재 해군함대문서보관소(РГАВМФ) 소장 문서와 동일 하다.[8]

 필자의 의문은 다음에서 출발한다. 첫째, 러시아와 조선의 상호이 해는 한러조약에 어떻게 투영되었는가? 둘째, 한러조약이 참고한 외 국 조약은 무엇인가? 즉 한청장정, 한일장정, 한미조약, 한영조약 등과 한러조약의 차이는 무엇인가? 셋째, 한러조약에서 조선과 러시아 원 문의 차이는 무엇인가? 원문 분석을 통해 조선에 불리한 조항은 무엇 인가? 넷째, 서구열강의 근대의 이미지는 한러조약에 어떻게 투영되 었는가? 한러조약에서 영토영해 관련 내용은 무엇인가?

 이러한 의문을 해결하기 위해서 필자는 먼저 1884년 체결된 한러조 약에 관한 선행연구를 살펴볼 것이다. 그동안 러시아에서는 한러조약 에 대한 오랜 연구가 진척되었다. 그런데 러시아의 선행연구는 한러 조약의 내용에 관해서 대체로 우호적인 것으로 파악했다. 그 배경에 는 상호주의 원칙에 입각한 조약으로 파악했기 때문이다. 그렇지만 열강이 근대 조약체결을 주도했다는 사실을 고려해야 한다. 더욱이 한러조약 내용에서 러시아와 조선의 각각의 입장을 분석할 필요가 있 다.

 기존의 국내외 연구는 한러조약과 한영조약을 상호 분석하여 한러 조약의 2조 중 영사관설치, 그리고 부속통상장정 중 세칙과 세율 등의 차이점을 살펴보았다. 그런데 정작 한러조약의 한문과 러시아 원문을 상호 비교하는 시도가 없었다. 따라서 필자는 한러조약의 내용과 다 른 열강과의 조약을 살펴보면서 1884년 체결된 한러조약의 한문과 러 시아 원문의 내용을 함께 분석할 것이다.

2. 한러조약에 관한 연구동향

1) 러시아에서의 한러조약 인식

한러조약은 러시아에서 대체로 이주민사 관련 연구, 청국과의 관계에서 외교정책 관련 연구, 러시아의 극동정책 관련 연구 등으로 나뉜다.

제정러시아 시기 초기연구(1917년까지)는 이미 러시아의 경제적 필요성, 한러조약이 한영조약에 기초한 사실, 조선이주민에 관한 지위문제 등을 주목하면서 한러조약 연구의 원형을 제공했다.

한국관련 러시아학자들은 양국의 공식적인 출발이라는 점에서 한러조약을 오래전부터 주목했다. 일찍이 러시아 외교관 포지오는 1880년대 조선을 주목하면서 조선이 "멀지 않은 장래에 아시아대륙의 동쪽에서 중요한 정치적 역할을 수행할 나라"라고 판단했다.[9] 포지오는 조선과 러시아 관계의 필요성을 언급하면서 한러조약을 평가했다. 그 이유에 대해서 첫째, 러시아와 조선이 1860년 베이징조약에 의거하여 두만강 하구 약 23베르스타에 걸쳐 국경선을 형성하게 되었다.[10] 둘째, 러시아가 1884년 한러조약 체결로 자국의 제품을 판매할 수 있는 새로운 넓은 시장을 개척할 수 있게 되었다.[11]

러시아 재무부도 1900년 발간한 『한국지(Описание Кореи)』에서 한러조약 체결과정에서 청국의 영향력을 주목했다. 한국지에 따르면 "이홍장은 조선정부로 하여금 외국 무역을 위해 나라를 개방하고 외국과 조약을 체결하도록 종용했다. 이홍장은 외국의 세력들을 서로 경쟁시킴으로써 일본이나 다른 나라가 조선에 침략하는 것을 방지하려고 했다."

『한국지』에는 한러조약에 영향을 주었던 조약을 한미조약과 한영조약으로 파악했다. "1882년 5월 조선과 미합중국의 조선담당 대표인 슈펠트 간에 통상조약이 체결되었다. 조선은 이와 유사한 조약들을 영국, 독일, 러시아, 프랑스 등과 체결했다"고 기록되어 1882년 체결된 한미조약이 한러조약에 영향력을 주었던 것으로 파악했다.[12] 특히 『한국지』에는 "한영조약은 조선이 독일, 러시아, 이태리, 프랑스 및 오지리와 체결한 조약의 기초로 되었다"고 주장했다.[13]

러시아에서 한국학 전문가인 큐네르(H. B. Кюнер)는 1912년 『한국개관(Очерк Кореи)』을 발간하면서 러시아에 거주하는 조선이주민과 한러조약의 연관성을 주목했다. "1884년 러시아가 조선과 첫 번째 조약을 체결하면서 조선인은 러시아 당국의 보호를 받을 수 있는 권리와 러시아 영토에 체류하는 동안 자신의 생명 및 재산과 관련하여 완전한 안전을 누릴 수 있는 권리가 인정되었다. 한러조약 체결 이후 러시아 영토에 거주한 조선인들의 지위를 합법화시킨다는 결정이 내려졌다. 이와 같이 모든 이주 한인들 중에서 1884년 이전에 이주한 이들은 러시아 국적을 받아들인다는 조건하에 러시아 영토에 영원히 체류할 수 있는 허락을 받았다."[14]

소비에트 시기의 연구(1917~1990)에서는 자본주의 열강의 식민지정책과 한러조약이 함께 주목되었다. 한러조약의 의미로 자본주의 열강의 식민지정책이라는 원형이 만들어졌고, 한러조약의 조항이 세부적으로 분석되기 시작했다.

한국근대사를 전공한 탸가이(Г. Д. Тягай)는 조선과 열강이 체결한 조약의 의미와 함께 한러조약을 평가했다. 탸가이에 따르면 1876년 조일조약 및 1884년 러시아를 포함한 열강과의 조약체결은 해외 세계로부터 조선 고립의 끝을 의미했다. 조선은 세계 분할을 위한 격렬한 투쟁에서 고립을 더 이상 유지할 수 없었다. 조선 지배를 위한 자본주의 열강의 경쟁 시기가 시작되었다.[15]

러시아에서 한러조약에 대해서 본격적으로 분석한 사람은 박보리스(Б. Д. Пак.)였다. 그는 1979년 『러시아와 조선(Россия и Корея)』을 저술했고, 2004년 수정 증보판을 발간했다.

박보리스는 "한러조약이 조선과 러시아의 육로장정 체결의 필요성에서 출발했다"며 조약체결을 위한 본질적인 측면을 최초로 주목했다. 그에 따르면 1884년 12월 기르스는 조선과 러시아의 국경 관계에 대한 문제를 허락받기 위한 근본적인 설명을 위해서 베베르를 서울주재 대표로 상주할 것을 지시했다.[16]

박보리스는 한러조약의 체결과정에서 러시아, 청국, 조선의 입장을 상세하게 추적했다. 그에 따르면 한러조약 체결 이전에 러시아 외무부는 조선정부의 지위에 관한 문제를 고민했다. 첫째, 조선은 독립적이고 주권 국가였다. 둘째, 러시아 외교관은 청국이 조선의 영주라는 사실을 강요받았다.[17]

박보리스에 따르면 이홍장은 러시아와 조선의 접근에 반대해서 "러시아가 북쪽 이웃인 조선을 점령할 것"이라고 고종에게 경고했다. 이홍장은 1884년 고종에게 러시아와 조선의 상호 관계에 관한 각서(메모렌덤)를 보냈는데, 여기에는 "러시아가 육로 상업을 피할 수 없도록 국경문제를 이용하여 조선을 점령할 예정이었다"고 기록되어 있다. 청국정부는 한러조약을 체결할 경우에는 해양통상조약만 체결할 것을 요청했다.

박보리스에 따르면 1884년 초 조선관료 김광훈은 남우수리지역 국경위원 마튜닌을 만나기 위해서 노보키엡스크에 도착했다. 김광훈은 고종의 밀사로서 러시아가 조러조약을 체결하려는 의사가 있는가를 확인하기 위해서 파견되었다. 김광훈은 "조선정부는 러시아와 가장 밀접한 관계를 형성하려고 한다. 현재 조선정부는 청국정부와 비우호적인 관계에 있으며 한러조약을 논의하기를 희망한다"는 고종의 밀지

를 전달했다.[18]

박보리스는 1884년 한러조약이 한영과 한독조약과 대체로 동일하다고 주장했다.[19] 박보리스에 따르면 1884년 12월 외무대신 기르스는 한영조약에 근거하여 조선과 조약을 체결할 것을 베베르에게 지시했다.[20] 그런데 박보리스는 한러조약의 2조 내용 중 한영과 한독조약과 다른 점을 주목했다. 한러조약 2조 1항은 '개항장의 총영사, 부영사 영사를 상호 임명할 수 있다'이다. 이는 조선은 서구 열강이 러시아항구에 주재한 영사관에만 주재시킬 수 있다는 것이다.[21] 박보리스에 따르면 한러조약 2조는 영사의 임명과 관련된 내용으로, 블라디보스토크에 영사설치를 금지하는 규정이었다.[22]

박보리스는 한러조약의 특별의정서도 주목했다. 박보리스에 따르면 러시아와 조선은 특별의정서를 체결했는데, 그 내용은 러시아 정부가 조선에서 러시아국적 시민의 무한대의 법률적 권리의 제한 문제였다. 그 전제 조건은 만약 조선정부가 자국의 법률과 재판제도를 근대적으로 변경하고, 러시아 정부가 조선 재판제도의 변경을 인정한다는 상황에서 가능했다.[23]

박보리스는 한러조약에 관해서 긍정적인 측면을 부각시켰다. 첫째, 한러조약에서는 청국에서 조선의 노예적인 문제를 다루지는 않았으며, 그 예로 한러조약에서 평등을 요청하는 고종의 노력을 소개했다. 고종은 "한러조약이 양국의 완전한 평등관계를 준수하는 것"이라는 편지를 러시아황제에게 보냈다.[24] 둘째, 한러조약은 단지 해양 상업만의 규정만 있고, 러시아를 위한 경제적인 의미가 존재하지 않았다. 셋째, 한러조약은 조선의 외교정책인 고립 국가의 상태를 종식시키는 조약 중의 하나로써 커다란 의미를 갖고 있었다. 또한 조약체결 이후 조선은 세계 자본경제 체제로 편입되었다.

박보리스는 한러조약을 통해서 러시아 극동정책의 전환도 주목했

다. 러시아부르주아는 한러조약 체결을 통해서 극동지역에서 러시아
상업의 확대, 그리고 태평양에서 강력한 진출의 노력을 보여주었다.
또한 근동에서 극동으로 러시아 외교정책의 전환을 의미했다. 한러조
약은 1850~1860년대 러청의 아이훈과 북경조약 체결의 결과로 근본적
인 러시아 외교정책의 전환이었다. 더구나 조선과의 외교적 상업적
공식적인 관계의 성립은 조선의 변화에 실질적인 위협의 결과도 만들
었다. 러시아는 다른 열강의 상황과 동일하게 조선을 식민지로 만들
수 있는 가능성을 획득했다.[25]

  러시아시기(1991년 이후) 연구는 한러조약을 극동에서 러시아 식민정책
의 연결선상에서 파악했지만 상호주의에 입각한 부분을 부각시켰다.

  쿠르바노프(С. О. Курбанов)는 박보리스의 연구성과에 기초해서 한러
조약의 개략적인 내용을 서술했다. 쿠르바노프에 따르면 1884년 한러
조약은 서구 열강과 마찬가지로 청국정부에 저항하는 성격을 갖고 있
었다. 1882년 7월 한미조약이 체결되자 천진주재 러시아영사 베베르
는 한러 상업조약의 조건을 설명하기 위해서 블라디보스토크로 향했
다.

  쿠르바노프는 한러조약의 필요성을 러시아의 식민지 정책과 연결
시켰다. 러시아는 1858년 아이훈조약으로 남우수리지역을 편입했고,
1860년 북경조약으로 두만강 하구지역에 국경을 인접하게 되었다. 새
로운 영토는 극동지역에서 러시아의 적극적인 식민지 정책을 촉진시
켰다. 또한 러시아와 조선의 국경지대에서 상업교역이 발생했다. 러
시아 영토에서 조선인의 임시적인 이동 또는 장기적인 이주 등에 따
른 상업관계는 특별한 규칙을 요구했다.

  쿠르바노프는 청국이 한러조약 체결에 부정적이었고, 고종이 직접
한러조약 체결을 요청한 것으로 파악했다. 1884년 청국은 러시아와 조
선의 협정체결에 부정적인 관계를 표방했다. 청국의 전통적인 영향력

을 벗어나기 위해서 고종은 남우수리지역에 밀사를 보내 러시아와의
협정 체결을 요청했다.[26] 쿠르바노프는 청국이 육로장정체결을 반대
한 사실을 한러조약 체결 자체까지 반대한 것으로 파악했다.

리블라지미르(Ли В. Ф.)도 박보리스의 연구성과에 기초하여 사실관
계를 보강했다. 1883년 10월 11일 러시아 외무대신 기르스의 보고서에
따르면 기르스는 서울과 워싱턴이 체결했던 것과 같은 조약을 조선과
체결할 것을 외교관 베베르에게 지시했다. 도쿄주재 조선공사 김옥균
은 1883년 12월 조선정부가 러시아와 신속히 조약체결을 실행하려는
의사를 일본주재 러시아공사에게 전달했다. 조선정부는 한러조약의
모델로 영국과 독일과의 조약 내용을 제시했다. 또한 조선정부는 두
만강 유역을 개방할 수 있는 준비를 갖추고 있다고 제시했다. 고종은
1884년 5월 초 남우수리 국경위원 마튜닌(Матюнин)에게 밀사 김광훈
(Ким Гван Сун, 金光訓)을 파견하여 양국의 협정체결과 관련된 구체적인
내용을 전달했다. 그 내용에는 러시아 함정에게 외국인 항해를 위한
인천항 개항도 포함되었다. 러시아 정부는 한러협약 내용을 조율한
다음 1884년 6월 20일 러시아 공사 베베르(К. И. Вебер)를 인천에 파견
했다. 1884년 6월 24일 베베르는 외무차관 김옥균을 공식적으로 면담
했다. 1884년 7월 7일 베베르와 외무대신 김병시는 한러조약을 체결했
다.[27]

리블라지미르는 한러조약의 내용을 다음과 같이 소개했다. 조약의
내용 중 2조는 영사 파견에 대해서 양국의 상호주의를 강조했다. 3조
는 조선에 거주하는 러시아인의 법률적 보장이었고, 4조는 제물포 원
산 부산 등에 관한 개항이었고, 5조는 조선 진출 러시아인의 상업 활
동이었고, 7조는 러시아함정의 해상조난에 관한 구호 활동이었고, 8조
는 러시아와 조선 함정의 해양탐사와 관련된 내용이었다.[28]

리블라지미르는 한러조약이 양국의 상호 이익관계를 발전시키는

중요한 역할을 수행했고, 상호주의 원칙에 입각한 조치였다고 주장했다. 리블라지미르에 따르면 한러조약은 다른 열강, 특히 일본이 체결했던 조약과는 구별되었다. 즉 러시아는 조선을 위협하지 않았고, 조선의 민족국가를 유지하는 데 의심의 여지가 없었다. 다만 조선은 예를 들면 러시아 연해주에 관한 해양 조사를 실행할 준비 등이 부족했다. 그렇지만 한러조약이 조선에 관한 일본의 반식민지 보호 정책을 폐기시키지는 못했다고 주장했다.[29]

2) 한국에서의 한러조약 인식

한국에서는 한러조약의 체결과정과 관련된 연구는 1980년대부터였다. 1980년대 연구는 한러조약에서 한국의 필요성을 주목했고, 러시아가 영국·미국과 대응하기 위해서 한국에 진출했다고 파악했다.

최문형은 조선에서 한러조약 체결의 배경과 경위를 주목했다. 최문형은 한러조약을 체결하기 위한 러시아의 변화를 다음과 같이 설명했다. 첫째, 러시아는 슈펠트의 움직임이 확연히 드러난 1882년 5월 청의 주선을 받아 일을 추진하려 했다. 한영신조약의 체결과 더불어 조선과의 독자적인 수교를 결심하게 되었다. 둘째, 러시아는 1884년 초 코르프(Корф)의 프리아무르 총독 취임 이후에 동아시아 정책을 적극적으로 추진했다.[30]

최문형은 조선에서 한러조약의 필요성을 다음과 같이 설명했다. 고종은 대미 대영 기대가 바뀌면서, 러시아가 청에 대한 견제세력으로서 조선에 유용했을 뿐만 아니라 영국과 일본에 대한 견제세력으로도 장차 쓸모가 있다고 판단했다.

최문형은 한러조약을 다음과 같이 평가했다. 한러조약을 체결한 러시아는 다른 열강과는 달리 조약을 통해 자국군함의 조선항구에의 자유입항까지 보장받았다. 러시아는 일거에 청일과 대등한 위세를 가지고 한반도에 군림하게 되었고, 영미 등과 나란히 조선의 정치무대에 등장케 되었다.[31]

한러조약의 내용에 관한 분석은 2000년대 중반부터였다. 2000년대 연구는 러시아의 박보리스가 제시한 한러조약의 체결과정 및 러시아의 육로통상장정의 필요성 등을 수용했다. 그중 민경현은 박보리스 연구성과를 참고하여 한러조약의 체결과정 및 전반적인 내용을 본격적으로 조명했다. 특히 민경현은 한러조약의 각 조항의 내용을 상세하게 설명했을 뿐만 아니라 한영조약을 동시에 분석했다.

민경현은 한러조약의 목적이 '이이제이' 정책의 소산이라고 주장했는데, 청국이 한미조약이나 한영과 한독조약을 추진한 것은 바로 일본을 견제하려는 시도였다는 것이다. 그러나 청국이 조선에서 추진한 적극적인 개입정책은 자연스럽게 조선에서 또 다른 차원의 이이제이 정책을 대두시켰다. 1884년 체결된 한러조약은 이 두 차원의 관점에서도 설명될 수 있다. 한러조약의 실질적인 목적은, 하나는 국경에서 이뤄지고 있는 밀무역을 정상화하는 일이었고, 다른 하나는 조선인들의 러시아 이주 문제를 해결하는 일이었다.

민경현은 1884년 체결된 한러조약이 한영조약을 모델로 작성되었고, 러시아가 군사적인 측면에서 성공을 거두었다고 주장했다. 한러조약은 다른 자본주의 열강들이 조선과 체결한 조약처럼 영사재판권, 협정 관세에 의한 조선의 관세자주권상실, 최혜국 조항 등 불평등 조약의 내용을 모두 담고 있었다. 러시아는 이 조약으로 그들의 군함이 조선의 모든 항구에 자유롭게 입항할 수 있었고, 각종 보급을 확보할 수 있었으며 군함의 수선도 가능함으로써 군사적인 측면에서도 커다란 성공을 이루었다는 것이다.[32]

민경현은 한러조약의 한계점을 다음과 같이 지적했다. 첫째, 한러조약은 조선과 러시아가 국경을 접한 뒤 20년 이상이나 안고 있었던 이주민 문제와 육로 밀무역 문제를 해결하지 못했다. 물론 이것은 조선의 외교권이 아직 중국에 의존하고 있기 때문이었다.[33] 둘째, 1884년의 한러조약은 국경에서의 밀무역을 합법화하는 데에는 나아가지 못했다.

민경현은 한러조약의 내용을 상세히 서술하면서 한러조약과 한영조약의 공통점과 차이점을 살펴보았다. 민경현에 따르면 한러조약은 한영조약 등을 모델로 만들어졌으며 한영조약처럼 13개 조항과 부속 통상장정으로 구성되었다. 이 조약의 2조에는 총영사, 영사 혹은 부영사는 오직 다른 국가의 영사관이 주재하는 개항장에 한해서만 주재시킬 수 있다는 조항 때문에, 조선은 블라디보스토크에 영사관을 설치할 수가 없었다.

민경현은 한러조약에서 가장 중요한 내용은 무역과 관세에 관한 규정이라고 주장했다. 민경현에 따르면 1883년 비준된 한영조약의 세칙과 세율은 한러조약에도 준용되었다. 그러나 품목을 면밀히 관찰하면 한영조약의 관세세칙에 포함된 상품이 한러조약에는 생략된 것들이 다수 있었고, 한영조약과 비교하여 하향조정된 품목도 발견되었다. 예컨대 한영조약에서 5%의 수입관세율을 적용했던 목화와 밀가루 그리고 7.5%의 종이와 모시 등은 한러조약에서 항목이 삭제되었다. 또한 한영조약에서 7.5%의 관세율을 적용받았던 해초는 한러조약에서는 5%의 관세율을 적용받았다.[34]

한동훈은 한러육로통상장정의 체결과정을 연구하면서 한러조약의 체결과정도 함께 다루었다. 한동훈은 러시아가 1882년 한미조약 체결 이후 조선과 수로와 육로 관련 조약을 체결하려고 노력했다고 주장했다. 한동훈에 따르면 러시아는 기타열강과는 달리 조선과 접경하고 있다는 특수한 조건을 이용하여 기타열강이 확보했던 권리뿐만 아니라 육로통상조항이 추가된 조약을 체결하기 원했다. 러시아는 조선과의 조약체결을 통하여 수로와 육로에서의 교역권리를 모두 확보할 수 있는 공식적인 외교관계를 수립하려고 노력했다.[35]

한동훈은 한러조약이 해로무역 관련된 내용 위주로만 된 이유를 청국의 방해 때문이었다고 주장했다. 러시아의 남하를 우려한 청국은 두만강 유역의 조러 국경 사이에 '공광지(空曠地)'가 존재하기 때문에 접경(接境)하지 않는다고 지적하면서, 서구열강과 같은 해로무역 관련 조약을 통한 공식적 외교관계는 가능하다고 그는 주장했다. 조선정부 역시 청국과 같은 국경인식을 공유하고 있었기 때문에 러시아는 육로를 통하여 조선과 공식적 외교관계를 수립하기 어려웠다. 러시아는 1884년 조선과 해로무역 관련조약, 한러조약을 체결하여, 조선과의 공식적 외교관계를 수립하였다.[36]

그런데 한러조약이 한영조약을 참고했다면 한영조약에 관한 분석 및 한영조약에 영향을 미친 다른 조약에 대한 연구가 필요하다. 이러한 의문을 해결하기 위해서는 한국과 열강이 체결한 조약에 관한 연구를 주목해야 한다.

그중 한러조약이 한영조약을 참고했다면 한영조약에 관한 연구성과를 살펴볼 필요가 있다. 한승훈은 한영조약의 체결과정을 상세하게 연구하면서 즈프조약(1876), 한청장정(1882.10), 한일장정(1883.7) 등의 연관성을 상호 비교하려고 노력했다. 한승훈은 한영조약의 쟁점을 선박 통행제도, 무역 내지통행, 연안무역 등으로 꼽았다. 또한 한영조약의 논쟁점을 5% 또는 7.5%, 그리고 내지통상권의 허용 문제라고 지적했다.

한승훈은 한청장정 및 한일장정의 특징을 분석했다. 1882년 10월 체결된 한청장정에 의하면 청 상인들은 조선에서 수입관세율을 5% 적용받으며, 내지통상과 개항장간 무역을 보장받았다. 1881년 말, 조선정부는 조사시찰단의 조사활동을 토대로 일본에 조선 측 조약초안을 제

출할 수 있었다. 이 조약초안은 청일수호통상조약을 모본으로 작성되었다.[37]

조선정부는 1883년 7월 25일 일본과 통상장정을 체결했다. 이를 통해 조선은 수입품에 대한 무관세 규정을 철폐할 수 있었다. 하지만 한일장정에서는 조선에 대한 관세자주권을 부정했으며, 주요수입품에 대한 관세율을 한영조약 비준안의 10%에서 8%로 낮추었다. 한영조약 비준안에는 개항장간 무역을 금지했지만, 조일통상장정을 통해서 일본은 이를 확보할 수 있었다.[38]

한승훈은 한영조약에서 조선과 영국의 협상 쟁점을 다음과 같이 정리했다.

협상초기 쟁점으로 부각된 것은 수입품에 대한 관세율을 결정하는 것이었다. 영국은 7.5%의 수입관세율을 관청시키고자 했다. 조선은 조일통상장정에 의거해서 8%로 할 것을 주장했다. 민영목은 고종으로부터 "담판은 반드시 엄정히 하여 8%의 권리를 잃지 않도록 하라"는 엄명을 받은 상태였다.[39]

파크스는 청에서 실질적으로 시행중이었던 7.5%의 수입관세율을 한영조약에 관철시켰다. 조선의 수입품 중 90%에 해당하는 품목에 대한 관세율을 5%, 7.5%로 확정지음으로써, 그는 평균 수입관세율을 7.5% 이내로 맞추는 효과를 거두었다. 또한 파크스는 내지통상의 자유를 확보할 기반을 마련했다.

한승훈에 따르면 파크스는 1858년 청과 일본에 관철시켰던 영사재판권 조항의 개정 성격을 갖는 즈프협정(1876)과 오스트리아·일본조약(1869)을 한영조약에 관철시켰다. 이를 통해 그는 영국인들이 조선법률체계를 적용받지 않게끔 조치했을 뿐만 아니라, 영사재판권의 폐지를 주장했던 일본 측 요구를 차단할 수 있는 근거를 확보했다.[40]

3. 한러조약의 한문과 러시아 원문 분석

한국은 조약체결 과정에서 청에 대한 외교적 견제를 위해서 열강의 거중조정이 핵심이었다. 그렇지만 거중조정을 얻은 그 대가는 비쌌다. 러시아는 한영조약에 근거하여 자국에 유리한 조항을 관철시킬 수 있었다. 그렇지만 러시아는 한성개잔을 포기할 수 있는 단서조항을 인정했다. 이것은 한청과 한영조약의 가장 불평등한 항목을 수정할 수 있는 근거를 마련했다는 의미를 갖고 있었다.

한러조약은 1884년 7월 7일(양력, 러시아역 6월 25일, 음력 5월 15일) 조선 전권대표 김병시와 러시아 전권대표 베베르에 의해서 서울에서 체결되었다. 한러조약은 13조의 본문, 3조의 부속통상장정, 특별의정서로 성되었다.

한러조약의 본문을 살펴보면 1조는 상대국 분쟁에 관한 평화적 해결에 관한 내용이었다. 2조는 양국의 외교관 파견 및 공관 설치에 관한 내용이었다. 3조는 양국의 사법문제가 발생한 경우 재판관할에 관한 내용이었다. 4조는 조선의 개항장 및 조계지에 관한 내용이었다. 5조는 개항장에서 상품의 구매·운송 및 조선에서 조난당한 러시아 선박에 대한 구조 등에 관한 내용이었다. 8조는 조선에서 러시아 군함의 상륙 및 조사 등에 관한 내용이었다. 9조는 양국인의 고용 문제 및 문화 교류 등에 내용이었다. 10조는 최혜국대우에 관한 규정이었다. 11조는 조약의 효력 규정 및 관세 세율의 개정 관련 내용이었다. 12조는 조약문의 기초 언어에 관한 내용이었고, 13조는 조약의 효력에 관한 규정이었다.

한러조약의 부속통상장정을 살펴보면 1조는 선박의 입출항 수속에 관한 규정이었고, 2조는 상품의 하역, 적재 및 세금의 납부에 관한 규정이었고, 3조는 세관의 감독에 관한 규정이었다.

특별의정서의 내용을 살펴보면 3조는 치외법권에 관한 러시아의 포기와 관련된 단서조항이었고, 4조는 러시아가 한양 개항장을 포기할 수 있는 단서조항이었다.

러시아는 한러조약을 체결하기 위해서 한미조약, 한영조약, 한독조약을 참고했는데 그중 한영조약을 주로 참고해서 한러조약을 작성했다. 그런데 한영조약에 영향을 준 조약은 1882년 10월 체결된 한청장정(朝中商民水陸貿易章程)이었다. 한청장정은 "중국이 속방을 우대하는 뜻"이라고 규정되어 청국이 조선을 속방으로 인정한 일종의 조약이었다. 그중 영토영해관련 조항을 살펴보면 3조는 "양국 상선은 피차 통상 항구에 들어가 교역을 할 수 있다"고 규정되어 청국이 조선의 통상항구를 자유롭게 출입할 수 있도록 설정되었다.[41]

한러조약의 내용 중 한영조약과의 주요 차이점은 다음과 같다. 첫째, 2조 중 "기타 열강 영사의 주재를 허락한 개장 전부 또는 일부에 총영사, 영사와 부영사를 주재시킬 수 있다"라는 규정이었다.[42] 둘째, 특별의정서의 조약 4조 내용 중 "여타의 모든 국가가 수도인 한양에 상관을 설치할 권리를 폐기하는 경우에는 러시아 공민도 이 권리를 향유하지 않을 것"이라는 규정이었다.[43]

한러조약 중 영토영해 관련 내용을 살펴보면 4조와 8조에 집중되었다.

4조 1항에서 "조선은 러시아에게 제물포, 원산, 부산 등의 항구를 개항한다."[44] 한미조약과는 달리 한영과 한러조약은 조선의 개항장을 구체적으로 언급하여 조선의 영토와 영해에 대한 자국의 이익관계를 드러낸 불평등한 조약이었다. 한러조약은 한영조약과 동일하게 4조 1항에서 "부산항이 불편할 경우에는 부근의 다른 항구를 선택할 수 있다"고 규정했다. 또한 "서울의 양화진 혹은 부근의 편리한 다른 장소"라고 규정했다. 그만큼 한러조약은 러시아의 입장에서 유리한 개항장을 선택할 수 있는 조약이었다.

1882년 한청장정(朝淸商民水陸貿易章程)과 1883년 한영조약(韓英修好通商條約)에 근거하여 청국과 영국 상인은 한국 개항장에서 상업 활동에 종사할 수 있었다. 1884년 3월 협판교섭통상사무(協辦交涉通商事務) 및 1884년 12월 독판교섭통상사무(督辦交涉通商事務)를 역임한 김윤식에 따르면 한청장정 4조 "한성과 양화진에서 청국 상인이 거주와 통상을 할 수 있다"는 '한성개잔권(漢城開棧權)'이 문제였다.[45] 한러조약도 조선이 청국과 영국의 조약에서 '한성개잔권'을 인정한 내용을 계승했다.

한러조약 4조 2항에는 "러시아국 상인들이 이상의 지정한 곳에서 토지를 영구 조차하거나 집을 세내고 주택을 지으며, 창고와 작업장을 설치하는 등의 공사를 하려고 하면 모두 그 편의를 도모해준다"라고 규정되었다. 다만 토지를 매매하는 지역을 4조 4항에는 조계지로부터 "10리(十里)"라고 한정했다. 그럼에도 이것은 러시아인이 개항장에서 조선의 토지를 매매할 수 있는 권리를 인정한 것이었다.

한러조약은 러시아인의 조선에서의 상업과 여행 활동에 대해서 기본적으로 지역적인 범위를 규정했다. 4조 4항에는 "러시아인은 외국과의 무역을 위하여 개방한 항구로부터 100리(百里) 내의 지방이나 혹은 장래 양국이 파견하는 관원이 상호 협의하에 규정되는 범위 내에서 여행증명서 없이도 원하는 곳을 여행할 수 있다"고 규정되었다.

한러조약 4조 6항에는 특별한 사유의 러시아인이 여행증명서를 소지하면 개항지로부터 100리 이상을 여행 및 상업에 종사할 수 있는 내용이 규정되었다. 즉 "러시아인이 여행허가증(護照)을 휴대하고 조선의 각처를 유력하고 통상하며 아울러 각종 화물을 운반해 들여와서 팔거나 일체 토산물을 구매하는 것을 허가한다."

그런데 한국정부는 한러조약 체결 이후 '내지통행'에 관한 조약문의 해석을 둘러싸고 내부적으로 이견을 갖고 있었다. 의정부참정(議政府參

政) 김규홍(金奎弘)은 1903년 6월 11일 외부대신 이도재(李道宰)에게 한러 조약 4조 6항에 "여행허가증(護照)에 한국의 각도·각군(各道·各郡)을 통행(通行)한다"는 내용이 없다고 주장했다. 하지만 김규홍은 한러조약의 '무애통행(無碍通行)'에 근거하여 러시아가 용암포(龍岩浦)에서 토지를 매입하고 거주하는 것이 한러조약을 위반한 내용이라고 주장했다.[46]

이도재(李道宰)는 1903년 6월 13일 김규홍(金奎弘)에게 한러조약 4조 6항 중 "러시아인이 여행허가증(護照)을 휴대하고 조선각처(朝鮮各處)를 유력·통상(遊歷·通商)할 수 있다"는 규정을 설명했다. 우선 이도재는 '각처(各處)'가 구역을 지정한 것이 아니기 때문에 '각도·각군'(各道·各郡)을 의미한다고 해석했다. 이도재는 "여행허가증(護照)이 왕래할 때 증빙으로 삼는 것일 뿐이다. 개항지 이외에서 토지와 가옥의 구매는 조약을 위반한 것이다. 러시아공사관에 용암포의 토지와 가옥 구매에 대해서 여러 차례 항의했다"고 설명했다.[47]

한러조약의 8조는 러시아 군함의 한반도에서의 활동, 즉 항해 자유, 관세와 세금 면제, 해양 상륙 등의 내용을 담고 있다.[48] 첫째 8조 1항은 "양국의 군함은 모든 항구를 방문할 권리를 갖는다"고 규정되어 상호주의를 인정했다.[49] 둘째 8조 2항은 "러시아 군함이 조선의 통상하지 않는 항구에 갈 때에는 그 배에 탄 관리와 통역·병사·인부들이 해안에 상륙하는 것을 허락한다"고 규정하여 상호주의를 위배했다.[50] 셋째 8조 3항은 "러시아함대에 필요한 각종 물자는 조선의 개항장에서 하역될 수 있으며, 러시아 정부 관리의 감시하에 어떠한 관세를 지불하지 않고 창고에 보관한다"고 규정하여 조선에서 러시아함대에 대한 편리를 최대한 보장했다.[51]

태평양함대 사령관 알렉세예프(Е. И. Алексеев)는 1896년 5월 조선을 방문하면서 조선에서 정박 중인 러시아군함의 문제점을 지적했다. 1895년 10월 을미사변 이후 러시아군함이 제물포에 정박했는데, 보급

품과 관련된 문제가 발생되었다. 알렉세예프는 러시아군함이 제물포에서 일본인 소유의 회사로부터 석탄을 보급받는데, 석탄의 품질이 저질품이고 가격도 임의대로 받고 있는 실정이라고 밝혔다. 그는 전쟁을 대비하여 러시아가 안정적인 석탄을 보급받기 위해서 제물포에 석탄 기지를 건설해야 한다고 주장했다.[52]

알렉세예프는 한러조약 8조 3항을 근거해서 한반도에 석탄기지(저탄소)를 건설할 수 있다고 주장했다. 알렉세예프는 저탄소 건설을 위해서 이미 1896년 2월 초 주한 러시아공사 베베르와 논의했다. 그 자리에서 알렉세예프는 러시아 저탄소 건설을 위한 장소로 월미도의 일부를 임대할 것을 제안했다. 그 후 주한 러시아공사 베베르는 월미도 저탄소 건설과 관련된 협상을 조선정부와 진행했다. 알렉세예프는 한러 수교 조약 내용 중 8조 러시아군함의 활동관련 조항을 적극적으로 활용했다. 결국 8조는 표면상으로는 상호주의를 강조한 듯 보이지만 실제 러시아함대의 조선 항구에서의 활동을 보장하는 조항이었다.

그런데 8조 4항을 살펴보면 조선과 러시아원문 사이의 내용 차이가 존재한다.

"러시아국 군함이 조선 연해에서 수로 형세에 대해 현지 조사하면 조선 정부도 힘껏 도와야 한다."[53]

"조선정부는 조선의 강, 바다, 호수 등에서 측량(測量)과 측도(測度) 작업에 종사하는 러시아군함에게 가능한 모든 협력을 제공한다."[54]

그 내용을 분석하면 조선정부는 조선의 바다에 인접한 연해에만 러시아의 조사를 한정했다. 그러나 러시아 정부는 조선의 강과 바다 등물과 인접한 모든 지역에 관한 측량을 규정했다. 한러조약은 한문과 러시아어로 작성되었다. 그런데 12조 1항에는 "각 조항의 의미를 해석할 경우에는 러시아어 조문을 기초로 한다"고 규정되었다. 따라서 이 조항은 우리의 바다와 강가에 관한 러시아의 전면적인 조사를 허용했다는 점에서 조선에 매우 불리한 내용이었다.[55] 그 후 러시아군함은 두만강과 한강 등의 유역을 조사했다. '시부치(Сивуч)'호는 1887년 4~5월 사이 두만강을 정밀하게 탐사했고, 1895년 5월 또다시 두만강을 측량했다.[56]

그런데 러시아원문을 기초로 삼는다는 규정은 상대국의 언어를 동시에 인정하지 않는 대표적인 불평등 조항이었다. 1882년 한미조약에서는 한문을 양국 조약 해석의 기초로 인정했다.[57] 1883년 한영조약에서는 조항의 의미를 해석할 경우에는 영문을 기초로 인정했다.[58] 따라서 한미조약과는 달리 한영과 한러조약은 언어적으로까지 조선에 매우 불리한 조항이었다. 더구나 당시 조선에서 영어를 구사할 수 있는 고위층에 비해서 러시아어를 사용할 수 있는 고위층은 거의 전무한 상태라는 점을 고려하면, 러시아 정부에 매우 유리한 조약이었다.

한러조약 중 1조 2항을 살펴보면 조선과 러시아원문의 차이점이 나타난다.

첫째, 1조 2항을 살펴보면 조선원문은 "저 나라에서 앞으로 만일 다른 나라와 분쟁이 일어나게 되면 이 나라는 일단 저 나라와 조약을 맺은 이상 즉시 대책을 마련하여 중간에서 잘 조처해야 한다"고 규정되었다.[59] 그런데 러시아원문은 "체약국 일방과 제3국 사이에 분쟁이 발생할 경우 그 일방의 청원에 따라 타의 일방은 발생한 분쟁의 평화적 해결에 협력하여야 한다"고 규정되었다.[60] "중간에서 조처하는 것"과 "평화적 해결에 협력해야 하는 것"의 차이란 주체의 역할이었다. 중간에서 조처하는 것은 조선 정부의 의지에 달려있는 것이고, 평화적 해결에 협력해야 하는 것은 상대국 정부의 의지에 달려있는 것이다. 즉 러시아원문은 상대국의 요구에 따라 분쟁에 반드시 개입해서 협력해야 한다는 의미였고, 조선원문은 조약을 체결한 상황에서 중립적으로 적절하게 대응해야 한다는 의미였다. "상대국에 관한 협력"과

"당사국의 중립적인 대응"의 차이였다.

둘째, 1조 2항 거중조정(居中調停)의 내용 중 조선원문은 "즉시 대책을 마련하여(應卽設法)"였고, 러시아원문은 "그 일방의 청원에 따라"라는 내용뿐이었다. 우선 "즉시 대책을 마련하여"라는 규정은 1882년 한미조약의 "반드시 서로 도와주며(必順相助)"라는 내용보다는, 거중조정의 강제성이 약화되는 한영조약과 한독조약이 참고되었다. 또한 조선원문은 거중조정의 강제성이 약화된 반면에 러시아원문은 거중조정이 상대방의 요청에 따라 좌우되는 것이었다.[61] 즉, 한국과 러시아의 해석이 달랐다. 러시아는 자국의 요청으로 한국을 동원할 수 있었고, 조선은 상대국의 결정에 따른 것이었다. 결국 조선은 향후 러시아가 일본과 분쟁이 발생할 경우 러시아에 적극적으로 협력해야 했다.

그런데 한러조약의 부속통상장정 중 한문과 러시아원문의 시간을 확인할 필요가 있다. 그 이유는 조약의 내용 중 시간 규정의 차이에 관한 의문이 존재하기 때문이다. 우선 부속통상장정의 1조 1항 선박의 입출항 규정을 살펴보자.

"러시아 선박이 조선의 통상 항구에 들어올 때에는 선주가 24개 시진 이내에(일요일과 공휴일은 제외) 그 선박이 소지한 영사관이 발급한 선패(船牌) 접수증을 그 항구의 해관에 제출하여 검사를 받는다."[62]

"러시아 선박이 조선의 통상 항구에 들어올 때에는 선주는 입항 후 48시간(일요일과 휴일 제외) 이내에 서류를 영사관에 제출했다는 러시아 영사가 발급한 선박서류 접수증명서를 그 항구의 해관에게 제출해야 한다."[63]

여기서 한문본에 기록된 시간 "24개시진(二十四箇時辰)"에 대한 해석이 필요하다. 기존 『조선왕조실록』 한글 번역본에는 '24시간'이었다. 그런데 최근 연구는 한영조약을 연구하면서 '48시간'으로 수정했다.[64] 이것의 본질은 시진(時辰)에 대한 해석이었다. 조선시대 시간 측정법은

12시진이었고, 1시진은 2시간이었다. 그런데 한러조약에는 '24개시진 (二十四箇時辰)'이라는 '개(箇)'가 표기되었다. 그냥 '24시진'이면 '48시간'으로 파악하는 것이 옳다.

그런데 시진 앞에 '개(箇)'가 사용되었다. 기존 발간된 한국문집총간 중 신기선(申箕善)의 『양원유집(陽園遺集)』에서 "비료양개시진(費了兩箇時辰)"이라는 유사한 표현을 찾을 수 있다.[65] 그럼에도 신기선의 '양개시진'도 2시간 또는 4시간으로 모두 해석될 수 있다.

1883년 「조일통상장정(朝日通商章程)」 12조를 살펴보면 "한24시내(限二十四時內)"라는 시간이 기록되었다.[66] 여기서 "한24시내"는 일본원문과 비교하면 24시간을 의미한다. 당시 '24시간'을 표기할 때 '24시'로 표기했던 것으로 보인다. 그런데 「조일통상장정」 2조를 살펴보면 그 항구의 해관에게 증명서를 제출하는 시간이 '48시간'이었다.[67] 그렇다면 당시 근대 통상조약에서 사용된 '24개시진'은 잠정적으로 '48시간'으로 파악될 수 있다.

부속통상장정 중 러시아 선박의 한국에서의 활동을 살펴보자. 한러조약 부속통상장정 1조 4항에 따르면 러시아 선박은 정식무역을 진행하지 않을 경우에는 48시간 이내에는 기항하는 항구에 적하목록과 입항신고서를 해관에 신고할 필요가 없었다. 그런데 러시아 선박이 조선 해관에 신고할 필요가 없는 예외 내용인 "신선한 식품을 구매할 수 있다"는 규정을 주목할 필요가 있다.[68] 결국 러시아 선박은 신선한 식품을 구매할 수 있다는 조항을 근거로 비밀히 상업 활동을 진행할 수 있었다. 더구나 러시아 선박은 조선 해관에 신고하지 않고 필요한 생필품을 조선 항구에서 자유스럽게 구매할 수 있었다.

4. 맺음말

기존 연구는 러시아 정부가 조선의 블라디보스토크 영사관 설치를 회피했다고 한러조약 2조를 해석했다. 그런데 한러조약 체결 이후 1884년 9월 러시아 외무대신 기르스는 조선에 정치적 약속 불가, 조선에 불리한 정치적 협정 막기, 주한 러시아공사관의 설립 등을 당면과제로 설정했다.[69] 기르스는 후속조치로 "조선정부에게도 블라디보스토크 주재 영사 임명권을 주어야 한다"고 판단했다.[70] 따라서 블라디보스토크 주재 영사관에 관한 기존 연구는 다시 검토해야 한다. 기르스는 기본적으로 일본의 조선 항구 점령에 반대하여 러시아의 해군력을 통해서 일본의 실행을 억제하려고 생각했다.[71] 그렇지만 기르스는 "조선의 안전성이 위협받지 않는 한 러시아는 관망자적 역할을 고수해야 한다. 그리고 (러시아는) 일본은 물론 중국과의 충돌을 회피해야 한다"고 생각했다.[72]

조선은 1880년대 열강과 차례로 불평등한 조약을 체결했다. 미국은 1882년 한미조약에서 거중조정을 규정하면서도 '최혜국대우'를 관철시켰다. 영국은 1882년 한청장정을 참고하여 '한성개잔(漢城開棧)'뿐만 아니라 '내지행상(內地行商)'까지 포함시켰다. 러시아는 1884년 한영조약을 참고하여 치외법권·최혜국대우·한성개잔 등을 포함시켰다. 프랑스는 선교문제로 조선과 논란을 벌이다가 여행허가증(護照)만 소지하면 선교를 위해서도 조선 내지를 여행할 수 있도록 관철시켰다. 오스트리아는 1892년 상업이권에 관심을 표방하면서 최혜국대우를 관철시켰다. 그런데 한·오조약은 오히려 거중조정의 내용이 삭제되었다.

한러조약은 기본적으로 한영조약에 기초했다. 그런데 한영조약은 조미조약에 기초하여, 한청장정의 개항장에 대한 규정, 한일장정의 관세규칙, 한일조약의 부속장정도 참고했다. 한러조약은 기본적으로 열강의 조약체결의 내용에 기초했지만 러시아가 청국과 영국과 달리 조선정부에 양보한 조항도 있었다. 한성개잔을 포기할 수 있는 유보적인 단서조항이 그 대표적인 내용이었다.

1884년 7월 한러조약의 체결은 양국과의 관계에서 매우 중요한 의미를 갖는다. 첫째, 1882~1883년 미국, 영국 등과의 조약을 체결한 조선은 청국과 일본의 견제에도 불구하고 러시아와의 조약 체결을 통해서 외교노선의 다변화를 도모하였다. 러시아는 1884년 극동지역의 행정체계를 '동시베리아'에서 '연흑룡강' 지역 체제로 전환하면서 극동지역에 자국의 영향력을 강화하려고 노력하였다. 이러한 배경으로 러시아는 연해주 지역의 안전을 위해서 조선과의 공식적인 외교관계가 필요하였다. 둘째, 1860년 북경조약 이후 국경을 맞대고 있는 조선과 러시아 정부는 비공식적 교역 및 비합법적인 연해주지역의 조선 이주민 문제 등을 더 이상 방치할 수 없었다. 결국 양국은 공식적인 외교관계를 통해서 양국의 현안 문제를 해결할 필요성을 인식하였다. 이러한 상황에서 러시아는 조선에 파견된 공사 및 연해주지역의 관리 등을 통해서 조선의 정치상황, 조선인 이주민 문제 등을 파악할 수 있었다.[73]

동아시아 삼국, 한국·일본·청국은 열강에 의해 강요된 불평등 조약을 개선하기 위해 노력했다. 그런데 일본·청국은 열강에 의해 당한 불평등 조약을 한국에 적용하려고 시도했다. 한국은 한미조약을 기초로 청국과 일본의 더욱 불평등 조약을 막으려고 시도했지만 청국과 일본의 군사적 위협에 굴복했다. 영국은 한청장정, 한일장정을 근거로 한국정부에게 더욱 불평등한 조약을 완성했다. 이러한 한영조약은 한독조약, 한러조약, 한불조약의 원형을 제공했다. 한러조약은 한청조약, 한미조약, 한영조약 등이 충분히 분석된 기초 위에서 열강과 한국이 체결한 조약 중 완결판이었다.

주

[1] 1884년 이전까지 연해주는 이르쿠츠크에 총독부를 둔 동시베리아 총독령에 속해 있었다. 1884년 연흑룡(쁘리아무르)총독부는 하바롭스크에 소재하여 자바이칼, 아무르, 연해주, 사할린 등을 관할했다(이항준, 「러시아 연흑룡총독 운떼르베르게르의 조선이주민 인식과 정책(1905~1910)」, 『역사와 현실』 64, 2007, 266쪽).

[2] РГАВМФ(해군함대문서보관소). Ф.410. Оп.2. Д.4122. ЛЛ.13 с об, 1 ; РГАВМФ. Ф.410. Оп.2. Д.4122. ЛЛ.67-68.

[3] РГАВМФ. Ф.410. Оп.2. Д.4122. Л.17.

[4] 박영효는 1882년 11월 13일(양력), "조선이 완전히 자주적이고 독립적인 국가이며, 서방에서 이해되고 있는 것처럼 자신이 중국의 속국이라고 조금도 생각하지 않는다"고 주일 러시아공사 로젠에게 말했다(РГАВМФ. Ф.410. Оп.2. Д.4122. ЛЛ.168-171об).

[5] РГАВМФ. Ф.410. Оп.2. Д.4122. ЛЛ.47-48 с об.

[6] РГАВМФ. Ф.410. Оп.2. Д.4122. ЛЛ.70-86 с об.

[7] 督辦交涉通商事務衙門 編, 『朝俄通商條約』(한문원본 : 古貴 0234-2-22, 러시아어원본 : 古貴 0234-2-21), 國立中央圖書館, 1884.

[8] АВПРИ. Ф.150. Оп.493. Д.214. ЛЛ.6-14 с об ; РГАВМФ. Ф.410. Оп.2. Д.4122. ЛЛ.70-86 с об.

[9] Поджио М. А. Очерк Кореи. СПб. 1892, 저자 서문, XI. 최근 포지오의 책은 국내에 번역되었다(미하일 알렉산드로비치 포지오 저, 이재훈 역, 『러시아 외교관이 바라본 근대 한국』, 동북아역사재단, 2010).

[10] Поджио М. А. Очерк Кореи. СПб. 1892, 저자 서문, IX. 1베르스타는 1.0668킬로미터이다.

[11] Поджио М. А, Очерк Кореи. СПб. 1892, 저자 서문, X.

[12] 러시아대장성, 『韓國誌』, 韓國精神文化硏究院, 1984, 31쪽.

[13] 러시아대장성, 위의 책, 29쪽.

[14] Кюнер Н. В, Очерк Кореи. Владивосток, 1912, СС.250~251. 1898년 조선을 방문한 러시아 문학가 가린은 한러조약 체결 전후 조선과 러시아 국경지대에 살고

있는 조선인을 다음과 같이 묘사했다. "이 지방에 사람이 살게 된 것(크라스노예
셀로, 녹둔도)은 겨우 15년(1883) 전부터이다. 처음 온 한인들은 몹시 힘들었다.
기아와 힘든 생활이 이들을 최하의 빈곤까지 몰고 갔고, 아내와 딸들은 수치스
런 일로 연명하기도 했다. 이곳의 한인들은 땅을 배당받고 있었다. 구 러시아에
존재하던 것과 유사한 공동체 질서가 있었다"(가린−미하일롭스키, 『러시아인이
바라본 1898년의 조선, 만주, 랴오둥 반도』, 동북아역사재단, 2009, 184쪽).

[15] Тягай Г. Д.. Иачало колониального заваления Кореи, История Кореи Т.1, М.
1974. С.335.

[16] Пак Б. Д. Россия и Корея. 2004. С.135. 동시베리아 총독 아누친(Д.Г. Анучин)에
따르면 러시아는 조선에서 상업적 함대가 부재하고, 러시아의 태평양함대가 건
설되는 과정에서 열강이 조선의 상업을 지배할 것이다. 아누친은 러시아에 유리
하게 바뀌기 위해서는 조약의 비준까지 육상관계에 관한 조항의 보강이 필요하
다고 생각했다(Пак. Б. Д. Россия и Корея[한국과 러시아], 2004. С.134~135).

[17] 조미조약은 청국으로부터 조선의 독립에 관한 문제를 침묵했다. 청국정부는 조
선에서 미국과 영국과의 힘을 통합시키면서 조선과 러시아가 가까워지는 것을
반대했다(Пак Б. Д. Россия и Корея, 2004, С.129).

[18] Пак Б. Д. Россия и Корея, 2004, С.129~130.

[19] Пак Б. Д. Россия и Корея, 2004, С.127.

[20] Пак Б. Д. Россия и Корея, 2004, С.135.

[21] Пак Б. Д. Россия и Корея, 2004, С.127.
1883년 한영조약 2조 '피차 의논하여 총영사관(總領事官), 영사관(領事官) 혹은
부영사관(副領事官)을 설치하고 각 통상 항구에 주재시킬 수 있다.'
1884년 한러조약 2조 '피차 참작하여 총영사관(總領事官), 영사관(領事官) 혹은
부영사관(副領事官)을 둘 수 있으며, 다른 나라 영사관을 두기로 승인된 각 통상
항구에 주재시킬 수 있다.'(한문) '기타 열강 영사의 주재를 허락한 개항장 전부
또는 일부에 총영사, 영사와 부영사를 주재시킬 수 있다'(러시아).

[22] Пак Б. Д. Россия и Корея, 2004, С.131.

[23] Пак Б. Д. Россия и Корея, 2004, С.133.
"조약 제3조에 대하여 : 조선국에 있는 러시아 시민에게 부여되는 치외법권은 향
후 조선국 정부가 조선국의 법률과 재판법을 러시아제국 정부가 자기 시민을 조
선국의 재판 관할에 예속시킬 수 있다고 인정할 정도로 개량하고, 조선국이 재
판관이 마땅히 가져야 할 법률적 지식을 가지며 러시아의 재판관들이 갖는 것과
동일한 독립적 지위를 갖게 될 경우에 러시아 정부는 이를 폐기한다."

"조약 제4조에 대하여 : 조선국과 조약을 체결하였거나 향후 체결하게 될 여타의 모든 국가가 수도인 한양에 상관(商館)을 설치할 권리를 폐기하는 경우에는 러시아 시민도 이 권리를 향유하지 않을 것임을 이에 규정한다."

[24] Пак Б. Д. Россия и Корея, 2004, С.133.

[25] Пак Б. Д. Россия и Корея, 2004, С.136~137.

[26] Курбанов С. О., Курс лекций истории Кореи(한국역사강의) Спб, 2002, С.306.

[27] Вл. Ф. Ли(Ли У Хё). "Кризис и упадок позднефеодальной государственности в Корее", История Кореи(한국역사), М. 2003, С.219~220.

[28] Вл. Ф. Ли(Ли У Хё). "Кризис и упадок позднефеодальной государственности в Корее", История Кореи. М, 2003, СС.220~223.

[29] Вл. Ф. Ли(Ли У Хё). "Кризис и упадок позднефеодальной государственности в Корее", История Кореи. М, 2003, С.225.

[30] 최문형, 「한러수교의 배경과 경위」, 『한러관계 100년사』, 1984, 69쪽.

[31] 최문형, 위의 논문, 1984, 67~69쪽.

[32] 민경현, 「19세기 후반 러시아의 조선정책과 조러수호통상조약」, 『대동문화연구』 61, 2008, 72 · 83 · 86쪽

[33] 민경현에 따르면 1888년 조선과 러시아가 체결한 육로무역장정은 조선이 외교에서 중국을 극복하고 외교 자주권을 행사하는 첫 시험장이 되었다(민경현, 위의 논문, 86쪽).

[34] 민경현, 앞의 논문, 80 · 82 · 83쪽

[35] 한동훈, 「조러육로통상장정(1888) 체결과정 연구」, 고대한국사학과석사논문, 2009, 11쪽.

[36] 한동훈, 위의 논문, 73쪽.

[37] 한승훈, 「조영조약과 불평등조약체제의 재정립」, 『한국사연구』 135, 2008, 221 · 226쪽.

[38] 한승훈, 위의 논문, 235쪽.

[39] 『윤치호일기』, 1882년 11월 7일 ; 한승훈, 앞의 논문, 242쪽.

[40] 한승훈, 위의 논문, 136 · 245~246쪽.

[41] 『高宗實錄』, 1882년 10월 17일.

[42] 한영조약 2조를 살펴보면 "총영사, 영사, 부영사를 둘 수 있으며, 다른 나라 영사관을 두기로 승인된 각 통상 항구에 주재시킬 수 있다"(『高宗實錄』, 1883년 10월 27일 ; 督辦交涉通商事務衙門編, 朝英通商條約原本=Treaty of Friendship and Commerce between England and Korea, 1883).

[43] 한영조약 특별의정서의 4조에 대하여 중 "중국 정부에서 앞으로 중국 상인들이

서울에 들어와 창고를 설치하는 이권을 철회, 취소하더라도 영국 상인들에 대해서는 이 조항의 규례를 인용할 수 없다"(『高宗實錄』, 1883년 10월 27일 ; 督辦交涉通商事務衙門編, 朝英通商條約原本=Treaty of Friendship and Commerce between England and Korea, 1883).

[44] 한미조약에는 조선의 구체적인 개항장을 적시하지 않았다. 다만 6조를 살펴보면 "미국 상인이 개항한 조선 항구에 가 해당 지역의 정계(定界) 안에 거주하며, 주택을 세내고 땅을 조차(租借)하며 집을 짓는 일은 그의 편리대로 하게 하며, 무역 업무에 대해서는 일체 소유한 토산물 및 제조한 물건과 위반되지 않는 화물은 모두 매매할 수 있다"(『高宗實錄』, 1882년 4월 6일).

[45] 김윤식은 조선이 영국과의 조약체결에서 '한성개잔권'을 규정한 점 및 내지행상(內地行商)을 인정한 조항을 대표적인 불평등 조약 내용으로 꼽았다(『金允植全集(上)』, 亞細亞文化社, 1980, 504~505쪽 ; 李相一, 「雲養 金允植(1835~1922)의 政治活動」, 『역사와 실학』 17-18, 2000, 611쪽).

[46] 『駐韓日本公使館記錄(19)』, 「韓露通商條約을 違反한 露國側 專橫에 대한 是正要求 照覆」, 1903년 6월 11일, 議政府參政 金奎弘→ 外部大臣 李道宰, 152쪽.

[47] 『駐韓日本公使館記錄(19)』, 「上件을 是正하겠다는 照覆」, 1903년 6월 13일, 外部大臣 李道宰→ 議政參政 金奎弘, 153~155쪽.

[48] 한러조약 8조 한문과 러시아 원문은 다음을 참조했다.(АВПРИ. Ф.150.Оп.493. Д.214.ЛЛ.6-14 с об ; РГАВМФ. Ф.410. Оп.2. Д.4122. ЛЛ.70-86 с об ; 督辦交涉通商事務衙門, 『朝俄通商條約』, 國立中央圖書館, 1884 ; 『高宗實錄』, 1884년 윤5월 15일).

[49] 1. 러시아원문 : "두 나라의 군함은 통상 항구이건 아니건 아무 데나 가는 것을 쌍방이 승인한다." 1-1. 조선원문 : "양국의 군함은 통상 항구이건 아니건 간에 피차 항해하는 것을 승인한다"(兩國師船, 無論是否通商口岸, 彼此均許駛往). 1-2. 러시아원문 : "군함은 통상 및 항구 규정을 지킬 필요가 없으며, 구매한 물자에 대한 일체 관세와 세금을 면제해준다." 1-2-1. 조선원문 : "이상의 선척은 통상 및 항구 장정을 준수할 필요가 없으며, 구매한 물자에 대한 일체 세금과 각종 수수료는 모두 면제한다"(以上船隻, 勿庸遵守, 通商及口岸章程, 其購取物料, 一應鈔稅各等規費, 均應豁免).

[50] 2. 러시아원문 : "러시아 군함이 조선의 통상하지 않는 항구에 갈 때에는 그 배에 탄 관리와 통역·병사·인부들이 해안에 상륙하는 것을 허락한다." 2-1. 조선원문 : "러시아국 군함이 조선 내의 통상하지 않은 항구에 항해할 때에는 승선한 관원,

통역, 병사, 인부들이 해안에 상륙하는 것을 허가한다"(俄國師船, 駛往朝鮮, 非通
商口岸, 其船上員弁兵役, 槪准登岸).

[51] 3. 러시아원문 : "러시아함대에 필요한 각종 물자는 조선의 개항장에서 하역될
수 있으며, 러시아 정부 관리의 감시하에 어떠한 관세를 지불하지 않고 창고에
보관될 수 있다. 그러나 이들 물자 중 어떤 것을 판매하는 경우 구매자는 규정
되어 있는 관세를 조선정부에 지불해야 한다" 3-1. 조선원문 : "러시아국 군함에
서 쓰는 군수물자 및 일체 군량과 필수품은 조선의 각 통상 항구에 보관할 수
있으며, 러시아국에서 파견한 관원이 관리한다. 이런 군수물자에 대해서는 세금
징수를 면제한다. 어떤 이유로 팔게 된 경우에는 구매자가 납부해야 할 세금 액
수를 규례에 따라 더 지불해야 한다"(俄國師船, 所用軍裝物料及一切餉需各件, 可
在朝鮮通商各口, 存寄交俄國委派之員看管. 此項軍裝物料, 槪行免征稅項. 倘有因
事轉售者, 則由買客, 將應完稅課, 照例補交).

[52] РГАВМФ. Ф.417. Оп.1. Д.1340. ЛЛ.521об-525.

[53] "俄國師船, 在朝鮮沿海處所, 踏看水路形勢, 朝鮮政府, 亦應竭力相助"(8조 4항),

[54] "Корейское правительство будет оказывать всевозможное содействие Русским
военным судам, занимающимся съемочными и промерными работами в Корей
ских водах." 내수(Internal waters, national waters, interior waters)는 지리학적으로
육지 영토 내에 존재하는 각종 수역, 즉 강, 호수, 운하를 가리킨다. 국제법적으
로는 영해의 내측 한계선 안에 존재하는 수역, 즉 항구, 만, 하구를 통틀어 일컫
는 개념이다(박찬호 · 김한택, 『국제해양법』, 지인북스, 2009, 41쪽).

[55] 한영조약 8조 4항을 살펴보면 "영국 군함이 조선 연해(in corean waters)에서 항로
상태를 조사할 경우에 조선 정부에서도 힘껏 도와주어야 한다"고 규정되었다.
이것은 영국이 한영조약을 체결하면서 남긴 선례를 러시아가 답습했다(督辦交涉
通商事務衙門 編, 朝英通商條約原本=Treaty of Friendship and Commerce between
England and Korea, 1883).

[56] РГАВМФ. Ф.417. Оп.1. Д.257. ЛЛ.57-79 ; РГАВМФ. Ф.417. Оп.1. Д.257. Л
Л.94-126об.

[57] "이번에 양국이 체결한 조약과 이후에 교환할 공문에 대해서 조선은 중국문(華
文)을 전용하고 미국도 한문을 사용하거나 혹은 영문(英文)을 사용하되 반드시
중국문으로 주석을 하여 착오가 없게 한다"(『高宗實錄』, 1882년 4월 6일).

[58] "이후 글 내용에서 차이가 나는 곳이 있을 때에 영어로 해석해서 쌍방 간의 분쟁
을 면하게 한다"(『高宗實錄』, 1883년 10월 27일).

[59] 彼國日後, 倘有與別國相岐之處, 此國一經彼國相約, 應卽設法, 從中善爲調處(『高

宗實錄』, 1884년 윤5월 15일).

[60] В случае какого-нибудь несогласия между одною из Высоких договаривающи хся сторон и третью Державою, другая договаривающаяся сторона, по просьб е первой. Окажет свое содействие к мирному окончанию возникшего недораз умения.

[61] 국제법에서 국제분쟁의 평화적 해결 중 주선(Good office)과 거중조정(mediate)의 개념이 구별된다. 주선이란 분쟁의 평화적 해결을 위하여 제3국이 분쟁당사국간 의 직접교섭에 사무적 편의를 제공하는 것을 말한다. 그 대표적인 주선이 포츠 머드조약이었다. 거중조정이란 제3국이 분쟁해결을 위한 사무적 편의를 제공할 뿐 아니라 분쟁내용에까지 관여하여 타협에 노력하는 것을 말한다(이병조, 『國 際法新講』, 서울, 일조각, 1993, 747쪽). 거중조정(mediation)은 중개(good offices) 와 조정(conciliation)의 중간에 해당하는 해결방법이다. 중개는 제3자가 직접 분 쟁에 개입하지 않고, 분쟁당사자에게 협상을 종용하거나 협상을 후원하는 방법 이다. 거중조정은 제3자가 직접 분쟁에 개입하여 분쟁당사자와 회담하고, 그들 이 타협하도록 노력하는 방법이다. 조정은 제3자가 직접 사건에 개입하여 사건 을 조사할 뿐만 아니라 필요하다면 해결안을 제의하기도 한다. 조정은 심사와 거중조정을 합한 것이다(박상식, 『국제정치의 이해』, 일진사, 2005, 129쪽).

[62] "凡俄國船隻, 進入朝鮮通商口岸, 應由船主, 在二十四箇時辰內(禮拜及停公日不計) 將 該船所持領事官發給船牌收據, 呈交該口海關驗收"(『高宗實錄』, 1884년 윤5월 15일).

[63] "В продолжение сорока восьми часов (не считая Воскресных и праздничных (дней), по прибытии Русского купеческого судна в Корейский порт, шкипер о бя-зан представить таможенному начальству удостоверение от Русского Консул а, что все корабельные документы переданы Консульству."(РГАВМФ, Ф.410, О п.2, Д.4122, ЛЛ.87-91об).

[64] 최덕수, 『조약으로 본 한국 근대사』, 열린책들, 2010, 184쪽.

[65] "城門直臨萬丈之高. 如針孔穿在山頂. 自下望之. 若可一超而登. 而崎嶇灣曲. 行行 登登. 十步一休. 脚重氣喘. 費了兩箇時辰"(申箕善, 陽園遺集, 卷十 記 遊北漢記, 韓國文集叢刊, 348(인터넷 사이트 : http://db.itkc.or.kr).

[66] "倘貨主不服應, 限二十四時內, 將其不服緣由, 具報海關稅務司"(『高宗實錄』, 1883년 6월 22일).

[67] "第二款, 日本商船 ...乃自其抛錨時刻起, 限四十八時內"(『高宗實錄』, 1883년 6월 22일).

[68] "조선 항구에 정박한 러시아 선박이 48시간(일요일과 공휴일은 제외) 이내에 선

박의 출구를 개방하지 않거나, 악천후로 인하거나 신선한 식품을 구매하기 위하여 기항하는 선박이 적재된 상품을 하역하거나 적하하지 않을 경우에는 적하목록과 입항신고서를 제출할 의무가 없으며, 입항세도 부과되지 않는다 : Русское судно, остающееся в порте не открывая люков, менее сорока восьми часов (не считая Воскресных и праздничных дней) или зашедшее в порт вследствие не погоды или же для принятия свежей провизии, не обязано представлять мани фестов и декларация и с него не будут взыскиваться ластовые сборы, если оно не будет выгружать или погружать товаров."(РГАВМФ, Ф.410, Оп.2, Д.4122, ЛЛ.87-91об).

[69] РГАВМФ. Ф.410. Оп.2. Д.4122. ЛЛ.59-60 с об.

[70] РГАВМФ. Ф.410. Оп.2. Д.4122. ЛЛ.67-68.

[71] РГАВМФ. Ф.410. Оп.2. Д.4122. ЛЛ.104-105а.

[72] РГАВМФ. Ф.410. Оп.2. Д.4122. ЛЛ.109-110об.

[73] 김영수, 「대한제국을 바라보는 러시아학계의 시각」, 『역사와 현실』 63, 2007, 286쪽.

아관파천 시기 러시아의 한국인식

박벨라

1. 들어가는 글

한국과 러시아의 관계가 가까워지는 것에 중요한 역할을 했던 사람들은 한국 체류 중 한국에 대한 중요한 정보와 개인적 인상을 담은 여행기록과 회고록, 연구서를 남겼던 중요한 해양 탐험가들과 여행객들, 상인들, 학자들 및 외교관들이었다. 이들은 한국의 역사와 지리, 민족학, 언어 및 문학을 깊이 그리고 다양한 각도에서 연구하면서 방대한 사실을 모으고 많은 값진 학문적 업적을 남겼다.

러시아와 조선 간 최초의 우호 통상조약이 체결되고 공식적인 외교관계가 수립된 1884년 이래 한국을 여행한 러시아 학자들은 제대로 탐험되지 않은 위험한 한반도 북부의 산지지역을 여행하며 조사하는 어려운 과제를 수행하면서 한국에 대한 체계적인 공부를 시작했다.

청일 전쟁이 일어난 1894~1895년 러시아 탐험가들의 한반도 여행은 일시 중단되었고, 전쟁 종결 후에나 재개되었다.

1896년 2월 11일 고종의 아관파천과 반일－친러 내각의 구성으로 한국의 정세는 완전히 변하였다. 이 시기 이후 한동안 조선에서 일어나는 조선의 모든 일들은 러시아의 후견으로 이뤄졌고,[11] 이 무렵 한러 관계의 역사는 최고 정점에 도달하였다. 고종이 러시아 영사관에 머무는 동안 러시아와 한국 간 학문적이고 문화적인 협력은 더욱 확대되었다. 많은 러시아 학술 조사단이 한국에 파견되어 이 나라의 지리학적 지식이 축적되는 데 큰 기여를 하였다.

1985년 4월부터 한반도 북부지역에서 러시아 지리학회가 조직한 학술 원정대가 한반도 북부지역에 대한 연구활동을 수행하기 시작했는데, 연구활동이 수행된 지역은 험준한 산지지역이었다. 이 원정대 참가자들이 남긴 목격담과 연구결과가 출판되었고, 이 출판물은 러시아 사회에 큰 관심을 불러일으켰다. 이 모든 활동은 러시아에 한국에 대한 진지한 학술연구의 전통이 만들어지는 기반이 되었다.

이 당시 조선을 여행한 이들이 남긴 일기와 여행기록에는 아관파천을 비롯한 1890년대 후반의 사건들이 처음으로 언급되고 있는데, 여기에는 고종 황제로 하여금 러시아에 도움을 요청하게 만든 일본의 행동과 아관파천에 대한 중요한 증거들이 담겨 있다. 이들 기록들은 공통적으로 일본이 조선을 강제로 병합하려 한다고 평가하고, 아관파천 직전의 친일내각의 개혁이 강압적으로 행해지고 있으며 조선의 민족 관습을 유린하는 것이기 때문에 한국민들 사이에 인기가 없으며, 조선 국민들은 왕가에 대해서는 동정적인 태도를 취하고 있다고 전한다. 러시아 방문객들은 명성황후를 친러정책의 지지자로 높이 평가했고, 그녀가 잔인한 방식으로 살해된 것에 큰 충격을 받았다. 러시아 학자들과 군 장교들은 조선 인민들에 대해 동정했고 조선의 풍요로운 고대 문화에 대해 깊은 존경심을 가지고 있었다.

러시아 여행자들의 저작에는 조선의 상황과 경제, 일본 경제의 침투 정도에 대한 중요한 정보들이 담겨져 있다.

2. 1895~1897년 러시아 탐사단의 기록

한국의 경제와 지리, 군사지형에 대한 연구를 위해 한국에 파견된 최초의 러시아 학술 탐사단(1895)은 스트렐비쯔키 대령이 이끌었는데, 훈춘을 출발하여 두만강을 건너 두만강이 시작되는 지점까지 올라갔다. 갑산이라든가, 장진, 강계와 같은 도시를 거쳐 압록강 계곡까지 탐사하면서 이들은 유럽인으로서는 최초로 백두산 천지호를 방문하였고, 기압을 측정하고 수로 정보를 측량하여, 백두산과 두만강 계곡에 관해 신뢰할 만한 정보를 남겼다.[2] 이 탐사 결과는 "훈춘에서 선양으로 그리고 백두산 자락을 따른 귀환: 7개월간의 만주와 한국 탐사에 대한 보고서, 1895~1896"이란 이름으로 책으로 출판되었다.[3]

스트렐비쯔키 대령은 1897년에도 군사요원으로 한국에 체류하면서 아관파천 이후의 한국 정치정세와 한국에서의 러시아의 영향력이 점진적으로 쇠퇴하는 것에 대해 분석했다. 그의 의견에 따르면 조선의 친러파 진영에는 러시아의 도움을 통해 일본의 팽창을 저지한다는 희망을 견지하는 확고하고 영구적인 동맹자가 없다는 것이 문제였다.

그의 견해에 따르면 고종이 러시아에 대해 개인적인 공감과 감사하는 마음을 가지고 있다는 것은 의심의 여지가 없지만 다른 한편으로는 "이러한 감정 속에서 확고한 정치적 확신과 같은 것을 찾기란 어렵고, 따라서 위험이 닥쳐올 경우 고종의 마음은 예상하지 않은 방향으로 쉽게 바뀔 수 있다"고 보고했다. 친러파의 다른 구성원에 대해 말하자면 "이들은 사기꾼 집단이며 수치심을 모르는 이들의 행태 때문에 한국 대중들이 러시아의 영향력에 대해 가지던 관점은 변화하고 있다"고 그는 기술했다. "고종을 둘러싸고 있는 측근들은 주로, 최근까지도 고종의 눈 밖에 났던 사람들로, 갑작스러운 집권으로 얻어진 행운을 서둘러 이용해서 자기의 일을 처리하는 데 급급한 이들로 채워져 있다… 이들 궁정인사들은 음모를 꾸미고, 친러 성향의 왕에게 자신들도 친러 인사라는 인상을 주고자 애쓰며, 다른 한편으로는 민중의 분노가 폭발할 가능성을 두려워하고, 러시아 대표단의 영향력을 부담스러워하면서…그들과 왕의 과업이 러시아 때문에 자유롭지 않으며 이런저런 난관이 외국인인 러시아인의 영향에서 나오고 자신들의 후안무치한 행동의 책임을 러시아 탓으로 돌리고 있다." 즉, 이러한 인상을 만들어내는 사람들이 소위 러시아의 친구임을 자처하고 있는 것이다. 스트렐비쯔키는 많은 조선인들이 아관파천으로부터 일본을 조선에서 몰아낼 희망을 품고 있다는 것에 주의를 환기시키면서 다음과 같이 적었다. "한때 조선 사람들은 아관파천을 열렬히 환영했고 여기서 일본의 영향력을 제거하고 조선의 정치를 순수하게 조선의 것으로 만들 희망을 보았는데, 거의 1년이 지난 지금 조선 애국자들의 기대는 충족되지 않은 것으로 보인다. 이들의 기대를 충족하기에는 거의 이뤄진 것이 없다. 또한 민비와 그 일족들이 집권하던 시절 부과된 공식/비공식 조세 철폐 문제에 대해서도 현 조선 정부는 거의 한 것이 없다. 이에 따라 민중들의 요구는 거세지고 있는데, 이들의 요구는 왕이 러시아 영사관에서 궁전으로 돌아와야 한다는 것이다… 위에서 언급한 바 있는 지배층의 모략의 결과로 민중들은 조선의 내정에 미치는 외국의 영향력을 두려워하기 시작했는데, 이들은 정부가 조선에는 이질적인 외국의 모델에 따라 개혁에 나설 것이라고 생각하고 있다. 수구적인 보수파의 합창 뒤에는 이들이 궁정에서 음모를 꾸미고 자신의 이익을 추구하는 것에 장애가 되고 있는 조선 국왕에 대한 러시아 영사의 영향력에 대한 불만을 가진 온갖 종류의 다양한 궁정 인사들이 숨어 있다. 여하튼, 현재 독립적인 내정의 필요성에 대한 확신이 조선 국민들에게서 광범위하게 퍼지게 된 것은 긍정적인 변화이며, [조선 정책 수립에 있어서는] 이 확신이 어떻게든 고려되어야 한다."

스트렐비쯔키는 러시아가 조선에서 정치적 영향력을 유지할 가능성이 있다고 믿었다. 그는, 1897년 초 한국 명사들이 고종으로 하여금 환궁하라고 설득했을 때 "러시아에는 아직도 잘 알려져 있지는 않지만 강력한 동맹자가 있다"고 적었다. "그 동맹자는 이 나라의 농민들로서 그의 개인적 관찰이나 러시아 여행객들의 증언에 따르면 언제 어디서나 자신들의 강력한 이웃이자 후견에 대해 진지하고 강력한 공감을 보여주었다."[4]

고종의 귀환 이후에도 러시아의 영향력이 강력한 것을 주목하면서, 스트렐비쯔키는 한국인들이 러시아에 대해 가지는 감정들과 중국에 대한 공감을 동일시하지 말라고 촉구했다. "한국인들은 중국에게서 문화적 영향력으로 자신들의 내적 삶에 관통하는 아시아의 정신적 지도자를 보고 있다. 비록 우리 러시아는 강력하고 우호적인 동맹이지만 외부의 적으로부터 이 나라의 후견권을 넘겨받은 외부세력으로 보일 뿐이다. 우리의 영향력은 모든 외적인 문제에서 광범위하지만 중국의 영향력은 이 나라의 정신적 문화적 삶의 영역 전부에 존재한다."[5]

더 중요한 인물은 1895년 8월 한반도 북부에 파견된 러시아 지리학회 탐사단의 일원이던 루벤쪼프이다. 그는 5개월간 2천 킬로 이상을 여행하고 이 나라의 북서부 지역을 방문했다. 그는 처음으로 한반도 북부지역의 지도를 만들고 이 지역의 주요 산악 지역에 이름을 붙인 인물이다. 그의 탐사 결과는 "조선의 함경도와 평양도 지역"이라는 책에서 묘사되었는데, 이 책은 러시아 지리학회 아무르 지부에서 1897년에 출간되었다.[6]

러일전쟁 이후 한국을 방문하고 그 도중에 많은 한국 도시들과 마을들을 봤던 루벤쪼프는 조선 인민의 가난과 일본군의 존재로 초래된 황폐화에 충격을 받았다. 루벤쪼프는 한국의 도시와 마을들이 겪은 황폐화를 목격했고, 그의 기록에 따르면 50~60가구 정도로 이뤄진 길가의 여러 마음들에서 절반 이하만이 남아 있었고, 농경지는 인력부족으로 거의 경작되지 않는 상태였다.[7] 성현시를 예로 들면 "건물들이 많음에도 이 지역은 사막과 다름이 없었다. 이는 많은 경지들이 방치되고 농가들은 비어 있었기 때문이다."[8]

　루벤쪼프의 기록 중에는 이 나라를 식민지로 만들고 약탈하고 점령정권을 수립하기 위해 저질렀던 일본인들의 행위에 대한 생생한 묘사가 담겨 있다. 그는 다음과 같이 적었다. "일본인들은 이 나라를 자기들 상품을 위한 시장으로만 만들려고 한 것이 아니라 문자 그대로의 '식민지'로 만들고자 했다. 우리는 매일매일 이 불행한 나라가 조야한 섬 주민들의 탐욕에 빨려 들어가는 광경을 보고 있다."[9] 시모노세키 조약 체결 이후의 상황을 묘사하면서, 그는 적었다. "일본인들은 조선왕을 자신들에게 굴복시키고 사실상 이 나라의 주인이 되었다. 이 나라 어디서나 지역의 우두머리들을 임명하는 것은 그들이다···. [이들에 의해 임명된] 한국인들은 친일파이거나 종종 일본에서 교육받은 인물들이다."[10] 우리가 여러 마을들에 다가갔을 때 대부분 주민들은 자신들의 집을 버리고 산으로 도망갔다. 이들은 우리를 일본인으로 착각하고 도망간 것인데, 일본인들에 대한 불만은 어디서나 들을 수 있었다.[11]

　루벤쪼프는 어디를 가나 일본군 수비대가 있는 것에 놀라고 이들 점령군의 행동을 부지런히 기록했다. 한국인들은 철도공사와 전신공사에 동원되었는데, 이들 시설들은 일본이 발판을 마련하기 위해 짓는 것이었다. "많은 곳에서 수백 명의 조선인 노동자들이 도로보수 일을 하고 있는데, 이는 일본인들의 강압에 의한 것이다."[12] 루벤쪼프는 한국인들이 일본인 침략자들에게 느끼던 깊은 증오에 주목했고, 이러한 태도가 정당한 것이라고 믿었다. 이는 일본인의 통치가 이 힘겨운 나라에 큰 부담을 지우고 있기 때문이다.[13]

루벤쪼프의 책에는 한국의 산업과 농업, 상업에 대해 자세한 정보들이 담겨져 있다. 예를 들어 6장에서는 한국의 광물 자원에 대한 데이터를 상세한 리스트와 더불어 제시하고, 7장에서는 한국의 대외무역과 한국 세관의 업무에 대한 정보를 다룬다. 다른 장에서는 한국 군대에 대한 분석이 제시되고 이 나라의 인종과 생활양식에 대한 분석도 곁들여진다. 또한 다른 장에서는 한국인들의 언어와 종교, 건축물, 민속의상, 유흥, 축일 등에 대한 정보가 있다. 특별 장에서는 한국의 달력과 도량형 시스템, 그리고 통화유통에 대한 정보를 제공한다.

루벤쪼프는 다른 러시아 방문자들처럼 한국 민중에 대한 깊은 공감을 가지고 한국인들의 삶을 기술했다. 또한 저자의 의견에 따르면 한국인들의 빈곤 문제는 피지배민들로부터 모든 것을 쥐어짠 관리들의 탐욕 때문이었다.[14]

1895년과 1896년 사이 두만강과 원산 사이의 동해 지역은 총사령부 중령인 알프탄에 의해 탐사되었다. 1896년 아시아 지역의 지리 통계 정보를 다루는 자료집이 출간되었는데, 이 자료집에는 알프탄의 기록이 포함되어 있다.[15] 청일 전쟁으로 인한 한국의 정세에 대해 이야기하면서 알프탄은 이웃한 세 나라와 조용히 잘 지내던 청일 전쟁 전과 달리, 중국이 뒤로 밀려난 이후 한국은 러시아와 일본 영향력이 충돌하는 시대를 맞이하였다. 무능한 한국은 이미 오래전에 이들 외세 문제를 해결할 수 없다는 것과 원하든 원하지 않든 한 강대국 편에 참가해야 하는 상황이 되었음을 깨닫게 되었다.[16].

조선인들에게 기근과 전쟁의 참화를 불러온 청일전쟁 중 조선을 방문했던 알프탄은 일본인들에 대해 가지던 조선인들의 증오를 목격했다. 반일 감정이 얼마나 강했는지에 대해 그는, "나라 전체에 걸쳐 이 나라가 겪고 있는 일본인들에 대한 증오를 이야기하지 않는 지역을 찾기가 어렵다"고 기술한다.[17] 저자가 거론하는 예는 한국인들이 일

본의 침략 정책에 대해 보여준 다양한 형태의 항의에서 찾을 수 있는
데, 일본인들과의 충돌, 그들을 위한 작업 거부, 일본인들이 장악한 도
시와 마을로부터 사람들이 대거 탈출한 사태 등이다.[18] 저자는 한국
인들의 항일 저항의 다양한 사례를 목격했다. "내가 한국에 있을 때
가장 첨예한 문제는 상투를 자르는 문제였다... 한 도시에서는 일본인
들이 도시로 들어오는 것을 막기 위해 다리를 부셔버린 사례도 있다.
결론적으로 그는 '일본인들이 인기가 없을 뿐만이 아니라 증오의 대상
이며 일본인들의 후견과 점령은 참을 수 없는 것이 되었다'고 결론 내
렸다."[19]

　반면 러시아인에 대해서는 알프탄은 한국인들이 가진 태도가 달랐
음을 기록한다. 즉 그는 "어디를 가나 한국인들은 일본에 대한 혐오를
표현했으며, 유일한 탈출구는 러시아의 개입이라고 말한다"고 썼다.[20]
알프탄은 한국인들이 러시아인들에 대해 가지던 공감과 존경을 보여
주는 많은 사례를 드는데, 예컨대. "조러 국경의 100마일 이내 위치한
모든 마을에는 러시아어로 인사를 하는 한국인을 볼 수 있다. 그들은
우릴 볼 때마다 기쁘게 러시아어로 외친다. '안녕하세요, 대위님' 이
인사에는 우리에 대한 진정한 우호의 감정이 담겨 있다. 이들 한국인
들은 러시아어를 잘 못하는 사람들이다."[21] 이러한 태도를 알프탄은
다음과 같이 설명했다. "이들 북부 조선인들은 우리와 자주 접촉했고
우리에게 익숙하다. 많은 조선인들이 우수리지역을 방문하여 약간의
돈을 벌고 좋은 기억을 가지고 고향으로 ·돌아왔다."[22]

　알프탄은 청일전쟁 이후 조선은 이미 일본의 점령상태가 되었다고
생각했다. 그는 일본의 한국 점령 정책의 목표, 즉 이 나라를 흡수해
서 일본의 식민지로 만든다는 정책 목표를 정확하게 인식했다. 그는
일본인들이 자신의 영향력을 키우기 위해 사용한 방법들을 자세하게
묘사하는데, 그에 따르면, "일본인들은 처음 별다른 이유없이 조선을

침공했지만 군사적 성공이 계속됨에 따라 조선에 대한 자신의 견해를 바꾸었다. 조선은 더 이상 일본군과 중국군이 충돌한 첫 나라가 아니었다. 한국에 대한 일본의 침공이 진전됨에 따라 한국은 적어도 지금까지는 명목상 독립국이지만 점차 일본의 종속 국가가 되고 있음이 확실해졌다. 일본인들은 이제 아주 사소한 것에서부터 가장 중요한 것에 이르기까지 모든 행정 명령들이 그들의 승인을 통해 나와야 한다고 조선에 요구했다. 이를 통해 그들은 이 나라에 일본의 정신을 침투시키려 기도했으며, 두 나라간 융합이 공개적인 조치 없이도 시간을 두고 일어나도록 만들 작정이었다."[23]

알프탄은 분개한 나머지 일본의 전례없는 조선 왕국 개입이 멈추지 않는다면 이 나라는 일본에 넘어가게 될 것이라고 썼다. "서울에서 일본인들은 왕 주변에 자신들의 네트워크를 빈틈없이 만들어 놓아 왕을 자신들에게 고분고분한 도구로 만들었다. 이들은 또한 모든 장관들과 대원군까지 자기편으로 만들었다. 일본에 반대하던 민비는 정력적이고 지성적인 여성이었는데 일본의 압력에 대항하다가 잔인하게 살해되었다. 왕 주변에는 완벽한 일본 스파이망이 깔려 있으며 그에게는 친일적인 성향의 인물만이 허락된다. 국새는 이미 1895년에 그의 손을 떠났다. 조선의 중요한 일은 고종이 알지도 못한 채 일본인에 의해 결정되고 있다. 모든 단계에서 그는 일본인들의 논의에 따라야 하고, 일본인들의 압박으로 이 불운한 왕은 최면에 걸린 것처럼 되어 공공연히 일본에 대항하여 그들의 손아귀에서 빠져나올 용기를 잃고 있다. 그러나 그의 마음속에서는 운명이 그에게 부여한 그의 신민들에 대한 부채의식이 자리하고 있었다. 일본인들은 이것을 눈치채지 못했고 이들은 자신들의 첫 전투 승리의 용이함과 정치적 성과물에 눈이 멀었다. 이들은 세계의 눈앞에서 이 나라의 권리를 점점 침해하고 강압하고 있다..."[24]

알프탄은 일본에 의해 초래된 조선 정세를 비판적으로 보았는데, 이때 조선에 체류 중이던 모든 국가들의 대표들은 "그냥 무관심한 청중처럼 떨어져 지켜만 보고 있었으며 [일본과 조선 간] 비정상적인 관계를 해결하려고 시도하지 않았다. 어느 국가들도 [이 문제와] 자신들의 이해관계가 관련이 있다고 느끼지 않았고 이 문제가 저절로 해결되어야 한다고 보는 것으로 보인다."[25]

오로지 러시아만이 일본의 침략 정책에 반대하고 조선의 독립을 보호하고 나섰다. 알프탄에 의하면 아관파천은 고종이 절망 끝에 취한 행동이었으며 조선을 완전히 복속시키려는 일본의 야욕을 멈출 유일한 방법이었다. 그러므로 고종은 서울의 러시아 영사관에서 피난처를 찾았던 것이다. 1896년 2월 11일 알프탄은 기록했다. "왕은 마지막 수단에 의존했다. 그는 궁정을 떠나 왕자와 함께 우리 수병의 보호를 받으며 비밀리에 우리에게 왔다." 저자는 아관파천을 일본인들에 의한 "수치를 모르고 온당치 않은 일본인들의 괴롭힘을 끝낸 조치"로 평가했다. 이 결과 이 사태에 "일본인은 경악했고 그들은 일시에 그들이 공들여 이루어 놓은 조선에서의 모든 성과를 잃었다."[26]

알프탄은 또한 조선에서 일본의 입장이 강화되는 몇 가지 신호를 지적했다. "일본인들은 관리들을 바꾸어 자신들에게 충성하는 사람들을 그 자리에 임명했다. 한국 전체에서 그들은 자신들의 요원들을 풀었고, 이들은 한국 내 여론에 친일적인 여론을 조성했다."[27]저자는 또한 일본인들이 조선에서 제일 좋은 땅과 상업 분야를 갈취했음에 주목했다. 그의 말에 따르면 "거의 모든 교역업이 그들 손에 들어갔고 거의 모든 화물이 그들의 수송선으로 수송된다. 1896년 조선에는 여전히 일본인들이 넘쳐나서 이들은 마치 일본에 있는 것처럼 자신들을 느꼈다. 군산은 그들에게 상업이나 군사적 조건에서 중요한 곳이었다."[28]

일본인들은 자신의 무역회사에 보조금을 주어서 이 회사에게 블라디보스토크에 이르는 운항편을 늘리고 화물을 끌어올 기회를 주었다. 개항된 또 다른 항구인 부산에서 이 항구는 "마치 일본인에게만 열린 것처럼 보인다. 아주 많은 일본인들이 정착했고, 여기서 이들은 실질적인 주인이나 다름없다. 이 항구는 일본인에게 군사적으로도 중요하다. 부산은 언제나 일본의 첫 번째 작전 목표이다. 이는 이 항구가 외국 함대의 통행을 막고 자신의 기지를 확대할 요충이기 때문이다. 쉐벨레프 같은 러시아 해운회사 주인이 부산에서 땅을 구입하려 했으나 일본인들이 이를 반대했다."[29]

한국 주민들이 종사하던 직업들에 대해 이야기하면서 알프탄은 조선인들이 주로 농민이라는 것을 강조했다. 조선인들은 유일한 생존 수단인 땅에 모든 것을 쏟으며... 여기서 괜찮은 소득을 얻는다. 조선인들은 아주 근면해서 50~60 정도로 경사진 땅까지도 경작한다. 그러나 농경에 적합한 땅은 적고 토지 없는 농민의 수는 매년 늘고 있다.[30]

저자는 한국인민들에 대해 굉장한 존경심을 가지고 말하는데, 그는 예를 들어 한국에서 곡물 경작이 얼마나 어려운지를 이야기한다. 이러한 [경사진] 조건에서 비탈을 올라 농사를 짓는 것은 [우리로서는] 생각하기 힘들 정도다. 여러 차례 우리는 조선 농지의 위치에 놀라고 농민들이 그런 지역으로 올라가 농사일을 멋지게 해치우는 것을 경악 속에서 지켜보곤 했다. 이들은 이용가능한 모든 땅을 경작한다.[31]

이 책은 또한 교역 루트와 통신, 법 절차, 조선의 인종 및 문화에 대해서도 귀중한 정보를 담고 있다. 저자는 조선인들의 가난에 충격을 받고 편리한 통신수단의 부족, 교역 발전의 지체에 충격을 받았다. 그는 이 현상을 "이 나라의 마을들이 아주 분산되어 있다는 것과, 조선 사람들의 삶의 양식을 사회적인 관점에서 아주 독특하게 만든 정부

조치들로 설명했다. 1) 삶의 단순성. [상업] 필요성을 최소한으로 만든다. 2) 극단적인 경제적인 자주성. 조선인 가족이 필요한 모든 물건은 가족 구성원들이 스스로 만든다. 3) 조선에 돈은 다른 나라처럼 전지전능한 존재가 아니다. 4) 한국인들은 모든 일 가운데서 농경에 집중하는데, 이는 생존기회를 부여하고 확실한 소득을 주기 때문이다. 5) 공장은 고사하고 수공업과 산업이 매우 제한적으로 발전되었다.[32]

1901년에 발행된 『아시아의 지리, 지형, 통계 자료집』(제85호)에 피력된, 이른바 1895~1896년 사이 카르네예프 장군의 부대와 미하일로프 대령의 조선 유람에 대한 설명은 청일전쟁이 종결되고 고종의 아관파천 사건 이후의 기간 동안에 러시아가 견지하고 있던 對 조선 인식을 연구함에 있어 특별한 가치를 보여준다.[33] 1895년 11월 8일에 단행된 파견에 대한 설명은 청일전쟁 종결 이후 일본이 한국을 점령하던 기간 동안에 있었던 조선에서의 여러 사건들에 대한 매우 귀중한 기술을 그 내용으로 하고 있다.

이 자료집의 집필자들은 1895년 10월 8일, 일본이 저지른 야만적인 '민비시해음모사건'을 자세하게 기록하였으며, 이후 고위급 관료들 사이에서는 반일 경향의 감정들이 대거 생겨나게 되었다. 매우 특징적인 것은 당시 조선을 유람하였던 러시아의 다른 수많은 사람들과 같이 카르네예프와 미하일로프가 한국의 왕가에 대하여 매우 동정적이고 지대한 연민으로 기술하였다는 점이다. 카르네예프의 기록에 따르면, "44세의 나이에 크지 않은 키의 고종은 매우 지혜로운 얼굴과 살아 있는 눈을 가진 자로 큰 인상을 주었다." 이들의 견해에 따르면 민비는 재능이 많고 강직한 성격의 "여인"이었으며, 민비의 영향은 국정에 즉각 반영될 정도였다. 한편 이들의 기록은 "동양의 교육방식에 따라 민비는 좋은 교육을 받았고, 조선에서뿐만 아니라 동방의 모든 나라들을 포함하여 중국 서예에 조예가 매우 깊은 사람으로 통했다....

민비는 또한 유럽의 문명과 개혁들이 조선으로 유입되는 것에 상당히 긍정적인 자세를 보였지만 대신 일본인들을 통한 도입은 반대하고 있었다. 일본인들의 관측으로 보면 이 결단력 있고 지혜로운 민비는 자신의 의지대로 조선을 마구 조정할 수 있는 사람은 아니었으며, 일본인들은 이 극도의 추잡스런 악행 앞에서 자신들의 만행을 멈추지 않았다...”[34]

카르네예프와 미하일로프는 '민비시해사건'을 일컬어 “역사 속에서 그 유래를 찾아볼 수 없는 전대미문의 극악무도한 사건”으로 규정하였다.[35]

“보안 중에, 그것도 자국의 군대가 지키고 있던 중에 타국의 인간들이 떼거지로 궁정에 몰려들어와 왕후를 살해하고, 시신을 불에 태우는가 하면, 이 같은 극악무도한 만행 후에는 만천하에 저질러진 일을 자신들이 하지 않았다고 부정하는 이런 일들은 역사를 통해 단 한 번도 있지 않았다.”

기록을 집필한 자들은 일본의 점령정권이 어떻게 강화되어 갔는지 그 방식에 대해서도 자세하게 기술하였다. 이들의 말에 따르면, “시해 사건이 있기 전부터 이미 친일내각이 자신들의 내부 지침에 따라 [시해 사건을] 눈치채지 못했다”고 밝힌 바 있으며, 조선 민족의 풍속을 유린하는 일련의 개혁들을 선포하였다. 뿐만 아니라, 이 친일 인사들은 “9월 26일의 재해 기간 동안 자신들에게 이미 보상하였던, 지혜롭지 못한 국왕에 속해있던 자들로부터 새로운 내각을 구성하였다. 조선의 어머니에 해당하는 민비를 살해한 사건은 온 국민을 진노케 하였고, 이 새 내각을 증오의 대상으로 만들어 놓았다.” 새 내각은 “강압적이고 잔인하게 개혁을 도입하였으며, 국민들을 더욱 고난에 빠지게 만들었다.”[36]

카르네예프와 미하일로프가 쓴 일기에서 큰 비중을 차지하는 것은 일본인들에 항거하는 국민들의 분노에 대한 것이다. 여기에서 우리는 "정의의 군대"라고 하는 파당적인 선동대의 활동에 대한 가장 가치 있는 설명을 발견하게 된다. 러시아 공사의 관할 구역 내에 거주했을 뿐만 아니라 조선인들의 봉기에 자극 받았고 심지어 파당적인 운동의 선봉에 서 있었던 이 두 러시아 기록자들은 1895~1896년 사이 일본 점령군으로부터 자신들의 조국을 독립시키고자 하는 조선 국민들의 운동을 보여주었다.

한편 두 기록자들은 조선인들을 노예로 만든 일본인들에 대항하는 조선 국민들의 투쟁을 상당히 동정적으로 묘사하고 있다. 이들이 보기에 "국민들의 인내라고 하는 잔은 이미 넘쳐흘렀다". 민중봉기의 새로운 단계의 시작, 즉 반일 민족해방의 의병 활동이 비로소 시작된 것이었다. 봉기한 민중들의 주 목적은 수기의 기록자들이 강조하고 있듯 "일본인으로부터 조국을 벗어나게 하는 것이었다."[37]

또한 1896년 고종이 러시아 공사관으로 피신하여 머물렀던 기간은 그들에게 대단한 흥미를 일으킨 것으로 보인다. 때문에 이 수기에서 고종에 대하여 상당한 부분이 할애되었다. "자신의 궁에 갇힌 포로로 있을 당시 고종은 자신이 위험에 처한 것으로 상상할 수 없었다...고종을 둘러싼 대신들은 그를 살해할 생각을 하지 못했고, 심지어 자신들에 의해서 고종의 측근으로부터 부당한 징벌을 당하리라고도 역시 상상할 수 없었다. 이 같은 상황 속에서 고종은 세자와 함께 숨어살 수 있는 거처를 제국 러시아 공사관에서 찾기로 결심하였다."[38] 공사관의 방어를 조직할 임무는 실무 담당자였던 슈페이예르가 카르네예프에게 위임하였다. 슈페이예르는 다음과 같이 적고 있다: "만약에 있을 수 있는 사태로부터 공사관을 보호하기 위해 우리 수비대에는 이미 장교 2명과 경량의 대포로 무장한 선장 100명이 가세하였다. 이렇게 하여 우리와 함께 공사관으로 총 장교 5명, 무기 한 대당 코사크인

4명과 선장 135명이 합세하였다. 보호구역은 주야로 불침번을 서는 지구대 교량과 벽 상층부에 만들어진 돌출 총구의 구석으로 나뉘어졌다. 각 구역에는 위급시 신호를 전달할 수 있는 적절한 수단을 지닌 선봉대가 들어와 있었다."

"1월 30일 아침 7시 30분, 담벼락 동쪽에 위치한 측면의 문 앞으로 가마 두 대가 당도하였다. 공사에 거주하고 있었던 이범진은 아침 일찍 전갈 받은 대로 고종이 왕궁을 벗어나 탈출하여 우리 측 공사관으로 향했다고 사전에 알렸다. 문은 서서히 열렸고, 이내 공사관의 현관으로 가마 두 대가 들어왔다. 한 가마에는 시녀 한 명과 함께 고종이 타고 있었고, 또 다른 가마에는 세자가 시녀와 함께 타고 있었다. 고종의 피신을 추적하는 감찰에도 불구하고 왕은 궁을 벗어나 탈출할 수 있었다. 탈출 계획은 바로 이러했다. 시녀들이 민비의 관을 지키고 있는 사이, 가마가 궁 안으로 들어왔던 것이다. 시녀들은 이른 아침에 교대되었다. 조선의 궁중 관례대로 여성들이 타고 다니는 가마는 불가침의 탈것이었다. 밤늦게까지 집무를 보다가 잠자리에 들었기 때문에 왕은 늘 그렇듯 한밤중에 잠자리에서 일어났다. 고종의 일상적인 패턴을 이미 잘 알고 있던 터라, 이른 아침에 왕의 뒤를 아무도 추적하지 않았던 것이다. 가마꾼들은 철저하게 비밀에 부쳤기 때문에 탈출계획은 성공적이었다. 같은 시각 베베르의 거처에는 두 개의 방이 고종을 위해 마련되었다. 그리고 고종의 지령에 따라 러시아 공사 베베르는 외국의 모든 대표부들에게 현재의 정치상황을 고려해 볼 때, 고종이 자신의 궁궐에 머무는 것이 위험하여 궁을 탈피하여 세자와 함께 러시아 공사관에 피난처를 찾기로 결정한 사실을 알렸다. 이에 외국 대표부들은 한결같이 현 상황의 사실에 대하여 상당수준 공감을 표하였고, 우리 대표부인 베베르와 슈페이예르를 진심으로 칭찬해 주었다. 일본의 대신 고무라는 '이 결정적이고 강력한 타격이 일본에게

모종의 영향을 끼쳤음'을 인정하지 않을 수 없었음에도 불구하고 분명
현 사태에 대하여 잠잠히 있었다."[39] "그 어느 때보다도 고종의 권위
는 높아졌다...이튿날 간밤의 위태로움을 극복한 고종은 훈령을 발효
시켰고, 국민들의 분노는 이내 잠잠해지기 시작했다."[40]

이 수기에서 우리는 더 나아가 러시아 공사관에서 지내는 동안 고
종의 삶에 대한 것뿐만 아니라, 새 거주 영역에서 새로운 조선정부가
펼친 활동의 결과들에 대해서도 흥미로운 기술을 엿볼 수 있다. "왕은
국정 업무에 많은 시간을 쏟고 있다. 거의 모든 일을 밤에 처리하고
있다. 정부 대신들과의 회견은 빈번하게 새벽까지 지속되었다. 고종
은 훌륭한 교육을 받았으며, 조선 선조들의 계보를 매우 잘 알고 있었
다. 언어는 오로지 중국어와 조선어로만 말한다. 그는 진정으로 조선
의 선과 복지를 희망하고 있다. 민중들은 고종을 아버지로 존경한다.
유교주의자였던 고종은 선열들 앞에서 종교의식을 잘 수행하였고, 인
내심이 매우 남달랐으며 의례 집전자들과 이들의 행위에 상당히 매료
되어 있었다. 민중의 교육에 대한 문제들에 있어서 고종은 이후에 실
로 많은 일들을 하였다. 한양과 지방에 있는 학교들은 그 수가 확대되
었다. 아울러 한양에는 영어, 프랑스어, 러시아어, 일본어를 가르치는
공립학교들이 세워졌다."[41]

3. 1898년 러시아 탐사단의 기록

1898년 9월 조선으로 식물학 및 지질학 연구를 하는 대규모 기행단
이 입국하였다. 즈베긴쪼프 기마군대장을 필두로 한 이 기행단은 두
만강과 압록강 유역에서 지질, 식물계 및 공학적 연구를 단행하였다.
1898년에 발행된 이 기행단 연구의 결과물은 해당 연구 지역 내에서

의 세밀한 물리 지리학 및 경제 지리학적 조사의 내용을 담고 있었다. 기행에서 얻은 자료들은 1904년 자베긴쩨프가 발간한 조선에서의 전문적인 연구 보고서에 활용되었다.[42]

조선으로의 기행단원에는 유명 작가인 가린-미하일롭스키가 포함되어 있었다. 기행과는 별도로 가린-미하일롭스키는 민족지 및 민속자료들을 연구하였다. 기행이 있던 전 기간에 걸쳐 그는 100여 개의 조선 전설과 민담, 신화들을 채록하였다. 조선 민속학에 있어서 가장 걸출한 공헌은 바로 가린이 수집한 조선 민속자료들이다. 사실 가린-미하일롭스키 이전의 조선 민속이란 것은 러시아어로 된 2편의 민담과 영어로 출판된 7개의 민담이 고작이었다.[43] 그가 작성한 기행의 기록들은 1904년 상트페테르부르크에서 출판된 『조선, 만주와 랴오둥 반도를 따라』란 제목으로 그가 집필한 책의 실질적 토대 역할을 하게 되었다.[44] 이 책에는 조선인들에게 바치는 사랑과 감탄으로 가득하며, 조선인과 러시아인들 사이에 서로 연관되어 있던 상호신뢰와 연민을 증명해 보이기도 하였다.[45] 그는 특히 예외적인 뜨거운 가슴과 깊은 동정심으로 조선인들을 기술하였다. "조선인들은 정직하고 착하며 지혜롭고 교양이 있다. 나는 그들을 사랑하며, 조선인들을 경외하지 않을 수 없다. 사람들은 또 얼마나 공손하고 교육을 잘 받았던지! 자기들끼리도 이들은 너무도 정중하며, 낯선 자와 대면하는 자리에서도 매우 자상하다.[46] 당신네들은 이 자그마한 키의 조선인들의 가치를 일일이 따져보지 못할 것이라. 나는 단언하건대, 우리가 서로 사랑하였듯, 그 누구도 이 조선인들을 알게 된다면 그들을 사랑하게 되리라고."[47]

가린-미하일롭스키는 조선인들의 둘도 없는 따뜻한 마음과 정중함, 평화를 사랑하는 마음, 다정다감함, 용맹, 특히 러시아 대표단원들과의 관계에서 보여준 각별한 우정을 재차 강조하였다. 그는 의주시 군수가 자신에게 한 말을 다음과 같이 적고 있다. "조선인들에게 러시아인의 이름은 뭔가 성자의 이름과 같습니다. 우리들을 위해 러시아는 실로 많은 것을 해 주었습니다. 그리고 우리가 평가할 수 없을 정도로 엄청난 일을 러시아가 이루어 주었습니다. 러시아는 우리에게 가장 귀중한 손님입니다. 우리 양국 사이에는 주둥이를 벌리고 있는 두 짐승이 있는데, 바로 일본과 중국입니다."[48]

1899년에 러시아 제국 지리학회는 일본과 오호츠크해의 생태계 연구를 목적으로 동물학자이자 여행가였던 슈미트를 수장으로 하는, 다년간의 조선-사할린 기행단을 조직하였다. 조선 동해안의 식물계를 조사한 일부 기행단원들은 조선 남단을 따라 내려가면서 연안의 생태계 및 지질학 관련 자료를 수집하기도 하였다. 19세기 말 조선의 경제적 낙후성을 지적하면서 슈미트는 여타의 서유럽 기록자들과 달리 조선내부에서의 사회관계들 속에서 조선인들이 진보할 수 없는, 즉 불가능의 이유를 발견하고 있다. 슈미트는 조선인들의 국민 성향 속에서 잠자고 있는 힘과 능력 그리고 이들이 척박한 조건들, 이른바 운명의 강력한 무게에 눌리고 험난한 경제 환경 속에서 어떤 힘을 발휘할 수 있는 가능성을 소유하지 못했다는 점에 대하여 기록하였다.[49]

조선에서 수집한 광범위한 지리 및 경제자료는 『아시아의 지리, 지형, 통계 자료집』과 『러시아 지리학회 소식』에 부분적으로 출판되었다. 다년간에 걸친 조선에서의 기행 연구 결과, 조선과 관련된 방대한 문헌이 만들어지게 되었다. 19~20세기 조선에 대한 과학적 지식의 독창적인 결과는 바로 1900년도 러시아의 상트페테르부르크에서 출간된 3부로 구성된 『한국지(Описание Кореи)』였는데, 이는 러시아와 전세계를 통틀어 한국학 분야에서 최초의 걸출한 사건이었다. 이 중대한 출간의 사전 작업에는 당대의 걸출한 동양학 학자들로 알려진 포즈드네예프, 코트비치, 스팔리빈, 큐네르가 참여하였다. 자료집은 조선에 대한 총람적 성격의 문헌이었다. 여기에는 고대에서부터 일본과의 교역으로 인한 문호개방, 그리고 1898년 4월 13일(4월 25일), 이른바 러·일 의정서가 체결되기까지 방대한 양의 지리, 지질, 동식물계, 경제, 민족지, 언어, 문학, 조선역사에 대한 방대한 양의 실질적 자료가 포함되어 있다. 「조선사 개설」 장을 집필한 큐네르는 조선에 관한 가장 중요한 저작들을 고려하여 그 장을 썼다. 이 장에는 4세기부터 19세기 말까지의 역사가 들어가 있다. 큐네르가 특별한 관심을 기울이고 있는 것은 조선이 근대사에서 경험한 사건들이었다. 개혁이란 이름으로 조선 점령을 정당화하였던, 1894~1895년 청일전쟁 기간 동안의 조선과 특히 일본 절대군주의 정치가 집중 조명되었다. 큐네르의 견해에 따르면 조선에서 일본인들이 보여준 개혁적 활동은 단지 수도에서 경찰의 재조직을 이끌어낸 것, 즉 친일의 새 정부 구성과 일본인 초임 장교들로 이루어진 신식 군대조직을 만들어낸 것에 불과하였다.[50]

큐네르는 전쟁이 발발하던 초기부터 일본인들은 조선의 민족적 전통을 말살하려고 했다는 점에 주의를 기울였다. "일본인들의 개혁 열망은 조선인들의 골육 속에 스며들었던 다종다양한 삶의 모양새와 관습과 풍속을 폐기하거나 다른 것으로 교체하는 일에 기울어져 있었다."[51] 이 모든 것들은 사실 큐네르가 지적하고 있듯이, 야만스러운 민비시해사건 이후 조선에서 생겨난 반일 정서가 성장하는 결과를 초래하였다.[52]

한편 큐네르는 다음과 같은 것도 기록하고 있다. 즉, "1896년 1월 30일(2월 11일) 고종이 세자와 함께 단행한 아관파천은 뜻밖에도 사전 준비된 고종의 궁궐 밖으로의 피신에 대해서뿐만 아니라, 나라 곳곳에서 일어난 반란, 즉 다수의 일본인 살해사건과 일본인 및 조선 군대 모두에게 큰 부담이었던 여러 사태로 번지게 되는 결과에 대하여 설명하게 해준다."[53]

고종의 아관파천 이후 조선의 수도 한양에서 형성된 정세를 논하면서 큐네르는 "러시아 공사관의 피난처에 있으면서도 고종은 불안해하였다"고 적고 있다. 나아가 그는 이 사건 소식이 알려지자 "조선 국민들 사이에서 강력한 반발과 오래전부터 감추어져 왔던 정부에 대한 증오감이 생겨나게 되었다"고 기록하였다.

큐네르는 또 다음과 같이 기록하고 있다. "고종이 친일당파의 손아귀로부터 피신한 처사는 나라에 거대한 반향을 불러일으켰으며, 나라의 무질서와 혼란에 막대한 영향을 주었다. 그러나 당연한 일이겠지만 이 같은 사태의 결과는 일본인들에게는 그리 달갑지 않은 것이었다. 그 이유는 이러한 징후가 일본의 조선통치에 줄 수 있는 영향력의 온갖 가능성을 빼앗아갈 수 있었기 때문이며, 동시에 한반도 관련 제반 일들에서 주도적인 역할이 자신들에서 러시아인의 손으로 넘어갈 수 있다는 가능성을 시사하는 것이었기 때문이다."[54] 1896년 3월 '민비시해사건' 조사를 맡은 법무협판 권재형의 최종 결과 보고서가 발표되었을 때, 일본인들의 상황은 훨씬 더 악화되었다. 이 기록은 조선의 일본 대표부 입장과 일본의 대한 정책을 상당 정도 보상하였다. 큐네르의 견해에 따르면, 이 같은 상황 속에서 조선과 관련한 일에서 러시아와 일본 양국의 권리를 상대적으로 확보함에 있어 러시아의 동의를 이끌어내는 것이 적어도 일본 정부에게 매우 중대한 일이었다.

한편 큐네르는 1896년 2월 11일에서 1897년 2월 20일 사이 러시아 공사관에 고종이 체류하고 있던 동안에 행해진 조선 정부의 방침과 정책, 다시 말해 조선의 내각 해산을 명령한 왕의 조치와 오래전부터 전해져 내려왔던 대신들의 반발, 철도 건설 및 광산 개발권을 외국인에게 위임하는 일, 1896년 봄 민영환 특사를 니콜라이 2세의 대관식에 파견 보낸 일 등에 각별한 중요성과 관심을 기울였다.

『한국지』에서 커다란 주목을 받고 있는 대목은 1894~1895년에 걸쳐 있었던 청일전쟁 이후 조선과 러시아 간의 정치적, 외교적 관계이다. 마찬가지로 이 책의 또 다른 중심은 1897~1898년 사이 한양에 파견된 러시아의 군지도 및 금융 전문가들의 활동에 대한 내용이다. 「한국지」에 따르면, 조선에서는 러시아 군사 전문가들의 작업 결과가 높게 평가되었다. 1896~1898년 사이 러·일 간에 체결된 협약을 분석하면서 큐네르가 내린 결론은 "조선의 내외적인 일에 일절 간섭하지 않는 것을 의무로 하면서, 양국이 조선의 완벽한 독립과 주권을 마침내 인정하게 되었다"는 점이다.[55]

한편 이 책에는 조선의 지리에 대한 간략한 설명과 지방에 대한 묘사들 또한 들어 있으며, 조선의 가정생활, 풍속, 종교, 역사와 경제도 함께 관찰되어 있다. 특히 흥미로운 장은 사회구조, 조선인의 가옥구조, 전통 의상과 부엌에 대한 소개와 설명이다. 또 다른 주된 관심은 「산업」 장에 할애되었는데, 여기에서는 농업, 지방 특산물, 가축사육, 어업, 그 밖의 외국인 운영의 광산채굴 가공업 등의 문제들이 집중 조명되었다. 제지, 방적, 도자기 및 요업 생산은 별도로 절이 나뉘어져 있다. 재정, 국가조직, 군사력, 행정, 사법 제도는 특별한 절로 할애되었다. 한편 이 기록에는 궁정의 도덕과 예절에 대한 설명을 비롯해 조선 정부 부처의 활동과 법체계, 조선 국왕과 중국 간의 봉건적 상호관계에 대한 설명이 포함되어있다.

「종교」 장에서는 조선의 샤머니즘과 이것의 불교 및 유교에 대한 상호관계, 조선인들의 신화, 중국에서 전래된 불교의 유포 등에 대한 이야기들이 자세하게 소개되었다. 조선에서의 유교사상의 본질과 이것이 유포된 원인에 대해서도 이 책은 분석하고 있다. 아울러 한반도에 들어온 기독교 전래의 역사와 조선에서의 유럽 선교사 출현, 가톨릭으로 시작하여 개신교, 장로교, 침례교 그리고 영국의 성공회에 이르기까지 기독교 내의 다양한 종파들에 대한 설명이 포함되었다.

「언어, 문학, 교육」 장에서는 조선의 언어와 문학의 역사가 논해졌고, 가톨릭 및 개신교 선교사들과 외교사절단원이 편찬한 최초의 사전들과 이들의 언어에 대한 것들에도 많은 지면이 할애되었다. 조선어와 중국어 및 부분적으로는 일본어와의 관계에 대해서도 언급되어 있다. 아울러 조선에서의 유교 사상 발전에 영향을 끼친, 이른바 중국의 공자가 남긴 문헌들이 기록되어 있다.

러시아와 맺은 조약을 포함하여, 1884년과 1888년에 있었던 일련의 조약에 따라 조선이 맺은 대외무역과 관련한 수많은 자료들의 소개는 「한국지」의 부정할 수 없는 가치이다. 특히 이러한 관계들 속에서 '교역' 장은 동방의 제 국가들 사이에 놓여있는 러시아 대표부의 입장에서 각별한 의미를 지니는 것이었다. 이 장에는 조선이 일본(1876), 미국(1882), 영국과 독일(1883), 러시아(1884, 1888, 2회)와 맺은 교역 협정의 내용이 자세하게 기술되어 있다. 이 가운데 러시아-조선 간의 육로 교역이 특별히 분석되기도 하였다.[56]

「한국지」가 지니는 또 다른 중요한 가치는 바로 조선과 다른 나라들 간의 교역에 대한 상세한 설명과 이 내용들의 삽입이라 하지 않을 수 없다. 예를 들어 여기에 포함된 것들에는 "조선과 일본 간의 강화도 조약", "1892년 9월에 체결된, 조선과 중국 간 해상 및 육로 교역 원칙", "1883년 9월 18~30일에 체결된 제물포에서의 일본인 거주를 승인하는 조선-일본 간의 합의서", "1882년 5월 10~22일에 영문으로 서약한 조선과 미국 간의 조약", "1884년 6월 25일~7월 7일 사이에 체결된 조선과 러시아 간의 상호 조약", "동년 8월 8일, 한양에서 체결된 조선과 러시아 간의 육로 및 해상 교역 원칙" 등이 있었다. 또한 이 책에는 "조선 문제와 관련한 러-일 간 합의문"이 들어 있기도 하다.[57]

1세기 훨씬 이전에 집필된 「한국지」는 여러 관계들을 종합해 볼 때, 오늘날까지도 그 학술적 가치가 손상되지 않았고 조선의 지리와 역사

방면에서 기본 교과서들 가운데 하나로 남아 있다.

이렇게 하여 19세기 말 러시아의 조선 연구는 조선과 조선이 이웃한 여러 나라들, 이른바 일본, 중국, 러시아와 맺은 여러 관계들에 대한 적지 않은 자료를 축적해 왔다. 19세기 말 조선에 체류하였던 러시아의 기행가들에 의해서 작성된 「한국지」는 조선의 새 역사를 연구함에 있어서 매우 귀중한 가치를 지닌다고 하겠다.

(번역: 구자정)

주

[1] 더 자세한 내용은 다음을 참조. Б. Б. Пак. "375 дней в русской миссии." *Восток*. 1997. №. 5. С.27-37; Г. Д. Тягай. "Король Коджон в русской миссии (из истории русско-корейских отношений)", *Проблемы Дальнего Востока*. 1999. №. 3. С. 118-134; АВПРИ. Ф. Миссия в Сеуле». Д.365. 1896 г. Л.28.

[2] См. подробнее: В. Зайчиков. *Корея*. М., 1951, СС.58~59.

[3] И.И. Стрельбицкий. *Из Хунчуна в Мукден и обратно по склонам Чан-Бай-Шань/ского хребта. Отчет о семимесячном путешествии по Маньчжурии и Корее в 1895-1896 гг.* СПб., 1897 ; По Корее. *Путешествия 1885-1895 гг.* М., 1958.

[4] Рапорт военного агента в Корее полковника Стрельбицкого от 10/23 января 1897 г, РГВИА. Ф.448. Д.10. Л.80-100.

[5] Там же.

[6] А. Г. Лубенцов. Хамкиенская и Пхиенанская провинции Кореи, *Записки Приамурского отдела Русского географического общества*. Т.2.вып. Ⅳ.Хабаровск, 1897.

[7] Там же, Л.140.

[8] Там же, Л.142.

[9] Там же, Л.251.

[10] Там же.

[11] Там же, С.86.

[12] Там же, СС.40~41.

[13] Там же, С.250.

[14] Там же, С.120.

[15] Альфтан Поездка в Корею в декабре 1895 г. и в январе 1896, *Сборник географических, топографических и статистических материалов по Азии*. 1896, вып. LXIX. СС.8~96.

[16] Там же, С.45.

[17] Там же, СС.15~16.

[18] Там же, СС.67~68 и др.

[19] Там же, С.69.

[20] Там же, С.74.

[21] Там же, С.63.

[22] Там же, С.63.

[23] Там же, С.69.

[24] Там же, С.74.

[25] Там же, С.70.

[26] Там же, СС.70~71.

[27] Там же, СС.14~15.

[28] Там же, С.13.

[29] Там же, С.17.

[30] Там же, С.19.

[31] Там же, С.27.

[32] Там же.

[33] "Поездка Генерального штаба полковника Карнеева и поручика Михайлова по Южной Корее в 1895-1896 гг.", *Сборник географических, топографических и статистических материалов по Азии* (Вып LXXXV). Цит.: *По Корее. Путешествия. 1885-1896 гг.* М., 1958. СС.134~219.

[34] Цит.: *По Корее. Путешествия. 1885-1896 гг.* М., 1958. С.179.

[35] Там же, С.181.

[36] Там же, СС.181~182.

[37] Там же, С.184.

[38] Там же, С.184.

[39] Там же, СС.184~186.

[40] Там же, СС.187~188.

[41] Там же, С.189.

[42] Н. А. Корф и А. И. Звегинцев. *Военный обзор Северной Кореи.* СПб., 1904.

[43] См. подробнее: В. Зайчиков. *Корея.* М.,1951. СС.71~72.

[44] Н. Г. Гарин. *Из дневников кругосветного путешествия (По Корее, Маньчжурии и Ляодунскому полуострову).* М., 1949.

[45] Там же.

[46] Н. Г. Гарин. *По Корее, Маньчжурии и Ляодунскому полуострову.* СПб., 1904,

стр. 157.

[47] Н. Гарин. *По Корее, Маньчжурии и Ляодунскому полуострову.* СПб., 1904, ст
р. 230.

[48] Н. Гарин. *По Корее, Маньчжурии и Ляодунскому полуострову.* СПб., 1904, ст
р. 231.

[49] Ю.П. Шмидт. *Япония и ее обитатели.* СПб., 1904.

[50] *Описание Кореи. Сокращенное издание.* М., 1960. С.62.

[51] Там же. С.62.

[52] Там же. С.64.

[53] Там же. С.65.

[54] Там же. С.66.

[55] Там же, С.68.

[56] М. И. Венюков. "Очерки Крайнего Востока", *Вестник Европы.* 1871. Т. Ⅱ. С
С.485~541.

[57] Там же, СС.543~545.

러시아와 한국 및 일본 역사교과서 서술 분석

"태프트-가쓰라 협정"을 중심으로

최덕규

1. "태프트-가쓰라" 협정은 실재했는가?

미국 육군장관 태프트(W.Taft)가 필리핀 순방도중 일본에 들러 1905년 7월 27일 목요일 아침 일본수상 가쓰라(桂太郞)와 동아시아문제 현안에 대해 논의한 대화록(memorandum of conversation)은 그 형식과 내용의 진위여부를 둘러싸고 논란의 대상이 되어왔다. 그 논란의 초점은 첫째, 1905년 7월 29일 태프트가 가쓰라와의 대화내용을 미 국무장관 루트(Elihu Root)에게 보고한 電文이 미일간의 법적인 구속력을 지닌 비밀협정이었는지, 둘째, 과연 이 전문에서 미일 양국이 필리핀과 한국을 교환하기로 약속한 내용이 있었는지에 맞춰져 있다. 이를 둘러싼 논쟁은 1959년 미국의 역사학자 에스터스(Raymond A. Esthus)의 논문 「태프트-가쓰라 협정─사실인가 신화인가?」[1]에 의해 소위 "태프트-가쓰라 密約"은 神話에 불과했음이 밝혀졌다. 에스터스는 1) 형식적인 측면에서 이 電文은 단순한 회담에 대한 보고서일 뿐, 태프트와 가쓰라가 서명한 협정이 아니며, 협정체결은 육군장관의 권한을 벗어난 국무장관의 업무범위이므로 만일 태프트가 협정에 서명했다면, 그는 월권을 한 것임에 틀림없으며, 2) 내용의 측면에서, 태프트-가쓰라 회담은 후자의 간청에 의해 불가피하게 전자가 私見임을 전제로 자신의 견해를 피력하고 이를 회의록으로 정리한 것인 바, 미국이 필리핀의 안전을 보장받는 대가로 일본에게 한국에 대한 보호권을 인정한다는 내용이나 구절은 어디에도 없었음을 논증하였다. 따라서 서구학계에서는 1959년을 기점으로 "태프트-가쓰라 神話"에 대한 환상은 깨어지고 말았다.[2]

그럼에도 불구하고 국내 중고등역사교과서에는 여전히 "태프트-가쓰라 협정"의 신화가 건재하고 있으며 심지어 협정조문까지 제시됨으로써 학생들로 하여금 "태프트-가쓰라 협정"이 실재했던 역사적 사실로 믿도록 만들고 있다. 더욱 놀라운 사실은 서구학계에서 이미 1959년에 정리되었던 이 문제가 9년이나 경과한 후인 1968년에 국내 역사교과서에 처음 서술되었다는 점이다. 즉 1950년대 국내 역사교과서에는 언급조차 되지 않았던 "태프트-가쓰라 협약"이 1968년 이원순의 『문교부 검정 (인문계고등학교) 국사』에서 처음 등장하는 바, 서구학계의 정리와는 정반대로 이 협약으로 "미국이 필리핀의 안전을 보장받는 대가로 일본에게 한국에 대한 보호권을 인정하였다"고 서술하고 있다.[3] 이는 일본이 국제적으로 고립된 한국을 외국의 간섭 없이 병탄했다는 논리를 제공하고 있다는 점에서 문제의 심각성을 안고 있다. 이러한 잘못된 역사서술은 국사교과서 편찬과정에 있어서 서구학계의 연구성과에 대한 천착보다는 일본자료와 업적들을 비판 없이 수용한 결과라 할 수 있다.

이에 본 연구는 러시아, 한국, 일본의 역사교과서 및 대학교재를 분석대상으로 삼아 이른바 "태프트-가쓰라 협정"에 대한 서술을 검토하고 서술상의 오류를 밝히는 데 그 목적이 있다. 러시아의 경우, 중등

역사교과서에는 "태프트-가쓰라 협정"에 대해 언급조차 되어 있지 않기 때문에 러시아에서 간행된 한국사 대학교재를 분석대상으로 삼았다. 한국의 경우, 1950년대부터 발간된 역사 및 국사교과서를, 그리고 일본의 경우 현재 시판중인 역사교과서를 분석대상으로 하였다. 이를 통해 "태프트-가쓰라 협정"이 러시아, 한국, 일본의 역사교과서에 등장하게 된 배경과 서술상의 문제점을 구명하고자 한다.

이를 위해 첫째, 러시아의 한국사 대학교재 속의 "태프트-가쓰라 협정"의 서술과 그 논거들을 검토하고, 둘째, 미국과 일본이 필리핀과 한국을 거래했다는 "태프트-가쓰라 밀약설"이 제기된 배경과 이를 둘러싼 논쟁을 살핌으로써 이 "밀약설"이 갖고 있는 문제점들을 밝히고, 셋째, 태프트의 「電文」(1905.7.29)을 "태프트-가쓰라 協定"으로 둔갑시킨 일본외교문서가 한국역사교과서에 끼친 영향을 살펴봄으로써 서구에서 신화에 불과한 것으로 정리된 "태프트-가쓰라 밀약설"이 한국 및 일본 역사교과서에서 역사적 사실로 서술된 함의를 분석하고자 한다.

아울러 이 연구가 "태프트-가쓰라 협정"을 둘러싼 미국, 러시아, 일본, 한국의 학자들의 공동연구의 시발점이 되기를 기대한다.

2. 러시아의 한국사 대학교재 속의 "태프트-가쓰라 협정"

러시아의 한국사 대학교재들에 주목한 이유는 이것이 한국사 관련 러시아 역사학계의 연구수준과 한국인식을 반영하고 있기 때문인 바, 축적된 개별연구 성과에 근거하여 학계에서 보편적으로 합의된 사실들을 체계적으로 종합하고 있기 때문이다. 러시아에서의 한국사연구는 오랜 역사적 전통을 자랑하고 있다. 소비에트 시기의 대표적인 한국사 개설서는 1974년 러시아과학아카데미 동방학연구소에서 출간한

『한국사(История Кореи)』[4]이다. 20세기말까지 이 책을 능가하는 저작이 나오지 않았다는 평가를 받을 정도로 그 범위, 풍부한 원전사료 및 방법론에 있어서 발군이라 할 수 있다.[5] 이 책은 샵쉬나(Ф.И.Шабшина)와 게오르기 김(Г.Ф.Ким)의 주도로 한국사연구자들이 공동으로 저술한 소련 최초의 한국사 개설서로서 제1권은 고대에서 1917년까지, 제2권은 한국현대사를 다루고 있다. 두 권의 책 각각에는 저자들의 연구과제와 방법론을 알리고, 한국사의 기존연구사를 간단하게 정리하는 서문이 실려 있다. 한국사 진보의 동력을 한국민중으로 간주하고 그들의 사회적 지위 및 자유와 독립을 위한 투쟁에 초점을 맞춘 이 책은 마르크스-레닌역사학의 전형을 보여주고 있지만 한국문화 발전에 대해 체계적으로 정리한 특징을 아울러 지니고 있다. 따라서 이 책은 계급투쟁론에 근거한 소비에트 역사학의 한계를 보여주고 있지만 러시아 한국학의 향후 발전을 위한 확고한 기반이 되었다고 평가할 수 있다.

동방학연구소의 『한국사』가 출간된 지 근 30년이 지나 2003년 모스크바 국제관계대학(МГИМО)에서 간행된 『한국사: 새로운 독해(История Кореи: Новое прочтение)』는 균형 잡힌 시각에서 한국사를 객관적으로 서술하고 있다는 점에서 주목된다.[6] 책임편집자 토르쿠노프(А.В.Торкунов) 교수 외에 6명의 공동저작인 이 책은 국제관계사와 지정학 전공의 대학생 및 대학원생을 대상으로 한 한국사 교과서이다. 고대사에서 현대사를 아우르는 러시아 최초의 한국사 대학교재인 이 책은 한국의 국가형성과정, 독립을 위한 민중투쟁, 국제관계 및 남북한 양국의 경제와 문화에 대해 서술하고 있다.

대표저자인 토르쿠노프는 동아시아에서 중요한 역할을 해왔고 독특한 문화와 전통을 가진 한국과 한국인의 역사에 관심을 가진 모든 사람에게 한국사에 대한 제대로 된 그림을 보여주기 위해 저술했다고 이 책의 집필목적을 밝히고 있다. 그의 견해에 따르면, 한국사의 해석에 있어서 오랫동안 이념적인 측면이 중요한 역할을 하였으며 이는 사회주의 진영의 역사학자에게만 영향을 끼친 것만은 아니었고 영미 학자들도 마찬가지였다는 것이다. 전자가 사적유물론에 입각한 계급 분석이 특징이라면, 후자는 개별왕조 인물을 중심으로 한 주관적인 요소와 외부적 요인의 의미를 과대평가하는 측면이 있었다는 것이다. 따라서 토르쿠노프는 이 책의 집필지침이 기존의 정형화된 구도를 극복하는 데 초점을 맞추고 있음을 밝히고 있다.

한편 2002년 페테르부르크대학의 쿠르바노프 교수가 집필한『한국사 강의: 고대에서 20세기말까지(Курс Лекцийпо истории Кореи с древности до конца XX века)』는 한국학전공 대학생을 대상으로 고대에서 20세기말까지의 한국사를 강의하기 위한 대학교재의 성격이 강하다.[7] 이 책은 앞서 소개한『한국사: 새로운 독해』와 달리 공동저작이 아닌 단독저술이라는 특징이 있다. 그러나 마르크스 사학에서 벗어나 국내외 최신 연구업적들에 기초한 객관적 저술이라는 장점도 있지만 단독저술이 갖는 오류와 편견이 부분적으로 나타남으로써 2009년 개정판을 발간한 바 있다.[8] 따라서 2000년대에 들어와 모스크바와 페테르부르크에서 간행된 한국사 대학교재들은 학문후속세대에게 한국의 역사에 대해 탈이념적이고 균형 잡힌 역사인식을 심어주는 데 중요한 역할을 할 것으로 기대된다.

러시아의 대학교재들이 마르크스-레닌주의 역사학의 굴레에서 벗어나 한국사에 대한 새로운 조명을 하기 시작했음에도 불구하고 세부적인 주제를 검토해볼 경우, 여전히 냉전적 인식에서 벗어나지 못하고 있는 사례를 발견할 수 있다. 대한제국시기 관련 역사서술에서 대표적인 사례 가운데 하나가 바로 "태프트-가쓰라 협정"이다.

1974년 러시아과학술원 동방학연구소에서 간행한『한국사』에서는 고종의 측근들이 1910년 초 미일간의 전쟁위기설이 유포되자 "미일간의 전쟁이 발발하면 한국은 해방될 것으로 믿고 있었다"고 기술한 사실을 고려한다면,[9] 필리핀에 대한 안전을 보장받는 대가로 미국이 일본의 한국지배를 인정하는 협정까지 체결한 미일 양국이 전쟁위기에 봉착한 상황은 어떻게 설명해야 하는가? 그리고 이 "협정문"이 서류함에 사장된 채 근 20년 만에 발견되었다면, 이 협정은 과연 국제법적인 효력을 지니고 있었는가? 요컨대 태프트가 가쓰라와 협정을 체결했는지 여부에 대한 근본적인 의문이 제기되는 것이다.

이에 "태프트-가쓰라 협정"에 대해 심각한 문제를 제기하고 있는 토르쿠노프의 『한국사: 새로운 독해』의 서술부터 분석해 본다. 이 책에 따르면, "포츠머스에서 협상이 시작되기 약 10일 전 도쿄에서 미일비밀협정(태프트-가쓰라 밀약)이 체결되었는데, 미국은 일본이 한국을 보호국화 하는 것을 인정했다(후에 여기에 영국도 합류하였다). 이로써 미국은 제3국의 압력과 위협이 있을 경우 사태를 우호적으로 해결하기 위한 거중조정을 주선한다고 명시한 1882년 한미수호조약에 따른 의무를 일방적으로 방기해버렸다"는 것이다.[10] 이 같은 서술은 태프트-가쓰라 밀약을 체결한 미국에게 일본의 한국 보호국화를 인정한 책임과 거중조정의 의무를 방기한 책임까지 묻고 있다는 점에서 반미감정을 투영하고 있다고 할 수 있다. 그렇다면 이러한 역사인식의 형성에 영향을 끼친 논거는 무엇인가?

이는 1958년 북한의 역사연구소가 출간한 조선통사의 이른바 "태프트-가쓰라 협정"에 대한 서술과 맥을 같이하고 있는데, 『조선통사 下』의 인식이 반영된 결과로 유추해 볼 수 있다. 조선통사의 제19장 「2절, 로일전쟁과 일제의 조선 강점정책의 로골화, "을사보호조약"의 체결」에서는 다음과 같이 서술되어 있다: "러일전쟁의 종말에 가까운 1905년 6월 미국의 주선에 의하여 포츠머스 강화회의가 열리던 전후 시기에 이미 미국의 계획에 의하여 조선의 운명은 결정되었으며 또한 그 계획을 집행하기 위하여 일본과의 사이에는 일체 필요한 거래가 성립되어 있었다.

동년 7월 러일 양국간에는 요구조건의 대립으로 강화회의가 지지하게 진척되고 있는 틈을 타서 미국은 육군장관 타프트를 일본에 파견하여 일본수상 가쓰라(桂太郞)과의 사이에 비밀 회담을 진행하였다. 여기에서 미제는 일본으로부터 그 식민지 비률빈을 건드리지 않겠다는 보증을 받는 대신에 조선에 대하여 "어떤 결정적인 수단을 단연 취하지 않을 수 없다"고 한 일본태도의 "정당성을 확인하고 조선이 일제의 '보호국화'를 허용하였다...이와 같이 조선에 대한 처리는 두 강도들의 밀담에서 결정되었다... 이와 같이 미국은 조선을 일제에게 넘겨주는 죄악적 행위를 아무러한 거리낌 없이 진행하는 일방 일제와 더불어 짜리 로씨야에 압력을 가하면서 강화조약을 촉진시켰다... 그러나 조선의 통치배들은 이미 지난 시기 미제국주의자들의 배씸을 알만치 배신을 당하였음에도 불구하고 그들을 '친우'로, '동정자'로, '후원자'로 믿었다. 이것은 로회한 미제의 조선에 기어들던 첫날부터 떠들던 기만적 선전의 효과이기도 하였다.

조선의 일부 통치배들은 이미 배신한 지 오랜 1882년의 "한미통상조약"의 첫 조항에 환상을 걸고 그들의 "친선", "박애"의 감언리설에 매혹되어 이러한 흉악한 강도를 "구원자"로 믿고 있었다.

"을사보호조약" 직전 또다시 고종왕은 루즈벨트에게 밀사를 파견하여 애원하는 어리석은 잠고대까지 하였다. 오히려 미제는 강도적 "을사보호조약"의 성과적인 추진을 위하여 자기 공사 알렌을 소환하고 그 후임으로 몰간을 보내여 일본에 대한 미국의 지지를 적극 표명하였으며 조약이 체결되자 솔선 조선에서 공사관 철거의 선봉에 섰던 것이다.

미제의 조선에 감행한 죄악사는 이로써 그치지 않는다. 놈들의 교활 음흉한 침략기도와 우리나라에서 범죄적 죄행은 1866년 "제네랄 셔만호 사건" 이래 오늘에 이르기까지 계속되었다...."[111]

이 같은 미국에 대한 서술과는 달리 북한의 『조선통사』에는 러시아가 빠져있다는 점이 특징이라 하겠다. 러시아가 러일전쟁을 종결짓는 포츠머스(Portsmouth)강화조약을 체결하면서 한국에 대한 일본의 보호권을 인정한 부분은 생략되어 있다. 러일전쟁의 전후처리를 위해 1905년 9월 5일 러일전쟁을 러시아의 전권대표 비테와 일본의 전권대표 고무라 간에 체결된 포츠머스 강화조약의 제2조에서 "러시아는 한반도에서 일본의 정치·군사 및 경제적인 면에서의 월등한 권익을 인정하고 일본이 한국의 보호와 감독을 위해 취할 필요가 있다고 인정한 조치에는 반대하지 않을 것"임을 동의한 바 있었다. 결국 『조선통사』는 미국에 대해서는 태프트-가쓰라 회담 기록을 인용하여 미국을 비난한 반면, 러시아가 일본에게 한국보호국화의 법적토대를 마련해준 포츠머스조약에 대해서는 침묵했다. 이는 냉전체제의 성립과 6·25전쟁을 치르면서 강화된 북소간의 사회주의 연대와 반미이데올로기를 반영하고 있다고 할 수 있다.

태프트-가쓰라 회담을 둘러싼 『조선통사』의 서술에 투영된 친소 반미의 경향성은 소비에트 역사학의 연구업적에 영향 받은 바가 크다고 할 수 있다. 소련에서 태프트-가쓰라 회담에 대해 처음으로 소개한 저서는 1955년 소련과학아카데미 역사연구소에서 출간된 『러일전쟁외교사 개관(Очерки ДипломатическойИстории Русско-Японскойвойны, 1895~1907)』이다. 이 책은 소련역사학계에서 실증적 마르크스-레닌주의 역사가로 평가받던 로마노프 교수가 집필하였다. 그는 1928년 제정러시아의 동아시아정책을 사료에 근거하여 정리한 『만주에서의 러시아(Россия в Маньчжурии)』를 보완하여 1947년 『러일전쟁 외교사 개관』을 발간했다. 그러나 1947년판 『러일전쟁 외교사 개관』은 출판심의 과정 및 1948년 3월에 열린 소련과학아카데미 역사연구소의 세미나에서 포츠머스 강화회의에 대한 새로운 장을 설정하여 보완할 것을 요구받은 바, 이후 1955년에 출간된 개정판에서는 포츠머스 강화회의를 주선한 미국, 특히 루즈벨트 대통령의 외교정책이 자세하게 다뤄졌다.

이에 개정판에서는 러일전쟁 초기부터 강화에 이르기까지 미국무성을 배제한 채 동서양을 아우르는 세계정책을 전개한 루즈벨트 특유의 개인외교(Personal Diplomacy)에 초점을 맞춰 루즈벨트가 러일 강화를 주선한 배경, 러일 전권대표들 간에 전개된 협상의 경과 및 결과에 대해 서술하고 있다. 로마노프는 이미 『만주에서의 러시아』에서 루즈벨트가 러일전쟁을 양국이 국력을 소진하고 전후에도 양국이 지속적으로 상호대립하게 하는 지렛대로 삼아 이를 계기로 태평양과 동아시아에서 미국의 패권을 보장받고자 했음을 입증한 바 있었다. 이에 그는 『러일전쟁 외교사 개관』에서 러일전쟁과 강화협상 과정을 유럽의 국제관계와 연관시켜 보다 글로벌한 시각에서 극동의 문제와 유럽의 문제를 연계시키고 있다. 이를 위해 루즈벨트 대통령이 미국 역사상 처음으로 유럽문제에 개입하게 된 계기를 제공한 모로코 문제를 분석함으로써, 동아시아에서는 러일전쟁이, 유럽에서는 모로코 문제가 동시에 발생하여 종전과 더불어 모로코 사태가 해결되는 상호관계를 분석했다. 1904년 4월 8일 일본과 러시아의 동맹국이었던 영국과 프랑스가 각각 전쟁에 휘말리지 않기 위해 영불협상(Anglo-French Entente)을 체결하자, 이것이 러일전쟁 이후 영·불·러·일의 4국동맹체제로 전화될 것을 우려한 독일의 카이저 빌헬름2세가 모로코에 대한 독일의 지분을 요구함으로써 발생한 모로코 사태는 루즈벨트의 중재로 러일전쟁의 강화와 더불어 해결되었던 것이다. 따라서 루즈벨트 대통령의 재임기간 동서양을 아우른 그의 세계정책은 세계질서 재편의 중심에 백악관이 자리잡게 한 결정적인 계기를 마련할 수 있었다고 평가했다.

이에 루즈벨트 대통령의 동아시아정책과 관련하여 태프트-가쓰라 회담이 로마노프 교수에 의해 처음으로 소련학계에 소개되었다.[12] 그는 이 회담을 1905년 여름 루즈벨트 외교의 가장 어두운 부분으로 평가하고 이를 규명하기 위해 국제관계의 시각에서 태프트-가쓰라 회담보고서를 분석함으로써, 이 회담은 1905년 3월부터 영일동맹 갱신을 위해 교섭해왔던 영국과 일본간의 합의사항의 재확인 과정에 불과하다고 평가하였다.[13] 그는 태프트-가쓰라 회담에서 거론된 한국문제의 경우, 태프트가 자신의 "私見"임을 전제로 가쓰라에게 말한 내용, 즉 "일본의 동의 없이는 한국이 외국과 어떤 조약도 체결하지 못하도록 하는 범위에서 일본군대에 의한 한국에 대한 종주권을 확립하는 것은 이 전쟁의 논리적인 결과이며 극동의 평화에 기여할 것이라는 발언" 은 이미 1905년 6월 5일 영국의 외상 랜스다운(Lord Lansdowne)이 제2차 영일동맹조약의 영국 측 조약안의 제3조의 내용을 반복한 것에 불과했다는 견해를 제시했다. 랜스다운의 조약안 제3조에서는 "일본이 한국에서 자국의 특수한 정치, 군사, 경제적 이해를 보호하기 위해 정당하고 필수적이라 인정하는 조치들을 취하는 권리를 인정한다"고 되어 있었다.

더욱이 태프트-가쓰라 회담보고 전문에 따르면, 이 회담은 후자의 요청에 따른 불가피한 인터뷰였기 때문에 태프트[14]는 자신의 발언이 국익에 미칠 영향을 고려하여 일본에게 어떠한 약속도 해주지 않았다. 이에 그는 "대통령으로부터 이 문제에 대한 전권을 부여받지 못했으나, 가쓰라 백작이 이 문제를 논의할 것을 간청했기 때문에 자신의 의견을 피력하는 것을 거절할 수 없었다"고 고백하였던 것이다. 또한 그는 가쓰라가 관심을 보였던 제2차 영일동맹에 미국을 끌어들이기 위한 일본-영국-미국 간의 동맹 체결 건에 대해서도 동의해 주지 않았다. 로마노프의 견해에 따르면, 이는 1905년 3월 영일동맹 갱신에 대한 양국간의 교섭이 시작되었을 때, 이미 주영일본공사 하야시가 가장 관심을 보였던 사안으로 새로운 영일동맹조약에 미국을 끌어들이는 것이 과연 불가능한 것인지에 대해 문제를 제기한 바 있었다. 그러나 랜스다운은 미국이 동맹조약을 통해 자신을 구속하는 것을 원치 않는다는 이유로 이미 이를 묵살해 버렸던 것이다.[15] 그럼에도 불구하고 가쓰라는 태프트와의 회동에서 일본의 대외정책의 기본원칙인 극동의 전반적인 평화를 지지하는데 공동의 관심을 가지고 있는 일본, 미국, 영국의 3국 정부간의 우호적인 협정을 이끌어내려는 고려를 하고 있었다. 회의록에 따르면, "가쓰라는 이 문제에 대한 미국의 전통적인 정책을 충분히 이해하고 있으며 미국이 공식적인 동맹체결이 불가능하다는 것을 알고 있으나, 우리 공통의 이해를 염두에 둔다면, 왜 어떤 우호적인 협약이나 명칭을 달리하는 사실상의 동맹이, 체결될 수 없는지 알 수 없다"고 말했다. 이는 가쓰라가 미국으로부터 법적인 효력은 없지만 문서로 남길 수 있는 단순한 구두선언이라도 받고 싶어 했음을 의미했다.

　그러나 태프트의 보고전문에 따르면 그는 이를 완곡하게 거절한다. "미국의 대통령은 상원의 동의 없이는 비공식적인 비밀조약의 의미를 지닌 어떠한 협약이라도 사실상 체결할 수 없다"고 대답한 그는 그러나 "조약이 아니더라도 미국국민들은 극동의 평화유지와 관련하여 일본 및 영국국민과 공감하고 있으며, 일본과 영국과 더불어 미국정부가 상응한 조치를 취하는 어떠한 경우에라도, 그것을 취해야 할 의무를 미국이 가진 것으로 믿는다"는 견해를 피력했다. 그는 자신이 국무장관이 아닌 육군장군이기 때문에 미일간의 어떠한 협정체결에 대해 언급할 입장이 결코 아니었다. 결국 태프트는 미 국무장관 루트(Elihu Root)에게 가쓰라 수상이 인터뷰를 간절히 원했기 때문에 불가피하게 자신의 견해를 피력했지만 결코 국무성의 사무에 끼어들고 싶지 않다고 전제하고, 만일 자신이 너무 자유롭게, 부정확하게 혹은 부지불식 간에 얘기한 것이 있다면, 국무장관이 이를 시정해 줄 것으로 안다고 양해를 구했다. 이에 태프트-가쓰라 회동에 대한 보고전문을 면밀히 분석한 로마노프는 이 문서가 미국을 서명하지 않은 영일동맹의 일원 으로 끌어들이려는 미일간의 비밀협정은 결코 아니었지만 필리핀과 한국을 교환한 이른바 "탈취한 영토를 맞바꾼 제국주의적 거래"였다고 결론지었다.[16] 로마노프의 결론은 쿠르바노프의 『한국사강의』에도 반영되어 다음과 같은 서술로 표출되었다. "1905년 7월 29일 일본수상 가쓰라와 루즈벨트 행정부의 육군상 태프트간의 밀약이 체결되었던 바, 미국은 한국에 대한 일본의 이해를 인정하고 일본은 필리핀에 대 한 미국의 통제권을 승인하였다."[17]

3. "태프트-가쓰라 밀약"과 『日本外交文書』

태프트가 1905년 7월 27일 목요일 아침에 이루어진 가쓰라와의 대 화에 대해 1905년 7월 29일 미 국무장관 루트에게 보고한 전문은 미일 간의 법적인 구속력을 지닌 비밀협정이었는가? 과연 이 전문에서 미 일 양국이 필리핀과 한국을 교환하기로 약속한 내용이 있었는가? 이 러한 의문을 풀기 위해 우리는 먼저 태프트의 보고전문(1905.7.29)이 "태 프트-가쓰라 밀약" 혹은 "태프트-가쓰라 협정"으로 둔갑한 과정을 추적 할 필요가 있다. 1924년 존스홉킨스대학 역사학부 교수 테일러 데넷 (Tyler Dennett)은 미 국회도서관에서 시어도어 루스벨트 대통령에 관한 사적(私的) 비망록과 외교서류 등을 조사하던 중, 1905년 7월 29일자 태 프트가 루트에게 보낸 전문을 처음 발견했다.[18] 데넷은 이 전문을 태 프트와 일본 수상 가쓰라 간의 비공식 회담에 관한 '합의된 비망록

(Agreed Memorandum)'으로 간주하여 당시까지 전혀 알려지지 않은 일급의 중요 비밀사실을 알아냈다고 확신하고, 국무장관인 찰스 휴스(Charles Hughes)에게 이를 공개할 수 있게 해달라고 요청했다. 휴스는 즉시 태프트에게 의견을 물었고, 태프트는 공개를 반대하지 않았다. 데넷은 같은 해 8월 매사추세츠州 윌리엄스타운(Wiliamstown)에서 열린 미국 정치학회에서 이 문서 내용을 발표했고, 이는 미 '현대사(Current History)'지(誌)에 "루스벨트 대통령과 일본과의 비밀협정(Secret Pact)"이란 제목의 논문으로 실리게 되었다.[19] 이렇게 하여 태프트의 전문은 데넷에 의해 처음으로 비밀협정으로 명명되었다.

그럼 왜 데넷은 태프트의 전문을 비밀협정으로 간주했을까? 데넷은 1905년 7월 31일 루즈벨트 대통령이 태프트에게 보낸 회신전문을 그 근거로 제시하였다. "귀하와 가쓰라 간의 대화는 모든 측면에서 정확하다. 그러므로 귀하의 모든 발언을 내가 확인한다고 가쓰라에게 말해주길 바란다"는 것이 회신전문의 요지였다. 이에 데넷은 미국외교사에서 가장 주목할 만한 행정협정(Executive agreement)의 내용을 이 회의록에서 찾아낼 수 있다고 주장하고 논문에 첨부한 태프트 전문의 사진 복사본(Photostat)에서 태프트의 이름과 전문의 발신, 수신인을 삭제하고 중국 관리의 미국입국 관련 내용도 생략함으로써 이 전문(Telegram)이 마치 비밀협정문으로 보이도록 둔갑시키는 극적인 효과를 만들어냈다.[20]

이와 더불어 태프트-가쓰라 회담에서 필리핀과 한국의 거래(quid pro quo)가 이루어졌다는 오해를 낳게 한 결정적인 원인은 일본정부의 입장을 대변하고 있던 『고쿠민신문(國民新聞)』의 1905년 10월 4일자 보도였다. 1905년 10월 4일 주일미국대사 그리스콤(Lloyd Griscom)은 일본 언론에서 회자되고 있는 협정에 관한 소문을 보고한 바, 그 요지는 일본이 필리핀에 대한 의도가 없음을 선언하고 미국은 일본이 한국을 보호국화 하는 문제에 대해 지지를 표명한 양해가 이루어졌다는 것이었다.[21] 태프트와 가쓰라 간에 한국과 필리핀에 관한 비밀거래가 있었다고 언급한 『고쿠민 신문』은 한발 더 나아가 일본정치가들의 희망사항을 마치 사실인 것처럼 보도하고 있었다. "이는 사실상 일·영·미의 동맹이며, 일본은 영국이 동맹국이 되었을 때 미국도 협정의 일원이 될 것이라는 것을 확신하게 되었으며, 미국이 독특한 국가전통에 의해 공개적인 동맹국이 될 수 없지만, 비록 공식적인 조약으로 구속하지 못한다고 하더라도, 우리는 미국이 우리의 동맹국임을 명심해야 한다. 우리는 미국이 세계적 정치가인 루즈벨트 대통령의 리더십하에 일본 및 영국과 협조하여 동양의 문제들을 처리할 것을 확실하게 믿고 있다"고 전했던 것이다.

일본 언론의 이러한 과장보도를 보고받은 루즈벨트는 태프트의 발언의 진의가 왜곡된데 대해 주미일본공사 타카히라(高平小五郎)를 조치하여 강력 항의했다. 이는 "미국의 영토에 대해 간섭하지 않겠다는 것에 대한 대가로 어떠한 이에게도 무엇을 요구하거나 호의를 베풀지는 않을 것"이라는 그의 신념에서 비롯되었다. 그는 태프트에게 보낸 편지(1905년 10월 5일)에서 "우리는 그러한 간섭을 방지할 충분한 능력을 갖고 있으며 우리의 영토보전과 관련한 지원에 대해 어떠한 보장도 필요로 하지 않는다"고 재확인하였다.[22] 이에 루즈벨트는 "필리핀에 대한 일본의 입장만이 명확하게 표현되었을 뿐, 미국의 입장과는 거리가 멀다고 말했다.[23]

결국 이러한 루즈벨트의 단호한 입장표명에 대해 일본정부는 공식해명을 해야만 했다. 1905년 10월 10일 수상 가쓰라는 주미공사 타카히라에게 루즈벨트 대통령에게 다음과 같이 해명할 것을 훈령했다. "고쿠민 신문은 친정부적이지만 일본정부의 기관지는 아니며 대통령이 언급한 기사는 정부가 지시하거나 정보를 제공한 것에 근거한 것은 아니다. 일본 정부는 조선에서 직면한 문제에 대한 미국 정부의 호의적인 태도를 인식하고 이에 감사한다...(중략) 미국의 그러한 태도가 거래 혹은 양해의 결과였다고 하는 것은 미국을 거짓되게 하고 미국이 지지하는 가치를 손상시킬 수 있다. 마지막으로 귀하는 대통령에게 일본정부는 가능한 최선을 다해 미국의 실제 입장을 완전하고 정확하게 이해하려 노력할 것임을 전하라."[24] 이는 언론에 비밀을 흘린 정부들이 곤란에서 빠져나오기 위해 통상적으로 하는 부인은 결코 아니었다. 가쓰라는 "고쿠민" 신문의 보도가 잘못된 것이므로 이를 솔직하게 시인한 것이었다.

그렇다면 『고쿠민 신문』이 태프트-가쓰라 회담을 미일간의 거래로 과대포장하거나 왜곡한 배경은 무엇인가? 비록 가쓰라는 일본정부가 언론에 의도적으로 흘린 것을 공식부인하고 있지만, 소문의 진원지가 친정부 신문이었다는 점과 루즈벨트에게 이를 공식 사과했다는 점을 고려해 볼 경우, 이 같은 고육책이 등장하게 된 배경에는 일본의 국내적인 원인이 있었음을 유추할 수 있다. 1905년 10월 초 이 소문이 도쿄에 처음 유포되었을 때, 가쓰라 내각은 포츠머스 강화회의에서 배상금 한 푼 받지 못한 외교적 실패로 인해 심각한 위기에 봉착해 있었다. 그 위기는 포츠머스 강화조약이 체결된 1905년 9월 5일, 도쿄의 히비야(比谷)공원에서 3만의 군중이 참석한 강화조약반대국민대회(講和條約反對國民大會)가 개최되면서 확산되기 시작했다. 이 대회를 주최한 대러강경론 그룹의 강화문제동지연합회(講和問題同志聯合會)는 치안경찰법에 의해 금지된 이 집회를 경찰의 제지를 물리치고 강행함으로써 소요사태가 발생했고 시위대와 이를 진압하던 경찰 간의 사상자가 속출했다. 결국 군대가 투입되면서 소요는 진정되었지만 강화를 반대하는 대중집회는 전국각지에서 개최되었고 10월 4일 추밀원에서 강화조약이 승인될 무렵까지 이어졌던 것이다.[25] 따라서 일본정부가 태프트-

가쓰라 대화를 필리핀과 한국을 거래한 "협정"으로 둔갑시킨 근본원인
은 강화조약 체결에 반대하는 반정부적 여론과 내각의 위기를 돌파하
기 위한 현상타개책이 필요했던 국내 상황에 있었다. 추밀원에서 강화
조약을 승인한 1905년 10월 4일에 『코쿠민 신문』에서 태프트-가쓰라
간의 비밀거래에 대한 언론보도가 나온 것은 결코 우연이 아니었다.

더욱이 루즈벨트 대통령은 1909년 2월 8일 차기 태프트행정부의 신
임 국무장관으로 내정된 녹스가 자신의 대외정책을 계승하게 될 것으
로 확신하고 그의 대일관을 담은 편지를 발송했는데 편지의 제목은
"일본의 위협(The Threat of Japan)"[26]으로서, "미국의 안전과 국익에 가장
중대한 위협은 독일이 아니라 일본으로부터 닥쳐올 것"임을 예견하는
것이 그 요지였다. 일본과의 전쟁에 대비를 철저히 해야 할 것임을 충
고한 이 편지는 러일전쟁 이후 미일관계가 신뢰와 타협에 근거한 우
호관계보다는 불신과 배척의 측면이 훨씬 강했던 불화의 시기였음을
반증하고 있다.[27] 루즈벨트의 견해에 따르면, "일본은 매우 위협적인
군사강국이며 국민들은 각별한 전투능력을 지니고 있을 뿐만 아니라
호전적이기 때문에, 만일 전쟁이 발발한다면 그 재앙은 어마어마할
것"이라는 것이다. "우리(미국)가 비록 이긴다 하더라도 대재앙이 될 가
능성이 있기 때문에 전쟁을 초래할 수 있는 여건이 조성되지 않도록
해야 하고 우리의 함대를 강력하게 무장시켜 전쟁이 일어나지 않게
하든가, 혹은 만일 개전하더라도 우리가 승리할 수 있도록 해야 할
것"임을 강조했다.

루즈벨트는 일본인들이 자신감과 수치심이라는 모순적인 감정에
영향을 받고 있다고 분석하고 자존심에 상처를 받지 않고 수치심을
느끼지 않도록 하는 것이 개전방지에 매우 중요하다고 판단했다. 일
본인들의 자신감은 러시아제국에 대한 군사적인 승리에서 비롯된 것
이며, 수치심이란 그들이 서구국가 형제단의 일원으로서 동등하게 간

주받기를 원하고 있음에도 불구하고 그들의 동맹국인 영국민과 그들의 친구인 미국인들이 유럽의 가장 후진국이나 퇴락한 국민들을 대하는 것과는 달리, 일본인들을 제휴의 대상이나 시민권을 부여하지 않으려하는 것을 알고 자존심에 큰 상처를 입고 있다는 것이다. 게다가 문제는 일본이 미주지역으로 이민을 활성화하고 있는 반면 미국인들은 일본인들이 대규모로 몰려오는 것을 혐오하며 일본인들을 배척하고 있는 현실이었다. 이에 루즈벨트는 일본인들이 대규모로 미국에 이주해 오는 것을 허락하는 것이 인종문제를 야기하고 인종경쟁을 촉발할 것이 틀림없기 때문에 그들을 배척해야 할 필요가 있다고 결론지었다. 아울러 일본이 거리낌 없이 미국을 공격할 수 없도록 미국은 철저한 무장을 해야 하는데 전력을 기울어야 한다고 강조했다.[28] 결국 태프트행정부의 동아시아정책을 담당할 녹스 국무장관 내정자에게 보낸 루즈벨트의 편지는 태프트-가쓰라 회담과 관련한 논란에 대해 "미국의 영토에 대해 간섭하지 않겠다는 것에 대한 대가로 어떠한 이에게도 무엇을 요구하거나 호의를 베풀지는 않을 것"이라는 루즈벨트의 기존의 입장을 재확인하는 문서이기도 했다.

4. 한국 및 일본 역사교과서 속의 "태프트-가쓰라 협정"

상술한 바와 같이 1905년 7월 29일 태프트가 루트에게 보낸 전문은 태프트와 가쓰라의 대화기록일 뿐 결코 테일러 데넷이 주장한 "루즈벨트 대통령과 일본간의 밀약"이나 협정이 아니었다. 비록 1905년 7월 31일 루즈벨트가 "태프트의 발언을 추인하고 이를 가쓰라에게 전달하라"고 했기 때문에 이를 미국외교사의 가장 명백한 "행정협정"이라고 데넷은 해석했지만, 동년 10월 일본이 태프트-가쓰라 회담을 과대포장하여 국내위기를 모면하려 했을 때 보인 루즈벨트의 태도와 상술한 1909년 2월 8일자 편지에 나타난 그의 대일관에 근거할 경우, 이는 밀약도, 행정협정도 아닌 것이다. 그리고 이 대화기록에는 필리핀과 한국을 비밀 거래했다는 내용은 존재하지 않으며 일본정부에 의해 조작에 의한 것임이 밝혀졌다. 이는 1959년에 발표된 에스더스(Raymond A. Esthus)의 논문 「태프트-가쓰라 협정—사실인가 신화인가?」에서 이미 논증된 바 있다.[29] 에스더스는 데넷의 논문 "루즈벨트 대통령의 일본과의 비밀협약"에 반론을 제기하면서 태프트의 전문은 대화내용을 정확하게 기록하였음에 동의(agreed memorandum)한 것이지, 협정(agreement)이 아님을 주장하였다. 따라서 태프트의 전문(Taft's Telegram to Root, July 29, 1905)에 대한 해석을 둘러싼 연구사는 1959년을 기점으로 이전과 이후 시기로 구분할 수 있게 되었다. 전자는 데넷, 그리스콤의 연구가 이에 해당하고, 후자는 에스더스, 채종석,[30] 앤드류 남,[31] 존 윌츠[32] 등이 해당된다. 요컨대 미국학계에서는 이미 1959년에 태프트의 전문은 가쓰라와의 대화기록일 뿐 결코 밀약이나 협정이 아니라는 것이 확실하게 정리되었던 것이다.

이러한 존재도 하지 않은 "태프트-가쓰라 밀약"의 조문에 대한 국내 고등학교 역사교과서의 서술은 태프트의 電文을 자의적으로 편집하여 출간한 일본외무성의 『일본외교연표와 주요문서』에 힘입은 바 크다.[33] 또한 『일본외교문서』(38권 1책)에는 미 육군장관 태프트의 방일 일정과 행적에 관한 일본외무성과 주미일본공사간의 왕복문서 등이 수록되어 있는데 유독 태프트-가쓰라의 대화기록은 존재하지 않는다는 이유로 미국 외교문서의 "태프트-가쓰라 협정(TAFT-KATSURA AGREEMENT)"과 「루즈벨트」 대통령의 추인(追認)전보(1905.7.31)를 첨부하고 있다.[34] 이는 사실을 호도하기 위해 태프트가 루트에게 보낸 전문(1905.7.29)을 "태프트-가쓰라 협정"이라 명명하고 이를 자의적으로 편집하여 〈표 1〉에서 보는 바와 같이 마치 전문이 협정문처럼 보이도록 조작해 놓은 것이다. 그 결과 일본뿐만 아니라 한국, 북한 그리고 러시아에서도 태프트-가쓰라 "협정" 혹은 "밀약"이 실재한 사실로 여기게 되었고 그것이 을사보호조약의 체결과 한일병합에 끼친 영향에 대해 왜곡된 역사서술을 하는 데 있어서도 지대한 공헌을 하였다.

〈표 1〉 태프트의 전문(1905.7.29)과 일본외교문서의
태프트-카쓰라 협정의 비교

電文	Taft's Telegram to Root, July 29, 1905. John G. Reid, "Taft's Telegram to Root", Pacific Historical Review, Vol. 9, No. 1, 1940, pp. 66~70.
日外	THE TAFT-KATSURA AGREEMENT 『日本外交文書(38卷 1册)』(1959. 9.30), pp. 450-452
電文	The following is agreed memorandum of conversation between Prime minister of Japan and myself: Count Katsura and Secretary Taft had a long and confidential conversation on the morning of July 27th. Among other topics of conversations the following views were exchanged regarding the questions of the Philippine Islands, of Korea, and of the maintenance of general peace in the Far East.
日外	…Count Katsura and Secretary Taft had a long and confidential conversation on the morning of July 27…
電文	First, inspeaking of some pro-Russians in America who would have the public believe that the victory of Japan would be a certain prelude to her aggressions in the direction of the Philippine Islands, Secretary Taft observed that Japan's only interest in the Philippines would be, in his opinion, to have these Islands governed by a strong and friendly nation like the United States, and not to have them placed either under the misrule of the natives, yet unfit for self-government, or in the hands of some unfriendly European power. Count Katsura confirmed in the strongest terms the correctness of his views on the point and positively stated that Japan does not harbor any aggressive designs whatever on the Philippines: adding that all the insinuations of the yellow peril type are nothing more or less than malicious and clumsy slanders calculated to do mischief to Japan.

日外	First, inspeaking [sic] of some pro-Russians in America who would have the public believe that the victory of Japan would be a certain prelude to her aggressions in the direction of the Philippine Islands, Secretary Taft [two words deleted] observed that Japan's only interest in the Philippines would be, in his opinion, to have these Islands governed by a strong and friendly nation like the United States, ...Count Katsura confirmed in the strongest terms the correctness of his views on the point and positively stated that Japan does not harbor any aggressive designs whatever on the Philippines...
電文	Second, Count Katsura observed that the maintenance on general peace in the extreme East forms the fundamental principle of Japan's international policy. Such being the case, he was anxious to exchange views with Secretary Taft as to the most effective means of insuring this principle. In his own opinion, the best and in fact the only means for accomplishing the above object would be to form good understanding between the three governments of Japan, the United states and Great Britain which have common interest in upholding the principle of eminence.
日外	Second, Count Katsura observed that the maintenance on general peace in the extreme East forms the fundamental principle of Japan's international policy. Such being the case,... the best and, in fact the only means, for accomplishing the above object would be to form good understanding between the three governments of Japan, the United states and Great Britain...
電文	The Count well understands the traditional policy of the United states in this respect and perceives fully the impossibilities [sic]of their entering into a formal alliance of such nature with any foreign nation, but in view of our common interests he could not see why some good understanding or an alliance in practice if not in name should not be made between those three nations insofar as respects the affairs in the far East. With such understanding firmly formed general peace in these regions would be easily maintained to the great benefit of all powers concerned. Secretary Taft [two words deleted] said that it was difficult, indeed impossible. For the president of the United States of America to enter even to any understanding amounting in effect to a confidential informal agreement, without the consent of the Senate, but that he felt sure that without any agreement at all the people of the United States were so fully in accord with the policy of Japan and Great Britain in the maintenance of peace in the far East that whatever occasion arose appropriate action of government of the United States, in conjunction with Japan and Great Britain, for such a purpose could be counted on by them quite as confidently as if the United States were under treaty obligations to take [it].

日外	생략
電文	Third, In regard to the Korean question, Count Katsura observed that Korea being the direct cause of our war with Russia it is a matter of absolute importance to Japan that a complete solution of the peninsula question should be made as the logical consequence of the war. If left to herself after the Korea will certainly draw back to her habit of improvidently resuscitating the same international complications as existed before the war. In view of the foregoing circumstances Japan feels absolutely constrained to take some definite step with a view to precluding the possibility of Korea falling back into her former condition and of placing us again under the necessity of entering upon anther foreign war. Secretary Taft full admitted the justness of the Count's observations and remarked to the effect that, in his personal opinion, the establishment by Japan troops of suzerainty over Korea to the extent of requiring that Korea enter into no foreign treaties without the consent of Japan was logical result of the present war and would directly contribute to permanent peace in the East. His judgment was that president Roosevelt would concur in his views in this regard, although he had no authority to give assurance of this.
日外	Third, In regard to the Korean question, Count Katsura observed that Korea being the direct cause of our war with Russia, it is a matter of absolute importance to Japan that a complete solution of the peninsula question should be made as the logical consequence of the war. If left to herself after the war, Korea will certainly draw back to her habit of improvidently entering into any agreements or treaties with other powers, thus resuscitating the same international complications as existed before the war. In view of the foregoing circumstances Japan feels absolutely constrained to take some definite step with a view to precluding the possibility of Korea falling back into her former condition and of pacing us again under the necessity of entering upon another foreign war. Secretary Taft fully admitted the justness of the Count's observations and remarked to the effect that, in his personal opinion, the establishment by Japan troops of suzerainty over Korea to the extent of requiring that Korea enter into no foreign treaties without the consent of Japan was logical result of the present war and would directly contribute to permanent peace in the East. His judgment was that president Roosevelt would concur in his views in this regard, although he had no authority to give assurance of this...
電文	Indeed Secretary Taft added, that he felt much delicacy in advancing the views he did for he had no mandate for the purpose from the president, and since he left Washington Mr. Root had been appointed Secretary of State and he might seen thus to be trespassing on another's department. He could not, however, in view

	of Count Katsura's courteous desire to discuss the questions, decline to express his opinion which he had formed while he was temporarily discharging the duties of Secretary of State under the direction of the President and he would forward to Mr. Root and the President a memorandum of the conversation. Count Katsura said that he would transmit the same, confidentially, to Baron Komura. Prime Minister quite anxious for interview. If I have spoken too freely or inaccurately or unwittingly, I know you can and will correct it. Do not want to "butt in", but under the circumstances, difficult to avoid statement and so told truth as I believe it. Count Katsura especially requested that our conversation be confined to you and the President, so have not advised Griscom. Is there any objection? If necessary, under your direction, Foreign Office can give him a copy.
日外	생략
電文	Kai Kah and Wang Ta Hsieh, two Chinese Government officials[,] will sail from Yokohama tomorrow by Mongolia. Former was imperial Commissioner to World's Fair and has for some time past been residing in Yokohama, is under [sic] orders to proceed to Washington: latter is Chancellor [of] Imperial Foreign Office [at Peking] proceeding [to] Washington under Government orders. Neither has more than the certificate of the Chinese-Consul General at Yokohama as to this identity. Department of Commerce rules this is not our protestations of a desire to ameliorate conditions for Chinese having the right to enter country[.] Consul-General Miller and Crist, Special Agent [of] Department of Commerce[,] recommend their admission without any trouble and think a special order should issue. Boycott question [by Chinese against Americans] is just at critical stage.
日外	생략

　　이러한 『일본외교문서』의 사료조작은 한국의 역사교과서 서술에 커다란 폐해를 끼쳤다. 1950년대에 발간된 국사교과서에는 러일전쟁 관련 국제관계 부분에서 '태프트-가쓰라 협정'은 아예 언급이 되어 있지 않고 있으나, 『日本外交文書』(38卷 1册)의 초판 발행(1958년 9월 30일) 이후 간행된 1960년대 국내 역사교과서에 '태프트-가쓰라 협정'이 소개되고 있는 것이다. 예를 들어 1957년에 간행된 최남선의 『고등학교 사생과 고등국사』에서는 "...이듬해 일본이 노국을 이기고 노일간에 포츠마우스 강화조약이 체결되어 노국이 한국에서의 일본의 특수이익을

승인하니 마침내 일본은 그 본심을 나타내어 제2차협약, 즉 을사보호조약(乙巳保護條約)을 강제로 체결하였으므로 이로써 한국은 외교권을 빼앗기고 일본인의 통감(統監)정치가 시작되게 되었다"[35]고 서술하고 있다. 이병도 역시 러일전쟁 관련 국제관계를 다룬『노일세력의 각축(角逐)』과『한·일병합』에서 '태프트-가쓰라 협정'에 대해 언급한 바 없다.[36] 그러나『日本外交文書』(38卷 1册)의 초판(1959년 9월 30일)과『日本外交年表竝主要文書 上』(原書房, 1965~1966)이 간행됨에 따라, "태프트-가쓰라 협정"은 〈표 1〉에서 보는 바와 같이 1960년대 후반부터 국내 국사교과서에 서술되기 시작했다.

1968년에 발간된 이원순의『문교부 검정 (인문계고등학교) 국사』(교학사, 1968)에서 언급된 "태프트─카쓰라 협약"은 일본외교문서의 영향을 받은 것으로 보인다. 여기에서 "태프트─카쓰라 협약"은 러일전쟁 이후 한일강제병합까지 지속된 우호적인 미일관계의 표상으로 서술되었다. 이 책의「제4장 민족의 수난, 한국의 국제적 고립」에서 "…러·일전쟁 종결 직전의 영·일동맹 개정 때 영국은 일본의 한국보호권을 인정해주었으며, 한국침략의 경쟁자 러시아는 포오츠머드 조약에 의하여 한국 문제에서 이탈당하고, 미국은 '태프트─카쓰라 협약'으로 미국의 필리핀에서의 우월권을 인정하는 대가로 일본의 한국에서의 우월권을 인정하였다. 이리하여 우리나라는 국제적으로 고립되고, 일본은 국제적 간섭 없이 한국병탄의 최종단계를 서두르게 되었다"고 서술되어 있다.[37] 미일관계에 대한 이러한 단선론적인 서술경향은 〈표 2〉에서 보는 바와 같이 후속 교과서에 영향을 끼쳤다.

〈표 2〉한국 국사교과서의 "태프트-카쓰라협정" 서술

저자, 『교과서명』 (출판사: 발행연도)	소제목/내용
한우근, 『인문계 고등학교 국사』 (을유문화사: 1969)	제4장 근대화의 시작과 주권의 상실(212~213쪽) 즉 미국은 러시아의 극동진출을 차단하고 일본의 필리핀 진출을 막기 위하여 포오츠머드 조약 이전에 이미 일본과 **가쓰라(桂) - 태프트 밀약**을 맺고(1905.7) 필리핀에 대한 독점적인 권익을 보장받는 대가로 한국에 있어서의 일본의 독점적인 지배권을 승인해 주었던 것이다. 그리하여 일본은 한국을 노리는 경쟁 국가를 모조리 물리치는 데 성공하였다.
문교부, 『인문계 고등학교 국사』 (한국교과서주식회사: 1976)	IV. 근대사회, (6) 민족수난의 시작, 대한제국과 러일전쟁(192~193쪽). ..이 강화조약의 결과 일본은 랴오뚱 반도를 영유하고 사할린 남부를 차지하여 대륙진출의 교두보를 마련하였다. 또한 일본은 이 조약보다 약간 앞서 미국과 비밀협상을 벌여, 일본이 필리핀에서의 미국의 독점권익을 인정하는 대가로 한국에 있어서의 일본의 독점적 지배권을 묵인하는 **카쓰라 - 태프트 밀약**을 맺었다.
국사편찬위원회, 『고등학교 국사』 (대한교과서주식회사: 1981)	IV. 근대사회, (6) 민족수난의 시작, 대한제국과 러·일의 대립(248~249쪽) ...한편 이 조약보다 조금 앞서 일본과 미국은 비밀협상을 벌여, 일본이 필리핀에서의 미국의 독점권익을 인정하는 대가로 한국에 있어서의 일본의 독점적 지배권을 묵인하는 **카쓰라 - 태프트 밀약**을 맺었다.

또한 "태프트-가쓰라 밀약"의 신화는 국내 검인정 역사교과서에서도 확대 재생산되고 있다. 국내의 대부분의 검인정 고등학교 근현대사에서는 일본외교문서에서 조작해 놓은 "태프트-가쓰라 협정"을 다루고 있으며 심지어 밀약의 내용까지 다음과 같이 소개하고 있다: "첫째, 일본은 필리핀에 대한 미국의 지배권을 확인한다. 둘째, 미국은 한국

에 대한 일본의 지배권을 확인한다. 셋째, 극동평화를 위하여 미국·영국·일본 세 나라가 실질적으로 동맹관계를 맺는다─가쓰라-태프트 비밀 합의 각서(1905.6) 요약문"[38]; "태프트는 일본이 무력을 통해 일본의 허락 없이는 조선의 어떠한 대외조약도 체결할 수 없다는 요구를 할 수 있을 정도의 보호를 획득하는 것은 대러 전쟁의 논리적 귀결이며, 이는 극동의 항구적인 평화유지에 공헌하리라고 말하였다"─가쓰라-태프트 밀약 제3조─[39]; "첫째, 필리핀은 미국과 같은 친일적인 나라가 통치하는 것이 일본에 유리하며, 일본은 필리핀에 대해 어떠한 침략적 의도도 갖지 않는다. 둘째, 극동의 전반적 평화를 유지하는 데는 일본·미국·영국 등 3국정부의 상호 양해를 달성하는 것이 최선의 길이며 사실상 유일한 수단이다. 셋째, 미국은 일본이 대한제국의 보호권을 확립하는 것이 러일전쟁의 논리적 귀결이며 극동 평화에 직접 이바지할 것으로 인정한다─미국역사자료집."[40]

태프트의 전보에 대한 일본의 사료조작은 〈표 3〉에서 보는 바와 같이 자국의 역사교과서에도 미국을 자국의 동아시아정책의 동조자로 묘사하는 데 기여했다. 그러나 이는 러일전쟁 이후 야기된 미국의 일본인배척운동, 미일간의 전쟁위기, 간도문제와 한국병합, 영미중재조약 체결 등 미일간의 잠재되어 있던 갈등요소들을 설명하는 데 난관에 봉착할 수 있다는 문제점을 안고 있다. 태프트-가쓰라 협정을 부각시킬 경우, 일본은 한국의 보호국화 및 병합에 대한 열강의 승인과 정당성을 주장하는 데 유효할 수 있지만, 일본인들이 친구로 여기던 미국인들은 왜 일본인들과 함께 살 수 없다고 생각했는지, 시어도어 루즈벨트 대통령이 왜 독일보다 일본과의 전쟁 가능성을 상정하고 있었는지를 포함한 일본근대사에 보다 근본적인 문제에 대해 성찰할 수 있는 기회를 방기할 위험성이 있다.

〈표 3〉 일본 역사교과서의 "태프트-가쓰라협정" 서술

저자, 『교과서명』 (출판사: 발행연도)	소제목/내용
宮地正人 외 10명, 『新日本史B』(桐原書店: 2010)	2. 日露戰爭과 戰後의 國際關係, 韓國倂合(310쪽): …일러전쟁의 결과 일본에 의한 한국의 보호국화가 구미 열강으로부터 승인되었고1) 일본은 1905년 제2차 일한협약(을사보호조약)에 따라 한국의 외교권을 넘겨받음으로써 이를 보호국으로 만들었다. 또한 통감부를 한성에 세워 이토 히로부미가 초대통감이 되었다. 1) 1905년(명치38), 아메리카는 **가쓰라-태프트협정(桂-タフト協定)**, 영국은 일영동맹개정(제2차일영동맹), 러시아는 포츠머스조약으로서 이것을 승인했다.
石井進, 五味文彦, 笹山晴生, 高埜利彦, 『詳說日本史(日本史 B)』(山川出版社: 2010)	제9장 근대국가의 성립 4절, 日露戰爭과 國際關係(273쪽): 일러전쟁후 일본은 전승으로 얻은 대륙진출거점의 확보에 전념했다. 우선 1905(명치38)년, 아메리카와 비공식으로 **가쓰라-태프트협정(桂-タフト協定)**을 체결하고 영국과는 일영동맹협약을 개정(제2차)하고 양국에 일본의 한국보호국화를 승인받았다.
山本博文 외 11名, 『日本史B』(東京書籍株式會社: 2010)	第16章 帝國主義世界와 日淸·日露戰爭, 韓國倂合(297쪽): 포츠머스조약에 의해 조선에 대한 우월권을 러시아에게 승인받은 일본은 1905년(명치38) 일영동맹의 개정, 아메리카와의 **가쓰라-태프트협정(桂-タフト協定)**, 1907년 일불협약에 의해 열강과 아시아에 대한 세력권의 권익을 상호 승인을 했다.

따라서 우리는 러일전쟁 이후 국제관계사를 단선론의 시각에서 탈피하여 종합적이고 다변적인 글로벌히스토리의 시각에서 재검토해야 할 시점에 도달했다. 이는 "태프트-가쓰라 협정" 속에 내재된 냉전적 사고의 극복으로 시작될 수 있을 것인 바, "태프트-가쓰라 협정"이 태평양전쟁 이후 소련의 위협에 맞서 미일동맹론을 강화시키기 위해 그 실상이 과대포장된 측면이 적지 않기 때문이다.

5. 맺음말

이상에서 살펴본 바와 같이 "태프트-가쓰라 협정"에 대한 러시아와 한국, 일본의 역사서술의 특징은 다음과 같이 요약될 수 있다. 첫째, 러시아의 중고등학교 역사교과서에는 "태프트-가쓰라 협정"에 대한 서술은 없다. 단지 한국사 대학교재에서만 다뤄지고 있다. 이는 "태프트-가쓰라 협정"이 러시아 학계의 러일전쟁 연구 및 서술에서 주요논점으로 간주되지 않고 있음을 의미한다. 러일전쟁의 당사국이자 오랜 연구전통을 지닌 러시아에서 "태프트-가쓰라 협정"에 대해 처음으로 언급된 업적은 1955년에 발간된 『러일전쟁 외교사 개관, 1895~1907』이다. 이 책은 1947년도에 출간된 『러일전쟁 외교사 개관, 1895~1907』의 개정판으로, 1948년 3월에 열린 소련과학아카데미 역사연구소의 세미나에서 포츠머스 강화회의에 대한 새로운 장을 설정하여 보완할 것을 지적받은 후, 수정보완 과정을 거쳐 발간된 저작이다. 이 개정판에서는 포츠머스 강화회의를 주선한 미국, 특히 루즈벨트 대통령의 외교정책이 자세하게 다뤄졌기 때문에 동시대의 반미적인 냉전적인 인식이 추가되었던 바, 그 대표적인 산물 가운데 하나가 "태프트-가쓰라 협정"에 대한 서술이다. 그는 태프트-가쓰라 회동에 대한 보고전문을 면밀히 분석함으로써 이 전문이 미국을 서명하지 않은 영일동맹의 일원으로 끌어들이려는 미일간의 비밀협정은 결코 아니었다고 결론지었다. 그리고 태프트-가쓰라 회동의 성격은 필리핀과 한국을 교환한 이른바 "탈취한 영토를 맞바꾼 제국주의적 거래"였다는 견해를 제시했다. 이후 로마노프의 이러한 견해는 북한의 『조선통사』에도 반영되었을 뿐만 아니라 러시아의 한국사 교재에도 계승되어 미국과 일본의 제국주의적 음모를 부각시키는 기제로 활용되어 왔다. 그 결과, 냉전체제가 종식되었음에도 불구하고, 미일 방위동맹을 겨냥한 1950년대

의 역사 서술은 여전히 러시아의 한국사 대학교재에 건재하게 되었
다.

둘째, 그렇다면 왜 러시아뿐만 아니라 중국의 중고등학교 역사교과
서에는 "태프트-가쓰라 협정"이 언급되지 않고 있는가? 이는 "태프트-
가쓰라 협정"이 신화에 불과하다는 연구업적이 산출됨에 따라, 이 주
제에 대한 사실(Fact) 자체에 대해 의문이 제기되고 있기 때문이다.
1959년 미국의 역사학자 에스더스가 "태프트-가쓰라 협정"은 사실이
아니라 신화임을 입증했다. "미국의 영토에 대해 간섭하지 않겠다는
것에 대한 대가로 어떠한 이에게도 무엇을 요구하거나 호의를 베풀지
는 않을 것"이라는 루즈벨트 대통령의 입장은 "탈취한 영토를 맞바꾼
제국주의적 거래"라는 냉전적 인식을 정면 반박하는 증거였다. 루즈
벨트는 태프트에게 보낸 편지(1905년 10월 5일)에서 "우리는 그러한 간섭
을 방지할 충분한 능력을 갖고 있으며 우리의 영토보전과 관련한 지
원에 대해 어떠한 보장도 필요로 하지 않는다"고 재확인하였던 것이
다. 따라서 논란이 되고 있는 "태프트-가쓰라 협정"에 대해서 러시아
와 중국의 중등역사교과서[41]에서 언급하지 않거나 다루지 않고 있는
것은 당연한 일이다.

셋째, 그렇다면 한국의 중고등학교 역사교과서는 이른바 "태프트-가
쓰라 협정"에 대해서 어떻게 서술하고 있는가? 한국의 중고등학교 역
사교과서의 서술은 태프트의 전문을 자의적으로 편집하여 출간한 일
본외무성의 『日本外交年表와 主要文書』와 『日本外交文書(38권 1책)』
의 사료조작의 폐해를 입고 있다. 태프트가 루트에게 보낸 전문
(Telegram)을 "태프트-가쓰라 협정(TAFT-KATSURA AGREEMENT)"이라 명명한
일본 외교문서의 역사왜곡에 대하여 국내교과서는 대부분 이를 그대
로 수용하고 있다. 즉 사료에 대한 분석과 천착 없이 무비판적으로 일
본이 조작한 자료를 받아들임으로써, 1960년대부터 오늘날까지 한국

의 중고등학교 역사교과서에는 이른바 "태프트-가쓰라 협정"이 한국의 근대사를 결정지은 중요한 역사적 사건 가운데 하나로 자리매김되어 있다. 일본외교문서가 출판되기 이전의 1950년대 국내교과서에서 전혀 언급이 없었던 이른바 "태프트-가쓰라 협정"이, 1960년대부터 교과서에 등장하여 "우리나라는 국제적으로 고립되고, 일본은 국제적 간섭 없이 한국병탄의 최종단계를 서두르게 되었다"고 서술되어 있다. 이러한 내용은 "태프트-가쓰라 협정"에 대한 일본역사교과서의 서술과도 유사하다. 결국 러시아의 중등역사교과서에서는 언급되어 있지 않은 "태프트-가쓰라 협정"이 한국과 일본 중등역사교과서에서는 빠짐없이 서술되어 있고 평가 역시 매우 흡사하다는 점은 국내교과서가 보다 세계적인 시각에서 서술되어야 할 과제를 남기고 있다.

대한제국시기의 역사는 세계적 규모의 글로벌화가 이루어지고 있던 제국주의 시대사의 일부를 구성하고 있다. 한국근현대사는 제국주의체제를 통해 상호 긴밀하게 엮여 있는 세계사의 한 부분이기 때문에, 동아시아의 범주를 넘어 글로벌히스토리의 관점에서 자신을 성찰해야 한다는 과제를 던져주고 있다. 이를 위해 한국, 일본, 러시아, 미국의 학자들이 참여하는 일종의 '한국사국제연구위원회'와 같은 모임이 필요한데, 이것이야말로 "태프트-가쓰라 협정"과 같은 주제들을 국제적인 시각에서 보려는 노력과 지혜를 모으는 대안이 될 것으로 판단된다.

■ 참고문헌

김광남 외, 『고등학교 한국근현대사』, 두산, 2007.
김종수 외 3인, 『고등학교 한국근현대사』, 법문사, 2007.

김한종 외 5인,『고등학교 한국근현대사』, 금성출판사, 2007.
김흥수 외 5인,『고등학교 한국근현대사』, (주)천재교육, 2007.
나카타 아키후미, 이남규 옮김,『미국, 한국을 버리다–시어도어 루즈벨트와 한
　　　국』, 기파랑, 2007.
유리 바닌 외 지음, 기광서 옮김,『러시아의 한국연구 : 한국인식의 역사적 발전
　　　과 현재적 구조』, 풀빛, 1999.
이병도,『고등학교 사회과 국사』, 일조각, 1959.
이우진,「러일전쟁과 한국문제」,『한국정치외교사논총』제8권 2호, 1993
이원순,『문교부 검정 (인문계고등학교) 국사』, 교학사, 1968.
조선인민민주주의공화국 과학원 역사연구소,『조선통사 下』, 로동신문출판사,
　　　1958.
최남선,『고등학교 사생과 고등국사』, 사조사, 1957.
최덕규,「러일전쟁에 대한 러시아의 역사인식–러시아중등교과서를 중심으로」,
　　　『슬라브연구』19–2호, 2003.
최덕수 외,『조약으로 본 한국근대사』, 열린책들, 2010.

宮地正人 外 10名,『新日本史B』, 桐原書店, 2010.
山本博文 外 11名,『日本史B』, 東京書籍株式會社, 2010.
石井進・五味文彦・笹山晴生・高埜利彦,『詳說 日本史(日本史 B)』, 山川出版社,
　　　2010.
海野福壽,『日淸・日露戰爭』, 集英社, 1992.
外務省編纂,『日本外交文書』, 38권 1책, 巖南堂書店, 1958.
日本外務省,『日本外交年表竝主要文書 上』, 原書房, 1965~1966,

Ванин, Ю. В. (ред.), История Кореи, М., 1974.

Курбанов С. О, История Кореи с древности до начала XXI века. СПб., 2009.
Романов Б.А, Очерки ДипломатическойИстории Русско-Японскойвойны,
　　　1895~1907, М., Л., 1955.
Торкунова. А. В. (ред), История Кореи(Новое прочтение, М. 2003.

Jongsuk Chay, "The Taft-Katsura Memorandum reconsidered", *Pacific Historical Review*, Vol. 37, No. 3, 1968.

Tyler Dennett, "President Roosevelt's Secret Pact with Japan", *Current History*, Vol. 21:1, 1924.

Raymond A. Esthus, "The Taft-Katsura Agreement-Reality or Myth?", *The Journal of Mordern History*, Vol. 31, No. 1, 1959.

Andrew C. Nahm, "The Impact of the Taft-Katsura Memorandum on Korea-A Reassessment", *Korea Journal,* 1985.

John G. Reid, "Taft's Telegram to Root", *Pacific Historical Review*, Vol. 9, No. 1, 1940.

John E. Wilz, "Did the United States betray Korea in 1905?", *Pacific Historical Review*, Vol. 54, No. 3, 1985.

주

[1] Raymond A. Esthus, "The Taft-Katsura Agreement-Reality or Myth?", *The Journal of Mordern History*, Vol. 31, No. 1, 1959.

[2] 국내에서는 1993년 이우진 교수에 의해 에스더스의 논쟁이 소개되었고(이우진, 「러일전쟁과 한국문제」, 『한국정치외교사논총』 제8권 2호, 1993, 346~348쪽), 최덕수 교수에 의해 "태프트-가쓰라 비망록" 관련 자료들이 소개되었다(최덕수 외, 『조약으로 본 한국근대사』, 열린책들, 2010, 504~520쪽). 한편 일본의 나카타 아키후미(長田彰文)는 여전히 "태프트-가쓰라 협정"이라는 입장을 고수하고 있다 (나카타 아키후미, 이남규 옮김, 『미국, 한국을 버리다 ─ 시어도어 루즈벨트와 한국』, 기파랑, 2007, 108~152쪽).

[3] 이원순, 『문교부 검정 (인문계고등학교) 국사』, 교학사, 1968, 210쪽.

[4] Ю. В. Ванин (ред.), *История Кореи*, М., 1974.

[5] 유리 바닌 외, 기광서 옮김, 『러시아의 한국연구 : 한국인식의 역사적 발전과 현재적 구조』, 풀빛, 1999, 215쪽.

[6] *История Кореи: Новое прочтение*, Под ред. А. В. Торкунова. ─ М.:Московск ийгосударственный/институт международных отношений(Университет) (РОС СПЭН), 2003. 이 책의 공동저자는 책임편집자 토르쿠노프 교수(А. В. Торкунов) 외에 볼코프(С. В. Волков), 란코프(А. Н. Ланьков), 리우해(В. Ф. Ли), 데니소프 (В. И. Денисов), 트카첸코(В. П. Ткаченко), 수히닌(В. Е. Сухинин) 등이다.

[7] С. О. *Курбанов, Курс Лекцийпо истории Кореи с древности до конца XX век а*. СПб., 2002.

[8] 쿠르바노프의 개정판의 제목은 『한국사 ─ 고대에서 21세기 초까지』이며, 초판의 『강좌한국사 ─ 고대에서 20세기 말까지』보다 연구범위를 21세기 초(2005년)까지 확대하고 있다. С. О. *Курбанов, История Кореи с древности до начала XXI ве ка*. СПб., 2009.

[9] *История Кореи*, Под ред. Ю. В. Ванин, М., 1974, С. 417 ; 당시 국내언론에서 도 미일전쟁 위기에 대해 이미 1909년 9월부터 보도되기 시작했다. 『대한매일신 보』(1909년 9월 15일)는 "미일전쟁의 풍설이 홍콩을 중심으로 확산되고 있으며

심지어 미일전쟁의 가상활동사진이 성황리에 상영되고 있는데 그 내용은 미국의 최후의 승리를 그리고 있다"는 내용의 보도를 했다. 또한 『대한매일신보』(1910년 3월 17일)의 '미일전쟁론' 기사에서는, "미국부자 싯푸 씨가 미일전쟁은 불가불 된다고 주장한 이래로 미국사람이 일본을 배척하는 일이 일어났기 때문에 일본 동경 국제신문협회에서 미일전쟁이 이유 없는 것으로 결의"했음을 전하고 있었다.

[10] *История Кореи: Новое прочтение*, Под ред. А. В. Торкунова. С. 268.

[11] 조선인민민주주의공화국 과학원 역사연구소, 『조선통사 下』, 로동신문출판사, 1958, 131~133쪽.

[12] 로마노프는 그의 제자였던 가넬린(Р. Ш. Ганелин)이 존 레이드의 "루트에게 보낸 태프트의 전보(Taft's Telegram to Root, July 29, 1905)"에 근거하여 태프트-가쓰라 회담을 정리했다. John G. Reid, "Taft's Telegram to Root", *Pacific Historical Review*, Vol. 9, No. 1, 1940, pp. 66~70.

[13] Б. А. Романов, *Очерки Дипломатической Истории Русско-Японскойвойны, 1895~1907*, М.,Л. 1955, С.433~434.

[14] 윌리암 태프트(William H. Taft: 1857~1930): 미국 제27대 대통령(1909.3~1913.3), 필리핀 민정총독(1900)과 미육군장관(1904) 역임.

[15] *British Documents on the origins of World War I*, Vol. Ⅳ, pp. 120~122. The Marquess of Lansdowne to Sir C. MacDonald, March 24, 1905. Б. А. Романов, *Очерки Дипломатической Истории Русско-Японскойвойны, 1895-1907*, М. Л. л 1955, С.432.

[16] Б. А. Романов, Там же. С.433~434.

[17] С.О.Курбанов, *История Кореи с древности до начала XXI века*. СПб. 2009, С.335~336.

[18] Raymond A. Esthus, "The Taft-Katsura Agreement-Reality or Myth?", *The Journal of Mordern History*, Vol. 31, No. 1, 1959, p. 46.

[19] Tyler Dennett, "President Roosevelt's Secret Pact with Japan", *Current History*, Vol. 21:1, 1924, p. 15.

[20] Tyler Dennett, 위의 논문, pp. 16~17.

[21] Raymond A. Esthus, 앞의 논문, p. 49.

[22] Roosevelt to Taft, Oct. 5, 1905, *The Letters of Theodore Roosevelt*, ed. E. Morison, V. 5, Harvard University Press, 1952, p. 49.

[23] Roosevelt to Taft, Oct. 7, 1905, 위의 책, p. 46.

[24] Raymond A. Esthus, 앞의 논문, p. 50.

[25] 海野福壽,『日淸·日露戰爭』, 集英社, 1992, 210~214쪽.

[26] Theodore Roosevelt-Knox, Feb. 8 1909, Papers of Theodore Roosevelt, Manuscript Division, Library of Congress, pp. 120~126.

[27] 1909년 백악관을 떠나면서 자신의 외교정책을 후임 대통령인 윌리엄 태프트가 계승할 것으로 확신하고 자신의 입장과 견해를 명확하게 전달하기 위해 1909년 2월에 집중적으로 일련의 메모와 편지들을 작성했다.

[28] Theodore Roosevelt-Knox, Feb. 8 1909, Papers of Theodore Roosevelt, Manuscript Division, Library of Congress. pp. 120~126.

[29] Raymond A. Esthus, "The Taft-Katsura Agreement-Reality or Myth?", *The Journal of Mordern History*, Vol. 31, No. 1(1959), pp. 46~51.

[30] Jongsuk Chay, "The Taft-Katsura Memorandum reconsidered", *Pacific Historical Review*, Vol. 37, No. 3, 1968, pp. 321~326.

[31] Andrew C. Nahm, "The Impact of the Taft-Katsura Memorandum on Korea-A Reassessment", *Korea Journal* (October 1985), pp. 4~17.

[32] John E. Wilz, "Did the United States betray Korea in 1905?", *Pacific Historical Review*, Vol. 54, No. 3, 1985, pp. 243~270.

[33] 日本外務省,『日本外交年表竝主要文書 上』(原書房: 1965~1966), 239~240쪽. 桂協定(THE TAFT -KATSURA AGREEMENT).

[34] 外務省編纂,『日本外交文書』38권 1책, 巖南堂書店, 1958, 450~452쪽. 桂「タフト」了解ニ 關シ 美大統領 追認ノ 件; (附記一) 比島, 極東ノ平和, 韓國ノ諸問題ニ關スル桂「タフト」了解, THE TAFT-KATSURA AGREEMENT.

[35] 최남선,『고등학교 사생과 고등국사』, 사조사, 1957, 194~195쪽.

[36] 이병도,『고등학교 사회과 국사』, 일조각, 1959, 176~177쪽.

[37] 이원순,『문교부 검정 (인문계고등학교) 국사』, 교학사, 1968, 210쪽.

[38] 김광남 외,『고등학교 한국근현대사』, 두산, 2007 ; 김종수 외 3인,『고등학교 한국근현대사』, 법문사, 2007.

[39] 김흥수 외 5인,『고등학교 한국근현대사』, (주)천재교육, 2007.

[40] 김한종 외 5인,『고등학교 한국근현대사』, 금성출판사, 2007.

[41] 러일전쟁에 대한 러시아중등역사교과서에 대한 분석은 최덕규,「러일전쟁에 대한 러시아의 역사인식-러시아중등교과서를 중심으로」,『슬라브연구』19-2호, 2003, 91~116쪽 참조.

2장

일제강점기의 한국과 러시아

1920년대 전반 러시아(소련)의
대한민국임시정부 인식

반병률

1. 머리말

대한민국 임시정부는 1919~1920년 초기를 제외하고는 전체적으로 우파 민족운동가들이 주도하였다. 그리하여 임시정부의 독립운동노선, 특히 그 외교활동이 친서구(親西歐). 친미(親美)적 노선에 입각했기 때문에 러시아지역은 다른 지역에 비하여 임시정부와의 관련이 가장 적은 지역이었다. 그나마 러시아의 볼셰비키당과 소비에트정부가 임시정부에 대한 관심과 기대를 가졌던 것은 한인사회당의 이동휘(李東輝)가 국무총리로 참여하였던 1919년 11월부터 1921년 1월에 이르는 15개월의 짧은 기간이었다.

러시아지역은 또한 임시정부에 대하여 가장 비판적이며 대립적이었던 독립운동세력들의 주활동무대였다. 물론 소비에트정부(1922년 말 이후에는 소련)나 코민테른(Comintern, 제3인터내셔널, 국제공산당)이 임시정부

초기 한인사회당과 이후 고려공산당을 통하여 임시정부를 통한 친소비에트적, 볼셰비키적 한국혁명을 도모하기도 하였다. 그러나 1924년 이후 소비에트정부는 임시정부에 대한 초기의 기대와 관심을 거둔 이후 1945년 제2차세계대전이 종결되는 시점에 이르기까지 임시정부에 대한 입장의 변화를 취하지 않았다.

1919~1924년의 시기에 소비에트 러시아나 코민테른 책임자들은 상해임시정부에 대하여 나름대로의 관심과 기대를 갖고 있었다. 그러나 임시정부가 점차 우파 일변도의 독립운동단체로 그 위상이 축소·약화되면서 제휴·연대의 상대로서 크게 고려되지 못했다. 특히 시베리아내전 당시 백군 및 일본침략군과 대결하던 상황에서는 러시아혁명 세력이 한인독립운동세력과의 연대와 제휴를 절실하게 필요로 했지만, 내전 종결 이후에는 그러한 필요성이 약화되었다. 1925년 초 소련과 일본간에 외교관계가 수립되면서 일본과의 외교관계를 중시하게 된 소련정부는 자국 영토 내에서의 공공연한 항일독립운동을 허용치 않게 되었던 것이다.

이 글에서는 1919년 대한민국 임시정부 수립 이후 1923년 국민대표회, 그리고 창조파의 국민위원회가 러시아 영토로부터 추방되는 1924년 초까지의 시기를 다루었다. 이 시기 소비에트 러시아나 코민테른을 상대로 한 임시정부의 초기외교활동에 대하여는 그 주도세력과 내용이 어느 정도 파악되었다.[1] 그러나, 이 시기에 소비에트 러시아(소련)와 코민테른 책임자들이 상해임시정부를 어떻게 인식하였는가 하는 문제는 본격적으로 다뤄지지 않은 주제이다. 소비에트정부(또는 소련정부)나 코민테른 당국자들의 상해임시정부에 대한 글이 거의 없다시피 한 상황에서, 이들 개별적 인물들의 상해임정에 대한 인식을 분석하는 작업은 거의 불가능하다. 그리하여 이 글에서 취한 방법은 러시아 측에서 작성한 상해임시정부에 관한 기사와 문건들을 분석, 소개하는 것으로 하였다.

소비에트정부나 코민테른 책임자들은 대부분 한국혁명가들의 보고
문과 발언을 통하여 상해임시정부에 대한 정보를 확보했다고 할 수
있다. 따라서 이 글에서는 소비에트정부와 코민테른 책임자들과 접촉
한 한국혁명가들에 주목하고, 이들이 상해임시정부와 관련하여 러시
아 측에 제출한 보고문이나 결정서 등에 주목하였다. 그리하여 소비
에트 러시아에서 활약한 한국혁명가들 또는 세력이 상해임시정부에
대하여 어떻게 소개하였는가를 검토하였고, 한인혁명가들의 집회에서
채택된 문건에 보이는 상해임시정부에 대한 결정이나 평가를 소개하
였다. 이들 보고서나 문건 그리고 결정서들은 기본적으로 한인혁명가
들의 상해임시정부에 대한 의견이 반영된 것이기도 하지만, 거꾸로
이들 한인혁명가들을 지도한 코민테른 책임자들의 상해임시정부에 대
한 인식이 반영된 것으로 볼 수 있기 때문이다.

2. 한국과 한국혁명세력에 대한 초기 소비에트정부의 메시지

소비에트 러시아의 러시아혁명가들이 주도하는 공식대회에 한인이 공
식적으로 참가한 것은 1918년 12월 19일 페트로그라드에서 개최된 '공
산주의인터내셔날의 창립에 앞선 국제회의,' 그리고 얼마 후 1919년 3월
2일부터 19일까지 모스크바에서 개최된 코민테른(Communist International)
창립대회였다. 앞의 대회에 한인 안(安, 安龍學으로 추정됨-필자)이 참석하
여 한인에 대한 일본의 억압통치와 이를 케렌스키와 윌슨 미국대통령
이 도와주고 있다는 요지의 연설을 했다. 이어 코민테른 창립대회에
는 모스크바 '한인노동자동맹'의 강상주가 평의권을 가진 대표로 참석
하여 윌슨 대통령을 비난하고 "소비에트 러시아만이 우리들에게 피난

처를 주고 일어나는 것을 도와주었다"고 하면서 전세계 노동자의 단결을 강조했다.[2]

소비에트 러시아 정부가 한국국민에게 공식적인 메시지를 보낸 것은 1919년 7월 26일자로 된 「한국혁명조직 국민회와 모든 한국민들에게」이다. 그 일부를 소개하면 다음과 같다.

> 노농적군은 콜착을 격파하고 시베리아의 하층민과 한인에게 자유와 원조를 주기 위하여 시베리아의 광야에 들어가고 이 기회를 맞아 노농정부는 일본의 압정에 시달리는 한인에게 한마디 하려고 한다. 한국혁명당은 과거 15년간 조국독립을 위하여 극력 일본과 싸웠지만 힘이 미치지 못하여 국외 즉 러시아, 미국, 호주 및 중국 각지에 위축되기에 이르렀다. 그러나 구주대전(歐洲大戰)의 당초부터 이들 지역의 정부는 일본에 동정하여 혁명당의 활동을 방해하고 특히 콜착과 호르바트는 이들을 일본관헌의 손에 인도하였다. 지금 한인들에게 가장 안전한 유일의 장소는 모스크바이다. 소비에트 러시아에서는 한국의 독립과 조선에서의 혁명을 목적으로 하여 한국 국민회가 결성되었다. 한국의 혁명가들은 우리 적군(赤軍)의 대열에 참가하고 있으며 자체 부대를 조직하여 당신들을 도와주러 떠나려 하고 있다. 모스크바에는 제3인터내셔널이 조직되었으며, 적군으로서 한인 병정들이 우랄에서 일본인들과 싸우게 되는 순간 한국인들은 자신의 나라에서 봉기하여 러시아에서 노농정부와 교류하기 위해 전력을 다해야 할 것이다. 우리가 힘을 합칠 때라야 일본인들을 블라디보스토크와 조용한 아침의 나라로부터 쫓아낼 수 있을 것이다. 해방의 시간은 이미 다가왔다. 한국의 혁명가들이여 그대들의 노력을 배가하라.[3]

소비에트정부의 「한국혁명조직 국민회와 모든 한국민들에게」가 한인혁명세력에게 전달하고자 한 메시지는 시베리아와 원동러시아에서 진행되고 있는 백군과 이를 후원하고 있는 일본군과의 전투에 한인들이 자발적으로 적군 편에서 참전할 것을 촉구하기 위한 것이었다. 과

거 한인들의 항일투쟁 경험을 통하여 이제는 소비에트 러시아만이 한
국혁명가들의 유일한 피난처임을 강조함으로써 소비에트 러시아와 한
국독립운동세력과의 연대투쟁을 강조한 것이다. 소비에트정부 책임자
들의 관심은 러시아영토 내에서 전개되고 있는 백위파 및 일본침략군
과의 무력대결에 있었고, 한국혁명 전체에 대한 관심은 그다음이었다.

같은 시기 7월 말 소비에트정부는 외무인민위원부 부위원인 카라한
(Karakhan)이 저술한 『일본제국주의의 말발굽에 유린되고 있는 한인』이
라는 책자를 출판·배포하여 한국혁명을 위한 선전책자로 활용하였
다. 이 책자의 주요 내용은 청일전쟁 이후 한국혁명당의 공로를 개관
하고 혁명(3·1운동－필자) 당시 파리강화회의에서 윌슨의 14개조에 기대
하는 바가 컸었지만 아무것도 얻은 바가 없기 때문에 이제는 볼세비
키의 전철을 밟는 혁명에 의하지 않고는 달리 독립달성의 길이 없다
고 결론지었다. 책자 끝에는 앞에 소개한 한국민에게 보내는 소비에
트정부의 메시지를 첨부하였다.[4]

소비에트정부의 메시지는 1919년 8월 12일 모스크바에서 개최된 한
인집회에서 소개되어 한인들에게 널리 알려졌다. 모스크바의 동방연
맹 건물(보고슬로브스키이 퍼르스펙트 6번지)에서 한국의 독립선언을 기념하
는 한국인들의 집회가 개최되었는데 약 200여 명이 참석하였다. 참석
자들은 혁명가를 부르고 선우정(鮮于正)이 연설문을 낭독하였다. 그는
『이즈베스치야(Izvestiia)』지에 실린 한국의 독립선언에 관한 기사와 혁
명운동에 관한 기사를 청중들에게 소개했다. 그는 분초(分秒)를 아껴
공동의 적과 싸우기 위해 러시아에 있는 모든 한인들을 조직해야 한
다고 제안하였다. 이어 등단한 정해(鄭海)가 지난 3년간 일본인이 한국
인들을 어떻게 억압하였는지를 감동스럽게 이야기하였다. 그는 한국
인들에게 안식처를 제공해줄 나라는 소비에트 러시아밖에 없음을 강
조하며, 러시아의 동지들과 힘을 합쳐 일본인들을 처단하자고 호소

했다.[5]

이어 대회의장인 천홍윤의 제안에 따라 소비에트정부 외무인민위원부 동양국(東洋局) 국장인 보즈네센스키(Voznesenskii)가 한국민들에게 보내는 메시지 「한국혁명조직 국민회와 모든 한국민들에게」(1919년 7월 26일자)를 낭독하였다.[6] 이어서 우파(Ufa) 점령에서 무공(武功)을 세웠고, 엔 보병부대 기관총부대장으로 활약한 바 있는 적군(赤軍) 장교 이위종(李瑋鍾)이 러시아와 시베리아에 거주하는 모든 한인들을 징집하여 한인부대를 창설하고 우선적으로 시베리아와 조선으로부터 일본인들을 몰아내는 데 파견할 것을 제안하였다. 그리하여 소비에트공화국 내에 한인 적군부대를 조직하기 위하여 중앙기관 "한인중앙집행위원회"를 즉각 창설하자는 방안이 제안되어 만장일치로 채택되었다. 그리하여 집회는 국민회에 "소비에트정부에 대한 필요 조치를 취하고 미래의 한인 프롤레타리아 적군의 최초의 핵심을 구성"하는 전권을 위임하였다.[7] 8월 12일의 한인집회는 소비에트정부의 기관지인 『이즈베스치야』 1919년 8월 15일자에 「한국에서의 혁명활동과 모스크바 한인집회에 대하여」라는 제목으로 게재되었다.[8]

소비에트정부의 메시지 「한국혁명조직 국민회와 모든 한국민들에게」는 「조선혁명선언서(朝鮮革命宣言書)」라는 제목의 압축된 내용으로 볼세비키당 기관지인 『크라스늬 찌바트』에 게재되었다.(날짜 미상).[9] 또 다른 일본관헌보고 역시 '재로불령선인(在露不逞鮮人)'과 '적로(赤露)'[소비에트 러시아]의 제휴와 상호이용의 사실이 현저해져서 마침내 '소비에트 국민위원회'가 1919년 12월 7일자로 성명서를 발표하게 되었다고 하면서 「조선혁명선언서」와 같은 내용을 게재하고 있다.[10]

이상에서 소개한 바와 같이, 1919년 7월 26일 소비에트정부가 발표한 「한국혁명조직 국민회와 모든 한국민들에게」는 8월 12일 모스크바 집회와 같이 소비에트 내 한인들에게 여러 경로를 통하여 익히 전달

되었을 것이며, 『이즈베스치야』, 『크라스늬 치바트』 등 소비에트정부
와 당기관지에 소개되어 소비에트정부와 당관계자들에게도 널리 알려
졌을 것으로 짐작된다.

3. 한인사회당 주도시기(1919년 하반기~1920년 말)

소비에트정부와 코민테른 당국자들이 한국혁명과 상해 임시정부에
관한 보다 심층적인 정보를 접하게 된 것은 한인사회당이 파견한 대
표들이 모스크바에 와서 활동하게 된 이후라 할 것이다. 한인사회당
은 1919년 4월의 한인사회당 2차대회에서 3월 초 모스크바에서 창립
된 코민테른(국제공산당)에 가입하기로 하고 박진순(朴鎭順, 박 이반 표트로
비치), 박애(朴愛, 박 마트베이), 이한영(李漢英) 등 러시아어에 능통한 3명의
핵심간부를 대표를 파견하기로 하였다. 아울러 볼셰비키세력과 빨찌
산부대들과의 연락 · 협력관계를 긴밀히 할 것을 결의하였다. 이 결의
는 3 · 1운동 무렵 대부분의 민족운동세력이 미국등 서구열강과 파리
강화회의에 기대하고 있던 상황에서 매우 선진적인 결정이었다. 또한
이 결정은 1917년 이후 러시아혁명, 특히 10월혁명 이후 볼셰비키세력
과 밀접한 연락과 활동을 계속해온 한인사회당의 전통과 실천적 경험
의 소산이기도 하다.

박진순 등 한인사회당 대표들은 레닌정부에 보내는 축하문과 국제
공산당에 제출할 보고서를 휴대하고, 1919년 7월경 블라디보스토크를
떠났다. 당시 시베리아내전의 와중에서 백위파가 시베리아를 장악하
고 있던 관계로 이들은 이중, 삼중의 전선을 통과해야 했고, 특히 박
애와 이한영이 옴스크에서 장질부사에 걸리게 되어 박진순만이 볼셰
비키정부 외무인민위원부 전권위원인 빌렌스키(Bilenskii)의 도움을 받아

1919년 11월 말경에 모스크바에 도착하였다. 이에 앞서 박진순은 1919
년 11월 15일 모스크바에 가까운 첼랴빈스크에서 한인사회당 4월대회
에서 볼셰비키당과 협력하기로 했다는 요지의 성명을 발표하였으며,
아울러 대표단이 12월에 개최될 모스크바 노병소비에트에 참가할 계
획임을 표명하였다.

박진순의 모스크바 도착사실은 하르빈에서 발간되고 있던 중국어
신문『원동보(遠東報)』를 통하여 각지방 한인사회당 빨찌산부대들에게
알려졌다. 상해의『독립신문』은 1920년 4월 29일자 기사에서 박진순
의 약력을 간단히 소개하고, 박진순이 '한국혁명당'의 대표로서 한국
노동당중앙위원회, 중국노동당중앙집행위원회, 일본혁명당 대표 등과
함께 레닌의 50회 생일 축하연에 참가한 사실을 보도하였다.『독립신
문』의 이 기사는 중국의『대륙보(大陸報)』가 전(前)주중(駐中)러시아부사
(副使)였던 보즈네센스키가 보낸 전보를 받아 보도한 것을 전재한 것이
었다.[11]

앞에서 소개한 바, 보즈네센스키는 외무인민위원부 동양국(東洋局)
국장의 자격으로 1919년 8월 12일 모스크바에서의 한인집회에서 소비
에트정부의 메시지「한국혁명조직 국민회와 모든 한국국민들에게」소
비에트정부의 메시지를 낭독한 바로 그 사람이다.

모스크바에 도착한 박진순은 한인사회당 당원명부와 한인사회당의
조직배경과 4월당대회 결과를 밝힌 보고서「한국에서의 사회주의운동
(The Socialist Movement in Korea)」를 국제공산당 집행위원회에 제출하였다.
이 보고서는 곧 국제공산당의 기관지인『코뮤니스트 인터내셔날』
1919년 11~12월호에 게재되었다.[12] 박진순은 소비에트정부 외무인민
위원부에 가입하였다.[13] 이후 박진순은 1920년 1월 이후 모스크바를
떠난 1920년 9월에 이르기까지『이즈베스치야』,『코뮤니스트 인터내
셔날』, 소비에트정부 민족인민위원회 기관지『지즌 나쵸날노스체이(민

족들의 생활)』등에 한국의 혁명운동과 관련된 논문들을 연이어 발표하였다.[14]

이들 기고활동을 통하여 박진순은 "모스크바에서 알아주는 한국문제의 대변인"으로 통했으며,[15] 1920년 7~8월에 개최된 제2차 국제공산당대회에서 국제공산당집행위 원동책임자로 선출되기에 이르렀다. 그리하여 국제공산당집행위 원동책임자라는 직책은 국제공산주의운동사에서 한인공산주의자를 맡았던 전무후무한 최고직책이었다. 박진순의 글들을 통하여 소비에트 러시아의 정부당국자들과 코민테른 책임자들이 이전에 접하지 못했던 한국독립운동, 한국혁명운동에 관한 심층적인 지식을 얻게 되었을 것임은 두말할 필요가 없다. 특히, 외무인민위원부 동양국 국장 보즈네센스키가 특히 그러했을 것이다.

박진순이 모스크바로 떠난 후 한인사회당은 통합임시정부에 참여하기로 결정하고 1919년 11월 3일에는 위원장 이동휘가 임시정부의 국무총리로, 당총서기 김립(金立)이 국무원비서장으로 취임하였다.

박진순을 비롯한 한인사회당 파견원들의 활동의 성과임이 틀림없다고 판단되는 바, 소비에트정부는 임시정부에 2통의 공식문서를 보내게 되는데, 일본관헌측 기록에 그 과정이 자세히 기록되어 있다. 소비에트정부 외무인민위원부 산하 동양국은 중국인, 한국인 유력자들을 배치하고 원동에서의 볼셰비즘 선전 등에 관한 사무를 전담시키고 있었다. 그 결과 1919년 8월 12일의 한인대회에 참석하여 주도적 역할을 한 이위종이 '한인군정부의 수령'이 되어 한인적군 모집의 총책임자로 활약하고 있었다.[16] 이는 1919년 8월 모스크바에서 개최되었던 한인대회의 결의에 따른 것이다.

아울러 1920년 봄 소비에트정부[외무위원회 원동국]는 원동지역에서 볼셰비즘을 선전하기 위하여 최종호(崔鍾浩), 정해(鄭海), 우시하(禹時夏), 박군팔(朴君八)의 4명을 한인과 볼셰비키간의 연락 및 볼셰비즘 선전의 책임을 부여하여 블라디보스토크로 파견하였다. 최종호, 정해, 우시하는 모스크바로부터, 박군팔은 이르쿠츠크로부터 각각 파견되었다. 박군팔은 이르쿠츠크 볼셰비키 당국자와 협의한 후 소비에트정부가 작성한 서한 3통을 지참하였다. 첫 번째 서한은 블라디보스토크의 소비에트정부 전권위원에게 박군팔을 소개하고 원조를 의뢰하는 편지이고, 두 번째 서한은 모스크바의 소비에트정부로부터 상해 임시정부에 보내는 것으로 "소비에트정부가 임시정부에 커다란 동정을 보내고 충분히 원조하고 나아가 승인하기에 이를 것이라"는 내용이다. 세 번째 서한은 모스크바정부로부터 일반 한국민들에게 보내는 일종의 공개서한으로 소비에트정부는 끝까지 한인을 동정하고 원조하기 때문에 한인들은 힘써 볼셰비즘 사상을 선전하여야 할 것임을 밝힌 것이다. 최종호, 정해, 우시하보다 앞서 블라디보스토크에 도착한 박군팔은 블라디보스토크에 도착하여 모스크바정부 전권위원 빌렌스키를 만나 상해까지의 왕복여비를 청구하였다. 이에 빌렌스키는 박군팔에게 블라디보스토크에 머물고 다른 사람을 상해로 파견할 것을 권유하여 협의 결과, 김만겸(金萬謙)을 상해로 파견하기로 결정하였다. 김만겸은 5월 3일 모스크바정부에서 보내는 2통의 공식서한을 휴대하고 '심비르스크'호를 타고 상해로 떠났다.[17] 김만겸은 또 한 명의 특파원, 그리고 블라디보스토크 주재 코민테른 원동부 지부에서 활동하고 있던 보이틴스키(Gregorii Voitinskii)와 동행하였다.[18]

　소비에트정부가 상해의 대한민국임시정부에 공식서한을 보낸 사실은 당시 상해에 체류하고 있던 한인사회당 간부 계봉우(桂琫禹)가 북간도 대한국민회회장 구춘선(具春先)에게 보낸 5월 14일자 편지에서도 확인된다. 계봉우는 이 편지에서 모스크바정부 특파원 2명이 김만겸과 함께 상해의 대한민국임시정부에 소비에트정부의 공식서한을 전달한 사실을 밝히고 있는 것이다.

어제[5월 13일] 레닌정부로부터 특파위원 2인이 우리 정부에 공문을 가져왔는데 해부[海埠, 海蔘威, 블라디보스토크 – 필자] 김만겸 씨도 동행하여 왔다. 그리고 공문의 내용은 귀정부[貴政=상해임시정부] 형제들도 모스크바에 와서 상휴수(相攜手)하여 극동의 대원수(大怨讐)를 정복하여야 할 것이고 또 모스크바에는 우리 노동군이 편성되어 그 수 2개 여단에 달한다 운운."[19]

소비에트정부가 상해의 대한민국임시정부에 대하여 대일공투(對日共鬪)를 제안하고 있는 것이다. 계봉우가 말한 '모스크바 정부 특파원' 2명 가운데 한 사람은 보이틴스키이며, 이들을 만나 모스크바정부의 공식문서를 접수한 이는 상해임정의 국무총리 이동휘(李東輝)와 국무원 비서장 김립이었을 것이다. 이에 앞서 이동휘는 상해, 천진 등 각처에 왕래하는 소비에트정부의 외교관들과도 비밀약속을 한 상태였다.[20]

상해 임시정부에 전달된 공식서한 2통의 발신자가 누구인가에 대한 단서는 이후 이동휘가 레닌에게 보낸 답신에서 찾을 수 있다. 즉, 이동휘는 레닌에게 보낸 답서에서 "본인은 귀하의 전신(電信)과 귀하의 원동지역 대표의 동봉한 서한에 대해 심심한 감사를 표합니다"라고 한 것이다.[21] 이동휘의 답신을 근거로 다음과 같이 추정할 수 있다. 즉, 레닌은 상해 임시정부 앞으로 된 전문을 작성했는데, 이를 상해 임시정부 앞으로 직접 보내지 않고 이르쿠츠크에 체재하고 있던 소비에트정부의 전권위원[외무인민위원부 소속인 얀손(Ianson)일 것 – 필자]에게 발송하였고, 이 전권위원이 다시 레닌의 전문에 근거하여 별도의 공식서한을 작성한 후 전문과 동봉하여, 보이틴스키와 김만겸으로 하여금 상해임시정부에 전달케 한 것이다.

답신에서 이동휘는 "귀하께서 한국 인민에게 동감을 표현하여 주신 것에 대해 진실로 존경의 뜻을 표명하옵니다. 저희들은 귀하께서 언제나 우리와 동감하고 계시며 또한 한국의 운명에 동참하고 계신다는

사실을 믿어 의심치 않았습니다"라며 감사의 뜻을 전했다. 이동휘는
또한 자신이 임정특파원(대사)으로 소비에트정부에 파견한 한형권(韓馨
權)의 보고서를 통하여 동아시아의 상황을, 그리고 1920년 초 상해에
서 이동휘 등 임정측 인물들과 만난 바 있는 포타포프(Aleksei Potapov) 장
군과의 면담을 통하여 보다 구체적인 사항들을 보고하게 할 것임을 약
속하였다. 끝으로 이동휘는 "귀하께서 관심을 표명하여 한국의 인민에
게 경의를 표하셨으며, 거절하지 않고 저희들에게 강력한 지지와 지원
을 제공하실 것으로 믿어 의심치 않습니다"라며 지원을 요청했다.[22]

주지하는 바, 상해의 대한민국 임시정부는 포타포프 장군이 소비에
트정부와의 적극적 외교를 강력히 권고하게 되면서, 1920년 1월 22일
국무총리 이동휘의 주도하에 국무회의를 개최하고 한형권, 여운형(呂
運亨), 안공근(安恭根) 3인을 러시아 파견 외교원으로 선정한 바 있다.
이 가운데 한형권만이 1920년 4월 말경 상해를 출발하였다. 한형권은
국무총리 이동휘의 주도하에 국무원 비서장 김립, 재무차장 윤현진(尹
顯振), 내무차장 이규홍(李奎洪), 교통차장 김철(金澈)이 협력하여 마련한
여비를 지참하였다.[23] 선임된 3인의 외교원 가운데, 한형권은 이동휘
가 이끄는 한인사회당, 여운형은 신한청년당과 기호파, 안공근은 안창
호(安昌浩) 세력에 속했다.[24]

이동휘가 레닌에게 보낸 답신에서 언급한 한형권과 포타포프 가운
데 모스크바 소비에트정부 지도자들에게 영향을 준 것은 한형권이었
다. 포타포프는 임정 국무총리 이동휘나 대한국민의회 의장 문창범
등이 소비에트정부에 보내는 여러 문서들을 1년 가까이 지난 뒤인
1920년 11월 25일자로 소비에트정부 외무인민위원부에 전달하였던 것
이다.[25] 이미 많은 시간이 흘러 한국독립운동계, 특히 상해 임시정부
를 둘러싼 내외의 정치적 상황이 크게 변해버렸고, 이보다 더 중요한
것은 문서 작성 당사자들의 조직적·개인적 위상과 입장이 문서 작성

당시와 크게 달라져 있었다는 사실이다.

그리하여 1920년 중반 모스크바에서는 한형권이 임정대표로서 한인사회당 국제공산당 파견대표인 박진순과 더불어 크게 활약하게 된다. 이에 앞서 1920년 4월 말경 한형권은 상해임시정부의 특사임명장과 밀서, 그리고 이동휘가 원동공화국대통령(외상 겸임)인 크라스노쉐코프(Krasnoshchkov)에게 보내는 편지를 휴대하고 상해를 떠났다. 한형권은 몽골과 시베리아를 거쳐 5월 말경 모스크바에 도착하였다. 이동휘가 레닌에게 보내는 답신에서 말한 바, 한형권이 휴대한 보고서 「동아시아의 상황(The Situation in East Asia)」를 소비에트정부와 코민테른 집행위원회에 제출하였는데, 이 보고서는 『코뮤니스트 인터내셔날』 1920년 7~8월호에 게재되었다.[26]

이 글은 한국, 중국, 일본의 정치적 상황과 혁명운동에 대한 분석과 평가를 바탕으로 한국의 민족운동문제를 전체 동아시아의 맥락에서 살피고 있다. 특히 3·1운동 이후 블라디보스토크와 상해에서 수립된 대한국민의회와 상해의 대한민국임시정부가 전체운동선상에서의 주도권 장악을 놓고 전개한 '권력투쟁'을 비판하는 등, 민족주의세력들과 한인사회당의 차별적 노선을 강조하고 있다. 또한 한형권의 이 글은 한인사회당이 통합 상해임시정부에 참여하게 된 이론적, 실천적 배경을 밝히고 있는 유일한 현존자료라 할 수 있다.[27] 이 보고서는 한인사회당이 상해 임시정부내의 자유주의자들의 협조를 받아 영향력을 확대하게 될 것이라며 매우 낙관적인 전망을 하고 있다.[28]

우리는 제국주의 국가 미국의 친절을 보장할 수 없다. 또한 한국 인민 역시 이제는 자기의 고난 속에서 '두 번째 일본'을 키워내자는 생각을 갖고 있다. 이것이 바로 한국임시혁명정부가 쁘띠부르주아와의 연합에도 불구하고...적군(赤軍)이 한국 국경으로 진군하기를 지치도록 기다리고 있는 이유이며, 또한 바로 그런 점이 임시정부와 임시의정원에서 자유주의들이 대다수임에도 불구하고 그런 자유주의자들이 사회주의자인 저를 전권대표에 임명하여 소비에트 러시아로 파견해야 할 필요가 있다고 판단한 이유이다. 자유주의자들은 한인사회당의 당원만이 러시아혁명 노동자-농민 계급 대표들과 공통된 의견에 도달할 수 있을 것이라고 예상하고 있다.

임시정부의 상황에 대한 한형권의 평가는 모스크바 소비에트정부와 코민테른 책임자들이 상해 임시정부에 대한 긍정적인 인식을 심어주었을 것으로 짐작된다. 임시정부에 대한 이러한 긍정적이며 낙관적인 인식이 소비에트정부로 하여금 박진순과 한형권을 통하여 상해임시정부에 대한 막대한 자금원조를 약속하게 되었던 것이다.

한편, 1920년 여름 박용만이 모스크바에서 소비에트정부와 체결하였다고 잘못 알려진 비밀조약도 사실여부와 관계없이 소비에트정부의 상해임시정부에 대한 긍정적 평가에서 비롯된 것이라 할 것이다.[29] 이 비밀조약 체결과 관련하여 일제관헌자료에서 이동휘, 김립, 계봉우 등의 한인사회당 간부들이 언급되어 있는 점에 주목할 필요가 있다.

4. 이르쿠츠크파─대한국민의회 연합세력 주도시기 (1920년 말~1921년 말)

박진순과 한형권의 활동을 통하여 한인사회당, 그리고 그 지도자인 이동휘와 김립이 참여하고 있던 통합임정은 성공적인 대소외교를 거두었다. 이러한 대소외교의 성공은 박진순과 한형권을 비롯한 한인사회당 파견원들이 중앙의 소비에트정부와 코민테른 책임자들로 하여금 상해임시정부에 대한 긍정적 인식을 갖게 하는 데 성공한 결과였다. 그러나 이러한 상황은 1920년 가을 이후 한인사회당의 독점적 지위가

이르쿠츠크지방의 볼셰비키들의 비호를 받아 한국혁명운동의 주도권
장악에 나선 신흥 이르쿠츠크파 세력에 의해서 위협받게 되면서 크게
바뀌게 된다.

1920년 10월 3일부터 11일까지 9일간 시베리아의 옴스크에서 제2회
전로고려인대의회(全露高麗人代議會)가 개최되었다. 이 대회는 1920년 6월
29일 박진순이 소집발기회 회장으로서 소집한 것이다. 이 대회에는
박진순과 함께 모스크바자금 40만 금루블을 운송하고 있던 한형권이
임시정부대표로 참석하여 축사를 하였다. 또한 한인사회당 당원인 조
응순(趙應順)이 대회 첫날의 임시회장을 맡았고, 역시 한인사회당원인
이인섭(李仁燮)이 참가하였다. 대회는 이르쿠츠크에 근거를 둔 시비르
뷰로(러시아공산당 시베리아국) 산하 동양제민족부 부장인 부르트만(Burtman)
이 참가하여 지도하였다. 이르쿠츠크의 고려공산단체 중앙간부의 중
심인물들이 대회를 주도하고, 대회에서 조직된 고려중앙선전의회(中央
宣傳議會)를 장악하였다. 이들이 향후 '이르쿠츠크파' 고려공산당의 핵
심인물이 되는 한규선(韓奎善), 김철훈(金哲勳), 이성(李成), 박승만(朴承萬),
남만춘(南萬春), 조훈(趙勳) 등이다. 중앙선전의회는 중앙아시아와 중동
지역의 혁명을 지도하기 위하여 설치된 바쿠선전의회를 모델로 한 것
으로 한인혁명운동에서의 공산주의의 확산을 목적으로 한 것이었다.
중앙선전의회는 "고려와 중국과 로시아에 고려인의 혁명사업을 통일
하고 지휘하기 위하야" "노동단체와 혁명단체의 가장 높은 기관이며
각 단체 조직의 중앙집권체인 고로 각 지방단체는 으레 의회의 지휘
에 복종할 일"이라고 선언함으로써 한국혁명의 최고기관임을 자처하
였다. 중앙선전의회는 향후 동양제민족부 부장인 부르트만의 주도로
동양민족부를 개편하여 조직하게 될 코민테른(국제공산당) "동양비서부
[극동비서부]의 지휘에 복종"할 것을 선언하였다.[30]

대회는 회의 5일째인 10월 7일 상해 임시정부에 관한 보고를 받고

토론을 거친 후 다음과 같이 결정하였다.

> 상해임시정부는 처음 조직할 때에 귀족의 주동으로 노동자의 대표
> 가 참석지 아니하였을 뿐더러 정부 임원도 부귀계급으로 선거되었으며
> 성립된 지가 벌써 1년 반이 되도록 정체(政體)가 명확치 못하며 정부의
> 안과 밖에서는 명예만 다투며, 혁명선에는 실로 나타난 것이 없었도다.
> (1918년 말경)에 이승만은 고려를 미국의 위임통치로 주장하였으며
> (1919년 중경[中頃]에)대통령 이승만에게 전보하여 인천항의 리권을 전
> 집[典執]하여 미국정부에 차관을 운동하였으며 (1919년 말경)에는 외교
> 차장 여운형을 일본정부에 파송하여 자치(自治)를 애소(哀訴)하였으니
> 이것은 자본가의 국가에 동정하며 또는 고려를 다시 신식으로 노예를
> 만들려 하는 정부라. 고려노력자들은 결코 이러한 정부를 찬조할 수 없
> 도다. 그런고로 본대표원회는 성명(聲名)하오니 상해림시정부가 시정
> 방침(施政方針)을 개량하고 노력자의 대표를 참정(參政)케 하며 정직
> 한 행위로 확실한 고려국 독립 혁명전쟁의 종지를 세우며 세계 자본과
> 침략을 뒤집으려 전쟁하는 세계빈천자와 그 밖에 식민지 민족의 일반
> 노력자를 표준삼고 전쟁을 실행할 때라야 노력자의 확실한 찬조를 받
> 을지라.[31]

전로고려인대의회가 상해임시정부를 비판하는 요점은 임시정부의
구성이 '귀족'과 '부귀계급'의 대표들로 이루어져 있는 점, 노동자대표
가 배제되어 있는 점, 그 정책이 부르조아적, 대미종속적인 점 등이다.
끝으로 대의회는 임시정부에 노동자 대표의 참여, 시정방침의 개혁,
독립혁명전쟁노선의 확립, 세계빈천자 식민지민족과의 국제혁명전쟁
수행 등의 시정개혁을 할 경우에 지원하겠다는 의사를 표시했다.[32]
상해임정 지지를 조건으로 내세우고 있지만 사실상 임시정부의 실질
적인 전면개혁을 요구하고 있는 것이다.

이 결정은 상해임시정부의 한 단면을 지목하여 비판하고 있고, 당
시 임시정부가 좌우연합의 통합적인 조직과 다양한 노선에 따라 활동

하고 있었던 사실을 의도적으로 간과하고 있다. 비판의 내용이 전혀 사실과 부합하지 않은 것은 아니나, '귀족'과 '부귀계급' 중심의 구성, 이승만의 위임통치 청원과 여운형의 자치론 추구,[33] "안과 밖에서는 명예만 다투며, 혁명선에는 실로 나타난 것이 없었"다는 주장은 임시정부의 구성원이나 정책의 한쪽 부분만을 일방적으로 강조한 것이다. 임시정부 구성원들 가운데서도 이승만(李承晩), 이동녕(李東寧), 이시영(李始榮), 신규식(申圭植) 등 총장들과 여운형 등 기호출신자들 외에 이동휘, 안창호 등 다른 평민출신 각원들이 참여하고 있고, 특히 이동휘의 참여 이후 임시정부가 채택했던 독립전쟁론 등이 의도적으로 무시되고 있는 것이다.

이 결정은 상해임정 자체에 대한 비판보다는 혁명운동전선, 특히 소비에트 러시아와 코민테른의 지원을 둘러싼 경쟁관계에 있으며, 특히 상해임시정부의 대소외교에서 중요한 역할을 하고 있는 한인사회당세력을 겨냥한 것이다. 이는 대회 마지막 날인 10월 11일, 상해임시정부와 마찬가지로 파리강화회의에 대표를 파견하는 등 서구지향적, 미국의존적 노선을 취했고, 특히 시베리아내전 초기에 반볼셰비키적 노선을 걸었던 대한국민의회에 대한 방침을 토론하자는 박진순의 제안을 부결시킨 것과 맥락을 같이하는 것이다.[34]

그럼에도 불구하고 전로고려인대의회에서 채택된 상해임시정부에 대한 결정은 이르쿠츠크파 중심인물들을 통하여, 향후 한국혁명, 특히 초기 한인공산주의운동에 지대한 영향을 끼치게 되는 슈미야츠키(Shumiatsky), 보이틴스키 등 코민테른 동양비서부 책임자들의 상해임시정부 인식에 커다란 영향을 끼치게 되었다. 이제는 시베리아와 원동지역에서 혁명운동이 고양되면서 지방(또는 현지) 볼셰비키의 직접적 영향력이 커지게 되는 상황이 되었고, 이들 시베리아지방 볼셰비키의 상해임시정부에 대한 인식이 현실적으로 보다 중요하게 되었다. 이후 상해임시정부에 대한 이러한 인식은 슈미야츠키, 보이틴스키 등 이르쿠츠크파를 지원하고 있던 시베리아와 원동의 현지 볼셰비키가 한국혁명에 대한 영향력을 행사하는 동안에 더욱 확고해진다.

한인사회당 파견원들의 영향을 받은 중앙의 소비에트정부와 코민테른의 상해임시정부 인식이 지나치게 긍정적이었다면, 이르쿠츠크의 한인공산주의자들과 슈미야츠키 등 시베리아 지방 볼셰비키의 상해임시정부에 대한 인식은 편향적으로 부정적이었다.

전로고려인대의회에서 채택된 상해임시정부에 대한 결정은 1921년 1월 국무총리 이동휘가 탈퇴하고, 중도파라 할 수 있는 김규식(金奎植), 남형우(南亨祐), 유동열(柳東說), 안창호가 탈퇴하여 이승만을 중심으로 한 기호파만들이 임시정부를 주도함으로써 그 근거가 역설적으로 강화되었다.

상해임시정부에 대한 부정적 인식은 1921년 5월 이르쿠츠크의 고려공산당 창립대회에서 채택된 '고려공산당 강령안'에 기본적으로 계승되지만, 상해임시정부의 주도인물들에 대한 표현이 '귀족'과 '부귀계급'에서 '소부르죠아와 인텔리겐차들'로 바뀐다. 그리하여 상해임정은 "소부르죠아와 인텔리겐차들이 주도하고 있고, 미국식 민주공화국의 형태를 띠고 있다"고 파악하게 된다.[35]

전로고려인대의회에서 채택된 상해임시정부에 대한 부정적 인식은 이르쿠츠크에 본부를 둔 코민테른 동양비서부의 기관지인 『원동의 제민족(Narody Dal'nego Vostoka)』에서 보다 구체적으로 계승되어진다.

> 소위 "상하이임시정부"는 항상 기회주의자들로 구성되어 왔고, 1919년 한국에서의 혁명적 고양시기에 형성된 바, 아직까지도 한국에서의 유일한 합법적 권력의 역할을 추구하고 있다.(...) [혁명적] 중앙은 이미 한국대중들의 혁명적 열정이 아주 강렬했던 3월봉기 이전에 창설되었

다. 1919년 2월 25일 니콜스크-우수리스크에서 전한대회(全韓大會)가
개최되었는데 약 80명의 대표들이 참석했다. 대한국민의회가 창립되었
고 (...) 대한독립선언서를 선포하였는데, 그 결과 일본인들의 강청에
따라 콜챠크정권에 의하여 해산되었다. 국민의회에 대신하여 상하이에
한인그룹이 정식으로 나타났는데, 협량한 민족적 과제를 맡은 인물들
로 구성되었으며 이들은 대부분 정치적 모험주의자들이다.

  이들은 대회를 소집했는데, 더욱이 한국에서의 혁명운동과 아무런
관계도 없는 사람들이 대표들이었다. (...) 상하이 "정부"의 모든 사업은
성립된 순간부터 빈번하게 총장들의 내각을 바꾸는 일이었다. 2년 동
안의 존재하는 동안에 권력은 네 번 바뀌었다. 완전히 아무런 활동이
없음에도 불구하고 상하이 "정부"는 (...) 한국대중들간에 얼마간의 인
기를 향유하였고 (...) 사방에서 많은 기부금이 들어오기 시작하여 그
덕분에 모든 총장들이 다수의 직원들과 함께 생활하였다.

  자료에 의하면, 상하이 "정부"는 이미 최근 2년 동안에 50만엔을 지
출했다. 모든 인민들의 의연금은 이들 정치적 모험주의자(투기주의자)
들에 의하여 범죄적으로 향연 등등에 탕진되었지만, 어느 것도 한국 프
롤레타리아트의 혁명적 활동을 지원하는데 주어지지 않았다.

  한국 인민대중은 마침내 상하이 "정부"의 참된 성격을 알게 되었다.
특히 순진하고 성과없던 베르사이유 평화회의, 국제연맹과 미국에의
경도(傾倒) 이후에 그러했다. 한국민들은 자신들의 잘못된 지도자들에
의해서 잠시 동안 망상에 빠져서 국제연맹의 도움이나 미국의 옹호에
의해서 일본통치로부터 해방될 수 있을 것으로 진실로 확신하였다. 국
제연맹이나 (...) 미국의 위선은 한국민들의 압제의 운명의 완화를 위
해서 아무것도 한 바가 없고, 소비에트 러시아에서 자신들이 유일한 지
원을 찾을 수 있다는 것이 한국노력대중에 의해서 입증되었다. (...) 한
국인민대중이 계몽하게 되는 시기는 당연히 상하이 임시 "정부" 자체의
몰락의 시기를 의미하였다. (...) 멀지 않아 "임시정부"는 혁명적 대중으
로부터 멀어질 것이며 갑자기 군대없는 장군의 처지에 있게 될 것이다.
그러나 자신의 완전한 권위상실에도 불구하고 임시정부는 아직까지도
모든 한국민족의 이름으로 말하려고 한다.[36]

상해 임시정부의 구성원들이 기회주의자들이고, 미국과 국제연맹에 헛된 환상을 갖도록 한국민들을 잘못 인도하였다는 점, 한국민의 혁명적 열기를 이용하여 애국금을 탕진하고, 노동자계급을 위한 활동이 없으면서도 여전히 전체 한국민족을 대표한다고 자임하고 있다고 비판하고 있다. 앞서 1920년 10월 옴스크에서 개최된 전로고려인대의회에서 채택된 상해임시정부에 대한 결정 내용이 계승되고 있으며, 흥미로운 점은 민족기관으로서 상해임시정부에 대신하여 대한국민의회를 민족혁명의 중앙기관으로 부각시키고 있다는 점이다. 이는 이르쿠츠크파와 대한국민의회 세력이 연합하고 있었던 당시의 상황이 반영된 것이다.

『원동의 제민족』은 코민테른 원동비서부의 기관지라는 점에서 슈미야츠키를 비롯하여 당시 동양혁명을 책임지고 있던 시베리아지방 볼셰비키의 상해임시정부에 대한 인식을 잘 보여주고 있는 문건이라 할 수 있다.[37]

5. 각축기(1921년 말~1923년)

『원동의 제민족』의 상해임시정부에 대한 평가가 슈미야츠키를 비롯한 시베리아지방 볼셰비키, 코민테른 원동비서부 책임자들의 인식을 보여준다면, 1921년 11월 15일에 채택된 「한국문제위원회의 결정서」는 사파로프(Safarov, 코민테른 집행위원회 서기), 벨라 쿤(Bela Kun, 코민테른 상임간부회 회원), 쿠시넨(Kuusinen, 코민테른집행위 총비서)[38] 등 코민테른 중앙간부들의 상해임시정부에 대한 인식을 보여준다. 결정서의 목적이 고려공산당의 분쟁과 자유시사변에 대한 진상조사와 판정이었던 데도 원인이 있지만, 대한민국임시정부는 상해파 고려공산당의 형성과 깊이 관련이 있는 것으로 설명되고 있을 뿐이다. 즉, "동일 명의하의 현존하는 2개의 고려공산당은 2개의 한국민족혁명단체로부터 생겨난 것으로 즉 대한국민의회와 상해임시정부가 그것이다"라고 결론지었던 것이다.[39]

상해파와 이르쿠츠크파 양당사자들의 진술에 바탕을 둔 것이므로, 양비론적인 점에서 균형을 갖추려고 하고 있으나 대한민국임시정부와 상해파 고려공산당간의 관계에 대한 설명은 부분적으로만 타당하다. 그럼에도 불구하고 주목되는 점은 앞에서 서술해온 바, 한인사회당의 박진순과 한형권이 상해임시정부만을 내세우고, 이르쿠츠크파나 슈미야츠키 등 코민테른 원동비서부 책임자들이 대한국민의회를 편파적으로 옹호한 데 비하여, 이 결정서는 상해 임시정부를 대한국민의회와 대등한 '민족혁명단체'로서 평가하고 있는 점이 주목된다.[40]

「한국문제위원회의 결정서」에 따라 상해파, 이르쿠츠크파에서 4명씩 동수로 8명의 연합중앙간부가 구성되었다(이동휘, 홍도, 김철수, 이봉수(상해파), 안병찬, 이성, 김응섭, 장건상(이르쿠츠크파)). 이들 가운데 당시 모스크바에 있던 이동휘와 홍도가 연합중앙간부 책임을 맡았다.[41] 이들은 1921년 11월 말 또는 12월 초 코민테른 원동비서부가 있는 이르쿠츠크로 떠났다.[42]

1921년 12월 말경 이동휘는 원동혁명단체대표회에 대한 준비를 하고 있었던 '한국대표단'과의 회의를 소집하였다. 이 회합에는 고려공산당을 대표한 이동휘를 비롯하여, '한국대표단'의 공산당프랙션, 그리고 대표단의 집행위원회 대표들(김규식, 한명세, 김시현, 최창식)이 참가하였다. 회의에서는 한국혁명운동세력을 대표하는 5개 그룹인 원동혁명단체대표회 '한국대표단'(4명), 고려공산당중앙위원회(4명), 상해의 국민대표준비회(4명), 상해임시정부(2명), 노령의 대한국민의회(2명)의 대표 16명으로 구성되는 '국민대표회 준비위원회'를 조직하는 것으로 하였다. 이어 이동휘도 참가한 12월 30일의 대표단의 공산당프랙션회의에서 각 그룹의 대표수를 모두 4명씩으로 동일하게 하는 것[총 20명]으로 수정하여 통과하고, 다음날 열린 '한국대표단' 전원회의에서 최종적으로 통과되었다.[43] 상해의 임시정부는 5개 그룹의 하나로 자리매김된 것이다.

그러나 이 합의안은 원동민족혁명단체대표회(1922.1.21~2.1)에서 슈미야츠키와 이르쿠츠크파가 상해파를 철저히 배제하게 되고, 뒤늦게 이르쿠츠크로부터 모스크바로 귀환하여 이 사실을 알게 된 이동휘가 합의를 번복함으로써 무산되었다. 이동휘는 고려공산당이 단독으로 '국민대표회'를 소집해야 한다는 입장을 취했다.

1923년 1월부터 6월까지 상해에서 개최된 국민대표회는 상해임시정부를 대체하거나 개조하는 방안을 모색하였다. 그러나 창조파와 개조파의 분열로 인하여 성공하지 못했다. 국민대표회의 실패에 따라 소비에트정부와 코민테른 당국자들은 상해임시정부를 개조 혹은 창조를 통하여 고려공산당의 영향력하에 두어 명실상부한 민족혁명기관으로 만들려는 방안을 영원히 포기한 것이 확실하다. 러시아 연해주의 한인공산당원들이 참여하여 1923년 9월 26일, 30일에 개최한 '고려인공산주의자 대회'에서의 국민대표회 문제에 대한 방침에서 이를 확인할 수 있다. 이 대회에서는 국민대표회에 대한 김정하의 보고를 들은 후에 다음과 같은 결정을 채택하였다.

오늘날 시국은 고려혁명자들에게 향하여 당파싸움을 내여버리고 힘을 한데 모으라고 (...) 하게 명령한다. 다만 고려혁명자들은 힘을 합하여 유일전선을 만들고야, 국제공산당과 고려공산당의 인도 아래에 있는 든든한 국민혁명당을 조직하고야, 고려혁명운동을 바른 길로 나아갈 것이다. 그럼으로 우리는 부른다. 고려공산원들아 하루 바삐 공산당을 조직하라 고려민족주의자들아 당파적 심리를 내어버리고 고려혁명을 승리의 길로 인도할 고려민족혁명당을 조직하라. 국민혁명당 만세!
고려내지에 행하는 일본식민지정책을 제거하자. 세계무산자의 수령인
국제공산당 만세! 회장 리영선, 비서 박창은.

이 대회에는 당원 23명, 후보당원 22명, 공산청년회원 49명을 비롯
하여 러시아공산당원 연해주 간부인 프쉐니친과 파스케비치, 그리고
코민테른 고려부장 파인부르그가 참여하였다.[44] 대회의 결정이 코민
테른이 지도한 결과임은 분명하다.

이 연합총회에서 채택된 결의안에서 정리된 바, 공산당·민족혁명
당 조직안으로 이제는 임시정부를 민족혁명의 중심에 놓으려는 방안
은 설득력을 잃었고, 그에 따라 민족혁명은 고려공산당의 지도를 받
는 '국민혁명당'이 이끌어나가는 것으로 설정된 것이다.

국민대표회의 창조파는 33인으로 구성된 국민위원회를 조직하고 국
무를 집행할 국무위원(내무 신숙, 외무 김규식, 군무 이청천, 재무 윤덕보)을 선
임했다. 국민위원회는 상해임시정부와 같은 "정부적 기능"을 상정하여
조직된 것이었다. 창조파는 1923년 8월 30일 블라디보스토크로 이동
하고, 국민위원회에 대한 코민테른의 승인을 받아 블라디보스토크에
본부를 두고 정부행세를 하고자 하였다. 결국 창조파의 시도는 코민
테른의 승인을 얻는데 실패하게 되고, 마침내 1924년 2월 15일 국민위
원회 회원들이 블라디보스토크로부터 퇴거명령을 받았다.

6. 맺음말

이 글에서는 소비에트정부나 코민테른 책임자들이 상해임시정부에
대한 인식을 갖게 된 과정, 특히 한국혁명가들(또는 세력)이 소비에트정
부와 코민테른 집행부에 제출한 보고서나 신문, 잡지에의 기고문들이

이들의 상해임정 인식에 어떻게 작용하였는가에 주목하였다. 그리하여 이들 한인혁명가들의 외교활동과정에서 제출된 문건들의 영향으로 소비에트정부나 코민테른 당국자들이 임시정부에 대하여 어떠한 인식을 갖게 되었는가를 찾아보고자 하였다.

상해임시정부의 초기 대소외교를 주도했던 한인사회당의 한형권과 박진순은 상해임시정부 구성원들이 소비에트정부와 볼셰비키세력에 대하여 우호적인 성향을 갖고 있다는 점을 강조하였다. 이는 레닌을 비롯한 소비에트 러시아와 코민테른의 책임자들에게도 영향을 끼쳐 소비에트정부는 상해임정을 매우 적극적인 제휴상대로 상정하게 되었다. 레닌을 비롯한 소비에트정부 지도자들의 상해임정에 대한 긍정적 인식은 박진순과 한형권과 같은 한인사회당 파견원들의 활약도 컸지만, 과거 항일혁명경력이 일찍이 알려져 있던 이동휘가 국무총리로 활약하고 있었던 사정에서 비롯된 바가 크다고 할 것이다.

그러나 소비에트정부 지도자들의 상해임시정부에 대한 이러한 평가는 상해임정에 참여하고 있던 한인사회당세력의 상해임시정부에 대한 평가와 인식이 반영된 것으로 임시정부 구성원들의 친소비에트정부(또는 볼셰비키세력) 성향을 지나치게 강조한 것이다. 한인사회당이 참여하고 있던 상해 임시정부의 경우는 인적구성, 운동노선, 활동내용 등에 있어서 연합적 성격을 갖추고 있었던 점에서 보면, 친미적, 친서구적인 우익적 측면이 과소평가되거나 간과되었다고 할 수 있다.

한인사회당세력에 도전하며 한인혁명운동의 주도권을 장악하고자 한 이른바 이르쿠츠크파 고려공산당의 상해임시정부에 대한 평가 역시 상해임시정부의 한쪽 측면을 지나치게 강조하였다는 점에서 편향적이었다. 상해임시정부의 우파라 할 수 있는 이승만등 기호출신 양반귀족출신들과 이들의 외교론적 활동에만 초점을 맞추고 한인사회당의 존재나 활동을 의도적으로 무시하고 왜곡했던 것이다. 이러한 평가가 슈미야츠키 등 시베리아와 원동지역 볼세비키들의 상해임시정부 인식에 영향을 끼쳤던 것이다. 이러한 인식은 상해임시정부에 참여한 바 있는 김규식과 여운형, 그리고 대한국민의회의 핵심간부인 한명세가 이끌던 원동민족혁명단체대표회(극동민족대회, 극동피압박민족대회)의 '한국대표단'의 상해임시정부 평가에서도 계승되어진다.

1921년 중반 상해임시정부의 임시대통령 이승만은 한형권을 소환하고 이희경(李喜儆)과 안공근을 모스크바로 파견하였다. 안공근이 1922년 5월 22일자로 소비에트정부 외무인민위원부에 제출한 구두보고서가 흥미를 끈다. 이 보고서에서 안공근은 앞서 대소외교를 벌였던 이동휘와 김규식을 비판함은 물론 자신을 파견했던 이승만 역시 "학자풍의 노인 혁명가이지만, 우유부단한 인물로서, 그의 대응 방식은 많은 면에서 적절하지 못하다"고 비판한다. 결론적으로 안공근은 안창호를 "상해임시정부의 수장이 될 수 있는 유일한 인물"이라고 하면서, 그가 "활동적인 일꾼이자 웅변가인 그는 일본인들에 대한 즉각적인 공격이 무익하다는 차원에 입각하여 전술과 선전 그리고 혁명을 준비해야 한다고 주장하고 있다"고 소개하였다.[45]

우리는 통합임시정부의 이동휘와 안창호가 포타포프와 협의한 후 1920년 1월 22일 국무회의에서 한형권, 여운형, 안공근 3명의 특사를 선정한 사실을 소급해서 되새길 필요가 있다. 이들은 한인사회당, 신한청년당, 안창호세력 등 임시정부의 주요한 세력들을 대표하였던 바, 이들이 함께 파견되었다면 대소외교 역시 연합적, 통합적으로 진행되었을 것이다. 그러나, 결과적으로 한인사회당의 한형권만이 단독으로 파견되었다.

함께 파견되었어야 했던 이들 세 사람은 이후 순차적으로 다른 계기로 대소외교의 전선에서 활동했다. 대소외교전선에서 이들 3인과 이들이 소속되었던 독립운동세력들은 각각의 당파적인 입장에서 소비에트정부와 코민테른 책임자들에게 상해임시정부에 대한 각기 인식을 불어넣고자 했다. 결과적으로 이들이 제공한 상해임시정부에 대한 평가가 소비에트정부와 코민테른 책임자들의 상해임시정부에 대한 편파적 인식에 일조했고, 이를 토대로 한 소비에트정부의 정책이 한국독립운동에 부메랑이 되고 말았다.

■ 참고문헌

『독립신문』, 『동아공산』, 『선봉』.
梶村秀樹・姜德相 編. 『現代史資料』 제27권・제28권, みすず書房, 1977.
金正柱 編, 『朝鮮統治史料』 제7권・제8권, 韓國史料硏究所, 1971.

김마트베이, 『일제하 극동시베리아의 한인사회주의자들』, 역사비평사, 1990.
국사편찬위원회, 『한국독립운동사자료-러시아편 Ⅱ』 제35권, 1997.
반병률, 『성재 이동휘 일대기』, 범우사, 1998.
임경석, 『한국사회주의 기원』, 역사비평사, 2003.
외교통상부, 『한국 최초의 주러시아 상주공사 이범진의 생애와 항일독립운동』, 2003.
Rossiskaia Akademiia Nauka Institut Bostokovedeniia・Obshcherossiiskoe Ob'edinenie Koreitsev, Li Bomdzhin, Moskva, IVRAN, 2002.

水野直樹, 「코민테른 大會와 朝鮮人」, 임영태 편, 『식민지시대 한국사회와 운동』, 사계절, 1985.
반병률, 「노령에서의 독립운동사연구」, 『한국독립운동의 이해와 평가』, 독립기념관 한국독립운동사연구소, 1995.
_____, 「대한민국임시정부와 노령지역 독립운동」, 『대한민국임시정부수립80주년기념논문집』 상, 국가보훈처, 1999.
이애숙, 「상해임시정부 참여세력의 대소교섭」, 『역사와 현실』 32, 1999년 6월, 한국역사연구회.

반병률, 「이위종(李瑋鍾)과 항일혁명운동」, 이태진 외, 『백년후에 만나는 헤이그 특사』, 태학사, 2008.

고정휴, 「상해임시정부의 재정운용과 이승만」, 『이승만과 대한민국임시정부』, 연세대출판부, 2009.

김창순, 「장건상과의 인터뷰」(초고), 1966년 여름.

"Sotsialsiticheskoe dvizhenie v Koree", Kommunisticheskii International, no.7-8 (Nov.-Dec. 1919).

「레닌의 편지에 대한 이동휘의 답장」(러시아어, 1920년 5월 24일). РГА СПИ. Фонд 495, Опись 135, Дело 11, л.24.

R[한형권], 「Polozhenie v Bostochnoi Azii」 『Kommunisticheskii International』, Moskva-Petrograd, no. 13 (1920년 7~8월호).

「한민족의 항일투쟁에 대한 소비에트 지지를 호소한 대한민국 임시정부 서신들의 요약문」(작성자 포타포프, 1920년 11월 25일자), РГА СПИ. Фонд 495, Опись 135, Де ло 11, лл.39-39об.

"Koreia-Revoliutsionnaia Koreia i Shankhaiskoe Pravitel'stvo"(한국-혁명적 한국과 상해정부), Narody Dal'nego Vostoka, Irkutsk. no. 3 (August 1, 1921).

「대한민국 상해임시정부의 현황 전반에 관해 안공근의 4월 29일자 구두 보고」 (러시아어, 1922년 5월 18일자). РГА СПИ. Фонд 495, Опись 135, Дело 65, лл.38-62.

E.H. Carr, The Bolshevik Revolution 1917-1923, New York and London, Norton, 1953, vol. 3.

The Representatives of the Korean Delegation to the First Congress of the Communist and Revolutionary Parties of the Far East. 「To the Executive Committee Ⅲ Communist Interantional」 (April 5, 1922).

주

[1] 이와 관련된 기존의 연구성과들은 다음과 같다.

반병률, 『성재 이동휘 일대기』, 범우사, 1998 ; 반병률, 「대한민국임시정부와 노령지역 독립운동」, 『대한민국임시정부수립80주년기념논문집』 상, 국가보훈처, 1999, 464~495쪽 ; 이애숙, 「상해임시정부 참여세력의 대소교섭」, 『역사와 현실』 32, 1999년 6월, 2~30쪽 ; 임경석, 『한국사회주의 기원』, 역사비평사, 2003 ; 고정휴, 「상해임시정부의 재정운용과 이승만」, 『이승만과 대한민국임시정부』, 연세대출판부, 2009, 176~212쪽.

[2] 水野直樹, 「코민테른 大會와 朝鮮人」, 임영태 편, 『식민지시대 한국사회와 운동』, 사계절, 1985, 311~314쪽.

[3] 소비에트정부의 이 메시지 전체 러시아원문은 Rossiskaia Akademiia Nauka Institut Bostokovedeniia, Obshcherossiiskoe Ob'edinenie Koreitsev, Li Bomdzhin, Moskva, IVRAN, 2002, pp. 197~198에 실려 있다. 한글번역문은 외교통상부, 『한국 최초의 주러시아 상주공사 이범진의 생애와 항일독립운동』, 2003, 276~277쪽을 참조할 것.

[4] 姜德相 編, 『現代史資料』 제27권, みすず書房, 1977, 241~242쪽.

[5] 반병률, 「이위종(李瑋鍾)과 항일혁명운동」, 이태진 외, 『백년후에 만나는 헤이그 특사』, 태학사, 2008, 168쪽.

[6] 소비에트정부의 메시지를 낭독한 보즈네센스키는 8월 15일자, 『이즈베스치야(Izvestiia)』에 「혁명적 한국(Revoliutsionaia Koreia)」을 기고한 인물이기도 하다.

[7] 반병률, 앞의 논문, 2008, 169~170쪽.

[8] Rossiskaia Akademiia Nauka Institut Bostokovedeniia, Li Bomdzhin, p. 195.

[9] 姜德相 編, 앞의 책, 11쪽. 이 기사는 일본공사가 작성한 보고서(1920년 1월 13일자)에 실린 것이다.

[10] 조선총독부경무국, 『高等警察關係年表』, 1930, 5 · 12~13쪽.

[11] 『독립신문』, 1920년 4월 29일자.

[12] "Sotsialsiticheskoe dvizhenie v Koree", Kommunisticheskii International, no.7-8 (Nov.-Dec. 1919), pp. 71~176.

[13] 金正柱 編, 『朝鮮統治史料』, 제8권, 韓國史料研究所, 1971, 236쪽.

[14] 반병률, 「노령에서의 독립운동사연구」, 『한국독립운동의 이해와 평가』, 독립기
념관 한국독립운동사연구소, 1995, 457~458쪽. 1919년 11월 이후 1920년 9월에 이
르는 시기에 발표된 박진순의 글은 「조선에서의 사회주의운동」을 비롯하여 「조
선에서의 개혁과 한인사회당」, 「동방 여러 민족들의 해방운동과 소비에트 러시
아」, 「조선의 자각」, 「혁명적 동방과 코뮤니스트 인터내셔날의 향후 과제」, 「한
인의 러시아로의 이주」, 「조선에서의 혁명운동」, 「조선에서의 여성운동」 등이다.

[15] E.H, Carr, *The Bolshevik Revolution 1917-1923*, New York and London, Norton,
1953, vol. 3, p. 496.

[16] 姜德相 篇, 앞의 책, 291쪽. 일본밀정이 소비에트정부 외무인민위원부 동양국이
파견한 우시하(禹時夏)와 여러 차례 만나 수집한 정보에 따르면, 이위종은 한인
들로 군정부를 조직하고 스스로 그 수령이 되어 한인들에 대하여 징병제와 같은
강제적 징집제를 실시하였다. 그리하여 모스크바에서 이르쿠츠크에 이르는 지
역에서 40세 이하의 한인장정 약 7천8백 명을 이미 징집하여 놓고 있었는데, 사
만리(블라고슬로벤노예) 출신의 김 대위를 비롯한 약 20여 명의 한인장교들이
장정들의 지휘 훈련을 맡고 있었다고 한다.

[17] 姜德相 編, 위의 책, 291~292쪽. 최종호, 정해, 우시하는 모스크바로부터 소비에
트정부 전권위원 빌렌스키에게 보내는 위임장을 지참하였다. 최종호는 3인의 대
표격으로 블라디보스토크로 오는 도중에 하르빈에서 우덕순(禹德淳)을 만났고.
니콜스크-우수리스크에서는 오성범(吳成範)과 회견하고 4월참변 직전인 1920년
4월 2일 밤에는 블라디보스토크의 김만겸 방에서 김진(金震), 김하석(金河錫) 등
3인과 만나 협의하고 러시아 정부로부터 운동자금을 수령하여 한인단체를 조직
하여 볼셰비즘 선전에 노력하기로 약속한 바 있다. 4월참변 이후 최종호, 우시
하, 정해는 이민복(李敏馥), 이기(李起), 김현토(金顯土), 이규풍(李圭豊) 등을 만
나 한인들에게 볼셰비즘을 선전할 방안을 논의하였으나 성과를 거두지 못하였다.

[18] 김마트베이, 『일제하 극동시베리아의 한인사회주의자들』, 역사비평사, 1990, 172쪽 ;
국사편찬위원회, 『한국독립운동사자료-러시아편 Ⅱ』, 제35권, 1997, 97·333쪽.

[19] 金正柱 編, 『朝鮮統治史料』, 제8권, 239~240쪽.

[20] 金正柱 편, 위의 책, 236~237쪽.

[21] 「레닌의 편지에 대한 이동휘의 답장」(러시아어, 1920년 5월 24일) РГА СПИ. Фо
нд 495, Опись 135, Дело 11, л.24.

[22] 위와 같음.

[23] 반병률, 앞의 책, 240~242쪽. 이동휘는 노령 한인들의 인심을 수습하기 곤란하다

는 이유를 들어 여운형의 파견을 반대하였고, 여운형 역시 몽골을 경유해 가자는 한형권의 제안을 반대하고 당시 봉쇄되어 있던 유럽행로가 뚫리게 되면 떠나자고 하였다. 안공근은 당시 시베리아에 있어 연락이 되지 않았다.

[24] 이애숙, 앞의 논문, 11쪽.

[25] 「한민족의 항일투쟁에 대한 소비에트 지지를 호소한 대한민국 임시정부 서신들의 요약문」(작성자 포타포프, 1920년 11월 25일자), РГА СПИ. Фонд 495, Опись 135, Дело 11, лл.39-39об. 포타포프가 제출한 문서들은 다음과 같다. 1. 레닌의 전문에 대한 대한민국 상해임시정부 국무총리 이동휘의 답신. 2. 대한국민의회가 소비에트정부에게 전달한 호소문. 3. 대한국민의회와 대한민국 상해 임시정부 사이의 업무를 공동통합할 것을 합의한 문서(대한국민의회 의장 문창범, 의원 한형권, 임시정부 외무총장 대리 장건상 서명). 4. 대한민국 상해임시정부가 포타포프의 모든 지령을 실행에 옮기도록 러시아에 체류 중인 한국 대표들에게 하달한 모든 명령문 등.

[26] R[한형권], "Polozhenie v Bostochnoi Azi", *Kommunisticheskii International*, Moskva-Petrograd, no. 13 (1920년 7·8월호), pp. 2554~2562.

[27] 반병률, 앞의 논문, 458쪽.

[28] 임정특사 한형권은 모스크바에 도착한 약 20일 후인 6월 18일 모스크바에서 유럽러시아와 투르키스탄 거주 중국인노동자들의 제3회 대회[10만 명을 대표한 60명의 대표들이 참석]에 참석하였다. 회장으로 선출된 라우가 참석 한인에 대한 환영사를 하자, 한형권은 '한국혁명정부의 명의'로써 답사하였다. 특히 이 대회에는 소비에트정부 외무인민위원부 보즈네센스키가 노농정부의 이름으로 축사를 하고, 코민테른을 대표하여 보우챠리가 연설하였다(姜德相 編, 앞의 책, 253쪽 참조).

[29] 한·러조약문은 다음과 같다. 한양국수교에 기초하여 공수동맹을 체결하고 상호 다음과 같은 조항을 지킬 것이다.
1. 노농정부는 전세계인류의 요구한 공산평등주의를 동양에 선전할 것이고 대한민국임시정부는 이에 찬동원조하여 그 공동동작을 취할 것.
2. 대한민국임시정부는 한족(韓族)의 자립을 기도하여 또 동양평화를 영원히 확보할 것이다. 노농정부는 이에 찬동원조하여 공동동작을 취할 것.
3. 노농정부는 중로[中露=시베리아]지방에 대한민국임시정부의 독립군대 주둔 또는 양성을 승인하고 이에 대하여 무기탄약을 공급할 것.
4. 대한민국정부는 중로지방에 주둔하는 독립군으로 하여금 노농정부 지정의 러

시아군사령관의 명을 받아 행동케 할 것 및 중로지방 공산주의선전 및 중로지방
침략의 목적을 가진 적국[敵國=일본]과 대전할 경우는 임기(臨機)사용할 수 있는
것을 승인한다.

5. 전(前) 각항의 목적을 달성하기 위하여 중로[中露－시베리아]지방에 중로연합
선전부를 설치한다.

동[同] 선전부는 노농정부지정 위원 및 대한민국임시정부 지정위원으로써 조직
한다.

6. 대한민국임시정부는 본조약 제2항의 목적을 달성하여 정식정부를 수립하는
날로부터 10년 이내에 자국군대에서 사용한 무기탄약의 상당 대가를 노농정부에
상환하고 사례장을 보낼 것(「不逞鮮人의 赤化와 中心地 移動에 關한 件」(1920년
12월 17일자), 姜德相 編, 앞의 책, 313~314쪽 ; 같은 책, 제28권, 431쪽 참조).

[30] 반병률, 앞의 책, 292~293쪽. 고려중앙선전의회 의원은 한규선(회장), 남만춘(부
회장), 백운학(서기), 김철훈, 박승만, 채성룡, 김병옥(7명), 후보의원 이영선, 조
훈, 이섭인, 이형근, 장순(5인)이었다.(『동아공산』, 1920년 12월 16일자, 4면 참조).

[31] 「뎨일젼로고려인대의회회록 뎨오일」, 『동아공산』, 1920년 12월 7일자, 4면.

[32] 임경석, 앞의 책, 244쪽.

[33] 도일(渡日) 당시 여운형은 외무차장이 아니었고 또한 자치론을 주장한 것도 아
니다.

[34] 「뎨일젼로고려인대의회회록 뎨구일」, 『동아공산』, 1920년 12월 16일자, 4면.

[35] "Proekt Programmy Koreiskoi Kommunisticheskoi Partii, prinitoi Uchreditel'nym
S'ezdom Komparti"(고려공산당창립대회에서 채택된 고려공산당강령안), Narody
Dal'nego Vostoka, Irkutsk, no. 3 (August 1, 1921), p. 360.

[36] "Koreia-Revoliutsionnaia Koreia i Shankhaiskoe Pravitel'stvo"(한국－혁명적 한국과
상해정부), Narody Dal'nego Vostoka, Irkutsk, no. 3 (August 1, 1921) pp. 353~368.

[37] 이르쿠츠크 고려공산당의 간부였던 장건상(張建相)은 슈미야츠키에 대하여 "우
리가 이르쿠츠크에서 고려공산당을 조직하는 데 거기에 국제당원으로 총책임자
가 되어가지고 모든 것을 그 사람이 간섭하게 되고 우리의 일체의 행동은 그 사
람에게 허락을 받아야 되고 상의 없이는 해본 적이 없습니다"라고 회고하였다.
1921년 5월의 고려공산당창립대회에 대해 회고한 것이지만, 당시 슈미야츠키와
한인공산주의자들간의 관계가 어떠했음을 알 수 있다(김창순, 장건상과의 인터
뷰, 1966년 여름 참조).

[38] 임경석, 앞의 책, 476~477쪽.

[39] 金正柱 編, 『朝鮮統治史料』, 제7권, 195쪽.

[40] 한국위원회의 설립과 결정서의 채택과정과 내용에 대하여는 임경석의 앞의 책, 475~494쪽을 참조할 것.

[41] 반병률, 앞의 책, 339~340쪽.

[42] 위의 책, 342쪽.

[43] The Representatives of the Korean Delegation to the First Congress of the Communist and Revolutionary Parties of the Far East, 「To the Executive Committee Ⅲ Communist Interantional」 (April 5, 1922), pp. 3~4.

[44] 「고려인공산주의자대회 국민대표회문데토의 대방침은 결명되엇다」, 『선봉』, 1923년 10월 7일자, 1면.

[45] 「대한민국 상해임시정부의 현황 전반에 관해 안공근의 4월 29일자 구두 보고」(러시아어, 1922년 5월 18일자), РГА СПИ. Фонд 495, Опись 135, Дело 65, лл.38-62.

일제강점기 소련의 조선 인식
러시아의 대학교재를 중심으로

홍웅호

1. 머리말

러시아와 소련의 대외정책에 있어 동아시아는 결코 포기할 수 없는 중요한 거점 중의 하나였다. 이러한 역사는 이미 19세기에 유럽과 아시아 전역에 걸쳐 진행되었던 영국과의 그레이트 게임에서 실제로 입증된다.[1]

전통적으로 러시아의 대외정책은 부동항확보와 이를 위한 남하정책이었다. 대외팽창을 목적으로 한 러시아의 대외정책은 당시 제국주의적 팽창과 세계 경찰을 자임하고 있던 영국과 충돌할 수밖에 없었다. 1853년 크림전쟁과 19세기 중후반 중앙아시아, 특히 아프가니스탄 지역을 둘러싼 대립, 그리고 극동에서 영국은 남경조약을 통해 중국으로의 진출을, 러시아는 1860년 블라디보스토크를 점령한 사건이 그 예이다. 러시아는 영국에 의해 유럽과 흑해, 그리고 중앙아시아로의 진출이 막히자 극동에서 대외진출을 꾀했다.

이제 1860년 베이징조약을 체결함으로써 동아시아 영역 국가로 편입된 러시아는 이후 한반도와 만주로의 팽창에 관심을 표명했다. 특히 부동항 확보를 통한 태평양으로의 진출과 시베리아횡단철도 부설을 통한 제국주의적 침탈을 구상한 러시아는 만주와 중국, 그리고 한반도를 그들의 상품 판매 시장이자 유럽이 필요로 한 원료를 구입할 수 있는 공급처로 인식했다. 육지를 통한 동아시아로의 팽창 정책을 추진하기 위한 핵심 거점으로서 블라디보스토크를 건설한 러시아는 서구 열강 및 일본과의 경쟁 속에서도 다양한 방법을 통해 한반도와 만주에서 자신들의 이권 확보와 팽창을 추구했다.

1904년 발발한 러일전쟁은 러시아의 동아시아정책에 커다란 전환점이 되었다. 제국주의 팽창을 추진했던 러시아와 일본이 한반도와 동해에서 전쟁이라는 극단적인 방법으로 만난 결과 러시아는 이 전쟁에서 패배하고 동아시아에서 적극적인 팽창정책을 추진할 수 없었던 반면 일본은 이를 계기로 한반도를 강점할 수 있게 되었다.

1917년 사회주의 혁명에 성공한 러시아에게 극동과 한반도는 또 다른 측면에서 중요한 지역으로 다가왔다. 소비에트 러시아의 대외정책이 가지는 핵심적인 목적은 전세계의 사회주의 혁명화와 식민지민족 해방이었다. 그런데 당시 이러한 소비에트 러시아의 대외정책에 가장 부합하는 곳 중의 하나가 극동과 한반도였다. 중국은 영국과 일본에 의해 반식민지 상태가 되었고, 한반도는 일본이 강점하여 식민지화했기 때문이다. 따라서 극동과 한반도는 제정러시아의 대외정책과 비교할 때, 그 내용과 성격을 달리하기는 하지만 소비에트 러시아의 대외정책의 대상으로서 연속성을 지니고 있다.

일제강점기 러시아의 조선 인식과 관련하여 최덕규[2]와 민경현,[3] 그리고 임경석[4]이 일정정도 연구성과를 내놓았다. 이 연구들은 러시아의 중등학교 역사 교과서 분석이나 러시아 중등역사교과서에 나타난 러일전쟁에 대한 러시아의 역사인식을 주로 다루었거나, 러시아 학계의 한국 근현대사 연구동향을 직접적으로 다룬 연구성과도 있지만 1884년 이후 1991년까지의 연구성과를 분석대상으로 삼았기 때문에 최근의 연구성과와 경향은 파악하기 힘들다.

이 글에서는 위와 같은 러시아와 소비에트 러시아의 동아시아정책에 기초하여 러시아가 일제강점기 조선을 어떻게 인식했는지를 밝히는데 그 목적이 있다. 이를 위해 소비에트 러시아와 사회주의체제의 몰락 이후 러시아 연방시기 대학교에서 한국사 교과서로 사용하고 있는 텍스트를 분석대상으로 삼았다. 여기에서 분석하고자 하는 것은 각 시기별 텍스트에서 다루고 있는 일제강점기 조선에 대한 주요한 서술 내용과 그 내용의 유사성과 차이, 시기별 인식과 인식의 변화 등이다.

2. 러시아의 동아시아 인식과 정책

일제강점기 러시아의 조선 인식을 살펴보기에 앞서 러시아의 동아시아 인식과 정책을 먼저 조망할 필요가 있다. 왜냐하면 러시아에게 있어 조선은 동아시아의 일부분이며, 조선에 대한 정책과 인식도 러시아의 동아시아 정책과 인식의 틀 안에서 형성되고 규정되고 있기 때문이다.

10월혁명 직후 소비에트정부의 동아시아정책은 1919년 3월 2일 지노비예프를 의장으로 한 코민테른의 결성으로 표현된다. 「코민테른강령」에서 "프롤레타리아트의 세계적 투쟁이라는 견지에서 보아 코민테른의 가장 중요한 전략적 임무는 식민지, 반식민지 및 종속국에서의 혁명투쟁임무"라고 천명하였다.[5] 1919년 3월 18~23일 개최된 러시아

공산당 제8차 대회에서는 코민테른 결성과 그 활동을 지지한다고 밝혔다.[6] 결국 제3세계, 특히 동아시아의 조선과 중국의 민족해방투쟁을 지원함으로써 세계혁명을 달성하는 것을 외교정책의 목표로 설정하였다. 세계혁명에 대한 사고는 레닌의 여러 연설과 사회주의혁명 강령에서 드러나고 있다.[7]

레닌은 1905년에 러시아에서 프롤레타리아혁명과 세계혁명의 불가피성을 언급하는[8] 한편, 1908년 6월에도 세계 사회주의의 발걸음은 부르주아와의 결정적인 투쟁을 통해 가능할 것이라 주장했다.[9] 그와 동시에 레닌은 1917년 9월에 "사회주의는 모든 나라에서 동시에 승리할 가능성은 없다. 그것은 한 나라 또는 몇몇 나라에서 우선 가능할 것이며, 부르주아 국가들과 일정 기간 공존은 불가피하다"는 현실적인 인식을 드러내기도 했다.[10] 그럼에도 그는 세계혁명 사상을 포기하지는 않았다. 10월혁명 직전인 1917년 10월 8일에도 세계혁명의 확산을 위한 방안을 모색하였던 것이다.[11]

이처럼 레닌을 비롯한 볼셰비키는 세계혁명의 불가피성과 부르주아 국가들과의 공존이라는 어쩌면 상호모순적인 것처럼 보이는 입장을 취하고 있다. 여기에서 10월혁명 직후 소련의 외교정책과 관련된 문제가 대두된다. 과연 어떤 나라에서 혁명이 일어나고, 어떤 나라들이 자본주의 상태에 남아 있는가, 그렇다면 소비에트혁명정부는 곧 발생할 혁명을 위해 어떤 준비를 해야 하며, 이후 사회주의 혁명 대열로 참여할 국가들과 어떤 관계를 유지해야 할 것인가, 또한 적대적 자본주의 국가와의 관계에서 권력을 장악하고 있는 부르주아와 사회주의 주체세력인 노동자들을 동일한 방식으로 대할 것인가, 그렇지 않으면 분리하여 각각 독자적인 정책을 취할 것인가, 그리고 제국주의 지배하에 놓여 있는 식민지 국가들은 어떻게 설정할 것인가라는 문제가 바로 그것이다.[12]

소비에트 국가의 외교정책은 두 가지로 압축할 수 있다. 첫째는 세계혁명의 지지와 둘째, 평화체제 구축이 그것이다.[13] 이러한 두 가지 원칙은 소비에트 지도부의 프롤레타리아 국제주의와 이후 건설될 사회주의 국가들과의 평화공존을 염두에 둔 것이다.

이제 구체적으로 이 두 원칙이 어떻게 적용되었으며, 소비에트정부의 동아시아정책과 어떻게 연결되는지 알아보자.

먼저 평화체제의 구축과 관련하여, 소비에트 인민위원회는 정권을 수립한 직후인 1917년 11월 8일 제2차 전러시아 소비에트 대회에서 '평화에 대한 법령'을 공포했다.[14] 이 법령에서 제1차 세계대전의 무조건적인 종식을 선언하였다. 이것은 혁명을 통해 소비에트 체제를 구축한 볼셰비키가 러시아에서 자신들이 세운 정부의 안위를 최우선 과제로 설정했음을 의미하는 것이자 전쟁에 지쳐있던 인민대중들의 열망에 부응한 조치이기도 했다. 실제로 소비에트정부는 제1차 세계대전의 전선에서 무조건 이탈을 단행하였고, 1918년에는 독일과 브레스트 리톱스크 조약을 체결하였다. 그리고 제정러시아 시대에 짜르 정권이 여러 국가들과 맺었던 각종 비밀조약을 공개하고, 무병합, 무배상 및 민족자결 원칙을 주장했다.

이러한 평화에 대한 법령은 지극히 현실적인 조치였다. 소비에트정부가 혁명직후 즉각적인 종전을 선언했음에도 불구하고 영국, 미국, 일본 등 열강들은 사회주의 정권을 무너뜨리기 위해 대규모 군대를 러시아 영토로 진군해 들어왔다.[15] 내부에서는 백군들이 극동과 흑토지대에서 반혁명을 꾀하고, 열강들은 소비에트체제를 무너뜨리기 위해 군대를 동원한 상황에서 레닌을 비롯한 볼셰비키는 자본주의 국가들과 전쟁이 불가피하지만, 현실적으로 전쟁에서 승리할 수 없기 때문에 일시적이고 잠정적으로 자본주의 체제와 공존을 모색할 수밖에 없다고 본 것이다.[16]

   한편, 마르크스의 세계혁명이론을 계승, 발전시킨 레닌은 후진국인 러시아에서 혁명을 성공한 후 선진자본주의 국가들, 예를 들어 이탈리아와 영국, 독일 등에서 일어난 노동자들의 혁명투쟁을 지원해야 한다고 선언했지만,[17] 현실적으로 이러한 기대는 이루어지지 않았다. 10월혁명에 영향을 받는 독일, 오스트리아, 헝가리, 핀란드, 체코슬로바키아, 이탈리아 등지의 몇몇 도시에서 프롤레타리아혁명이 일어났으나, 결과는 모두 실패했다.[18] 볼셰비키에게 그들을 지지해주고 후원해 주며 함께 자본주의 국가들에 맞설 사회주의 국가는 그 어디에도 없었다. 바로 이러한 현실 상황이 소비에트정부가 자본주의국가들과 평화적인 공존을 모색하게 만들었던 것이다.

   레닌은 1920년 러시아 공산당 제9차 당대회에서 행한 연설에서는 "지난 수년 동안 분명하게 드러난 모든 자본주의 열강의 급박하고 절실한 실질적 이해가 러시아와의 교역의 발전, 조정, 확대를 필요로 했던 것이다.……여기서 확실하게 말할 수 있는 것은 소비에트공화국과 여타 모든 자본주의 세계간의 정상적인 무역관계의 발전은 필연적으로 계속 진전될 것이라는 점이다"라고 언급함으로써 외부세계와의 관계를 진전시키겠다는 의사를 드러냈다. 또한 1920년 12월 21일에 열린 러시아 소비에트연방 사회주의 공화국 제8차 대회에서 '대외무역 허용에 대하여'라는 논제를 통해 가능한 빨리 서구와 협력하여 국민경제를 복구할 것을 강조하기도 했다. 레닌의 이러한 논제와 더불어 볼셰비키 정권이 수립된 초기의 취약했던 지지기반과 위상을 확립하고, 자본주의 국가와의 관계를 정상화해야 할 현실적 필요성에 의해 신경제정책에 의한 평화공존 정책이 제기됐다. 그리고 제10차 당대회에서 체제가 서로 다른 국가의 경제적 정치적 불균형 발전으로 인해 사회주의가 처음에는 한 나라, 혹은 몇몇 나라에서만 승리하게 될 것이나, 나중에 가서는 자본주의 국가들도 내부의 투쟁에 의해 스스로 붕괴될 것이므로, 일정기간 동안은 체제가 다른 국가들 간에도 불가피하게 상호접촉을 유지할 수밖에 없다고 밝히면서, "자본주의에 둘러싸인 우리가 어떻게 우리의 생존을 보장할 수 있으며, 적으로부터 어떻게 이익을 얻을 수 있는가를 계산해야만 한다"[19]고 말했다. 이렇듯 레닌을 비롯한 볼셰비키는 선진자본주의 국가들과의 공존을 모색했다.

이제 소비에트정부의 동아시아에서의 정책에 대해 살펴보자. 서유럽 국가에서 믿었던 혁명이 일어나지 않은 상황에서 소비에트정부의 세계혁명 가능성을 확인한 것은 오히려 아시아였다. 조선은 3·1운동으로, 중국은 5·4운동으로 식민지 지배에서 벗어나 자주독립을 얻기 위해 투쟁했다. 이러한 투쟁은 소비에트의 세계혁명론과 연결될 수 있는 민족해방투쟁이었다.

소비에트정부는 혁명직후에 이미 제국주의에 억압받는 민중들의 민족해방투쟁에 대한 그들의 생각을 앞에서 언급한 평화에 대한 법령을 통해 밝혔다. 이 법령에는 모든 예속된 민중들에게 일체의 외부 간섭 없이 억압 세력의 완전한 철군을 조건으로 하여 자유로운 선거를 통해 자신의 운명을 스스로 결정할 수 있는 권리를 부여해야 한다고 선언했다. 또한 법령에서는 박해받는 민중들과 그들의 정부에게 병합과 배상이 없는 조속한 평화를 제안하고 있다. 이에 더하여, 법령은 병합에 대하여 다음과 같이 이해되어야 한다고 명시했다. "병합이라는 것은 합방이 언제 강제적으로 이루어졌는가에 상관없이, 또한 강제적으로 합방되고, 강제적으로 유지되고 있는 민족과 국가의 후진성, 선진성과 관계없이, 약소민족의 합방에 대한 명확하고 분명하며 자발적인 희망과 동의가 전제되지 않은 상태에서의 약소민족 국가의 강대국에로의 모든 형태의 합방을 의미하는 것이다. 그것이 유럽에서든 극동에서든 상관없이 이 민족은 생존하고 있다."[20]

레닌과 볼셰비키는 "공산당은 식민지의 해방혁명운동과 함께 피압박민족의 운동일반에 대하여 조직적으로 원조하지 않으면 안 된다"[21]는 원칙에 근거하여 1919년 3월 2일 코민테른을 결성하기에 이르렀다.

코민테른을 통한 동아시아정책이 중요하게 논의되었던 것은 1920년 7월에 있은 제2차 코민테른대회였다. 이 대회에서 레닌은 「민족·식민지 문제에 대한 테제」를 통해 민족문제에 접근하는 3가지 주요한 원칙을 제시했다. 첫째, 역사적, 구체적 정세, 특히 경제정세를 정확하게 고려할 것과, 둘째, 피억압계급·근로자·피착취자의 이익과 지배계급의 이익을 의미하는 전 국민의 이익이라는 일반적인 개념을 명백하게 구별할 것, 마지막으로, 금융자본과 제국주의 시대에 고유한 특질을 은폐하고 있는 부르주아 민주주의의 허위에 대항하기 위하여 권리가 불평등한 피억압·종속민족과 완전한 권리를 가지고 있는 억압·착취민족을 명백하게 구별할 것을 강조했다.[22] 「민족·식민지문제에 관한 테제」는 조선을 비롯한 중국과 인도 등 동아시아 국가들에게 중대한 결정을 내포하고 있는 테제였다. 제1차 대전과 러시아 10월혁명 이후 3·1운동과 5·4운동을 비롯한 식민지·반식민지에서 민족해방운동의 출현은 식민지 지배체제의 위기를 초래했고 아시아의 민족운동이 점차 세계의 혁명운동을 좌우하는 주요한 세력으로 등장하게 되었다. 이러한 상황에서 이 테제가 제출된 것이다. 이 테제에서는 세계의 민족을 억압민족과 피억압민족으로 구분함으로써 선진국에서의 제국주의 부르주아지에 대한 프롤레타리아혁명운동과 후진국에서의 외국 제국주의에 대한 민족해방운동이 제국주의 타도라는 공동목표를 위해 서로 동맹을 맺을 수 있다는 논리를 도출하였다. 이에 따라 모든 공산당은 후진국의 혁명적 해방운동을 원조하여야 하며, 또한 민족해방투쟁을 위해서는 부르주아적 민주주의파와도 일시적 동맹을 맺어야 한다고 강조하였다. 이리하여 후진국의 인민대중은 자본주의 발전에 의해서가 아니라 계급의식의 발전에 의해 공산주의와 결합하게 된다

고 강조하였다.[23]

그러나 코민테른의 활동은 일정한 한계를 지니고 있었다. 코민테른은 창설 당시 전세계 혁명 세력을 결집시키는 조직으로 선포되었으나, 소비에트정부가 외무인민위원인 치체린이나 코민테른 의장 지노비예프를 통해 이 기구를 자신들에게 유리한 정책을 결정하도록 유도함으로써 대국주의의 대외 정치 수행 도구로 전락하게 만들었다는 비판을 면할 수 없다.

제2차 코민테른 대회에서는 레닌의 테제에 따라, 러시아에서의 사회주의 혁명과 민족주의 부르주아에 의해 지도되는 식민지 및 반식민지 국가들에서의 민족해방 운동 간의 상호 협력을 강화할 것이 지시되었음에도 불구하고, 코민테른은 적지 않은 일련의 실수들을 범하였다. 객관적 이해라는 관점에서 볼 때, 러시아에서의 사회주의 혁명과 국제적인 반제국주의 민족해방운동 간의 협력과 연맹은 당연한 것이었다. 그러나 코민테른의 핵심부를 구성하고 있던 러시아 공산당 지도부는 국제 사회주의 운동에서 주도적인 노선의 성취를 제1과제로 삼고, 자생적으로 발전하고 있던 아시아 각국의 민족주의 운동과의 관계에 상당히 부정적인 입장을 취하게 되었다.

결국 코민테른은 식민지·반식민지에서 민족해방투쟁을 지원하고 이를 통해 세계혁명을 실현한다는 목적을 가지고 있었지만 실질적으로 소비에트정부의 대외정책에 종속되었다.

3. 러시아의 한국사 교과서 서술 경향

일제강점기 조선에 대한 러시아의 한국사 교과서에 나타난 서술 경향은 크게 두 가지 측면에서 분류하여 살펴볼 필요가 있다. 첫째, 러시아 역사에서 사회주의체제에서 자본주의 체제로의 회귀로 인해 마르크스주의에 근거한 역사 연구 방법 및 역사 서술 경향에서 시장경제로의 개편과 남한 학계와의 교류 등으로 인해 이데올로기적 제한을 넘어서 구체적이고 실증적인 역사서술로 변화하고 있다. 둘째, 일제강점기 조선은 주권국가가 아닌 일제의 식민지였기 때문에 조선에 대한 관심은 러시아의 국제정치나 대외정책적 측면이 아니라 주로 일본 제국주의에 반대하는 조선의 민족해방운동과 노동운동 등이다.

이 글에서 분석대상으로 삼은 러시아 한국사 교과서는 다음과 같다.

1. Гафуров Б. Г., Ванин Ю. В., Казакевич И. С, Ким Г. Ф., Пак М. Н, тихомиров В. Д., Шабшина Ф. И, Шипаев В. И(ред.), *Ис тория Кореи*, Академия наук СССР Ииститут Востоковедения, том I, II, Мосва, 1974. том I 470 p. том II.

2. *История Кореи : новое прочтение*, под редакцией А. В. Торкун ова. Учебники МГИМО, 2003.

3. Торкунов А. В., Денисов В. И., Ли В. Ф., *Корейский полуостро в: метаморфозы послевоенной историй*, Москва, ОЛМА Медиа Групп, 2008.

4. Курбанов С. О., *Курс лекций по истории Кореи: с древности до конца XX в.* СПб.: Изд-во С.Петерб. ун-та, 2002.

5. Курбанов С. О., *История Кореи: с древности до начала XXI в.* СПб.: Изд-во С.Петерб. ун-та, 2009.

각각의 교과서에서 보이는 일제강점기 조선에 대한 서술의 서지학적 특징들을 살펴보자.

먼저, 가푸로프(Б. Г. Гафуров)가 책임편집한 1974년판 『한국사』의 경우, 1, 2권 전체 950쪽 중에서 일제강점기에 해당하는 서술은 '제2권 1편 식민지시기 한국(1917~1945)'에서 총 9장으로 구성하여 149쪽을 할애하고 있다.[24] 이는 전체 서술 분량 중 16% 정도를 차지하고 있다. 구체적으로 살펴보면, 1917년 러시아혁명 이전 일본의 조선 병합과 의병을 중심으로 한 한국 인민들의 민족해방운동, 조선의 정치 · 사회 · 경제적 상황, 10월 혁명 이후 1919년 인민들의 운동, 조선에서 마르크스주의-레닌주의의 확산, 특히 1920~1925년 공산주의 운동의 발전, 1925~1929년 조선공산당의 설립과 민족해방운동, 세계 경제 대공황 시기 조선, 공산당 주도하의 빨치산 운동의 발전, 조선독립운동의 새로운 단계에서 조국광복회의 설립, 제2차 세계대전 시기 조선, 식민지 조선에서의 문화 등이 그것이다.

위의 서술 내용을 통해 알 수 있듯이 이 교과서의 주요한 서술 경향은 소비에트 러시아의 역사 서술 경향을 반영하여 민족해방운동과 이를 주도한 정치세력들의 분석을 주로 하고 있다.

둘째, 토르쿠노프(А. В. Торкунов)가 편집한 2003년판 『한국사』의 경우, 430쪽의 서술 중 일제강점기 조선에 대한 서술은 「제5편 식민지시기 한국(1910~1945)」이라는 제목으로 약 50쪽을 차지 전체 분량의 약 12%를 할애하고 있다.[25] 주요한 서술 내용을 살펴보면, 일본 군국주의 체제에서의 조선, 병합 이후 조선 인민들의 민족해방투쟁으로 1919년 3 · 1운동, 해외 한국임시정부, 양차대전 사이 해방운동, 2차 세계대전 시기 일본군국주의하에서 조선의 변화 등이다.

이 교재는 '현실사회주의' 몰락 이후 서술된 것으로, 1974년판 교재처럼 조선에 마르크스주의-레닌주의의 보급과 발전, 공산주의 운동 등의 구체적인 표현을 하고 있지는 않지만 여전히 민족해방운동 서술에 상당한 분량을 할애하고 있다. 따라서 아직까지는 전통적인 러시아 역사 서술의 틀에서 완전히 벗어났다고는 할 수 없다.

셋째, 토르쿠노프가 편집한 2008년 『한반도: 전후 역사의 변화』의 경우, 전체 544쪽의 서술 내용 중 일제강점기 조선에 대한 서술은 '제1

장 일본의 한국 식민지 침탈의 결과'라는 제목으로 35쪽을 할애해 상
대적으로 적은 6% 정도만 자치하고 있다.[26] 주요한 서술내용을 살펴
보면, 일제 식민지 통치 말기의 조선 상황을 서술한 것으로 조선의 종
속 상태, 수탈체제로서의 토지 문제, 식민지 산업화, 항일민족애국투
쟁 등이다.

　원래 이 책은 1945년 이후 한반도 역사를 서술할 목적을 지니고 있
었기 때문에 1945년 일제강점기 조선에 대한 서술은 도입부에 해당하
는 특징을 지니고 있다. 그럼에도 토르쿠노프의 한국사 서술과 관련
하여 앞의 2003년판 한국사와 비교할 때 서술상의 경향이 상당히 달
라짐을 확인할 수 있다. 즉 2003년판의 경우 여전히 민족해방운동에
주목했다면, 2008년판의 경우 토지, 공업, 민족해방운동 등 다양한 영
역으로 서술이 확대되었다. 즉 이데올로기나 운동사적 측면보다는 구
체적이고 실증적인 자료에 근거한 서술경향을 보여주고 있다. 이는
러시아 역사 서술의 경향이 이전 사회주의체제의 '굴레'에서 벗어나
일정정도 자유로운 역사연구가 가능하다는 반증이다.

　넷째, 쿠르바노프(C. O. Курбанов)가 서술한 2002년판 『한국사 강의』
의 경우, 전체 626쪽의 서술 내용 중에서 일제강점기 조선에 대한 서
술은 63쪽을 차지해 약 10%의 비율을 보이고 있다.[27] 2009년 개정판
『한국사』의 경우에도 전체적인 서술 비용은 『한국사 강의』와 유사하
다.[28] 전체적인 서술 내용을 살펴보면, 일본의 조선 식민화와 반일 독
립운동의 새로운 단계, 일본의 조선 병합 후 10년과 1919년 3·1운
동, 1920~1930년대 국내에서의 조선 독립 운동으로, 1920~1930년대 상
황과 국내에서 독립운동의 기본적인 방향, 공산당 운동과 인민대중들
의 봉기, 민족 문화를 수호하기 위한 운동을 서술하고 있다. 그리고
1920~1930년대 해외에서 조선 독립 운동과 관련하여, 한국임시정부,
만주에서 한국인들의 무장투쟁, 김일성(Ким ирсен)의 혁명 활동에 지면

을 할애하고 있다. 또한 중일전쟁과 제2차 세계대전 기간 동안의 조선
과 관련하여 이 시기 조선의 상황과 독립운동을 서술하고 있다.

일제강점기 한국사 서술과 관련하여 위에서 언급한 특징들을 분석
해보면, 소비에트 러시아 시기와 1991년 이후 러시아 시기의 주요한
특징들은 시대적 성격과 연구자들의 연구 경향으로 구분하여 살펴볼
수 있다. 1991년 이전 출판되어 대학교 교재로 사용된 교과서는 불행
히도 1974년『한국사』한 권만을 분석할 수밖에 없었기 때문에 그 특
징을 일반화하기는 힘들다. 그럼에도 이 교과서 서술에서 보이는 경
향은 사회주의 이데올로기에서 자유롭지 않다는 사실이다. 민족해방
운동 관점에서 일제강점기 조선 상황과 국내외 한국인들의 공산주의
건설 및 독립투쟁과 관련하여 자세히 서술한 것은 소비에트 러시아의
대외정책의 특징인 코민테른을 통한 식민지 민족해방 투쟁의 고무와
긴밀한 관계가 있는 것이다. 당시 한국인들이 일제의 탄압과 민족말
살정책에 저항하고 조선의 독립운동을 전개해 나가기 위해 만주와 연
해주, 중국, 멀리는 미국으로까지 가서 활동했다. 특히 러시아와 연해
주로 이주한 한국인들은 단순히 먹고살기 힘든 경제적인 이주만이 아
니라 사회주의와 결합한 형태의 조선 독립운동을 전개하기 위해 이미
사회주의체제가 된 러시아에서 '안정적'으로 활동하면서 러시아로부터
사회주의를 배우기 위한 목적도 있었던 것이다.

그러나 이러한 연구 경향이 소비에트 러시아 시기에 국한된 현상만
은 아니었다. 사회주의체제의 몰락 이후에도 그러한 경향은 발견된다.
쿠르바노프의 교재가 그 예라 할 수 있다. 쿠르바노프의 경우 일제강
점기 한국사 서술과 관련하여 민족독립운동과 사회주의자들의 활동을
여전히 가장 중요한 부분으로 취급하고 있으며, 특히 김일성의 만주
와 러시아에서의 활동을 자세히 언급하고 있다.

러시아의 한국사 역사 교재의 일제강점기 한국사에 대한 서술과 경

향이 민족독립운동에 주로 관심을 가진 이유는 무엇일까? 그것은 몇 가지 측면에서 해답을 찾을 수 있을 것이다. 첫째, 일제강점기 조선의 상황 그 자체를 반영한 것이다. 다시 말해, 식민지 시기 조선의 상황은 일제의 침탈과 억압이었으며, 한국인들은 민족의 독립과 해방을 위한 지난한 투쟁을 수행했다. 따라서 이 시기에 대한 역사서술은 당연히 일본의 억압정책과 한국인들의 독립투쟁에 대한 서술이 주를 이룰 수밖에 없다. 물론 사회주의 경향의 민족해방투쟁에 러시아 역사학계가 더 많은 관심을 기울이고 서술한 측면은 부정할 수 없다.

둘째, 소비에트 러시아의 연구 경향의 유산을 들 수 있다. 사실 소련의 해체 이후 러시아는 시장경제로 이행하는 과정에서 사회 경제적인 혼란으로 인해 인문학 연구는 상당한 침체를 경험하게 된다. 특히 신진 연구자들은 인문학보다는 법학이나 경제학, 경영학 등 실제 그들의 경제적 삶에 직결되는 학문에 관심을 가졌다. 또한 일반인들도 학문에 대한 관심보다는 국가로부터 경제적 지원을 거의 받지 못하는 여건을 해결하기 위해 직접 노동활동에 뛰어들 수밖에 없었다. 따라서 신진 연구자들에 의한 새로운 연구방법과 연구경향의 도입은 현실적으로 기대하기 힘든 실정이다. 오히려 소비에트 러시아에서 연구를 주도하거나 교육을 받은 세대들이 여전히 오늘날에도 주류 연구자들로 남아 있음으로 인해 소비에트 시기의 역사인식과 연구 방법이 현재까지도 여전히 영향을 미치고 있다. 단지 이들 역사학자들도 새로운 시대적 상황에 부합하여 이데올로기로부터 자유로운 방법론 시도와 기존 연구에 대한 재해석, 새로운 자료를 기반으로 한 실증적인 연구 및 기존에 무시되었거나 등한시되었던 주제에 대한 새로운 연구 시도를 수행하고 있으며 이러한 경향이 새로운 역사인식으로 수렴되고 있다. 그러나 아직까지는 일제강점기 한국사 서술은 여전히 기존의 서술 경향을 답습하는 차원을 넘어서지는 못하고 있는 실정이다.

4. 러시아 한국사 교과서의 주요 서술 내용과 조선 인식

러시아 한국사 교과서의 주요 서술 내용과 일제강점기 조선 인식을 서술하기 위해서는 러시아의 한국학 연구자들이 텍스트로 삼았던 사료들을 먼저 살펴볼 필요가 있다. 일제강점기 조선과 관련한 사료들은 크게 두 가지로 구별할 수 있다. 이는 러시아 현지의 연구 사료와 이에 대한 연구성과들과 다음으로 한국, 북한, 미국, 일본 등의 연구 경향을 받아들여 역사교과서를 서술한 것이 그것이다.

러시아 현지의 연구 사료와 이에 대한 연구성과들은 너무나 다양하여 특별히 언급하기는 힘들다.[29] 러시아의 한국사 연구는 한국과 한국인들의 연구성과들을 주요 사료로 반영하고 있다. 소비에트 시기의 경우 북한의 연구성과를 주로 반영했으며, 소련 해체 이후에는 남한의 연구성과도 상당히 반영한 편이다. 특히 미국 연구성과는 서대숙, 스칼라피노, 이정식의 연구성과를 참고하고 있다.

이제 러시아 한국사 교과서의 주요 서술 내용과 일제강점기 조선에 대한 인식을 살펴보자.

일제강점기 조선에 대한 주요 서술은 크게 몇 가지 정리할 수 있다. 일제가 조선을 병합하면서 실시한 토지 조사 사업과 그 결과 한국인들의 어려운 경제 여건, 3·1운동을 계기로 대중적으로 확산되어 나가는 민족 독립 운동, 3·1운동 후 민족해방운동의 여러 형태들, 예를 들어 해외 임시정부의 구성과 활동, 사회주의 운동 확산 및 공산당 결성을 통한 민족해방운동과 독립운동, 중일전쟁과 제2차세계대전기의 한국인들의 삶과 일본의 군국주의적 지배의 강화, 일본이 자행한 조선의 전통문화 말살 정책과 이에 대한 한국인들의 저항, 친일파의 활동 등이 그것이다. 이러한 내용들을 간략하게 살펴보자.

먼저, 러시아의 한국사 교과서는 대체로 러일전쟁에서 일본이 승리한 후 한반도를 병합하는 과정에서 역사 서술을 시작하고 있다. 일본에 의한 한반도의 식민지화는 영토 침탈과 경제적 침탈로 표면화되었다. 일본의 다양한 경제침탈, 특히 토지에 대한 침탈은 전체 한국인들의 85%의 삶과 직결되는 문제였다.[30] 조선 총독부는 토지 조사 사업을 통해 조선 전체 역사에서 가장 독점적인 토지 소유자가 되었다. 즉한반도 전체 토지의 40% 이상인 8백8십만 정보를 차지했던 것이다. 또한 동양척식회사는 1930년에 들어와 11만 정보, 약 5만 석의 쌀을 수탈해갔다. 토지 소작료는 보통 수확의 50~70%를 차지했으며, 2백만 명이 넘는 빈농들이 소작농으로 고통을 당했다.

뿐만 아니라 조선총독부는 지하자원, 철도, 항구, 전신 등등 조선의 주요 산업과 기간시설을 차지했다. 그 출발은 1909년 서울에 한국은행설립이었으며, 이를 통해 재정적 침탈을 수행했다. 그 결과 1920년대 초 조선의 수출은 거의 90%가 일본 자본의 통제하에 이루어졌다. 여기에서 한국사 교과서는 식민지시기 조선의 민족자본과 식민지 자본을 실증적으로 비교하여 일본의 식민지 침탈의 현상을 명확히 보여주고 있다. 일본이 한반도를 식민지로 병합하기 이전인 1909년에 민족자본은 32만 5천원이었던 반면, 일본 자본은 1백20만원에 달했다. 그런데 조선을 병합한 이후 그 격차는 확연히 드러난다. 예를 들어 1914년에는 31만 3천원 대 1백7십만원으로, 1918년에는 29만 9천원 대 2백46만원으로 나타났다. 결국 일본이 조선을 강점한 지 10년도 되지 않은 시점에 이미 일본 자본이 조선 민족 자본의 거의 8배에 달하는 수치를 보여주고 있다.

일본의 조선 경제 침탈은 한국인들의 디아스포라를 보다 본격화하게 되는 계기로 작용했다. 그 결과 한국인들은 일본의 탄압과 침탈을 피해 러시아와 중국의 만주, 미국, 심지어 일본으로까지 이주하게 되었다. 그러한 현상은 러시아로 이주한 한국인들의 비율을 통해서도 그대로 드러난다. 러시아혁명 이전 러시아로 이주한 한국인들의 출신 성분을 분석해 본 결과, 농민들이 80%, 노동자들이 5%, 인텔리겐치야 (지식인)가 5%, 도시 소자본가가 10%의 비율을 차지하고 있다. 또한 미국의 하와이로 이주한 한국인들은 주로 하층민으로, 일본인들에 비해 절반 이하의 임금을 받고 노동자로 고용되는 불행한 삶을 살았다.

러시아의 한국사 교과서들에서 공통적으로 보이는 일제강점기에 대한 서술의 특징은 3·1운동을 대중적인 민족해방의 출발점으로 삼고 있다는 것이다. 물론 3·1운동 이전 의병을 중심으로 한 초기의 독립운동이 존재했음을 부정하지는 않고 있다. 초기의 독립운동의 성격을 쿠르바노프는 크게 두 가지로 파악하고 있는데, 첫째는 문화 계몽운동, 둘째, 의병을 중심으로 한 무력 투쟁이 그것이다. 그는 의병 운동을 크게 3단계로 구분하여, 제1단계는 1894~1895년, 제2단계는 1905~1906년, 제3단계는 1907~1911년으로 설명하고 있다.[31] 무력투쟁의 가장 대표적인 예를, 안중근의 이토 히로부미 사살로 파악한 것은 이 사건이 러시아가 조차한 하얼빈에서 발생한 측면도 있지만 러일전쟁 이후 동아시아에서 러시아와 일본의 관계를 새로이 설정하고자 하는 시점에서 발생하여 양국의 동아시아정책에 영향을 미쳤다는 측면에서도 중요하게 파악한 듯하다.[32]

3·1운동에 대해서는 모든 한국사 교과서들이 지대한 관심과 분석을 실시하고 있다.[33] 그런데 흥미로운 사실은 이들 교과서에서 3·1운동을 민족독립운동과 부르주아 민주주의 혁명으로 공통적으로 성격 규정을 하고 있다는 사실이다. 그리고 대부분의 교과서에서 3·1운동의 지역별, 날짜별로 운동의 진행 경과에 대해 세밀히 다루고 있음은 러시아에서도 3·1운동을 단순히 한반도에서의 대중 운동 차원을 넘어서 동아시아에서의 대중운동으로 중요성을 부여하고 있음을 반증한다 할 것이다. 그럼에도 소비에트시기의 한국사 교과서와 소련 해체

이후 교과서에서 3·1운동에 대한 서술 형식과 의미 부여는 상당한 차이를 보이고 있다. 예를 들어, 1974년판 한국사 교과서의 경우, 3·1 운동을 러시아 혁명의 영향으로 파악하고 있으며, 그 결과 한반도에서 노동자와 농민들을 포함한 식민지 피압박 민족의 대중적인 부르주아 민주주의 운동으로 전개되었다고 서술하고 있다. 반면, 소련 해체 이후 서술된 한국사 교과서들의 경우, 3·1운동의 원인을 러시아혁명의 영향에서 찾기보다는 1919년 이전 일본의 조선 침탈과 한국인들의 어려운 삶에서 그 원인을 찾고, 이에 근거하여 대중운동으로 전개되었다고 보고 있다. 다시 말해, 3·1운동을 외적인 영향보다는 내부의 상황과 한국인들의 주체적 의지로 설명하고 있다는 사실이다.

3·1운동의 결과 조선에서는 보다 조직적이고 대중적이며 이데올로기에 기반을 둔 민족해방운동이 시작되었음은 이들 교과서의 공통된 평가이다. 따라서 이 교과서들의 서술은 자연스럽게 한편으로는 국내의 대중적 운동의 확산, 특히 민족해방을 위한 다양한 단체들의 활동과, 다른 한편으로는 해외의 단체들, 여기에서는 대중적인 측면으로서 임시정부와 혁명적인 조직으로서 사회주의 사상에 기반을 둔 혁명정당들의 출현과 활동으로 전개되고 있다.

흥미로운 사실은 상해 임시정부의 설립과 활동에 관한 서술에서 코민테른을 통한 러시아의 물질적 지원을 중요하게 다루고 있다는 것이다. 블라디보스토크의 한인사회당을 기반으로 활동하던 이동휘(Ли Донхви)가 상해 임시정부와 결합하여 초대 국무총리가 된 사실과 그가 러시아의 연해주, 만주의 간도, 상해에서의 활동 등에 서술하면서, 이 과정에서 소비에트 러시아와의 관계를 밝히고 있다. 소비에트 러시아는 코민테른을 통해 식민지의 민족해방투쟁을 지원한다는 정책을 취하고 있었다. 그 과정에서 이동휘와 한형권(Хан Хен Гон)이 1920년 레닌으로부터 총 2백만 루블의 독립자금을 지원 받기로 했으며, 1차로 조선 독립자금 40만 루블을 지원받고, 1922년에 2차로 20만 루블을 추가로 지원받았다.[34] 여기에서 논란이 되는 것은 코민테른을 통한 소비에트 러시아의 조선 민족해방운동 지원의 성격이다. 소비에트 러시아 시기에 이것은 당연한 것으로 받아들여졌지만, 소련 해체 후에도 이에 대한 평가는 그리 달라지지 않았다는 사실이다. 다시 말해 소련의 사회주의 확산과 식민지 민족해방운동 지원이라는 대외정책에 대해 소련 해체 이후 러시아 역사학계에서도 부정적인 시각으로 보지 않으며, 오히려 최근 러시아의 애국주의적 관점에서 이를 새로이 재해석하고 있음을 반증한다 할 수 있다.

3·1운동 이후 일제강점기 조선에서는 민족의 창발성을 유지하기 위한 문화운동이 20세기 전반기에 나타났다. 쇄국정책에서 벗어나 외국의 문화를 접하면서 조선의 문화는 다양한 단계와 내적 전환을 경험했지만, 1920년대 전반기 경향은 이전과 비교해 봤을 때, 새로운 기반과 새로운 내용들이었다. 특히 러시아로부터 사회주의 사상을 받아들여 이를 조선의 전통문화와 결합한 현상들이 문학에서 두드러졌다. 이는 식민지 지배에 대한 저항 문학이자 세계 평화를 지향하는 해방사상이었다. 그 대표적인 예가 최서해의 『탈출기』(1925), 조명희의 『낙동강』(1927), 이기영의 『고향』(1934), 한설야의 『황혼』(1936) 등이다. 이와 같은 서술과 인식은 식민지 조선의 전통성을 인정하면서 동시에 소비에트 러시아의 영향을 은연중에 강조하고 있음을 의미한다.

이제 국내에서의 독립운동의 방향과 해외에서의 민족해방 투쟁에 대해 살펴보자.

1920~1930년대 조선 국내에서의 독립을 위한 운동의 기본적인 방향은 민족주의적인 신문 창간과 민족 고등 교육 실시, 전통 민족 종교의 독립활동, 그리고 학생운동 등 민족 계몽운동과 교육운동, 대중운동으로 표출되었다. 이러한 주제에 대한 분석은 부르주아 민주주의 운동

으로서의 3·1운동 이후 그 여파가 식민지 조선 사회의 전반으로 확산되고 있는 것으로 수행되고 있다.

한편, 무장 투쟁 형태의 민족해방투쟁은 러시아의 연해주와 만주를 중심으로 전개되었다. 이 지역에서 무장 독립운동이 전개된 이유를 다음과 같이 파악하고 있다. 첫째, 한국인들이 압록강과 두만강을 넘어 대거 이주했기 때문에 이들을 기반으로 이들과 함께 무장 투쟁을 수행하기 위함이며, 둘째, 독립운동가들이 일본 경찰과 군대의 검거를 피해 보다 안전한 지역으로 피신했기 때문이다. 사실 그 당시 만주는 중국 중앙정부의 손길이 미치지 않는 일정정도 자치지역이었기에 더욱더 가능했다. 이 지역에서는 다양한 무장 독립 투쟁 단체들이 나타났는데, 그중에서도 한국사 교과서에서는 대한독립군, 북로군정서, 고려혁명군 등의 조직과 활동에 대해 소개하고 있다. 여기에서 주목한 인물은 대한 독립군 지도자 홍범도였다. 러시아 역사학자들이 여타 무장 독립 운동 단체에 비해 홍범도를 주목한 이유는 명확치 않다. 아마도 홍범도의 무장 투쟁도 중요하지만 이후 그가 카자흐스탄으로 이주해 살았던 것이 한 원인이 아닐까 싶다.

일제강점기 조선의 민족해방 및 독립투쟁과 관련하여 러시아의 한국사 교과서들이 김일성의 혁명 활동에 주목한 것은 또 하나의 특징이라 할 수 있다. 이는 김일성이 조선 독립 이후 소련의 지원을 받아 북한에 사회주의체제를 수립한 것이 이유일 것이며, 이들 교과서들이 북한에서 출판한 저작들을 참고로 일제강점기 조선의 역사를 서술했던 것도 작용했을 것이다. 소비에트 러시아 시기에 출판된 교과서는 김일성이 1920~1930년대 만주에서 반일혁명투쟁 활동을 수행했음을 공식적으로 인정하고 있다. 그러나 1990년 초 이후 러시아 역사학계에서는 다른 입장을 표명하기도 하는데, 즉 김일성이 반일저항투쟁에 참여한 것에 의문을 제기하면서 이를 공식적으로 인정하지 않기도 한다.[35] 그렇다 하더라도 김일성 개인의 이력과 이후 혁명 투쟁에 대한 설명은 상당히 구체적이고도 자세하게 서술하고 있음은 분명하다. 예를 들어, 김일성이 출생 시에 이름은 김성주였고, 김일성이라는 이름은 아주 나중에 사용하기 시작했다고 언급하거나, 그의 아버지 김형직이 1926년 6월 5일 사망한 이후 혁명활동에 적극적으로 참여하기 시작했다는 것 등이다.[36] 또한 김일성의 활동을 단순한 독립 운동 차원으로만 해석하고 있지는 않다. 김일성에게 혁명이란 단지 일본의 식민지로부터 조국의 해방만이 아니라 새로운 노동자, 농민, 노동 지식인 사회를 건설하는 것을 의미했다. 또한 1940년 12월 말 김일성은 동지들과 함께 소비에트 러시아 역내로 이동해 왔고, 거기에서 5년 동안 살았다는 사실을 강조함으로써 소비에트 러시아와의 관계를 간접적으로 강조하고 있다.

1937년 중일전쟁 이후 제2차 세계대전 시기까지 조선은 일본 식민지 지배 전체 시기 중에서 가장 어려운 시기였다. 일본은 1937년 7월 7일 중국과의 전쟁을 시작했다. 이 시기 일본 경제는 서유럽국가들과 비교하여 악화되었다. 일본은 1938년부터 전시동원체제에 돌입했다. 그것은 전쟁을 수행하기 위해 물자와 노동력 징집을 의미했다. 그 결과 이 시기 식민지 조선에서는 경제활동과 자유로운 정치활동이 제한되었을 뿐만 아니라 민족말살정책과 강제동원으로 실질적인 고통을 받았다. 바로 이러한 측면에서 러시아 학계는 이 시기 조선에 대해 상당한 관심을 가지기 시작했다. 주요 내용은 첫째, 중일전쟁에서 제2차 세계대전 기간 조선의 상황과 둘째, 독립운동의 새로운 방향, 즉 공산주의 사회주의, 평등권과 특히 국가의 역할 등의 사상적 측면을 새로운 연구 주제로 설정하고 있다. 이것이야말로 조선이 남북으로 갈라진 결정적인 원인들이기 때문이다. 그런데 이러한 문제는 그렇게 단순하지 않은 매우 복잡한 성격을 지니고 있다. 왜냐하면 조선 영내에 미군과 소련군이 주둔했었기 때문이다. 따라서 이 문제는 왜 북한에서 강력한 사회주의 정부가 건설되었으며, 미국은 한반도 남부 지역에서만 정부 수립을 허용했는지, 그리고 해방 직후 남한보다 북한 지역에서 독립 상태가 형성되었는지를 설명할 수 있다. 그러나 아직까지 이 시기 역사에 대해 러시아 학계에서는 충분한 연구를 수행하지 못하고 있는 것 또한 현실이다.[37]

이 시기 조선 문제와 관련하여 러시아 학계에서 최근에 관심을 가지는 주제는 강제동원의 한 형태로써의 '정신대(чонсинтэ)' 문제와 친일파 문제이다. 정신대 문제는 이데올로기나 체제를 넘어서 인권의 문제로서 가장 심각하게 받아들이고 있다. 따라서 이 문제를 구체적으로 기술하고 있다. 1944년 8월 23일부터 법령에 따라 정신대가 운영되었다. 정신대는 공식적으로 12세에서 40세의 조선 소녀와 여성들을 공장 노동자로 활용하기 위한 목적이었다. 그러나 이들 중 대부분은 군대에 동원되었다. 이들은 낮에는 군에서 필요한 노동을 수행했으나 밤에는 '성의 노리개'가 되었다. 이들 여성들은 평균 하루에 29명의 병사들을 상대했으며, 태평양전쟁 말기에는 심지어 100여 명의 병사들에게 짓밟히기도 했다. 조선에서 징집당한 이들 정신대 여성들의 숫자는 대략 14만 명에서 18만 명에 달했다.[38]

친일파 문제는 일제강점기 조선 역사의 민족적 비극으로 표현하고 있다. 사회의 '저명인사'들이 친일분자로 전락할 수밖에 없었던 현실을 묘사하면서, 그 대표적인 예로 쿠르바노프는 윤치호(Юн Чхихо)를 들고 있다.[39] 그는 1938년까지 조선 독립운동의 주요한 지도자였으나 1941년에 '조선임전보국단(Чосон имчжон погуктан)'의 고문을 맡는 등 친일분자가 되었다. 조선이 독립한 후 그는 자살로 생을 마감했다.[40] 즉 국가와 사회의 명사들이나 정치가들의 행적을 통해 일제강점기 일본의 탄압 정책과 그 결과 조선 국내의 상황에 대해서 객관적이면서도 연민의 감정을 담아 서술하고 있다.

5. 맺음말

이상으로 러시아의 대학교재에 나타난 일제강점기 러시아의 조선 인식에 대해 살펴보았다. 일제강점기 조선은 자주적 외교권을 행사할 수 없었다. 따라서 러시아와 조선은 공식적인 외교채널이 아닌 비공식적인 인적 · 물적 · 문화적 교류관계를 유지해 나갔다. 특히 일본의 조선에 대한 강압적인 침탈과 한국인에 대한 지배 때문에 많은 한국인들은 삶을 영위하기 위해서, 또한 잃어버린 나라 조선의 독립을 위해서 만주나 연해주로 이주해갔다.

한편, 러시아는 1917년 사회주의혁명을 통해 새로운 시대, 새로운 역사를 개척해 나갔다. 세계 최초의 사회주의 국가, 세계 유일의 사회주의 국가 러시아, 그들은 사회주의 러시아를 지켜내고, 더 나아가 사회주의를 전세계로 확산시켜 나가기 위한 노력을 펼쳤다. 특히 제국주의 국가들의 지배로 고통당하는 식민지 반식민지 국가들의 민족해방투쟁은 그들의 사회주의와 밀접하게 결합될 수 있었다. 바로 여기에서 사회주의 러시아와 조선의 인민들은 동일한 공감대를 형성하고 긴밀하게 결합될 수 있었다.

러시아의 대학교재들이 일제강점기 조선에 대한 인식을 서술하는데 있어서도, 비록 러시아 대학교재들이 시기적으로나 저자들의 관점이 다양함에도 불구하고, 기본적으로 이와 같은 역사적 상황에서 출발하고 있음을 공통적으로 확인할 수 있다. 따라서 러시아의 대학교재들에서는 기본적으로 일본의 조선에 대한 정치 · 경제적 침탈과 구체적인 수탈 내용, 이에 대한 조선에서의 저항, 예를 들어 3 · 1운동,

국내와 해외에서의 민족해방운동과 독립투쟁 등을 시기적으로 자세하게 서술하고 있다. 한 가지 특이한 점은 코민테른의 민족해방운동 지원과 관련한 내용들이다. 사실 코민테른은 사회주의 계열의 민족해방운동과 긴밀한 연관을 맺고 있음은 분명했다. 그러나 코민테른의 조선민족해방운동 지원은 다른 측면에서 보면 조선의 자주적인 민족해방운동과 독립투쟁을 '구속'하는 측면도 있음을 부정할 수 없다. 이는 조선의 민족해방운동과 관련하여 김일성의 활동에 특히 많은 관심을 드러내면서 교재 서술에 상당한 지면을 할애한 것을 통해서도 알 수 있다. 물론 사회주의 시기에 서술된 한국사 교재와 1990년대 이후 교재에서는 일정 정도 차이를 보이고 있지만 말이다.

한편, 우리나라에서도 일제강점기와 관련하여 아직까지도 해결되지 않고 있는 문제인 '정신대'와 '친일파' 문제를 서술하고 있는 것은 특기할 사실이다. 최근 국내에서 이 문제와 관련하여 상당한 연구성과들이 생산되고 있다. 이러한 성과들이 양국 역사학계의 교류를 통해서 교재로 반영될 필요가 있다. 기존의 거대담론 논의가 주는 중압감과 미묘한 역사적 이해차이를 넘어서 보다 풍부하고 다양한 연구를 공유하고 소통하여 양국의 역사에 대해 올바른 인식을 담은 교과서를 기대해 본다.

주

[1] Peter Hopkirk, *The Great Game - The Struggle for Empire in Central Asia*, New York, Kodan America Inc., 1992(피터 홉커크, 정영목 옮김, 『그레이트 게임』, 사계절출판사, 2008).

[2] 최덕규, 「러일전쟁에 대한 러시아의 역사인식 – 러시아 중등역사교과서를 중심으로」, 『슬라브연구』 19-2, 2003, 91~116쪽.

[3] 민경현, 「러시아의 중등학교 역사 교과서와 소비에트 시대」, 『서양사론』 77, 2003, 101~121쪽.

[4] 임경석, 「러시아 학계의 한국 근현대사 연구동향」, 『대동문화연구』 32, 1997, 413~453쪽.

[5] Коммунистический Интернационал в документах. 1919~1932, Москва, 1982, p. 60.

[6] Восьмой съезд РКП(б). Март 1919 года. Протоколы (Москва, 1959), p. 393.

[7] А. Ю. Сидоров, Н. Е. Клейменова, *История международных отношений 1918-1939*, Мосва, 2006, pp. 312~316.

[8] Ленин В. И. Полное Собрание Сочинений, Москва, 1965(이하 Ленин, ПСС), т.11. p. 245.

[9] В. И. Ленин, *ПСС.* т.17. p. 182.

[10] В. И. Ленин, *ПСС.* т.30. p. 133.

[11] В. И. Ленин, *ПСС.* т.34. p. 385.

[12] *Советская внешняя политика 1917-1945 гг*, Москва, 1992, p. 10.

[13] 위의 책, p. 19.

[14] *Документы внешней политики СССР*, Москва, 1957, т.1. pp. 15~17. 평화공존의 문제는 2월혁명 승리 후에 레닌이 직접 저술한 저작, 「먼 곳에서의 편지(1917년 3월)」에서 레닌이 제시한 것이었다. *Дипломатия в социалистических странха*, Под. ред. Андрей Громико, Москва, 1980, p. 36.

[15] 일본군은 연해주에서 1922년까지, 사할린에서 1925년까지 주둔하였다. 14개국이 개입한 내전에서 영국 4만 명, 프랑스와 그리스는 각각 2개 사단병력, 미국은 약

1만 명을 파병하고, 이탈리아 등은 그 밖의 국가들은 대체로 소규모의 상징적인
병력을 보내는 데 그쳤다. 그러나 일본은 7만 명이 넘는 대병력을 파견하였다.

[16] В. И. Ленин, *ПСС.* т.31. p. 457. 레닌은 다음과 같이 말했다. "나는 우리가 전쟁
에서 벗어나 평화로 나아가고 있다는 점을 밝힌 적이 있지만, 우리는 전쟁이 도
래할 것이라는 점을 잊어서는 안 된다. 한편으로는 자본주의와 사회주의가 공존
할 수는 있지만, 평화롭게 살 수는 없다. 궁극적으로 자본주의나 사회주의 가운
데 하나가 승리할 것이다. 결국 소비에트 공화국이나 세계자본주의가 그 마지막
장례식을 지켜볼 것이다. 이것이 바로 일시적인 전쟁 휴식기이다. 자본가들은
전쟁을 할 구실을 찾을 것이다."

[17] В. И. Ленин, *ПСС.* т.35. pp. 2~3.

[18] Jan F. Triska & David D. Finley, *Soviet Foreign Policy,* New York, 1968, p. 4.

[19] В. И. Ленин, *ПСС.* т.33. p. 440.

[20] 김 게르만, 「10월 혁명과 재소한인」, 한국정치외교사논총』19, 1998, 240쪽에서
재인용.

[21] Коммунистический Интернационал в документах, p. 60.

[22] 전명혁, 「1920년 코민테른 2차대회 시기 박진순의 민족, 식민지문제 인식」, 『한
국사연구』134, 2006, 196쪽에서 재인용.

[23] 이에 따라 아시아 각지에 공산당이 결성되기 시작(1920년 인도네시아, 이란, 터
키, 1921년 중국, 1924년 필리핀, 1925년 인도)하였다. 그러나 이 시기 코민테른
은 조선의 공산주의 조직 건설에 매진하지는 않았다.

[24] Б. Г. Гафуров, Ю. В. Ванин, И. С. Казакевич, Г. Ф. Ким, М. Н. Пак, В. Д
Тихомиров, Ф. И. Шабшина, В. И Шипаев(ред.), *История Кореи,* Академия н
аук СССР, Ииститут Востоковедения, том I, II, Москва, 1974, том I, pp.
419~428. том II, pp. 19~158.

[25] *История Кореи: новое прочтение,* под редакцией А. В. Торкунова. Учебники
МГИМО, Москва, 2003, pp. 279~324.

[26] Торкунов А. В., Денисов В. И., Ли Вл. Ф., *Корейский полуостров: метаморф
озы послевоенной историй,* Москва: ОЛМА Медиа Групп, 2008, pp. 13~47.

[27] Курбанов С. О., *Курс лекций по истории Кореи: с древности до конца XX в.,*
СПб.: Изд-во С.Петерб. ун-та, 2002, pp. 353~415.

[28] Курбанов С. О., *История Кореи: с древности до начала XXI в.,* СПб.: Изд-во
С.Петерб. ун-та, 2009, pp. 339~396.

[29] 이와 관련하여, 임경석, 「러시아 학계의 한국 근현대사 연구동향」을 참고하기 바

란다.

[30] *История Кореи*, p. 280.

[31] С. О. Курбанов, *История Кореи*, pp. 340~342.

[32] С. О. Курбанов, *История Кореи*, p. 340 · 347.

[33] Гафуров Б. Г., Ванин Ю.В., 위의 책, pp. 34~58 ; С. О. Курбанов, *История Коре и*, pp. 284~289, 344~353, 359~369.

[34] 이 사실은 러시아 문서 보관소 자료를 통해 확인되었으며, 이와 관련한 여러 편의 연구성과들이 있다. 이 독립자금은 한편으로는 임시정부와 다른 한편으로는 사회주의 운동 단체의 내분의 원인으로 작용했다.

[35] С. О. Курбанов, *История Кореи*, p. 379.

[36] С. О. Курбанов, *История Кореи*, p. 379.

[37] С. О. Курбанов, *История Кореи*, p. 384.

[38] С. О. Курбанов, *История Кореи*, p. 389.

[39] С. О. Курбанов, *История Кореи*, p. 389.

[40] 쿠르바노프는 윤치호가 자살한 것으로 기록하고 있으나, 사실은 1945년 12월 6일 개성 고려정에서 뇌일혈로 사망했다.

식민지시대 한국문학 속의 러시아와 러시아인의 이미지

1930년대를 중심으로

박노자

1. 서론: 러시아/소련—좋거나 나쁘거나 문화적으로 비슷하거나

문화 연구에서 잘 알려져 있듯이, 사회적 우주 안에서 다양하고 종종 자기모순적인 의미를 지니는 것으로서 공간보다 더 강력한 것은 없다. 공간은—만약 그것을 사회의 일반적인 추론에 따라 생산, 재생산, 정의, 재 정의되는 사회문화적 현실로서 다루려고 한다면[1]—문화정치적 의미로 볼 때 중립적이지 않으며, 단순히 사실적으로 또는 "객관적으로" 묘사되지 않는다. 물론 공간적 타자에 대한 묘사는 "명백한 사실(hard facts)"을 기반으로 할 때 잘 입증되기는 하지만, 그것은 부분적으로 이전 시대에서 물려받고, 부분적으로 당대의 정치적 혹은 문화적 형상에 의해 형성된 해당사회의 다양한 "마음의 지도(심상 지도, mental map)"로부터 파생된 이미지들과 오버랩 된다.[2] 그리고 민족과 민족정체성을 사회문화적으로 생산할 때 "지도 만들기" 기술이 필요하듯이, "외부" 공간에 대한 "상상의 지도"는 해당사회의 위치와 상태를 집단적 인식주체 대(對) 국경을 넘는 다양하고 "중요한 타자"라고 정의할 때도 마찬가지로 중요한 구성역할을 한다. 제국주의 시대의 공통된 세계관에서 유럽의 주요한 구성적 타자이자, "문명과 야만 사이" 또는 "신비한 오리엔트와 야만적인 오리엔트 사이"에 편리하게 놓인 동유럽의 존재를 배제한 채, 계몽주의 시대나 그 이후 진보의 시대에 유럽인들이 자신들을 세계적 (추측컨대, "진정한 단 하나의") "문명"의 중심에 세우는 것이 가능할 수 있었을까?[3] 일본제국 국경 밖의 세계에 대해 날카로운 관심을 지닌 식민지 조선(1910~1945)의 지식층에게—그러한 관심은 새로운 국제적 사건들이 식민지적 난관을 종식시키거나 완화하는데 도움이 되도록 세계를 정비해줄 것이라는, 어느 정도 납득할 만한, 희망 때문이었다—공간적 타자는 그들의 정체성 구성에서 매우 중요한 도구였다. 그러면, 식민지 조선의 눈에 비친 러시아의 위치는 어떤 것이었을까?

비록 냉전 이후에는 한국에게 러시아/소련이 가장 중요한 곳은 아니었지만, 식민지 조선의 지식인들에게 중요한 참고가 되곤 했다. 식민지 이전 시기에 러시아는 한반도의 국경에 위치하는 강국이라는 것 이외에 조선의 정치에 개입한 기록이 있었던 반면, 소련은 선하든 악하든 간에, 식민지 조선을 포함해 자본주의 세계에 대해 일종의 대안적 문명으로 보였다. 그러므로 식민지 시대의 간행물들이 "미국 아니면 소련" 중에서 조선의 발전 경로를 최종 선택해야 하는 딜레마에 있었고, 식민지 사회의 정치적 지형을 "친미당 대(對) 친러당"으로 분석했다는 것은 별로 놀랍지 않다.[4] 그러한 견해는 1945년 이후 한반도의 분단이라는 비극적인 미래를 예언적으로 예측한 것처럼 보인다.

예상되었듯이, 소비에트 문제는 정치적으로 매우 큰 불화를 일으켰다. 공산주의자에게든, 아니면 모호하게나마 공산주의 대의에 공감한 사회주의적 인텔리에게든 강력한 친소적 태도가 필요(de rigueur)했다. 적어도 러시아혁명의 일정 측면에 대한 찬성은 일종의 이념적 문구의 기능을 했다고 말할 수 있을 것이며, 그것은 진보를 자처하는 사람들에게서 요구되었다. 예를 들어, 기독교 작가 유근은 YMCA 책자에 글을 쓰면서 볼셰비키를 "사회개혁의 효용성에 대해 전혀 믿음이 없기 때문에 부득이하게" 극단적 폭력에 호소하는 사람으로 묘사했다.[5] 이처럼 공산주의자가 아닌 진보적 비평가들은 러시아혁명의 폭력에 대해 '러시아의 사건들' 안에서 긍정적인 면을 찾으려 하였다.

실제로, 진정한(bona fide) 공산주의자들에게 "소비에트에 대한 충성" 요구는 훨씬 엄격했다. 이 집단에게는 모름지기 10월 혁명과 소련에 대한 그 어떤 비판도 "반동"이 되었다. 한국의 공산주의자 이강은 코민테른의 한 간행물에 글을 쓰면서, 한국의 민족주의 종교지도자 최린(1878~1958)이 "소련을 여행하면서 많은 무산자 인민과 거지들을 보았다"고 한 말을 인용하면서 최린의 견해에서 "반동적 전향"을 확인했던 것이다.[6] 공산주의자들은, "오만한 전투적 정치가 트로츠키", 그의 "귀족적 분위기"와 "과장된 연설과 행동"[7]에 대해 회의조로 쓰는 것이 가능했는데, 왜냐하면 위대한 적군의 창시자(트로츠키—역자)가 이미 제명되었기 때문이었다. 그러나 소련지도자들에 대한 태도는 훨씬 경건했다. 뛰어난 문학가 김태준(1905~1949)처럼 1937년 소비에트 고려인들의 강제이송, 또는 1939년 독·소조약에 대해 사적으로 의혹의 목소리를 냈던 공산주의 지식인들조차 그러한 의혹을 결코 공개적으로 늘어놓지 않았다. 동시에, "코민테른과 소비에트 적색 제국주의"에 대한 비난이 요구되었다. 1930년대 말과 1940년대 초에 일본제국주의 "주류"에 합세하기로 결정한 이러한 좌파들을 위해 "사상개조"가 요구되었다.[8]

그러나 이러한 엄격한 "친소비에트—반소비에트 이분법"이 한국소설—그리고 일반적으로 한국문학—속에서 상당히 극복되고 있었다는 점은 흥미롭다. 러시아 및 러시아인을 다루는 한국소설이 출간되었으며, 많은 러시아소설들이 한국어로 번역되어 한국에서 출간되었다. 양쪽의 경우에, 종종 러시아인 주인공들은 명백히 친소비에트도 반소비에트도 아닌 채로 나타났다. 동시에 그들은 본질적으로 근대적 문명의 장소로서 "서구"와 한국—근대세계의 변두리—사이에 서 있었고, 식민지의 작가들에 의해 종종 "자연", "지방", "전통"의 영역에 속하는 것으로 그려졌다

우선 번역본에 대해 말하자면, 러시아인의 그러한 대표성의 전형적 예는 니콜라이 바이코프(1872~1958)의 단편 『만주의 밀림(V debryakh Manchurii, 1934)』인데, 이것은 절친한 한국인 친구 백석(1912~1995)에 의해 약간 다른 제목 『밀림유종』으로 월간지 『조광』(1942년 12월~1943년 2월)에 연재되었다.[9] 소설에서 러시아인 주인공 방앗간 책임자 그라빈스키와 그의 아내 예브게니야 스테파노브나는 따뜻한 마음을 지닌 삼림보호자이자, 헌신적 자연애호가이며 만주 원시림의 훼손을 반대하는 것으로 묘사되었다. 그러나 그들은 또한 결말에서 예브게니야 스테파노브나에 대한 무분별한 열정이 거부당하자 그녀의 사랑하는 아이 유로츠카를 납치함으로써 복수를 감행한 "야만적인" 중국인 강도 두목 왕 바딩에 맞선 "문명과 질서"의 힘을 대표하였다.[10] 이 이야기 속의 러시아인들은 낭만적인 삼림거주민이지만, 분명 그들은 만주의 여러 삼림거주민들 가운데서 가장 야만적인 사람들은 아니었다.

또한 러시아문학이 서구에 소개되었던 경우에서와 마찬가지로,[11] 식민지 조선에서 번역된 19~20세기 초의 러시아문학 대부분은 미학적으로도 최고로 간주되었고(대부분의 경우에) 정치적으로는 중립적으로 보였다. 김병철의 평가에 따르면, 1920~1929년의 시기에 식민지의 잡지들은 69편의 러시아 번역시를 수록하였는데, 가장 많이 번역된 작가는

톨스토이(20편), 체홉(13편), 투르게네프(『Nakanune(전야, 1860)』를 포함해 13편, 유명한 소설가 이태윤에 의해 번역)[12]였다. 일본에서와 마찬가지로[13] 20세기 러시아 시인들 가운데 1920~30년대 한국에서 상당히 인정받던 사람은 원형의 "농민시인" 세르게이 예세닌(1895~1925)이었다. 널리 알려진 예세닌은 농민출신의, 교육받은, 그리고 종종 모순적인 서정시인이었는데, 그는 1917년 10월 혁명을 지지했으며 이 사건이 해로운 수탈적 도시[14]에 맞서 프롤레타리아의 봉기와 농민의 반란을 결합시켰다고 지적한 바 있다.

동경 외국어대학에서 러시아어를 전공하고 졸업했으며, 작가이자 유명한 러시아고전 번역가 함태훈(1907~1949)은 사후에 한국독자에게 소개되었다. 그런데 이미 1920년대 말 1930년대 초에 좌익 성향의 작가 함태훈은 예세닌을 혁명시인이라기 보다는 서정시인이라고 특징지었다. 예세닌은 함태훈이 보았듯이, 자연을 애호하는 시골의 방랑자였으며, 그의 작품들은 사무치는 슬픔(애수)이 스며들어 있을 뿐만 아니라, "조국의 들판과 삼림에 대한 깊은 사랑" 그리고 농촌의 가난에 대한 애국적 분개심으로 가득 차 있다.[15] 정확히 말해, "슬픔"은 제국주의와 오리엔탈리즘의 시대에 "역동적, 활동적, 남성적"인 서구에 해당되는 자질이 아니었다. 오히려 그것은 전형적으로 오리엔탈적 시선에 의해 "수동적이고 여성적인" 동양으로 귀착되는 특징이었다. 유명한—또는 오히려 악명이 높은—일본의 위대한 민속예술(mingei) 이론가 야나기 무네요쉬(Yanagi Muneyoshi, 1889~1961)가 만들어낸 절묘한 오리엔탈 이론 "조선의 슬픈 아름다움"은 "본질적으로 한국적인" 특성이었다.[16] 따라서 러시아의 대표적인 현대 시인을 "시골의 슬픈 시인"으로 묘사하는 것은, 그리고 정신의 세계지도에서 러시아를 본질적으로 "문명화된" 풍요로운 서양과 더욱 "원시적이고 자연적인" 조건에 있는 "후진적인" 동양 사이의 어딘가에 놓음으로써, 결과적으로 예세닌의 사랑하는 조국과 비참한 식민지 조선 사이에 있는 막대한 거리감을 좁히는 효과를 주었다.

그러나 이 글에서 나는 주로 식민지의 러시아어 번역본보다는 식민지의 소설작품 원본에 나타난 러시아와 러시아인의 재현을 다룰 것이다. 나는 공산주의 배경을 지닌 여성작가 백신애(1908~1939)의 작품에 주로 집중할 것인데, 불법으로 소비에트 연해주로 들어가려다 좌절했던 그녀의 경험에 근거한다고 전해지는 그녀의 자전적 소설과 여행기에 초점을 맞춰, "거칠지만 고귀한" 러시아인들에 대한 그녀의 낭만적 심취와 소비에트국가의 경직성에 대한 그녀의 좌절을 보여줄 것이다. 나의 또 다른 분석 대상은 이효석(1907~1942)과 하얼빈에 거주한 러시아 망명자들에 대한 1930년대 말 1940년대 초의 그의 문학작품이다. 그들은 교양이 있으나 가난하며, 본질적으로 "서양인"인 동시에, 이효석이 새롭게 떠오르는 아시아의 "세계질서"로 이해했던 "동양" 일본제국 영토의 무력한 망명자 신분으로 몰락한, 그들은 인간 삶의 비극성이자 모호함의 상징이었다. 공식적으로 소련에 대한 부정적 태도에도 불구하고, 식민지 조선의 지식인들에게 러시아인들은 일본이라는 비공식적 제국의 테두리 안에서 유일하고 매우 큰 규모의 "서양" 민족 집단이었으며, 가장 가깝고 가장 쓸모 있는 문명적 서구사상의 일부분이었다.

2. 러시아/소련—멀고도 가까운, 이질적이며 매혹적인

백신애는 더 잘 알려진 강경애(1906~1944)와 함께 식민지 조선의 주요 좌익여성작가들 중 하나로 인식되고 있다. 가난한 소작농의 딸로서 어릴 때 주로 경제적, 사회적으로 비참한 경험을 한 특징이 있는 강경애와 대조적으로, 백신애는 용천군(경상북도) 출신의, 직조공장 주인으로 바뀐 부유한 상인의 딸로 자랐으며, 그녀의 아버지는 일본인 첩을 둘 수 있을 정도로 부유했는데, 이것은 식민지사회의 민족분계선에 도전하는 것이었다. 강경애와 대조적으로, 그녀는 경상북도의 한 사범 대학에서 수학했으며, 그녀의 학문적 경력은 이미 고등학교 시절부터 방해를 받은 바 있는데(그녀는 학생소요에 참가했다가 쫓겨났다)─그녀는 1924년 식민지 조선의 농촌에서 선망 받는 직업, 즉 자격증을 갖춘 고등학교교사로서 고향의 군으로 돌아왔다.

그중에서도 특히, 개신교 청년운동에서 공산주의로 전향해, 1926년 6월 당원이라는 이유로[17] 체포된 오빠 백기호의 영향을 받아, 그녀는 좌익여성운동의 활동가가 되었다. 그녀가 활동한 조직인 '조선여성연맹'(1924년 5월 10일 조직된 '조선여성동우회')은 1926년 1월 학교 당국이 그 젊은 교사를 해고해야 할 만큼 심각하게 "파괴적"이라고 간주되었다.[18]

담대한 그녀는 식민지의 수도 경성(서울)으로 옮겨갔으며, 1927년 초에 갑자기 시야에서 사라지기 전까지 이곳에서 "파괴적" 활동을 계속하였다. 그녀는 불법으로─그 사건에 대한 그녀 자신의 해석에 따르면, 조선 북쪽의 웅기항에 들른 소비에트승객선의 화장실에 몸을 숨긴 채─블라디보스토크로 들어가려 했다고 나중에 알려졌다. 그다음에는─그녀의 회고록, 『나의 시베리아 방랑기』(『국민신보』, 1939년 4월 23일자~30일자)에 따르면─그녀는 지역정치경찰(OGPU)에 의해 체포되어 그 배경에 대한 조사 및 심문을 받기 위해 1달 동안 억류된 후, 빽빽한 삼림으로 뒤덮인 소련-조선 국경을 통해 식민지조선으로 추방되었는데, 이러한 거친 지역을 걸어서 통과하는 것은 전체 모험 가운데 육체적으로 가장 벅찬 요구가 있었을 것으로 믿어진다.[19] 다른 해석은─약간 후대의 연구자들에 의해 조심스럽게 입증된 것인데─러시아로의 여행은 어떻든지 간에 그녀 또는 그녀 오빠의 급진적 활동과 연결되었을지도 모르며, 그런 경우에 "억류와 추방"의 이야기는 문학적 판타지의 결과

이자, 또한 어쩌면 식민지경찰의 감시 때문에 의도된 것으로 나타난다. 식민지경찰은 분명히 그것을 의심했는데, 조선쪽 국경으로 돌아온 이후 그녀는 심문 중에 잔인하게 고문을 받았던 것으로 나타난다. 고문은 그녀의 건강을 해쳤으며, 그녀는 영원히 임신을 할 수 없었다.[20] 러시아혁명과 급진적 명분에 대한 그녀의 열광은 그러나 사라지지 않았다; 그녀는 운명적인 해의 11월 7일 고향 용천의 청년연맹(공산주의 계열 청년동맹) 지부에 의해 조직된 러시아혁명 10주년 대회에서 대중연설을 했다고 알려졌다.[21]

백신애가 러시아 모험에 대해 막대한 개인적 비용을 치렀던 반면에, 그것은 또한 결과적으로는 그녀의 문학적 경력을 위한 일종의 발판이 되었다. 소설 『꼬레이』[22]—월간지 『신여성』, 1934년 1~2월호—는 그녀의 주장으로는, 1927년 블라디보스토크에서의 경험에 바탕을 두었는데, 그녀의 문학적 돌파구였으며, 그 후로 1939년 작가가 때 이른 죽음을 맞이하기 전까지 많은 일련의 소설이 뒤따랐다(그녀는 매년 평균 3~4편의 작품을 출간하였다). 1934년에 백은 더 이상 어떤 급진운동에서도 활동하지 않았지만, "급진적 세계관"이라 부를 수 있는 것을 지녔다; 그녀 소설의 대부분의 주제는 농촌의 빈곤, 부당함, 그리고 계급갈등의 현실에서 나왔는데, 더욱이 대부분의 소설들은 젠더문제를 파괴적이고 반(反) 가부장적 방식으로 다루었다. 백의 책은 종종 빈곤문학으로 분류되곤 하는데—당대의 프롤레타리아 문학 경향과는 명확히 구별되며, 테마와 문체의 측면에서도 비교된다.[23] 따라서, 『꼬레이』에서 러시아를 재현하는 방식은, 식민지의 사회정치적 삶에 완전한 "진보적" 스펙트럼을 만들기 위해 "소비에트실험"을 흠모했다는 점에서, 적어도 영향을 안 받았다고는 할 수 없다. 더욱이 소설의 플롯에서 소비에트 러시아는 조선의 피압박민중의 국제주의 동맹으로부터 고립된 역할을 한다. 소설은 소비에트 연해주에 있는 불법 고려인 이주민들

의 경험에 초점을 맞춘다. 소비에트 러시아의 등장인물들은 무엇보다
도 국민국가를 기반으로 하는 국제질서의 경호원들이었고, 생각건대
"전 세계의 가난한 자들을 위한 나라"에서 땅 한 뙈기와 보다 자유로
운 삶을 헛되이 얻으려는 가난한 조선 농민들에게 분명 해로운 사람
들이었다. 그들이 희망해 온 "프롤레타리아 국가"는 자신들을 "일본의
스파이"로 의심해 근대적인 화장실이 없는 황폐하고 지저분하며 혼잡
한 수용시설에 억류했으며 그다음에는 모두를 즉결 추방했던 것이다.
조선 국경까지 걸어가는 것은 육체적으로 너무 벅찬 일이었고 허약한
노인이자 여자 주인공 "순이"의 할아버지는 피로, 추위, 그리고 절망
때문에 사망했다. 설상가상으로 "비 프롤레타리아" 이민제도를 엄격하
게 시행하는 국경수비대 중 어떤 곳에서는 러시아 고려인—"프롤레타
리아의 조국"에 망명을 요청한 가난한 이민자들의 동포—가운데서 보
충병을 모집했다. 국민국가의 강제적인 국경 통제 제도는 어딘가에
있을 행복한 "프롤레타리아" 국가를 찾으려는 희망뿐만 아니라 민족의
연대라는 가장 자연스런 감정도 갈기갈기 찢었다. 주인공들은 소비에
트 국경수비대로 봉사하는 러시아화한 고려인에게 "얼마우자"(함경도 사
투리로 "반쪽 러시아인")라는 별명을 붙이게 되는데, 러시아인 동지들보다
그들이 훨씬 더 낯설다고 느낀다. 그러나 소설 『꼬레이』의 "러시아"는
단지 국경으로 들어가려는 가난한 외부자에 대해 "정상적인" 억압성을
가진 "정상적인" 국민국가보다 훨씬 다양하며 종잡을 수 없는 평가기
준을 포함하고 있었다. 원시적인 후진성에 있어서, 러시아는 가난한
함경도 농민에게조차 이국적으로 보였고—구류시설에는 화장실이 없
었다—그것은 수감자들이 집에서 화장실을 사용하는데 익숙했던 맥락
에서 이해될 수 있다.[24] 이와 같은 모습—화장실의 부재—은 백신애의
『나의 시베리아 방랑기』에서도 지적되었다.[25] 그다음에는, 그 후진성
과 억압성 모두에 있어서, 러시아는 종종 19세기 유럽문학 속의 "무시

무시하고" 동시에 "정신적으로 고상한" "신비로운" 동양과 더불어 일종의 "고귀한 야만성"을 나타냈다. 러시아인 소비에트병사는 처음에 바람직하지 않은 성적 관심("순이"는 완강하게 거부했다)으로 "순이"를 성가시게 하고 두렵게 하지만, 나중에는 "순이"에게 매우 필요한 따뜻한 옷 몇 벌을 건네줌으로써 자신의 고상한 마음을 내비치는 사람으로 묘사된다.[26] "순이" 할아버지의 이른 죽음에 책임이 있는, 병사들이 봉사해야 했던 그러한 무자비한 제도가 있었음에도 불구하고, 할아버지의 시체 곁에서 조용히 기도하는 사람으로[27] 서 있던 러시아인 병사의 이미지는 군복을 입은 친절한 마음을 가진 사람이라는 인상을 주게 되어 있었다. 흥미롭게도, 백의 『나의 시베리아 방랑기』는 러시아 국경 수비대원(처음에 작가는 이가 득실대는 그의 머리에 놀랐다!)의 약간 낭만적인 색조의 이미지도 포함하고 있는데, 그는 작가를 말 등에 태워 조선 국경까지 가는 고통스러운 길을 데려다 주었으며, 그녀가 국경 건너편에 있는 조선의 농가 근처까지 안전하게 도착하도록 최대한 가까이가 주었다.[28] 특히 백의 작품들 속에 긍정적인 남성 인물들이 드물다는 점을 고려하면—작품들 대부분은 여성에 대한 남성의 폭력을 다룬다.[29]—러시아병사에 대한 비교적 만족스러운 시선은 지적할 만하다. 한마디로 "러시아"와 "러시아인"은 백신애에게 이국적이고 도전적이면서 동시에 "비 유럽적인" 유럽이라는 약간 매력적인 부분을 의미했으며, 세계의 심상지도상으로는 진부하면서(topos), 백 자신의 언어로 말하자면, 할리우드 웨스턴의 서부에 비교할 만했다.[30]

문제적이며 모순적인, 백신애의 러시아는 여전히 남성적 권력의 장소(locus)인데—그곳은 여성 혹은 여성화된 인물처럼 묘사되는 불쌍한 조선인 피난민들을 수용하거나 거부하는 권력을 소유한다. 이효석 (1907~1942)의 경우는 정반대이다. 그의 러시아 인물들은, 그들 가운데 많은 여성들은 사회, 경제적 지위가 열악하며(매춘녀, "연예인", 유랑하는 여

배우 등) 대부분의 경우에 피난민들이다. 경성제대(영문과)를 성공적으로
졸업한 다음에 평양숭실대(1934~1938)와 태동산업전문대(1938~1940)에서
잘나가는 교수였던 이효석은 블라디보스토크에서 원하지 않는 망명자
의 처지에 있어 본 적이 없었다. 그의 "러시아"는 하얼빈의 "백계"(반혁
명) 러시아 망명자의 정착지였으며, 그는 부유한 관광객으로서 그곳을
출입하곤 했다. 이효석의 초기 작품은 종종 프롤레타리아 예술운동의
명분에 광범위하게 공감하는 동반자(fellow-traveller) 문학으로 보이는
데,[31] 그는, 백신애와 대조적으로, 어떤 급진조직과 연루된 적이 없으
며 그러한 연루의 분명한 결과인 이른바 체포나 고문을 받은 적이 없
다. 백신애가 처음에 러시아혁명에 매료되었던 반면에, 이효석은 하얼
빈이나 러시아의 연해주—식민지 지식계급에게 가장 접근하기 쉬운
문명적 "서양"의 일부분—에서 유럽의 흔적을 찾으려고 했다. 이효석
에게 "유럽"으로서 러시아는 추상적으로 문명적이었을 뿐만 아니라,
매우 에로틱한 매력을 지녔다. 러시아 여성들은 새롭게 수입된 서구
적 여성미의 기준에 맞았다. 게다가 식민지 시기에 유럽이나 미국의
미인들 대부분은 영화 화면에서나 볼 수 있었던 것과 달리, 러시아 여
성들은 중간계급 지식인들이 접근할 수 있는 거리에 있었다. 러시아
여성에 대한 강한 흥미는 이효석의 초기 작품에서 이미 보인다. 『북국
사신』(북방에서 온 개인편지, 월간지 『신소설』, 1930년 9월호에 처음으로 출간)은 이
효석의 초기 출간 소설들 가운데 하나인데, 인물들, 예를 들어 사샤는
블라디보스토크의 카페 '우수리'의 주인의 딸인데, "아름다운 피부의,
특별한 슬라브적 친절함", "신선한 모습", "북방의 천국과 같은 깨끗한
눈" 그리고 "부드럽고, 아름다운 몸매"를 지녔다. 예상대로, 그 소설의
(한국인) 주인공은 즉시 "슬라브 미인"과 사랑에 빠져, 그녀를 종교적
대상처럼 다룰 준비가 되었는데, "종일 그녀를 바라보고, 손끝 하나
만지지 않고 그녀의 신선한 향기와 깨끗한 모습을 즐기기"를 원했다.

분명, 러시아가 여기에서 에로틱한 것이 되었다고 하더라도, 에로티시즘의 전형은 구미의 다양한 오리엔탈리즘 담론에서 잘 알려진 "신비한 오리엔트"로 성적 대상화하는 방식과는 거리가 멀었다. 사샤는 혁명가 가문의 자제이자 열렬한 콤소몰(공산주의 청년동맹) 당원이고 소비에트정치경찰(OGPU) 연해주 뷰로의 비서이며, 전형적인 오리엔탈리즘 서술에 의해 에로틱하게 대상화된 진부한 "여성적, 순종적 동방여성"과는 정반대였다.[32] 반대로 여기에서 러시아의 에로틱한 매력은 서양의 규범화된 미학의 전형이며, 이효석 타입의 근대적 지식인에게 꿈으로 남아있는 곳에 바짝 다가가는 것이었다.[33]

동시에, 유례없는 사회적 실험을 하고 있던 새로운 러시아는 조선인을 평등하게 다루는 문명적 "서양"의 매우 작은 부분 가운데 하나이다. 주인공은 고국에 있는 동료들에게 보내는 편지에서 그가 우수리 카페에서 만난 블라디보스토크 노동자들은 결코 어떤 종류의 인종적 편견을 품지 않으며, 아름다운 사샤는 그가 꿈에 그리던 키스를 해주기도 한다.[34] 실제로 당대의 한국여행담에는 색맹인 한 러시아 여성의 친절함에 대한 많은 이야기들이 들어있다. 프랑스어를 유창하게 하는 1920~30년대의 대중작가 이청섭은 "아름답고 지적인" 러시아 숙녀에 대해 잘 기억하였는데, 그녀는 그가 만주의 한 도시에서 길을 잃었을 때 완전한 프랑스어로 대화하면서 그를 철도역까지 데려다 주었다.[35] "서양"의 한 부분이었을 때, 러시아는 이효석과 당대의 한국인들에게 코스모폴리탄적 서양도시에서 찾을 수 있는 최고의 것, 즉 비유럽적 "타자"에 대한 개방성을 나타냈다.

이효석의 잘 알려진 단편 『하얼빈』(1940년 10월 문장지에 처음 출간됨)에서 묘사되었듯이, 하얼빈은 유럽식 도시로 인식될 수 있었다. 그곳은 매일 부유한 개인 집으로의 우유 배달, 아침으로 빵과 커피가 나오는 서구식 호텔, 러시아어를 하는 "무희들"로 가득 찬 카바레 "판타지야",

느릅나무가 줄지어 늘어선 넓은 오솔길, 러시아 양식의 2층 또는 3층 석조건물들, 러시아정교회의 교회들과 요트클럽 레스토랑에 나오는 사치스런 정찬을 자랑했다. 그것은 겉으로는 "서양"의 한 부분—그러나 그 "서양"은 이미 일본제국에 의해 길들여졌고, 제국의 변경에서 "유럽적인" 이국적 지구로 변했으며, 부유한 일본인—혹은 한국인—손님들이 소비하기에 좋은 곳이었다. "정상적"인 인종적 제국질서가 복귀할 때, 하얼빈의 백인 거주민들은 소설 속에서는 비-백인(주로 일본인, 약간의 한국인) 고객들에게 서빙하며 자신의 비참한 생계를 열심히 꾸려나가는 호텔 보이, "무희들" 또는 매춘녀들로 나타난다. 그리고 과거의 "우주 지배자"라는 무력함의 상징으로서, 버려지고, 폐쇄된 프랑스 영사관 건물이 서 있었다. 프랑스는 패배하여 일부는 독일점령 아래 있었으며, 한때 자부심 강하던 외교관들은 식료품을 사기 위해 그들의 보석들을 파는 지경이 되었다. 하얼빈은, 이효석이 보았듯이, 위대한 일본제국의 유럽 테마파크처럼 보였으며, 제국러시아—또는 프랑스 제국—를 상기시키는 것이었고, 동아시아인들을 통치했던 과거의 위대한 권력으로 보였다.[36]

러시아의 제국권력이 하얼빈에서 전혀 보이지 않는 동안, 그 대신에 오게 된 것은 "슬픔"이라는 감상적 코드였는데—그것은 10년 전에 함태훈이 예세닌의 농민 시에서 느꼈던 것과 같은 코드였다. 무기력하며, 여성화된, 과거 제국의 슬픔은 낡은 호텔의 하인 스테판이라는 인물에서 구현되는데, 그의 직업은 만취한 손님의 손을 닦아주는 것이었고, 손님들이 호텔화장실에서 나오면, 그는 애처롭게 아첨하는 미소를 띠면서 그들에게 팁을 청한다. 사실 그는, 겉으로 보면 하얼빈에 거주하는 다양한 구 러시아 하인들 가운데 한 사람이었을 뿐이었다. 적어도 스테판은 충분히 돈을 모아 소비에트 러시아로 돌아갈 꿈을 꿀 수 있었고, 반면에 소설의 첫 번째 한국인 주인공과 낭만적으로 관련될 것 같았던 폴란드계 러시아 무용수 율랴는 숭가리 강의 흐르는 물에 별이 빛날 때 의미 없는 삶에서 벗어날 마지막 도피처로서 죽음을 꿈꿨다.[37]

이효석이 하얼빈의 러시아인을 "빈곤하고 슬프다"고 재현한 것은 어느 정도는 역사적 진실에 충실한 것이며, 논쟁점이기도 하다. 먼저, 하얼빈의 러시아주민은 너무 광범위하고 다양해서 "평균적인" 러시아인 피난민들의 형상을 성공적으로 그릴 수 없었다. 1923년, 중국의 러시아 이주민은 전체적으로 40만 명 정도였다. 1920년대 말경에, 평범한 사람들이 소비에트정부에 의해 사면되자 그 숫자는 30만 명으로 줄었다. 그들은 대부분의 경우에 자신의 소비에트 여권을 가져오는 것을 허락받았고 새로운 러시아로 송환되었다.[38] 중국 주재의 러시아인 망명자 대다수는 하얼빈과 그 근처에서 살았다. 비록 그 숫자는 점차 감소했지만, 1922년에 그들의 숫자는 약 20만 명이었다.[39] 제정 러시아의 중간계급 및 상층계급 출신의 많은 사람들을 포함해 피난민의 상당 부분은 궁핍하게 최후를 맞이했다. 그러나 일반적으로 그 집단은 비교적 잘 살았고—적어도 혁명 이후 전 세계 러시아 이민자의 기준으로 보면 이민자들 가운데 하얼빈 러시아인의 비율은 1930년경 20%에 해당했다.[40] 만주 주재의 러시아인 가운데 18,000명은 1920년대 초 중국 동부철도에 고용된 사람들이었다; 딸린 식구들과 함께 비교적 편안했던 이러한 사람들은 대부분 중간계급, 하층계급으로 분류할 수 있는데 대략 하얼빈 러시아인구의 1/4을 구성했다. 서유럽의 러시아인 피난민과 약간 대조적으로, 대부분의 신출내기들은 혁명, 굶주림, 혼란 때문에 국경을 넘어 만주의 기반이 잘 잡힌 러시아식민지들로 밀려들었는데, 혁명 전에 확고한 기반을 갖고 있던 상당 규모의 기업가와 관리자 계급이 그 곳을 소유했었다.

1925년에 러시아인들은 하얼빈에서 5개의 상업은행, 4개의 발전소,

66개의 중규모 또는 대규모의 공장들을 포함해 1,200개의 사업체를 소유했다. 러시아의 관리자들도 또한 만주의 서유럽 사업체의 전형적인 모습이었는데, 특히 무역회사나 광산채굴이 그러했다.[41] 하얼빈의 모든 러시아인—부자와 빈자, 비교적 교양 있는 사람들, 농민의 자녀들, 혁명이 사회적 유동성의 하락을 의미했던 사람들, 사회적 지위를 보존했던 사람들—은 함께 한 덩어리가 되었으며, 그들을 동정하는 것은 실제의 사실이라기보다는 작가의 의도 문제였다. 1930년대 말과 1940년대 초에 이효석은 애석하고 슬픈, 민족 문화적 "타자"의 이미지가 필요했고, 러시아인들은 그들의 "유라시안"이라는, 중간 문명적 위치를 가진, 선량한 후보들이었던 것이 분명해 보인다.

처음부터 "슬픔"이라는 테마가 러시아 망명자들에 대한 이효석의 묘사를 지배했던 것은 아니다. 그의 첫 번째 소설들 중 하나인 『북국첨경』(북방의 묘사)은 노비니에 대한 묘사를 포함하는데, 그 러시아 휴양지는 1926년에 원래 블라디보스토크의 강력한 기업가 가문의 하나였던 망명가 얀콥스키 가문에 의해 세워졌다.[42] 그곳에서 스파 목욕을 하는 이주 러시아인들은—활기 넘치고, 활발하며, 체력적으로 단련되었고, "그들 나라에서 쫓겨난 후"에도 부러울 정도로 휴양생활이라는 사치를 즐길 수 있어—불쌍한 모습이 아니었고 오히려 정반대였다. 그들은 거의 동물 같은 활력을 나타냈다—이효석에 의해 "흰 피부의 동물"이라는 별명이 붙여졌다는 점에서 말이다.[43] 노비니에 대한 이런 종류의 묘사는 당대의 다른 설명에서도 발견된다. 수영복이나 짧은 스커트를 입고, 그들의 어깨에 큰 수건을 두르고, 목욕을 하거나 거의 "원시적" 열정으로 야외게임을 하는 호사를 즐기는 러시아 여성들은 분명히 이국적이고 가슴이 설레는 광경을 보여주었다.[44]

그러나 10년 이내에 이효석의 시각과 입장도, 그가 그렇게도 열정적으로 관찰하던 대상인 러시아인들도 모두 중대한 변화를 겪었다.

이효석은 대부분 잘나가던 망명가 엘리트들이 휴가를 보내곤 했던 노비니보다는 상대적으로 빈곤한 러시아의 피난민에 집중하면서 하얼빈에 대해 훨씬 더 많은 관심을 가지게 되었다; 그리고 식민지 조선에서는 태평양 전쟁 동원이 한창일 때, 훨씬 더 높은 수준에 있는 활동가들의 정치개입이 나타났는데—그것은 종종 교양 있는 많은 중간계급의 조선인들에 의해 고속의 근대화로 보였다—그것은 1930년대 말보다 더했다. 하얼빈은 1930년대 말에, "대륙"의 일부로서 보였으며, 일본의 제국적 위계 안에서 자신들의 비교적 높은 지위에 자부심을 지닌 "제국화 된"(일본 제국의 구조와 이데올로기에 동화된) 조선인들은, 그곳으로의 팽창을 그들의 문명화 사명(mission civilisatrice)의 확대로 간주했다.[45]

"새로운 동아시아" 일본의 중심부와 비교적 멀리 떨어져 있던 하얼빈의 러시아인들은 슬픈 비관주의를 나타낼 모든 이유가 있었다. 한국어 신문들은 맹렬하게 중국 북부에서 포괄적인 반소비에트 블록[46]으로 결집하려는 친일본적, 반소비에트적 러시아 이주자협회[47]의 시도에 대해 정기적으로 보도하고 있었다. 이주자들은 "광범위하고 엄숙한" 반공주의 모임에서, 일본방위에 "자발적으로 공헌"하지만,[48] 중국의 30만 명 미만의 강한 러시아 공동체가 "대륙"에서 전개되는 시대적 사건에 중요한 영향을 미칠 수 있는 위치에 있지 않았다는 것은 훨씬 분명했으며, 일본은 지역적—그리고 더 나아가 전 세계적 질서를—재구성할 원대한(megalomaniacal) 시도 속에서 총력전을 벌이고 있었다.

만주의 러시아인들은 조선인들보다는 훨씬 적은 범위에서 획기적인 전쟁에 참여하도록 허가되었다; 일본군대에 자원하는 한국인들에 대한 전형적인 연간 쿼터가 정해진 것은 1938년 이후였고(이때 군대가 그들을 받아들이기 시작함), 1941년에는 3,000명, 1942년 4,500명이었던 데 반해,[49] 일본의 만주 주둔 광뚱군의 유일한 러시아 연대 "아사노여단"에는 단지 3,500명의 병사와 장교가 있었다. 그 외에 "아사노 여단"의 존재는 일본군에서 한국인 지원군의 그것보다 훨씬 덜 공개적이었는데, 여단의 주요 기능 중 하나는 소비에트 지역 내에서 사보타지 행위에 전념하는 것이었기 때문이다.[50] 하얼빈 낙후지역의 러시아인들은 현재 역사의 역동적인 흐름에서—적어도 주류에서—배제된 것으로 보일 수 있었다. 그들은 동아시아의 새로운, 일본중심의 질서에서는 엄격히 주변화 되었다. 동시에, 그들의 슬픔은 이효석 자신의 영혼과 공명하지 않았던 것은 아니었지만—한국인들은 모든 "황국화(imperialization)"를 성취했음에도 불구하고—러시아인들은 여전히 일본제국 식민지의 신민으로 남아, 그들은 "실제의 "일본인과 비교해 "불쌍하게도 후진적으로" 차별에 노출되었다.[51]

20세기 초의 정치, 사회적 격변 속에서 잃어버릴 운명에 있던 러시아 이주민의 슬픔은 또한 이효석의 다른 "러시아"소설, 정확히 『여수』(1939년 11월 29일부터12월 28일까지『동아일보』연재소설)라는 제목의 소설을 지배했다. 소설에서, 플롯은 하얼빈에 주재하는 "세르비아 쇼"—최신 유행의 서구영화가 나타나기 전에 영화 팬들을 즐겁게 해주었던 유랑 배우 집단—의 한국 순회공연 주변에서 구성되었다. 이들 집단은 대부분 러시아 이민자들로 구성되지만, 또한 가난하고, 추방된 동유럽인들(유대인, 헝가리인, 폴란드인 등)을 포함했다. 소설 안에서 "세르비아 쇼" 배우들은 "값싼 서구인들"이었는데, 백인의 코카서스적 외모—프랑스나 할리우드의 유명한 스크린 배우의 매력적인 이미지—는 한국인 극장 주인에 의해 비교적 싼값으로 임대되었다. 소설에서 1인칭 화자—극장주인의 한국인 피고용인, 약간의 러시아어를 할 수 있으므로 "손님들을 보살피도록" 부탁받았다—는 한국인에게 요구하지 않고, "동양적 슬픔이 속속들이 밴" 쇼팽의 왈츠를 연주함으로써 위안을 찾는 이러한 "3등급의 예술가로 몰락한 아름다운 사람들"에 대해 맨 처음부터 미안함을 느꼈다. 그들 가운데 하나인 메리는 전직 짜르 보병대 대장의 딸이었으나 지금은 하얼빈의 이주 피난민으로서 가족의 생계를 유지하기 위해 필사적으로 애쓰는 것으로 묘사되었는데, 그녀는 "세르비아 쇼"에 출연하여 믿을 수 없이 구슬픈 목소리로 아리랑 한국어 원곡을 불렀다.[52] 한국 국민의 "민족적 한의 노래"[53]를 부르는 하얼빈 출신의 가난한 "파란 눈"의 러시아 여성은 어쩌면 1930년대 말의 한국 지식인들의 심상지도에 있는 러시아의 위치를 보여주는 최고의 심벌이었다. 러시아는―"서방"에서는 드물게도―일본제국의 식민지 시민들에게 너무 잘 알려진 가난, 고통, 굴욕의 경험을 충분히 알았던 유럽 국가였다. 실제로, 하얼빈을 포위했던 괴뢰국가 만주국은 사실상의 일본식민지였기 때문에, 하얼빈 러시아 인의 신분은 형식에 있어서는 한국 식민지 신민의 그것과 달랐지만(러시아인들은 공식적으로 국가가 없거나 만주국 시민이었다) 본질에 있어서는 다르지 않았다.

일본 식민지 당국―또는 한국의 부유한 식민지 신민들―과 마주하는 하얼빈 러시아인의 무기력함은 처음보다도 더욱 슬픈 색조를 띤 채로 소설의 결말을 장식했다. 결국 "세르비아 쇼"가 매력을 잃자, 배우들은 한국인 극장 주인으로부터 급료 총액을 받지 못했던 반면에, 그들 가운데 하나인 전직 카자키 장교는 일본경찰에 의해 억류되었는데―모호한 의심이 있었을 뿐, 어떤 분명한 혐의도 없었다. 게다가, 메리와 그녀의 애인 아킴은 그들의 동료들에게서 도망쳤던 반면에, 미성년 무용수 안나는 병에 걸렸다. 상상할 수 있는 모든 난관이 유랑하는 이민자들을 한꺼번에 괴롭혔다. 그리고 여전히 순회하는 동유럽인들은 생각할 수 있는 모든 굴욕 속에서 헤쳐 나가야만 했고, 한국인 주인공은 그들의 "풍성한 유럽의 문화적 유산으로부터 나온 관용적이고, 자유로운 관습"에 대한 감탄, 그리고 "근대문명의 요람"인 유럽적 고국에 대한 그들의 깊은 노스탤지어에 대해 동감을 지닌다. 러시아의―또는 동유럽의―"유럽성"은 너무 쉬워서 동감할 수 있다는 이유들 가운데 하나는 어쩌면 하얼빈의 유럽거류민들이 비유럽 "타자"에 대해 보여준 개방성에서 입증된다. 유랑극단의 우두머리 빅토르는 일본어를 구사한다고 묘사되며, 극단 단원들은 한국 옷이나 음식에 대해 각별히 호의를 가지는 것으로 보인다. 그들은 비서구적인 것에 대해 "서구적 거만함"을 보이지 않았는데—그리고 사실 어떤 경우에도 그렇게 할 수 있는 입장이 아니었다.[54] 하얼빈은 그저 식민지 조선의 지식인에게 지역적으로나 지경학적으로나 최고로 가장 이용할 수 있을 만한 유럽의 작은 일부는 아니었다.

하얼빈의 가난한 러시아인들은 "동양적 비통함", 법적 무력함, 무국적, 그리고 죽음을 바라는 점에서, 또한 식민지 조선의 고통에 가장 가깝게 서 있었고—또한 비(非) 서방의 화자들과 가르는 경계선을 가장 잘 지나갈 수 있고 기꺼이 그렇게 할 수 있는 사람들로 보였다.

이효석의 마지막 소설들 가운데 하나인 『표공무한』(『매일신보』, 1940년 1월 25일~7월 28일 연재, 1941년 단행본으로 출간)은 또다시 하얼빈을 쓰고 있는데, 활동의 배경으로서 "서방적"인 동시에 "가까운" 곳이었다. 이 장편소설의 주요 모티브 가운데 하나는 하얼빈 주재의 한 심포니 오케스트라를 위한 한국투어를 준비하러 식민지의 수도 경성에서 하얼빈으로 여행하는 일종의 문화 사업가인 주인공 천일마와 카바레 '모스크바'의 무용수로서 비참한 생계를 이어가야 했던 러시아 고아이자 이민자인 나디야 간의 국제결혼이다. 연구자들이 이미 지적했듯이, 하얼빈의 매력은 확실히 근대적이고 유럽적이었다. 이효석은 그곳을 백화점, 무도회장, 카바레 음악, 댄스홀, 복권, 경주로, 매혹적인 유럽식 건물의 도시로, 열광적인 소비, 상업, 돈의 도시로 묘사했다.[55] "근대적이고 유럽적인" 것은 물론 반드시 "긍정적인" 것을 의미하지 않는다. 이효석의 하얼빈은 또한 활발한 마약 무역의 도시였고, 많은 조선인들이 그것과 깊게 연루되었다고 그는 확신하였는데, 갱단, 유괴, 갈취의

도시였다. 하얼빈에서 천일마의 친구들 중 한명을 유괴하는 것은 사실상 소설에서 주제(subject lines)의 하나를 구성한다.[56] 우리가 아래에서 보게 되겠지만, 하얼빈의 이미지는 식민지조선 자체의 "서부(wild West)"로서, 또한 당대의 많은 여행담에 반영되었으며, 여행담에서는 일상적으로 만주의 갱 폭력과 마약밀매에 초점을 맞추었으며, 따라서 일제 조선지배의 상대적 평온함과 규율성을 직접 강조한다.

하얼빈의 러시아인들은, 그러나, 전형적이지 않은 서양인이라고 호의적으로 묘사되고 있는데, 그 매너, 행동, 태도는 한국인들과 깊은 친밀감을 나타낸다. 소설 주인공들 중 하나인 나디야는 처음부터 "다른 종류의" 여성으로 표현되는데, 그녀는 코스모폴리탄의 중추인 하얼빈의 데카당스적 분위기에 들어맞지는 않는다. 그녀는 천일마의 친구들 중 한 명에 의해 "다른 여성들과는 판판이며, 그녀가 비록 카바레에서 무용을 하지만 그 밖의 모든 사람들과 비슷하다고 생각되어서는 안 되는 사람"으로 묘사된다.[57] 그다음에, 그녀는 "평균적인 여성들보다 훨씬 덜 까다로운 성격을 지니며" 그리고 "마치 동양 사람처럼 어딘가에 고요함을 지니고" 있다고 묘사된다.[58] 그 러시아 여성은 부모에 대해 효성스런 자식으로 묘사됨으로써 훨씬 더 "오리엔트화" 되었다. 그녀는 일마와 함께 영원히 하얼빈을 떠나기 전에 어머니의 무덤을 방문하고 그곳에서 기도를 드리는데,[59] 그것은 한국인 효녀의 행동이며, 조상의 혼령을 기리는 오랜 전통이다. 그녀의 얼굴은 "거의 동양적"으로 묘사되는데, 상냥하고 온순한 한국인의 것과 똑같은 눈, 눈썹, 코를 가졌으며, 흰 피부와 머리 색깔이 유일한 차이였다.[60] 일단 한국인과 결혼하자 한국어를 열심히 배우고 한국인처럼 옷을 입었던,[61] 그녀는 또한 어쩔 수 없는 마약중독자 에밀리야의 친절하고 이타적인 친구로도 묘사되는데, 그녀는 무용수 친구에게 본질적인 지원, 즉 평생 병과 마약으로 찌든 불쌍한 소녀를 가까스로 지켜주었다.[62] 나디

야도 에밀리야도 고아로서 동정을 받게 되어 있는데, "고아신세"는 가
련한 러시아 이주민의 특징으로서 너무나 매혹적인 유럽인이자 너무
나 애정 어린 동양인(Eastern)이었다.

곤경, 퇴보, 파괴, 죽음의 장소로서 하얼빈의 상징적 의미는 반드시
러시아주민에게만 한정된 것이 아니었다. 이효석이 수지맞는 마약장
사와 연루된 만주 소재의 한국인들을 언급하였던 반면에, 1930년대의
다른 중요한 산문가이자 유럽의 "데카당스" 문학에 깊은 관심을 가지
고 있던 심리사실주의의 대가 최명익(1903~?)은 자신의 1939년 소설 "심
문"에서 하얼빈 소재의 한국인 아편중독자들의 특징을 묘사했다. 아
내의 죽음에 깊게 상심한 소설의 주인공은 자신의 옛 친구이자 도쿄
학생시절의 애인이며 그 당시에 하얼빈에 살고 있던 육을 방문함으로
써 원기를 회복하려고 시도한다. 그러나 예전에 열정적인 문학소녀였
던 육은 사라졌다. 주인공은 한 직업적인 찻집 매니저에 의해, 차갑고,
삶에 지친 염세적인 여성과 마주치는데, 그녀의 유일한 위안은 아편
이며, 그것이 그녀의 건강을 파괴하고 있다. 육의 애인 현혁은 옛날에
좌익이론가였으나, 마치 육의 문학적 열정과 마찬가지로 그의 마르크
스주의도 사라졌다 그는 마조키스트 성향의 무력한 아편중독자이며,
육은 그들 관계에서 사디스트의 역할을 하였다. 주인공이 여전히 하
얼빈에 있는 동안, 육은 갱생을 위한 내적 힘을 완전히 결여한 채 결
국에는 자살한다. 주인공은 숙명적으로 그녀의 죽음을 목격하는데, 그
녀의 어쩔 수 없는 비참함은 결국 그 자신을 반영한다.[63] 하얼빈의
러시아인은 소설의 화자 라인의 전개에서 전혀 중요한 역할을 하지
않는데, "기모노를 입은 백인 여성"(아마도 러시아이주민), 거리 위의 "붉고
푸른 옷을 입은 서구여성", 그리고 음란함과 퇴폐의 일반적 분위기,
관능적인 낮은 계급의 동유럽여성들은 추측컨대 육과 현혁의 슬픈 이
야기의 중요한 배경 모티브의 구실을 한다. 스토리 라인은 식민자의

친화요구를 따르지 않았던 식민지 시대 지식인 들 가운데서 이러한 전형을 얻은 것으로 보인다. 하얼빈에서, 식민지화된 한국의 비극적, 자기 파괴적 아웃사이더들은 애통한 운명이 자신들과 비슷한, 무국적의 강등된 러시아인들 가운데서 자신의 비참한 최후의 나날들을 보낼 수 있었다.[64]

무국적 러시아 이주민에 대한 연민의 감정은 일반적으로 하얼빈과 만주를 다룬 1930년대 말 1940년대 초의 몇 편의 비순수문학 작품들, 이른바 한국잡지에 간행된 여행담들에 스며들어 있다. 만주여행은 잘 사는 제국 시민들과 후기 식민지 시기(1930년대와 1940년대 초)의 다수의 잘 알려진 한국문학가들 가운데 인기 있는 여가의 형식이었으며—일본제국의 새로운 국경에 대한 학습과 다수 한국인의 존재가 결합된—우리에게 하얼빈과 그 부근에 대한 그들의 인상을 남겨주었는데, 종종 러시아 이주민들과 그들의 곤경을 강조하였다. 전형적인 예는 홍종인(1903~1998)의 하얼빈 여행담인데, 그는 그 후에 『조선일보』 편집국장이었다가(1959), 그 다음에는 조선일보 사장이 되었다. 여행담은 원래 1937년 『조선일보』의 자매지 월간 『조광』지의 8월호에 "애수와 하루빈"이라는 제목으로 출판되었다. "애수"는 예상컨대 제정러시아의 "미완성 (식민)도시"의 현장인 중국 북동쪽으로 옮겨간 이후 러시아 이주민들 자신이 알게 된 곤경을 일컫는 것이었다. 러시아고전문학의 열렬한 숭배자인 홍은 하얼빈을 러시아인들이—비록 수적으로는 소수이지만—가장 관심을 끄는 "거대한 인종들의 전시장"이자 "라스콜니코프의 도시"로서 보았다. 라스콜니코프는 도스토옙스키의 소설 『죄와 벌』(1866)의 비극적 영웅이자, "강한 인간의 권리"라는 광적인 믿음과 가난 때문에 범죄를 저지른 선량한 마음을 지닌 젊은이였다.[65] 하얼빈의 러시아인들은, 홍이 보았던 것처럼, 똑같이 비극적인 인물들이었다. "지나간 시절의 귀족들, 고위의 관료들, 부자들"이었던 그들은 하찮은 거리행상 같은 그러한 "불명예스러운 직업"으로까지 몰락했고—
"적러시아인들"에 대한 요구마저 만족시키지 않으면 안 되는 굴욕, 즉
소비에트인들은 중국동부철도에서 일하는 굴욕을 당해야 했다. 1934
년, 철도가 만주국에 팔렸을 때, 그들 대부분은 실제로 하얼빈을 떠나
야 했는데, 홍은 "그들의 소비력의 손실"이 하얼빈의 가난한 러시아
상인들에게 극히 부정적인 방식으로 영향을 주었다고 언급한다. 러시
아인의 하얼빈에서 홍이 관찰한 것 가운데 가장 가련한 사람들은 카
페의 10대 웨이트리스들이었는데, 그들은 잃어버린, 도달할 수 없는
그들의 조국에 관한 민요에 귀를 기울이면서 넋이 빠졌으며—그들의
잔인한 매니저가 즉시 일하러 돌아가라고 소리치기 때문에 한 곡 이
상은 들을 수 없었다. 홍에게는 고통 속에 있던 러시아 소녀들이 망명
중의 러시아를 상징화한 것이었다.—특히 나이트 카바레의 러시아 여
성무용수들은 분명 "일단 그럴 수 있는 기회가 주어지면 스스로 매춘
을 해야만" 했다. 그러한 카바레들 중 한 곳에서, 홍은 야밤에 러시아
—중국 혼혈—이것은 러시아가 아시아에 "본질적으로 가깝다"는 더욱
분명한 표시—의 직업적인 무용수와 불장난을 하였다.[66]

　1930년대 말 1940년대 초 한국여행담 속에서 하얼빈의 의미가 오로
지 "슬픔"의 장소로 제한되었던 것은 아니다. 대체로 그 도시는 세상
—매혹적이며 동시에 비도덕적이고 위험한—가능한 한 가장 광범위한
의미에서 이국적이었다. 천무길(언론인으로 추측되며, 여행담은 1936년 1월 24
일부터 31일까지 일간지 『동아일보』에 연재됨)의 1936년 『만주여행담』이 그것
을 담았을 때, 그것은 "코스모폴린탄 도시"였고 "도덕과 절제의 부재"
는 "코스모폴리탄주의의 조건"으로 보였다.[67] 러시아 망명자는 "코스
모폴리탄" 또는 홍이 선호했듯이, "무국적자"로 호명되었으며, "딱하게
도" 국민국가 소속감이 결집된 동시에 "퇴폐적인" 서구의 근대성과 연
관된 그들은 분명히 중국침략 전쟁을 위한 총동원, "동양적 도덕"에

대한 강조, 국가중심의 애국주의와 함께 1930년대 말 식민지한국의 점차 보수적인 분위기 속에서 도덕의 타락에 이바지하는 것으로 보여지지 않을 수 없었다.[68] 사실, 다수의 하얼빈 관련 여행기들은 마약, 범죄, 매춘문제에 국한된다. 이 모두는 그러한 "퇴폐적으로" 근대적인, 무국적 서구인들이 모여있는 곳에 각별하게 진정으로 내재하는 것으로 보였다.

러시아의 카바레 걸은 가련함의 대상이면서, 동시에 상업적 목적을 지닌 "직업적으로 남자를 유혹하는 여자"로서 보여졌다—정확히 애국적 어머니들과 아내의 모델 이미지에 집중된 1930년대 말 1940년대 초 식민지 한국의 공적 담론 속의 여성유형은 가장 강력하게 그 점을 반대했을 것이다.[69] 천무길은, 예컨대, 자신들의 봉사에 대해 엄청난 비용을 지불하도록 무례하게 요구하는 나이트 카바레의 러시아 누드무용수들에 관해 생생한 묘사를 하였는데, 그들이 톨스토이의 국민의 이미지에 맞지 않는다고 지적하기도 한다.[70] 그러나 천무길이 하얼빈의 내적 부도덕성을 강조했으나 그것은 그 당시 한국의 간행물들에 널리 퍼진 일반적 전형에 맞지 않았음은 의심의 여지가 없다. 사실상, 하얼빈 여행담들 중 어떤 것은 오로지 하얼빈 생활의 누추한 측면만을 다루는 경향이 있었다. 예를 들어, '북극유자'라는 필명으로 글을 썼던 한 언론인은 자신의 1937년 여행담 '하얼빈 야화'(월간지 『백광』, 1호)의 거의 전체 지면을 갱과 섹스 문제에 쏟아 부었는데—"40개 이상의 인종들이 거주하는 도시 하얼빈에서는 오로지 바보만 정의나 고상함을 찾곤 했으며, 같은 종의 애국자들조차도 때로는 싸우고 서로를 죽인다." 이러한 여행담들 안에서 러시아인들은 유별나게 음탕하게 재현되었다. 특히, 러시아인들은 공공연하게 서로 키스를 하고, 손을 잡고 거리를 거닐었으며, 어떤 것은 "우리 동양 사람들은 결코 모방할 수 없을 것이다!" 그러나 여행담의 과도하게 에로틱한 이미지—부분적으로 가슴을 드러낸 수영복 차림의 러시아 여성 또는 거리에서 외국 방문객에게 윙크를 하고 "함께 거닐자고" 초대하는 소녀들[71]—는 반드시 부정적인 면으로만 나타나지 않았다. 하얼빈의 이국적인 에로티시즘은 일본이나 한국 출신의 "개화된" 방문자들도 즐길 수 있는 (관음증 남성에게 맞는) 어떤 것으로서 명확히 묘사되었다. 사실상 어떤 여행담들은 확실히 남성독자를 자극하는 사진들을 에로틱하게 그려냈다. "자유롭게 자신을 파는 러시아 여성들이 몇 명의 남자에게 차례로 윙크를 하고 있다. 공원에서 뜬눈으로 지새우는 밤은 갖가지 에로틱한 놀이로 이끌고, 남자들을 감각적인 쾌락의 달콤한 세계로 데려간다… 여성들은 마치 수영복 같은 가벼운 옷을 입고 남자의 무릎에 앉아서 남자의 어깨와 가슴을 만지고 있다."[72] 러시아의 퇴폐는 도덕적으로 비난받을 수 있었으나, 여전히 달콤하고 유혹적이었다—하얼빈의 쾌락은 결국 "한국에서는 생각할 수 없는" 것이었다.[73] 러시아인의 "야성 그리고 자연과의 친화성"—동유럽인의 "덜 문명화된" 자질—그것들이 그들이 한국인들에게 훨씬 더 "문화적으로 동족"인 것 같이 보이도록 만들었는데—낭만적이고 매혹적인 색깔을 띠면서, 퇴폐적이고 위험한 하얼빈의 에로틱한 풍경에 잘 들어맞는 것이었다.

3. 결론

러시아는 세상이 1930년대의 "어두운 계곡"을 통해 가고 있을 때—그 밖의 다른 곳과 마찬가지로 한국에서—다른 사람들에게는 다양한 것을 의미했다. 자칭 "진보"인 다른 많은 사람들뿐만 아니라 공산주의자들에게, 소비에트 러시아는 "희망봉" 또는 적어도 중요한 근대적 실험의 장소였다. 의심은—만약 있다고 하더라도—감춰지거나 최소화하게 되어 있었다. 스펙트럼의 정 반대쪽 끝에서, 파시스트적—그리고 일반적으로 극우적—선전은 소련을 "인류의 주요 적"으로 만들었다. 식민지 한국에서도—일본에서도 완전하게—1937~1938년 이후의 총력 전 동원의 시기에, 반공주의와 반 소비에트주의가 공식이데올로기의 매우 본질적인 요소가 되었다. 이러한 양극단 사이에서, 그러나, 정치 에 덜 관여하는 지식인들의 눈에 러시아의 이미지는 종종 그들의 세 계 심상지도의 일반적 배치에 의해 정의되었다. 한국의 경우에, 러시 아는 "다른 서구"의 일부분—경제적으로뿐만 아니라 지리적으로 문화 적으로 "문명의 조국"인 유럽, 그리고 한국과 같은 식민지 주변부 사 이의 그 어딘가에 서있는—인 것처럼 보였다. 확실히 러시아인들은 "서구인들"이었다—그리고 1930년대 말 1940년대 초 중국 전쟁을 위한 총동원의 시기에 식민지한국의 금욕적이고 더욱 도덕적인 풍토에서, 러시아인의 하얼빈은 어느 "서구" 도시만큼이나 "퇴폐적이고 부도덕 적"으로 또는 그보다 훨씬 더 나쁜 것으로 보였다. 마침내 그러한 무 국적의 러시아 망명자들은 어느 민족국가에도 애국적인 의무를 지지 않았으며, 따라서 도덕적으로 의심받았다. 그러나 동시에 러시아인들 은 "부정형의 서구인"이었으며—마땅히 그럴 것으로 전형화된 "유럽 인"보다도 더 야성적이고, "자연에 훨씬 더 가깝고", 더욱 향수에 빠지 며, 비관적이고 슬픔에 젖어있었고, 그리고 이렇게 그들의 끊임없는 비참함, 좌절, 비극들 때문에 일본제국의 차별받는 한국식민지의 신민 에게도 더 가까웠던 것이다. 어느 정도는, 그들의 가상의 "자연 친화 성"은 퇴폐적인 러시아인의 하얼빈의 에로틱한 이미지에 들어맞았으 며—그 이미지는 분명히 도덕성의 결여인 동시에 "상상도 할 수 없는 쾌락을 암시하며 거의 원시적"이고 구속받지 않는 관능이다. 동시에, 러시아여성들은 하얼빈 거리의 수많은 익명의 무용수들과 매춘녀들 가운데 일부이기 보다는 개인으로서 더욱 긍정적 시선으로 보여졌다.

1930년대 가장 대중적인 소설작가들 가운데 하나인 이효석의 초기 소설들 중 어떤 곳에서, 러시아여성들은 "유럽적" 본성의 격렬하고, 발랄한 에로티시즘을 나타내는데, 언뜻 보면 작가가 그들을 그렇게 이상화했던 것이다. 그러나 이효석의 후기 작품에서, 특히 1940의 『벽공무한』에서, 그는 아마도 그들의 높은 윤리기준에서 보이는 절박한 "동양성"을 강조하였다. 후기 식민지 한국의 점차 문화적으로 보수적인 환경에서, "동양적 도덕"에 대한 강한 긍정과 함께 이러한 종류의 평가는 칭찬으로 들렸다.

이러한, 오히려 특이한 이미지가 1930년대의 소련—여러 가지 전례없는 사회적 변동뿐만 아니라 매우 높은 수준의 사회적 이동성에 의해 특징지어지는 사회[74]—에 대한 알맞은 묘사였든 또는 그러한 이미지가 1930년대 말 여전히 상당규모의 산업 및 관리 계급이 있던 러시아의 하얼빈을 정확히 묘사했던 간에, 초국가적 상업이 우세하고 극우적, 반소비에트적, 반유대인적[75] 정치의 영향력이 증가했다는 것은 상당히 의심스럽다. 그러나 그러한 전형성들이 실제에 대한 정확한 묘사가 될 수 있다는 뜻은 아니다. 중요한 점은 그러한 러시아인의 이미지가 일본제국의 공식적인 선전보다 더 적극적인 방법이었다는 것이다. 그리고 그것은 1945년 이후 북한에서 많은 문화인사들이 강요된 소비에트 체제에 대해 능동적 태도를 취했던 이유를 추정하는 데 중요한 문화적 전제조건이었다.

(번역: 기계형)

주

[1] "공간의 사회적 생산"에 대해서는 앙리 르페브르(1901~1991)의 다음 저작들 참조. Henri Lefebvre, *The Production of Space, D. Nicholson-Smith trans*, Oxford: Basil Blackwell, 1991 [1974].

[2] Fabienne Michelet, *Creation, Migration and Conquest: Imaginary Geography and Sense of Space in Old English Literature*, Oxford: Oxford University Press, 2006, pp. 1~37.

[3] Larry Wolff, *Inventing Eastern Europe: The Map of Civilization on the Mind of the Enlightenment*, Stanford: Stanford University Press, 1994, pp. 1~49.

[4] 창낭객, 「조선 현재 친미파, 친러파 세력관: 경제적, 문화적, 사상적으로」, 『삼천리』 5. 9, (September 1933), 22~25쪽.

[5] 유근, 「공산주의 사조사」, 『청년』 10, 1922, 23쪽.

[6] Yi Kang, "O national-reformizme v Koree", in *Materialy po natsional'no-kolonial'nym problemam 1. Reprinted in Kolonial'naya Koreya. Izpublikatsiy v SSSR 1920-1930-kh gg., ed. Yu. Vanin*, Tula:Grif, 2006 [1933], pp. 146~180.

[7] 임원근, 「내가 본 로서아의 트로츠키」, 『삼천리』 4. 7 (July 1932), 7쪽.

[8] 이애석, 「반파시즘 인민전선」, 방기중 편, 『일제하 지식인의 파시즘체제 인식과 대응』, 혜안, 2002, 361~399쪽.

[9] 영어번역본은 원본출간 이후 2년이 지나 출간되었다. *Big Game Hunting in Manchuria*, London: Hutchinson, 1936.

[10] 다음을 보시오. 김학동 편, 『백석전집』, 새문사, 1988, 168~202쪽.

[11] 영어번역본의 경우는 다음을 보시오. Rachel May, *The Translator in the Text: On Reading Russian Literature in English*, Evanston: Northwestern University Press, 1994, pp. 30~43.

[12] 이태윤의 번역본, 『그 첫날밤』은 『학생』지 1. 5(1929년 8월)에 실렸다. 다음을 보시오. 김병철, 『한국근대서양문학 이입사 연구』, 을유문화사, 1980, 707~708쪽.

[13] 와세다 대학의 카타가미 노부르(Katagami Noboru, 1884~1928)는 예세닌이 속한

"이미지주의자(imagists)" 시인그룹에 대해 연구한 바 있는데, 그는 러시아문학과 일반적으로 유럽문학 전문가로 널리 알려져 있다. 다음을 보시오. 『최근 러시아 문학의 의미』(Tokyo: Sekai Shichō Kenkyūkai, 1922). 예세닌은 또한 1920~1930년 대 중국의 진보적 지식인들 사이에서 인기가 있었다. 특히 류신(Lu Xun, 1881~1936)에 의해 높은 평가를 받았다. 다음을 참조. Leo Ou-fan Lee, "Literature on the Eve of Revolution: Reflections on Lu Xun's Leftist Years, 1927-1936," *Modern China* 2. 3 (July 1976), pp. 277~326.

[14] 예컨대, 와다 하루키의 논거를 보시오. 『농민혁명의 세계: 예세닌과 마흐노』, Tokyo: Tokyo Daigaku Shuppankai, 1978.

[15] 함태윤, 「전원시인 예세닌 론―4주기를 앞두고」, 『조선일보』 7-11 (1929년 12월). 농민을 위한 새로운 파라다이스를 보여주는 예세닌의 잘 알려진 시 『이로니야』 (1918)는 중외일보(11 November, 1927)에 번역되어 출간되었다. 식민지 시기의 작가들 가운데 예세닌의 다른 추종자로는 나중에 북한의 저명한 시인이 된 오창환(1918~1951)이 있다.

[16] Yanagi Muneyoshi, C*hosenoomō*, Tokyo: Chikuma Shōbō, 1984. 야나기의 미적 탐색의 미학적, 사회정치적 함축에 대한 서술은 다음을 참조. Yuko Kikuchi, *Japanese Modernization and Mingei Theory: Cultural Nationalism and Oriental Orientalism*, NY: Routledge, 2004.

[17] 여기에서는 그의 짧은 전기를 이용함: 강만길 · 성대경 편, 『한국 사회주의운동 인명사전』, 창작과 비평사, 1996, 226쪽.

[18] 이충기, 「백신애, 그 미로를 따라가다」, 이충기 편, 『백신애전집』, 현대문학사, 2009, 469~487쪽.

[19] 이충기 편, 『백신애전집』, 현대문학, 2009, 457~468쪽.

[20] 이충기, 「백신애, 그 미로를 따라가다」, 479쪽.

[21] 「영천 청년 동맹 러혁명 기념」, 『중외일보』 7 (November 1927).

[22] 고려인의 러시아어 발음에 기초함 - koreitsy.

[23] 평시원, 「백신애 소설연구」, 『연세어문학』 26 (March 1994), 133~167쪽.

[24] 이충기 편, 『백신애 전집』, 32~56쪽.

[25] 이충기 편, 『백신애 전집』, 464쪽.

[26] 이충기 편, 『백신애 전집』, 51~54쪽.

[27] 이충기 편, 『백신애 전집』, 55쪽.

[28] 이충기 편, 『백신애 전집』, 465~468쪽.

[29] 이주미, 「백신애 소설론」, 『동덕여성연구』 7 (December 2002), 103~119쪽.

[30] 이충기 편, 『백신애 전집』, 465쪽.

[31] 김재철, 「이효석 전기 작품 연구」, 『한양어문』 17, 1999, 201~222쪽.

[32] "수동적이며" "성적으로 이용할 수 있는" 비서구여성의 에로틱한 오리엔트적 이미지에 대해서는, 예컨대 다음을 보시오. Reina Lewis, *Gendering Orientalism: Race, Femininity and Representation*, NY: Routledge, 1996, 167~177쪽.

[33] 이효석, 『이효석전집』 1, 창미사, 2003, 184~211 ; 김미영, 「벽공무한에 나타난 이효석의 이국취향」, 『우리 말글』 39 (Apri 12007), 239~267쪽 인용.

[34] 이효석, 『이효석전집』 1, 194~196쪽 ; 조명기, 「이효석 소설의 변화양상 연구— '북국사신', '푸레류드', '오리온과 능금'을 중심으로」, 『현대소설연구』 23 (September 2004), 227~245쪽 인용.

[35] 이청섭, 「잊히지 않는 외국의 묘령 여성」, 『삼천리』 14. 4 (April 1931), 68~70쪽.

[36] 이효석, 『이효석 단편전집』 2, 가람기획, 2006, 390~404쪽.

[37] 이효석, 『이효석단편전집』 2, 401~404쪽.

[38] Georgiy Vasilyevich Melikhov, *Rossiyskaya emigratsiya v Kitae: 1917-1924 gg*, Moscow: Institute of Russian History, 1997, pp. 116~117.

[39] Georgiy Vasilyevich Melikhov, *Rossiyskaya emigratsiya v Kitae: 1917-1924 gg*, pp. 57~58.

[40] Nikita Struve, *Soixante-dixansd` emigration russe, 1919~1989*, Paris, Fayard, 1996, pp. 300~301.

[41] Georgiy Vasilyevich Melikhov, *Belyi Harbin-seredina 1920-kh*, Moscow: Russky Put', 2003, pp. 6~68, 81~84, 291~294.

[42] 노비니(Noviny) 역사에 대해서는 다음의 자전적 설명을 보시오. Valery Yur'evich Yankovsky(1911~2010): Valery Yankovsky, Ot Groba Gospodnya do Groba GULAGa, Kovrov: Mashteks, 2000.

[43] 이효석, 「북국점경」, 『삼천리』 3. 11 (November 1929), 35~40쪽.

[44] 예를 들어 다음을 보시오. 작자미상, 「서양인 별장 지대 풍경」, 『삼천리』 6. 9 (September 1934), 170~175쪽.

[45] 한국인의 "황민화(imperialization)"은 "근대화의 첩경"으로서 대부분의 지식엘리트에 의해 긍정적으로 평가되었다. 차성기, 「흔들리는 제국, 탈 식민의 문화 정치학: 황민화의 테크놀로지와 그 역설」, 『전쟁이라는 문턱: 총력전하 한국, 대만의 문화구조』, 한국 · 대만 비교문화연구회, 그린비, 2010, 143~173쪽.

[46] 작자미상, "북지 백계 반공 지부 결성", 『동아일보』, 11 December 1937.

[47] 작자미상, "백계 노인 반공대회 성대히 거행", 『동아일보』, 2 May 1939.

[48] 작자미상, "백계 노인 헌금", 『동아일보』, 8 March 1940.

[49] 김예림, 「전쟁 스펙터클과 전쟁 실감의 동역학」, 한국 · 대만 비교 문화연구회, 『전쟁이라는 문턱: 총력전하 한국, 대만의 문화구조』, 63~95쪽.

[50] Vladimir Yampolsky, "Russkie emigrant na sluzhbe Kwantungskoi armii", *Voenno-Istoricheskiy Zhurnal* 5 (May 1997), pp. 60~64.

[51] 전시의 공식적인 "황국화" 정책이 최고조에 이른 시기에 한국인에 대한 지속적인 차별과 불신에 대해서는 다음을 보시오. Mark Caprio, *Japanese Assimilation Policies in Colonial Korea, 1910-1945,* Seattle: University of Washington Press, 2009, 161~170쪽.

[52] 이효석, 『이효석 단편전집』 2, 283~300쪽.

[53] 한국과 일본에서 "아리랑"과 그 현대적 상징주의에 대해서는 다음을 보시오. E. Taylor Atkins, "The Dual Career of "Arirang": The Korean Resistance Anthem That Became a Japanese Pop Hit," *Journal of Asian Studies* 66 (August 2007), pp. 645~687.

[54] 이효석, 『이효석 단편전집』 2, 301~365쪽.

[55] 김미영, 「'벽공무한'에 나타난 이효석의 이국취향」, 248~251쪽.

[56] 이효석, 『이효석전집』 1, 78 · 247~255쪽.

[57] 이효석, 『이효석전집』 1, 52쪽.

[58] 이효석, 『이효석전집』 1, 53쪽.

[59] 이효석, 『이효석전집』 1, 132~135쪽.

[60] 이효석, 『이효석전집』 1, 184쪽.

[61] 이효석, 『이효석전집』 1, 194쪽.

[62] 이효석, 『이효석전집』 1, 77~79쪽.

[63] 최명익, 「심문」, 『문장』 6 (June 1939), 12~50쪽 ; 이춘미, 「최명익 소설에 나타난 환상과 현실의 관계 양상」, 『한민족문화연구』 10 (June 2002), 199~220쪽 ; 이미림, 「최명익소설의 '기차'공간과 '여성'을 통한 자아 탐색」, 『국어교육』 105 (June 2001), 345~367쪽.

[64] 김수림, 「제국과 유럽: 삶의 장소, 초극의 장소」, 『일제말기의 미디어와 문화정치』, 상허학회, 깊은 샘, 2008, 139~185쪽.

[65] 홍종인은 1930년대 말 경에 한국어 완역본을 구할 수 없었기 때문에 그 소설을 대부분 일본어 번역본으로 읽은 것 같다. 일본어 초기번역본(완역은 아님)은 1892년에 출간되었고, 완역본은 이미 1917년 이전에 출간되었다. 다음을 보시오. Mochizuki Tetsuō, "Japanese Perceptions of Russian Literature in Meiji and Taishō

Eras," in Thomas Rime ed., *A Hidden Fire: Russian and Japanese Cultural Encounters*, Stanford: Stanford University Press, 1995, pp. 17~22. 소설의 어떤 부분은 번역되어 1929년 『동아일보』와 『조선일보』에 연재되었다. 다음을 보시오. 김병철, 『한국 근대 서양문학 이입사 연구』, 을유문화사, 1980, 707쪽.

[66] 최삼룡 · 허경진 편, 『만주기행문』, 보고사, 2010, 227~235쪽.

[67] 최삼룡 · 허경진 편, 『만주기행문』, 199쪽.

[68] 식민지 말기의 파시스트적인 "공적 영역"과 그 이념적 조건에 대해서는 다음을 보시오. 조관자, 「파시즘적 공공성'의 내파와 재건」, 『식민지 공공성』, 윤회동 · 황병주 편, 책과 함께, 2010, 156~189쪽.

[69] 전시에 후방에 남아있던 아내들의 "공인된" 이미지에 대해서는 다음을 보시오. 권명아, 『역사적 파시즘』, 책세상, 2005, 157~205쪽.

[70] 최삼룡 · 허경진 편, 『만주기행문』, 199~200쪽.

[71] 최삼룡 · 허경진 편, 『만주기행문』, 458~463쪽.

[72] 최영환, 「하얼빈의 밤」, 최삼용 · 허경진 편, 『만주기행문』, 467~470쪽.

[73] 최삼룡 · 허경진 편, 『만주기행문』, 470쪽.

[74] 스탈린의 소련에서 사회적 이동성에 대해 Sheila Fitzpatrick, *Education and Social Mobility in the Soviet Union, 1924~1934*, Cambridge: Cambridge University Press, 1979.

[75] 1932년경, 하얼빈의 2천여 명의 러시아인들은 "러시아 파시스트당"(1925~1932년에 "러시아 파시스트 조직"으로 알려짐)의 성원이었으나, 그들 가운데 극우이데올로기에 소극적으로 동감을 한 사람들의 숫자는 훨씬 더 많았다. 파시스트 조직들은 비밀리에 일본군과 협력했는데, 하얼빈의 유대계 러시아 주민의 살해와 일련의 잔인한 납치에 대한 책임이 있었다. 다음을 보시오. Mikhail Nazarov, "Russkaya emigratsiya I fashizm-nadezhdy i razocharovaniya", *Nash Sovremennik 3* (March 1993), pp. 124~137.

3장

현대사 속의 한국과 러시아

러시아의 한국전쟁 인식에 나타난 변화

기계형

1. 머리말

굴곡과 단절로 점철된 한국 현대사에 깊은 음영을 드리운 한국전쟁
은 냉전체제가 사라진 현재에도 그 여파가 이어져, 한반도에 거주하
는 모든 구성원의 삶에 직간접적인 영향을 미치고 있다. 한국전쟁은
1950~1960년대의 '전통주의', 1970년대의 '수정주의', 1980년대의 '후기
수정주의', 1990년대 중반 이후의 '신전통주의' 또는 '신수정주의' 해석
등 다양한 이론적 견해가 전개된 바 있으며 지금도 여전히 논쟁 중이
다. 전쟁발발의 경우를 예로 들어 보더라도 그것은 분명해진다. 즉,
'기원론(외적, 내적 기원)'과 '개전론(북침설, 남침설, 남침유도설)'으로 나뉘어,
한편에서는 전쟁이 공산주의 진영을 확대하려는 스탈린 책략의 하나
로서 소련에 의해 미리 숙고되고 소련의 명령을 받았다는 주장을 하
는가 하면, 다른 한편에서는 소련과 중국으로부터 가까스로 동의를
구한 김일성이 주도한 전쟁으로 소련은 보조적 역할만을 수행한 것이

지적되기도 한다. 또 다른 한편에서는 1950년 5월에 이승만대통령이 전쟁준비를 한 상태에서 북한의 도발을 이끌었다는 입장에서부터, 전쟁발발 직전까지 거의 9개월 동안 38선을 사이에 두고 분계선을 따라 군대가 배치되었으며 계속해서 산발적인 소규모 전투가 일어나는 등 긴장감이 돌았던 점을 고려해 한국전쟁을 이러한 전투들의 연장선으로 보는 견해가 있는 것도 사실이다.[1]

이 글은 그동안 전쟁발발의 원인, 과정, 결과 등을 둘러싼 수많은 사안들에 대해 새로운 사료를 제시하거나 새로운 주장을 하려는 것이 아니다. 더욱이 그러한 작업은 러시아 역사를 전공하는 필자의 능력 밖의 일이다. 이 글은 소련 해체 이후 러시아 역사교육 분야에서 행해진 여러 논의들이 한국전쟁에 대한 인식 및 서술에 일정한 영향을 미쳤다는 주장을 토대로 러시아의 한국전쟁 인식에 변화를 준 컨텍스트에 초점을 맞추어 한국전쟁 서술내용을 살펴보고자 한다. 그동안 국내에서도 페레스트로이카 이후 러시아 역사학계의 변화를 다룬 논문들이 다수 출간되었고, 한국교육개발원에서도 러시아 교과서의 한국관련 서술에 관한 몇 차례의 세미나를 개최하는 등 적지 않은 축적이 이루어진 바 있다. 이러한 성과들은 소련 해체 이후부터 비교적 최근까지 러시아 역사교육의 변화와 러시아 역사학계가 직면한 현실을 이해하는 데 시사하는 바가 많다.[2] 이 글은 이러한 연구들이 지향하는 문제의식의 연장선에서 최근 러시아 역사교육의 현장에서 한국전쟁이 어떻게 다루어지는지 살펴볼 것이다.

한국전쟁 연구에서 획기적인 변화가 이루어진 전환점은 페레스트로이카 초기에 부분적으로만 공개되었던 스탈린시대의 비밀문서들이 1990년대 들어 대거 공개되었던 데서 찾을 수 있다. 40여 년간 문서고의 뿌연 먼지 속에 파묻혀 있던 한국전쟁 관련 사료들에 기초해 새로운 사실들과 그에 대한 해석이 역사의 수면 위로 떠올랐다. 이들 자료를 통해 한국전쟁의 기원을 둘러싸고 벌어졌던 '북침설', '남침설', '남침유도설' 논쟁은 북한에 의한 '남침'으로 일견 일단락된 것으로 보인다.[3]

그런데, 이러한 상황들이 연구자들의 저작에 구체적으로 어떻게 반영되었을까? 특히 2000년대에 러시아에서 출간된 역사학 교재들, 즉 고등교육기관인 대학의 한국사 강의교재와 중등학교의 교과서는 한국전쟁에 대해 어떻게 기술하고 있을까? 이 질문에 답하기 전에 2009년 5월 말 제주도에서 개최된 「한·러 포럼」에서 발표한 쿨마토프(К. Н. Кулматов) 교수의 기조연설을 언급하는 것은 의미가 있다.

그는 「러시아의 새 교과서에 나타난 한국의 역사: 한·러 협력을 위한 제안」이라는 발표문에서 역사해석의 변화에 따른 교과서 개정의 문제를 다루었다.[4] 그는 서두에서 다음과 같이 쓰고 있다. "최근 러시아에서는 역사해석의 이데올로기적 편중과 주관주의가 교재에서 삭제되고 있다. 이러한 긍정적인 변화는 대학과 중등학교(школа) 교육과정의 한국사 교과서에서도 일어나고 있다. 이들 교재는 얼마 전까지만 해도 객관적, 역사적 진리와는 거리가 멀었던 것이 사실이다." 쿨마토프는 본론에서 한국과 러시아 사이에서 중요한 쟁점이 되었던 여러 주제들을 지적하는 가운데 한국전쟁에 대해서도 다음과 같이 평가하였다. 즉, "러시아의 역사학자들과 국제관계 학자들은 한국전쟁의 주요 발발 원인 및 결과에 대한 해석에서 북한 측의 시각을 크게 탈피하고 있다. 러시아연방 대통령의 문서보관소 자료공개를 통해, 한반도의 무력통일에 대해서는 모스크바와 베이징 당국의 승인을 받으려 노력했던 북한지도부에 전쟁발발의 주요 책임이 있음이 밝혀졌다. 이 비극적 전쟁에서 승리자는 없었으며, 있을 수도 없었다는 것이 러시아 학자들의 평가이다."[5]

러시아 대학의 한국사 교재와 중등학교 역사교과서에 대한 쿨마토프의 언급은 현재 러시아 사회와 역사학계에 일어나는 변화를 총체적으로 보여주는 매우 중요한 지적일 수 있다. 아울러 통상적으로 교과서와 교육용 교재에 대한 논의는 교육과정 및 학문적·정치적 차원 등 복잡한 단계를 거치기 때문에, 쿨마토프의 언급 그 이면의 맥락을 자세히 살펴보지 않으면 안 될 것이다. 예컨대 푸틴 정부 시기에 러시아의 대외적 이미지를 제고하기 위해 착수한 프로젝트 지원사업에도 불구하고 한국에서 러시아에 대한 부정적 이미지가 크게 변화하지 않았으며, 러시아에 대한 역사인식의 변화가 선행되어야 한다는 판단이 「한·러 포럼」의 러시아 측 참가자들에게 공유되고 있다는 점도 지적할 수 있을 것이다.[6]

최근 러시아에서 역사교육과 교과서 집필을 둘러싸고 다양한 논의가 진행되고 있는 것과 마찬가지로, 한국 역사학계에서도 이 문제는 초미의 관심이 되고 있다. 몇 년간 한국 역사학계를 뜨겁게 달구었던 '금성교과서'와 '대안교과서' 논의와 그를 둘러싼 뜨거운 '열전'의 주제들 가운데 단연 해방 전후사, 분단, 한국전쟁에 관한 서술이 논란의 중심에 있었다는 점은 역사관의 차이에 따라 역사해석이 간단치 않음을 보여준다. 또한 세부주제들 가운데 어떤 것은 충분히 해명되었음에도 불구하고 기술상의 문제나 반공이데올로기의 잔재로 인해 교과서에서 누락되는 경우도 있고, 어떤 주제는 아직 학문적 시민권을 얻지 못한 상태에서 섣불리 교과서에 포함되는 등 서술상의 오류와 편차가 있다. 이러한 점을 고려하여 박태균 교수는 한국근현대사 주요 항목 서술에 관한 조정과 함께 수준별 내용 추가 등을 대안으로 제시한 바 있다.[7]

따라서 러시아 역사학계의 일련의 변화가 현재 역사교육 현장에서 어떻게 수용되고 있는지, 그리고 한국전쟁처럼 매우 논쟁적인 주제에 대해 어떻게 서술하고 집필하고 있는지 확인하는 작업이 필요하다.

이것은 한국과 러시아의 상호 역사인식의 지평을 확대하는 데 매우 중요한 의미를 지닌다고 할 수 있다. 왜냐하면, 한국전쟁 이후 한국의 러시아(당시 소련)에 대한 인식은 반공이데올로기의 영향으로 인해 러시아라는 실체 그 자체보다는 왜곡된 '타자'로서의 러시아일 가능성이 농후했으며, 그 역의 경우도 마찬가지였기 때문이다.[8]

역사인식은 시대의 변화에 따라 그리고 당대를 살아가는 사람들에 의해 변화되어 왔다는 점을 염두에 두고, 이 글에서는 한국전쟁 관련 연구에서 큰 변화가 나타난 최근 10년의 상황에 주목하여 러시아의 한국전쟁 인식을 해명하고자 한다. 이를 위해, 2장에서는 주로 2000년 이후 러시아 한국전쟁 연구의 성과들이 반영된 대학교재 5권의 특징을 개관하고, 교재들에서 특히 한국전쟁의 발발원인에 대해 어떻게 서술하고 있는지를 살펴볼 것이다. 3장에서는 대학용 교재에 나타난 변화가 일선 중등교육용 교과서에 얼마나 반영되어 있는지 확인할 것이다. 이를 통해, 러시아의 한국전쟁 인식은 단순히 교육과정에서 교재의 내용이 약간 가감된 정도가 아니라, 러시아 역사학계에 나타난 더 깊은 학문적, 정치적 차원의 변화들이 반영되어 있는 복합적 상황의 결과라는 점을 확인하고자 한다.

2. 러시아 대학의 한국사 교재와 한국전쟁 원인에 대한 서술

1) 대학의 한국사 교재 개관

1990년 한러수교 이후 양국의 이해증진을 위해 한국교육개발연구원과 한국학중앙연구원이 중심이 되어 '중등교과서 분석' 학술회의가 개최된 적이 있으나, 대학 수업에서 사용되는 역사교재에 대한 분석의 예는 많지 않다.[9] 그 이유는 대학에서 활용되는 역사학 관련 서적은 연구자들이 이용하는 사료에 따라 그리고 역사관에 따라 연구내용의 편차가 클 수 있으며 매우 다양한 내용을 담고 있으므로, 하나의 일반적인 결론을 도출하기가 어렵기 때문이다. 더구나 과거 소비에트 시대의 『소련공산당사』의 경우처럼 교조적인 지침이 존재하는 것도 아니기 때문에, 굳이 대학에서 역사교과서라는 표현은 적절하지 않을 수 있다. 그렇지만 적어도 국제관계학, 역사학(현대사, 최근세사) 분야를 공부하는 학부 학생들의 참고문헌과 대학원 진학시험을 위한 필독서에 속하는 교재라면 분석을 위한 중요한 문헌의 표본으로 삼을 만하다고 판단된다. 왜냐하면, 대학 역사교재의 서술내용이 대부분 중등교육 과정에 적용될 정도로 영향력이 크기 때문이다. 따라서 필자는 우선 모스크바 대학, 상트페테르부르크대학, 그리고 블라디보스토크 대학의 국제관계학, 한국학, 역사학 관련 학과들에서 학부생들과 대학원생들을 대상으로 읽히는 교재들을 조사한 후, 주로 2000년 이후에 출간된 자료들을 중심으로 중복되는 5권의 교재를 선별하였으며, 비교를 위해 냉전시대의 고전적 커리큘럼에 포함되는 『한국의 역사: 고대부터 현대까지』(1974년판)를 이용하였다.[10] 각 교재의 내용을 간략하게 개관하면 다음과 같다.

우선, 1974년에 출간되었으며 총 2권으로 이루어진 『한국의 역사』는 광범위한 자료에 기반을 둔 통사로서 한국의 고중세사와 근대사에 대한 서술은 독보적인 반면에 해방 이후 현대사에 대한 서술은 철저히 북한이라는 창을 통해 바라보는 역사인식이 깔려 있다. 현대사에서 완전히 상반된 길을 걷게 된 남북한 역사의 갈림길을 보여주는 지점은 바로 한국전쟁 장이다. 이 책에서 한국전쟁은 남한의 침략에 의해 발발한 "조국해방전쟁"으로 서술된다. 북한의 주장을 그대로 담고 있는 이 책은 냉전 시기 소련의 한국전쟁 인식의 기본 틀을 이룬다고 할 수 있다. 3부의 제2장 「조국해방전쟁」 편은 주로 김일성의 저작들과 북한에서 출간된 전쟁관련 사료집, 그 외에 마주로프와 마추렌코 등의 글에 기초하고 있다. 이 책은 미 제국주의가 한반도를 군사전략기지로 보았으며 이승만 정부 수립 이후 미국의 침략정책은 표면화되었다는 인식을 밑에 깔고, "이승만은 북한침공의 야욕을 숨기지 않았을 뿐만 아니라 미국 지배층도 남한의 공격준비를 공공연히 지지하고 후원했다"는 설명이 주를 이룬다.[11] 결국, 이승만은 북한에 대한 침공준비와 아울러 38도선에서 군사 스파이활동을 확대하여 1949년 1년 동안 무려 1,836건의 무장봉기를 북한영토에서 전개한 바 있으며 1950년 5월 하순경에 38도선에서 도발행위를 계속하였다가 결국 "6월 25일에 북한을 침공했다"는 설명이다.[12]

이와 비교하면, 『러시아의 한국학연구』는 학문적 방법론이나 서술방식에서 매우 비약적인 발전을 보이는 책이다. 1999년에 초판이 출간된 이후 2004년에 러시아의 한국학총서 제2권으로 수정, 간행되었다. 러시아의 한국학 총서 시리즈는 1995년 당시 모스크바에 소재한 동방학연구소의 한-몽골과 학과장이었던 유리 바닌이 러시아 한국학의 성과를 각 분야별로 종합·정리하려는 계획을 세우고 진행하여 현재까지 6권을 간행하였다. 그중에서 제2권 집필에는 바닌을 포함해 탸가이, 그랴즈노프, 마주로프, 시니찐 등이 참여했는데, 남북한 자체에 대해 각각 독립적으로 고유한 설명을 시도한다는 인상을 주는 이 저작은 러시아의 한국학 동향에 관한 자료로서 한국에 소개된 최고의 수작으로 손꼽을 만하다. 이 책에서 바닌은 한국전쟁 연구를 크게 4단계, 즉 ① 1950~1953년, ② 1953년 이후, ③ 1960년대 말, ④ 1990년 이후로 나누어 설명하면서, 1960년대 말 이후부터 북한의 전쟁해석과 동일했던 소련의 해석에 균열이 일어나기 시작했고, 1990년 한러 수교 이후에는 본질적으로 변화하였으며, 한국전쟁의 세부주제에 대한 연구는 이제 간신히 "출발점"에 서게 된 것으로 결론짓고 있다.[13] 이 책은 새로운 "이념적 상황에 맞춰 조급하게 서술하는 태도를 지양"하고, 한국전쟁의 원인, 성격, 과정, 미국과 소련, 중국의 참전수준과 형태, 유엔의 역할 등 "한국전쟁의 주요 쟁점들에 대한 비판적 재검토"와, "전쟁 당사국들의 문서보관소 자료에 입각한 진지한 연구와 고찰이 필요하다"고 주장하고 있다. 한국전쟁 연구사를 조망하며 내린 이러한 결론은 냉전시대의 서술과 철저히 비교되는 지점이라고 평가할 수 있다.

한편, 『한국사: 새로운 독해』는 토르쿠노프의 책임편집하에, 그 자신이 서론과 본론을 맡고, 볼코프, 란코프, 블라디미르 리, 데니소프, 트카첸코, 그리고 수히닌이 필자로 참가했다. 특별히 국제관계와 지역학 분야를 공부하는 학생들과 대학원생들을 위한 교과서용으로 권고된다는 표시를 달고 있는 이 책은 국제관계대학에서 한국사 관련 주요 수업교재로 채택되고 있다.[14] 『한국사: 새로운 독해』는 한반도에서 군사행동의 타결에 대한 준비가 어떠했는지, 소련과 중국은 군사적 방법에 의해 조선통일을 이루려는 김일성의 집요한 요구에 대해 어떤 태도를 지녔는지 밝힘으로써, 한국전쟁의 기원에서 스탈린의 관련성, 다시 말해 그동안 은폐되어 온 김일성의 남침에 대한 스탈린(과 모택동)의 승인과정에 대해 밝히고 있다.[15]

아울러 상트페테르부르크대학에서 한국사 교재로 채택된 쿠르바노프 교수의 저작 『한국사 강의: 고대에서 20세기 말까지』는 2000년 이후 러시아 한국학 연구자들의 변화된 시각, 그리고 유연한 사고를 확인하게 해준다. 쿠르바노프 교수는 한국전쟁의 기원에 대해 남한이나 북한, 미국이나 소련, 중국 등 어느 쪽에도 치우치지 않는 "중립적" 서술을 하겠다고 밝히면서, "한국전쟁은 불가피했다"는 점에서는 의문의 여지가 없다고 단정 짓는다. 그의 견해에 따르면, 한국전쟁 발발의 객

관적 원인은 소련과 미국이라는 양립하는 2개 블록의 지원을 받는 남
한과 북한이라는 2개의 적대적인 국가로 "분단"되었던 데 있다.[16] 그
런 맥락에서 전쟁 발발의 구체적인 시기를 결정짓는 다수의 원인들이
있다고 적고 있다.

마지막으로 『한반도: 전후 역사의 변화』는 1945년 해방 이후의 한
국현대사에 대해 상당히 흥미로운 해석을 보여주는 책이다. 토르쿠
노프, 데니소프, 그리고 블라디미르 리가 함께 저술한 이 저작은 남
한과 북한을 수평적으로 놓고 중요한 국면마다 각각 어떻게 변형을
겪는지 세밀하게 관찰하고 있다. 한국전쟁의 원인에 대한 기술은 기
본적으로 『한국사: 새로운 독해』의 내용과 크게 다르지 않지만, 3장
에서 전쟁의 전개과정을 3단계로 나누어 매우 세밀하게 설명하고 있
다. 그에 따르면, 한반도의 "위대한 제한전"은 "내전(1단계), 유엔 깃발
아래서 충돌의 격화(2단계), 중공의용군의 전쟁 개입(3단계)으로 급변"을
겪었다. 그는 한국전쟁에 대해 대다수 주변 국가들을 참여시킨 비극
적인 전쟁이지만, 한국전쟁은 핵무기 충돌로 나가지 않았으며, 대규
모 세계대전으로 발전하지 않았다는 점에서 "위대한 제한전쟁"이라고
정의하고 있다.[17]

2) 전쟁 발발 이전에 남북한 갈등과 국제상황 변화요인에 대한 강조

그렇다면 한국전쟁의 세부적인 각론에 대해 연구자들은 어떤 설명
을 하고 있는 것일까?

토르쿠노프는 우선, 『한국사: 새로운 독해』(이하 토르쿠노프, 2003) 서문
에서 다음과 같이 쓰고 있다. "이 책의 출간은 한국에 대한 관심의 증
대와 관련이 있으며, 현재의 우리의 지식에 기초해서 그리고 세계의
한국학이 도달한 성과들에 입각해 고대부터 현대까지 한국 민족의 역

사가 해명"되어 있다. 필자들은 "새로운 교과서를 통해 러시아의 블라디보스토크에서 상트페테르부르크에 이르기까지 거의 10여 개 대학에서 한국과 한국어를 배우는 학생들과 대학원생들"뿐만 아니라, "한 민족의 역사, 문화, 전통에 관심을 가지는 모든 사람들"을 이해시키려고 한다고 밝힌다.

토르쿠노프는 이 저작이 소비에트시대의 전통적 역사학과는 선을 긋는 작업이라는 사실을 강조하고 있다. 소비에트시대의 역사는 상당한 오류가 있었음을 지적하면서 그 이유에 대해 토르쿠노프는 한국전쟁의 원인과 과정 등 현대사의 사건을 해명할 때, "당의 '영웅적 노선'에 대한 비판을 허용하지 않는 소련 '상부기관' 쪽에서 역사서를 전체적으로 통제"할 뿐 아니라, '역사적 진리'를 승인하는 것이 바로 당과 국가이며, 입장이 다른 경우에 "극히 병적으로 반응하는 평양과 관계가 복잡해지는 것을 불허하는 상층부의 바람" 때문에 그리고 마지막으로 소련에는 "사건에 대한 객관적 역사가 부족"하기 때문이라고 설명하고 있다.[18]

이러한 주장은 다른 학문에도 해당되겠지만 특히 러시아에서 한국사 연구가 이데올로기적, 정치적 영향으로부터 자유롭지 못했다는 뼈아픈 자기반성일 수 있다. 아울러 전쟁, 분단 등 현대사의 뜨거운 쟁점들에 대한 연구에서 문제의 소지가 많았다는 고백일 수 있다. 그렇기 때문에 현대사의 여러 장 가운데 한국전쟁을 전후한 시기에 대한 서술은 의미심장하다. 어떻게 보면, 그동안 한국전쟁 연구에서 심증은 있으나 사료가 없어서 논거가 부족했던 주장들에 대해 사료를 제시해주는 측면도 있었다는 사실을 부인할 수 없다. 『한반도: 전후 역사의 변화』(이하 토르쿠노프, 2008)의 도입부에서 토르쿠노프는 한국에서 일어난 전쟁이[19] 2차 세계대전에서 反히틀러 연합국의 역사적 승리 이후, 전후처리, 힘의 균형, 국제질서에 관한 얄타와 포츠담 회의의 결정시스템에 대한 심각한 공격이 되었다고 평가한다. 그에 따르면 남북한 사이의 깊은 내적갈등으로 인해, 군사적 격돌은 전 세계의 20개국이 참가하는 "위대한 제한전(Великая ограниченная война)"으로 전환했다.[20]

그런데, 토르쿠노프(2008)에 따르면, 소련 역사학은 전쟁발발의 시점과 책임에 대해 평양의 해석을 따랐는데, 그것은 1950년 6월 25일 『프라브다』지에 실린 다음과 같은 내용이었다. 즉, 10개 사단의 남한군대가 38선의 모든 전선을 따라 북한으로 "진격하여" 38선에서부터 2~3킬로의 지역까지 깊숙이 들어왔다. 그러나 북한 인민군의 일부가 성공적으로 이를 격퇴시켰고 대대적인 반격에 나섰다. 그 후 인민군의 맹렬한 공격으로 대전, 대구 그리고 멀리 남쪽까지 갔다고 이야기되었다. 그렇지만, 토르쿠노프는 이미 그 당시에도 소련 내부에서는 갑작스런 남한의 공격에 대해 "반격"을 한 것이라고 하기에는 "북의 반격"이 매우 주도면밀하다는 이야기들이 있었고, 다른 의문도 꼬리를 물었다고 설명하고 있다. 즉, 공격력의 집중과 전환을 포함해 식량과 무기보급, 전략적 군사행동 계획안 등에 대한 치밀한 준비 없이 그처럼 대규모 군사작전 형태의 전투가 존재할 수 있었을까라는 질문도 던져졌다고 지적한다.[21]

토르쿠노프(2008)는 그동안 한국전쟁에 대한 설명에서 북한의 해석이 지배적이었던 이유, 그리고 한국전쟁 발발과 냉전이 자라나던 당시 상황의 디테일한 측면에 대해서 잘 알기가 어려웠던 이유는 무엇보다도 문서보관소의 역사 사료와 군사 외교상의 증거들이 제대로 밝혀지지 않았기 때문이라고 지적하면서, 한국전쟁의 중요한 배경으로 ① 해방 이후 미·소간의 정치·이데올로기의 대립, ② 단일정부 수립의 실패, ③ 38선을 중심으로 한 충돌 문제를 제시한다. 38선은 원래 일본 관동군이 항복하면서 생긴 임시적인 선으로 동맹국에 의해 정해졌지만, 현재까지도 분단고착의 메타포가 되었다.

　그의 주장은 다음과 같은 방식으로 다시 해석할 수 있다. 첫째, 전쟁의 배경으로서 해방 이후 각자 뒤편에 강력한 동맹을 두고 있던 남북한의 상황에 대한 인식이다. 토르쿠노프(2008)는 일제강점으로부터 해방 이후 한반도의 분단 그리고 그 뒤에 강력한 동맹이 있는(북한 뒤에는 소련, 남한 뒤에는 미국) 사회 · 정치체제와 경제체제가 다른 두 국가의 수립은, 북한과 남한 사이의 긴장을 심화시켰으며, 미국과 소련은 같은 방법으로 남한과 북한에서 각각 자신들의 체제를 강화하려고 애썼다는 사실에 방점을 찍고 있다. 예컨대, 1948년 미국과 남한은 남한군 창설 시에 미국협조에 관한 협약에 서명했다. 남한에는 30여만 명의 무장군이 형성되었고, 미국으로부터 5억 달러의 군사적 · 경제적 원조를 받았으며, 남한군에는 약 2,500명의 미국군 고문관이 있었다. 그와 함께, 이미 1949년 6월에 미국은 임시행정협정에 기초해, 5만 정 칼빈총, 2천 정의 로킷포, 4만 대의 차량, 소형무기와 박격포, 7만 개의 포탄 등 총 560만 달러에 해당하는 무기를 남한에 건네주었다. 이러한 도움은 경찰력을 포함해 한국의 군사력을 10만 4천 명까지 강화시켰으며, 그 외에 보조적인 부대(20만 명), 예비역(20만 명)이 조성되었다는 것이다.[22]

　한편, 김일성이 지도하는 북한도 전투준비를 강화했다. 1948년 10월, 북한에서 소련군의 일부가 철수한 후에 사실상 모든 군장비와 전투기술은 조선인민군에게 남겨졌다. 다시 말해, 소련의 군 교관과 군 고문관은 인민군 형성에서 큰 도움을 주었으며, 전쟁 전야에 북한은 소련으로부터 상당한 군사기술상의 도움을 받았다. 해제된 문서보관소 사료에 기초해 토르쿠노프는 한국전쟁 초기에 남한과 북한 사이에 다음과 같은 군력 차이가 있었다고 설명하고 있다. 즉, 육군 병력수(1:2), 대포 수(1:2), 기관총(1:7), 자동총(1:13), 탱크(1:6.5), 비행기(1:6)가 그것이다.[23] 적어도 이러한 수치에 따르면, 전쟁 전에 북한의 전투력이 남한보다

월등했다는 것이 분명해진다.

둘째, 통합적인 단일정부 수립 실패와 연관해 김일성과 이승만이 취한 노선의 문제에 대한 서술을 지적할 수 있다. 1948년에 북쪽에 개별적인 단독정부를 세운 김일성은 한반도 영역 전체를 통일하겠다는 입장에서 전쟁을 선택했으며, "스탈린의 승인을 받기 위한 다양한 시도"를 하였다. 토르쿠노프는 북조선의 지도부와 김일성이 결국 남조선 "해방"에 "호의를 갖도록" 스탈린을 설득했다고 주장한다. 스탈린은 1950년 1월 전까지는 분명히 망설이고 있었지만, 그다음 어떤 순간부터 자신의 입장을 바꾸었다는 것이다. 즉, 1949년 봄에 스탈린이 김일성을 만난 자리에서, 스탈린은 "남한을 총검으로 시험해보겠다"는 김일성의 제안에 대해, "이러한 생각의 모든 측면들을 숙고하고, 모든 필요한 계산을 하며 구체적인 계획을 가지고" 다시 모스크바로 오도록 조언하였다. 그 이후 1949년 9월에 김일성과 박헌영이 모스크바에 갔을 때, 토르쿠노프는 그들이 무력에 의해 한반도를 통일할 수 있도록 소련에 군사적 지도를 요청하였을 것으로 추측하고 있다. 즉, 전쟁 시 첫 공격의 성공이 전략적으로 힘의 균형이 이루어지는 곳에서는 결정적으로 중요할 수 있다고 믿었기 때문이었다. 스탈린은 중앙위원회 정치국에 이러한 요청을 논의에 부쳤으며, 당시 정치국은 평양의 제안을 중요하게 받아들이지 않았다. 그 후 북한 지도부는 또다시 스탈린에게 남한진격 문제를 타진했지만, 부정적 대답만을 들었을 뿐이었다. 그러나, 1950년 4월, 모스크바에서 스탈린과 김일성의 새로운 회담이 이루어졌을 때, 스탈린은 "상황이 변화하여" 자신은 남북한의 통일을 위해 전쟁을 벌이겠다는 김일성의 제안에 동의한다고 말했다. 이 자리에서, 스탈린은 중국도 김일성의 제안을 지지해 줄 것을 촉구하였다. 그리고 1950년 5월 베이징에서 김일성과 접견하는 시기에, 마오쩌둥은 북조선지도부들의 계획을 승인하고, 중국의 지지를 약속했

다고 쓰고 있다.[24]

스탈린은 왜 갑자기 무력에 의한 통일로 입장을 선회하게 된 것일까? 이에 대해 토르쿠노프는 4가지 요소를 제시한다. 첫째, 한국에서 전쟁은 이미 1949년 봄부터 일어났으며, 미국은 "북으로 진격"하려는 이승만을 억누르지 못했다. 둘째, 미국은 우선적 이해관계의 영역에서 남한이 제외된다는 '애치슨 성명'을 발표했다. 셋째, 중국 공산주의의 승리와 소련의 핵폭탄 제조 성공은 세계무대에서 힘의 균형을 본질적으로 바꾸었다. 넷째, 중공이 대만을 해방한다는 분위기가 있는 상황에서 크레믈린 입장으로는 한국전쟁이 그보다 나쁠 것은 없다고 보았다는 것이다. 결국, 그러한 요소들을 고려하고 나서 스탈린은 김일성에게 한반도를 통일할 절호의 기회가 생겼다고 확신하게 되었다는 것이다.[25]

다음으로 토르쿠노프의 주장에 대해 덧붙일 만한 점으로, 한국전쟁의 중요한 배경으로서 38선 근처에서 발발한 전투문제를 지적할 수 있다. 이 시기는 38선을 둘러싸고 놀라울 만한 첩보행위가 이루어지던 시기다. 남한에서 군대를 준비한다는 소식은 1949년 7월 13일 슈티코프가 모스크바로 보낸 서신[26] 또는 1949년 9월 2일 이승만이 미국 정치가 로버트 올리버와 주고받은 서신에서[27] 드러난 바 있다. 실제로 38선에서 긴장이 고조되어, 1949~1950년 사이에 38선 근처에서 일어난 군사적 충돌은 1,800건이나 되었다. 그와 함께 1950년 6월 17일, 미국대통령의 특별 대표 덜레스는 의회에서 자유의 이름으로 남한 정부 지지연설을 하였는데, 워싱턴과 서울은 적어도 이러한 지지연설이 한반도 안에서 큰 지역전쟁으로 전환되는 것을 막을 수 있는 "예방행위"라고 보았다.[28]

토르쿠노프(2008)의 결론에 따르면, 사실상 남북한 모두 군사적 충돌을 준비하였다. 그의 설명은 부분적으로 커밍스의 서술과 일치한다. 즉,

1949년 말과 1950년 초에 38선 지역의 상황은 지나치게 긴장이 첨예화되어, 북과 남의 군 종사자들 사이에서 계속해서 교전(перестрелки)이 발생했으며, 무장충돌에서는 소총과 대포를 사용한 진지전의 성격을 띠었다고 기술하고 있다. 그가 보기에 "남조선이 북침할 준비가 되어 있다"라든가 "평양의 공산주의자들에 대한 격퇴계획이 조성되었다"라는 이승만 정부의 호전적인 성명의 다른 한편에서, 북의 지도부도 비록 "평화적 이니셔티브"를 제기하고 있었지만 그것은 한반도를 통일할 목적을 뒤에 감추고 있었다는 주장을 하고 있다. 예컨대, 전쟁 개시 1주일 전에 북한이 통일한국 헌법작성을 위한 북남 단일의회 의견을 제안했다는 것은 그러한 전략의 예가 된다는 설명이다.[29]

3) 분단에 뒤이은 남북간 갈등에 대한 강조

쿠르바노프의 저작 『한국사강의: 고대에서 20세기 말까지』(2009)는 주로 상트페테르부르크대학에서 국제관계사 및 한국사 교육용으로 사용되고 있으며, 특히 고대사부터 최근까지의 장시간 흐름을 집필함으로써 전체적 일관성을 유지하고 있다는 점이 눈에 띈다. 그러면, 각론에서 어떤 설명을 하고 있는지 살펴보기로 하자.

쿠르바노프는 한국전쟁의 발발 원인에 대해 다소 다르게 설명한다. 그는 무엇보다도 1949년 말~1950년 초에 한반도에서 남북한 힘의 균형이 깨졌다는 점에 관심을 기울인다. 그는 토르쿠노프의 북한 남침설 주장에 대해 완전히 동의하지 않고 있는데, 다시 말해 한국전쟁 관련 사료들이 아직 완전히 공개되지 않은 상황에서 북한에 일방적으로 전쟁 발발의 책임을 물을 수는 없다고 주장한다. 쿠르바노프는 ① 1949년 중엽 중국의 공산화, ② 1949년 6월 장개석의 대만으로 피신, ③ 1949년 10월 1일 중화인민공화국의 창건, ④ 1949년 8월 소련의 핵

무기 실험 성공, 그리고 ⑤ 1950년 2월 14일 소련-중국 사이에 친선
및 상호원조조약 서명을 그 근거로 제시한다.

쿠르바노프는 북한의 일방적인 전쟁책임 주장에 대해 평가를 유보
하고 있는데, 왜냐하면 이미 '냉전'이 시작된 조건에서 소련-중공 간
동맹은 자동적으로 미국과의 대립을 의미하며, (미국도) 1948년부터
미래의 동맹국으로서 일본 부활계획을 만들기 시작했고, 그곳에 자신
의 군사적 기초를 남겨놓으려고 계획하였기 때문이라 쓰고 있다. 아
울러 1950년 1월 12일 미국무부 장관 애치슨은 태평양에 이른 바 '미
국방어선'을 정하였는데, 한국과 대만이 여기에서 제외되었다. 이것은
남한의 反이승만 세력의 소요를 불러일으켰고 남한은 당시에 경제적
군사적으로 훨씬 우위에 있었던 북한공격의 사정거리 안에 놓였다.[30]

쿠르바노프는 1949년 말과 1950년 초 북한수뇌부가 한반도의 무력
통일계획을 만들기 시작하였으며, 당시에 원동지역에서 그런 식의 문제
해결은 상당히 "일반적이고 보통이었다"고 언급한다. 그는 중국 공산
주의자들이 (소련의 지원을 받아) 무력으로 장개석 정부(미국의 지원)로
부터 권력을 찬탈한 것이 바로 그런 예로 보고 있다. 이러한 맥락에서
그는 북한 수뇌부의 무력통일계획에 대해 다음과 같이 설명한다. 즉,
1950년 3월 30일~4월 25일 김일성의 소련 비밀 방문에서 김일성이 스
탈린과 한반도의 무력통일 가능성 문제를 논의했다는 점, 스탈린은
"중국동무들"과 이 문제를 논의하도록 권고했다는 점, 그리고 5월
13~15일에 김일성과 박헌영이 마오쩌둥과 더불어 남한과 대만에서 군
사행동이 발발할 경우 상호협조 가능성 문제를 논의했다는 점, 그리
고 이때 스탈린이 마오쩌둥에게 보낸 5월 14일자 전언에서 "한국인들
에 의해 제안된 한반도 통일계획"은 중국 쪽이 지원을 동의하는 경우
에만 가능하다는 표현이 있었다는 점을 열거하고 있다.

흥미로운 사실은 비록 쿠르바노프가 토르쿠노프 등의 연구에 기초

해 이러한 일련의 사실을 열거하고 있지만, 사실의 신빙성 여부를 따지지 않고도 다음의 결론을 얻을 수 있다고 주장한다는 점이다. 즉, 쿠르바노프의 주장에 따르면, 북한지도부가 일단 한반도의 무력통일 계획을 가지고 있었다고 전제한다면 북한·소련·중공 사이의 협의는 불가피한 것이었다. 왜냐하면 1945년에 일본 섬에 이미 미국군대가 주둔하고 있었으며, 이승만은 일찍부터 미국의 지원을 요청하고 이용하던 상황이었다. 따라서 만약에 미군이 남한으로 들어오는 경우에 중공과 소련의 지원이 부재한다면 충분한 군사작전 경험이 없는 북한 신생군대의 패배는 불가피했기 때문이었다. 그렇기 때문에 1950년 5월에 결국 북한·소련·중공의 군사동맹이 형성되었다는 것이다. 쿠르바노프의 이러한 서술은 스탈린 관련설을 매우 부차적으로 보는 입장이며, 무엇보다도 '냉전' 구도에 들어선 이상 북한·소련·중공의 동맹은 불가피한 것이었다는 주장이다.[31]

더욱이 쿠르바노프는 북한이 최후까지 평화적 해결을 이루려고 시도했다고 평가한다. 즉, "그러나 위에서 말한 모든 것(군사적 해결-필자)은 1950년 초에 북한이 '오로지 전쟁만 준비했고', 북한의 지도부가 한국문제 해결을 위해 어떤 다른 수단을 얻으려 하지 않았던 것은 아니라"고 주장하고 있다. 예컨대, 1949년 6월에 평양은 남쪽 대표들도 참여하는 '조국통일민주주의전선'을 창설했으며, 그것의 목적 중 하나는 한국의 완전한 독립과 평화통일의 달성이었다. 분명 이 조직은 좌편향이었으며 소련과의 우호 강화와 '인민민주주의'를 주장했다. 그럼에도 불구하고 적어도 1950년 6월 7일, 북한은 한민족 전체의 단일선거를, 6월 19일에는 북한의 최고인민회의와 남한의 국회를 하나로 통일시키자고 제안했다. 그는 이러한 유토피아적인 제안에도 불구하고 남한의 좌익세력은 남북대화의 이러한 평화적 움직임에 대해 상당한 기대를 나타냈다고 주장한다. 즉, 쿠르바노프는 남한, 북한 모두 무력에

의한 통일을 고려했다는 토르쿠노프의 주장을 반격하고, 적어도 북한
은 평화적 방안을 추진하려는 의사가 있었다는 점을 강조한다고 할
수 있다.

그와 함께 쿠르바노프는 무력도발을 부추기는 남북한의 분위기에
대해 간과하지 않고 있다. 예컨대, 이승만 대통령이 처음부터 남한만
의 단독정부 수립안을 지지하는 입장이었다든가, 남북한 헌법 모두
한반도의 모든 영토를 자신의 영토로 정의함으로써 언제라도 영토 회
복 주장의 법적 근거를 헌법에서 가져왔다는 점이 그러하다. 따라서,
남북 각자의 입장에서 보면 자신의 영토에 대한 어떠한 군사행동도
합법적이며, 결코 '공격'이 아니었던 것이다. 게다가 쿠르바노프는 남
한이 38선에서 몇 번의 군사도발을 수행한 것 같다고 주장한다. 그는
1949~1950년 초에 38선에서 1,274~1,836건의 무력충돌이 있었던 사실
에 주목하며 남한과 북한이 각각 자신의 영토에 국가를 세운 첫해에
이미 자신의 군사력을 강화하는 문제에 주력했고, 비밀리에 혹은 공
개적으로 분단을 해결할 군사적 수단을 준비했던 것이라고 주장한
다.[32]

쿠르바노프(2009)의 서술에서는 남침설에 대해 다소 유보적이라고
할 수 있는데, 굳이 표현해 본다면 그는 오히려 수정주의 시각의 남침
유도설에 좀 더 가까운 입장으로 보인다. 이미 냉전이 구축된 상황에
서 소련·중공·북한의 동맹은 불가피했으며, 남북한 양국이 각각 국
가를 세우고 남북한 지도부 모두 한반도 영토 전체를 자신의 영토로
규정하는 상황에서 분단을 해결할 군사적 준비가 불가피했다는 설명
이다. 그러면서도 북한 지도부가 군사적 준비만 한 것이 아니라, 6월
19일에는 북한의 최고인민회의와 남한의 국회를 하나로 통일하자고
제안했다는 점에 주목하고 남한에서 상당한 호응을 받았다는 점을 강
조한다. 그와 달리, 토르쿠노프(2008)는 소련붕괴 이후 제한적으로 해

제된 스탈린문서에 기초한 연구를 통해 소련과 미국의 냉전체제가 구
축된 상황에서 미소 양국이 각각 남북한을 지원했고, 전쟁 직전까지
남북한 양국의 군사행동이 존재했으며, 북한지도부의 전쟁 설득과 스
탈린의 지원이 전쟁 발발의 주요 원인이라고 주장한다. 토르쿠노프는
세계 한국학 연구에서 가장 논쟁적인 문제는 여전히 "누가 전쟁을 일
으켰는가"에 있다고 지적하면서, 1950년 6월 25일 그 순간에 북한은
군사력, 기동력, 동원력 등 모든 것에서 공격준비가 훨씬 잘 되었다고
주장한다. 그리고 그러한 조건의 대부분이 바로 소련의 지원으로부터
나왔다고 강조한다.[33] 이는 한국전쟁에 대해 소련은 무관하다는 기존
의 입장과 외적 기원론을 일부 수정하는 것이며, 전통주의 시각에서
주장되어 온 북한의 남침설을 지지하는 주장이라 할 수 있다.

3. 11학년 역사교과서의 한국전쟁 관련 서술내용 분석

1) 러시아 교과서에 나타난 최근의 새로운 인식과 변화들

소련해체 이후 진행되어 온 러시아 역사학계와 역사교육 부문에서
일어난 변화들은 중등교육 과정의 역사교과서에도 반영되고 있다. 교
육현장에서 역사교과서와 커리큘럼의 변화는 소련의 해체 이후 진행
된 일련의 정치, 경제, 사회적 변화와 깊은 연관을 지닌다. 러시아의
교육개혁은 1단계 페레스트로이카의 시대(1985~1992년), 2단계 옐친 시
대(1992~1998년), 3단계 푸틴－메드베데프 시대(1998~2010년 현재)로 나뉘어
설명되곤 한다.[34] 특히 1992년과 1996년에 걸쳐 두 차례의 새로운 교
육법이 신설되었고, 이는 소련해체 이후의 교육구조를 새롭게 규정하
였다. 그 이후 새로운 교과서와 교육방법론이 교육현장 일선에서 서

서히 적용되기 시작하여 오늘에 이르고 있다.

특히, 러시아 교과서의 한국전쟁 관련 서술은 러시아 교육계에서도 가장 뜨거운 감자가 되고 있는 러시아 현대사와 세계사 교육과정에 해당하는 11학년 교과서에 포함되어 있다. 무엇보다도 러시아 현대사 교과서는 1945년을 기점으로 서술하는 경향이 있어, 2차 세계대전 처리 문제, 냉전의 기원과 전개과정을 설명하는 가운데 한국전쟁이 언급되기 마련이다. 포스트-소비에트 시대의 러시아에서 소련시대사에 대한 해석은 중요한 논쟁의 한 부분이 되어 왔다. 교육개혁 1단계 시기를 거치면서, 예컨대 옐친과 같은 새로운 민주주의자들에게 레닌과 스탈린체제는 결코 반복되어서는 안 될 것으로 묘사되었던 반면에, 주가노프 같은 구 공산주의자들에게는 사회경제적 안정과 안보가 보장되는 초강대국으로서 소련의 황금시대이자, 개인주의와 자본이 판치는 현대사회와 비교해 도덕적 순수함을 지닌, 일정한 노스탤지어를 자아내는 시대로 인식되었다. 교육개혁 2단계 시기에는 페레스트로이카 시대의 연장으로서 매우 다양한 의견들이 충돌하였으며, 이러한 변화 과정은 러시아 역사수업이 이루어지는 교실에서 그대로 재현되었다.[35]

흥미로운 것은 교육개혁 3단계의 최근 상황이다. 필자가 본 논문에서 채택한 2007~2009년에 출판된 4종의 11학년 교과서는 1992년 이후 종류에 따라 각각 3판에서부터 7판까지 계속 수정작업을 거쳤다.[36] 그중에서 러시아 교과서 시장에서 판매부수 면으로 가장 막강한 영향력이 있는 '프로스베쉬니예(계몽)' 출판사에서 나온 교과서를 예로 들어 살펴보기로 하자.[37] 『러시아사, 1945~2008』(2009)의 저자들은 서문에서 집필의도를 다음과 같이 밝히고 있다. "우리는 위대한 역사적 승리에 서부터 비극적 붕괴까지 소련의 경로를 추적할 것이다. 여러분은 이미 이 시기의 조국의 역사에 대해 공부했고[38] 기본적인 내용에 대해 알고 있다. 그러나 [⋯] 단지 역사적 사실을 아는 것이 아니라 이해해야 한다. [⋯] 교과서의 저자들은 여러분에게 사실을 알려주는 것뿐만 아니라 그 논리와 내적 관계들을 해명하려고 애쓸 것이다"라고 운을 떼고 있다.[39] 그리고 좀더 자세히 그 내용을 설명한다. 즉, "1945년 소련의 승리가 다른 국가와 인민에게 미친 영향, 소련이 세계에서 중요한 역할을 하다가 붕괴된 이유, 소련을 딛고 그 위에서 새롭게 일어선 새로운 러시아의 발전과정, 이 과정에 나타난 어려움과 미해결의 문제, 옐친 대통령이 행정의 부담을 푸틴에게 넘긴 이유, 21세기에 러시아의 전략적 발전경로가 선택된 이유" 등이 그것이다. 흥미로운 것은 결론에서 필자들이 소련시대에 대한 인식을 매우 직접적으로 나타내고 있다는 사실이다.

"1945년부터 1991년까지 모스크바는 소련의 수도였을 뿐만 아니라 세계적인 체제를 목표로 하였다. 따라서 우리는 국제관계에 특히 관심을 기울일 것이다. 교과서에서 우리나라(소련)의 경계를 지키기 위해 발발한 많은 사건들, 그리고 이집트, 쿠바, 헝가리, 체코슬로바키아, 한국, 베트남 등에 관심을 기울일 것이다. (⋯) 우리는 전체주의 개념의 반대자임을 자처한다. 소련을 히틀러의 독일과 동일시하는 이러한 독트린은 인식의 도구가 아니라, 이데올로기 전쟁의 무기였다. 여러분은 나치 독일의 이데올로기와 소비에트 러시아의 그것은 전혀 공통점이 없다는 것에 대해 분명한 대답을 얻어야 한다. (⋯) 아울러 1960~1980년대의 소련에 대해 '전체주의 국가'라는 평가는 페레스트로이카시대의 반공산주의운동의 레토릭이었고 교육현장에서는 진정으로 용인되지 않았다. (⋯) 소련은 민주적이지는 않았으나, 사회정책의 영역에서 전 세계의 수많은 사람들을 위한 더 나은 정당한 사회를 향해 있었고 소련은 그러한 예였다. (⋯)70년이 경과하는 동안, 사회혁명을 실현하고 끔찍한 전쟁으로부터 승리를 얻은 거대한 상위국가인 소련으로부터 적지 않은 영향을 받아 서방의 국내정치가 인간의 권리를 위한 쪽으로 수정되었다. (⋯) 1945~2008년의 사건들을 둘러싼 맹렬한 논쟁이 우리 사회에서 그리고 전문가들 사이에서 아직도 끝나지 않았다는 것을 이해하는 것이 필요하다."[40]

위의 인용문에서 나타나듯이, 저자들은 스탈린시대뿐만 아니라 1960~1970년대의 소련에 대한 전체주의적 해석을 직접적으로 비판하고 있다. 그러한 독트린은 이데올로기 전쟁의 무기이며, 나아가 페레스트로이카 시대의 반공산주의의 레토릭이라고 일갈하였다. 2007년판에서는 주로 현대사가 지니는 어려움에 대한 이해를 촉구하거나 서방의 역사교육 방법론에 대한 소개 등이 주를 이루던 교과서 머리말에 나타난 이러한 변화는 무엇을 의미하는 것일까? 그리고 그 배경에는 어떠한 상황이 노정되어 있는 것일까?

이에 대해서는 푸틴을 이은 메드베데프 대통령에 의해 진행되는 일련의 '현대화' 작업의 일환이라고 설명할 수 있으며, 이는 최근의 몇 가지 흐름의 연장선 속에 있다고 해석할 수 있다. 우선, 2009년 5월 15일자 메드베데프 대통령의 명령에 의해 설치된 '러시아의 이익에 유해한 역사왜곡 시도 저지를 위한 위원회(Комиссия при Президенте Российской Федерации по противодействию попыткам фальсификации истории в ущерб интересам России)'가 그것이며,[41] 다른 하나는 이 위원회의 지원하에 이루어지는 역사교사 및 연구자들을 위한 다수의 학술회의가 그것이다.

대통령 명령 549호에 의해 공식 출범한 이 위원회는[42] "러시아의 이익에 유해한 역사왜곡 시도를 저지하기 위한 러시아연방과 연방 주체의 국가기구들의 활동을 보장하려는 목적에서" 대통령 산하에 설치되었으며, 이 위원회의 주요한 목표는 다음과 같다. 즉, "1) 러시아연방의 국제적 위신을 하락시키는 방향의 역사적 사실과 사건의 왜곡에 대한 정보 종합 및 분석, 러시아 연방대통령에게 관련 보고서 준비, 2) 러시아의 이해에 반하는 목적으로 역사적 사실과 사건을 왜곡하는 시도들에 대한 대응 전략 고안, 3) 러시아의 이해에 반하여 역사적 사건과 사실을 왜곡하려는 시도에 대응하는 목적의 실행조치를 러시아연방 대통령 앞으로 제안, 4) 제안의 검토 및 러시아의 이익에 유해한 역사적 사실과 사건을 왜곡하려는 시도 저지문제를 다루는 러시아연방과 연방 주체의 국가기구들의 활동 조정, 5) 러시아의 이익에 유해한 역사적 사실과 사건을 왜곡하려는 시도 저지에 대한 권고 작업"이 그것이다.[43]

미국에서는 대통령 산하의 이 위원회가 오히려 러시아의 역사왜곡을 부추길 수 있다는 우려의 시각을 담아 타우브만(William Taubman) '슬라브, 동유럽, 유라시아 연구회'[44]의 의장, 미국역사학회(AHA)가 메드베데프 대통령 앞으로 공개서한을 보내기도 하였다.[45] 그렇지만, 얼핏 보면 이러한 서한이 러시아 정부에 영향을 주지는 않은 것으로 보인다. 왜냐하면, 이 위원회의 후원으로 2010년 10월 28일부터 31일까지 4일 동안 엄청난 규모의 학술회의가 열렸기 때문이다. '현대 러시아의 역사교육: 발전의 전망'이라는 제목의 이 학술회의는 역사학 연구자와 역사교사 등을 대상으로 하였으며, 러시아 교육 및 과학부와 모스크바 소재의 '러시아 국립 사회대학'이 조직하고, 대통령 산하 위원회, 러시아 연방정부, 국가두마의 지원을 받아 개최되었다. 이 학술회의의 기본적인 목표를 요약하면, "모든 수준에서 역사교육 발전의 근대적 전략 방법 비교할 것, 현대 러시아라는 구체적으로 역사적인 조건에서 그것의(방법) 사회적 의미를 평가할 것, 향후 역사교육 발전에 대한 효과적인 권고 작업을 할 것"에 놓여 있었다.[46] 이러한 맥락에서 카잔에서도 2010년 12월에 '고등학교에서의 역사교육: 전문가와 시민 형성을 중심으로'라는 주제로 학술회의가 개최되었고, 2011년 3월 30일부터 31일까지 모스크바에서 제1회 역사 및 사회 교사 대회(Первый Всероссийский Съезд учителей истории и обществознания)가 열렸다.

흥미로운 점은 최근의 이러한 변화를 둘러싸고 교사들 사이에서 다양한 포럼과 논쟁이 진행되고 있다는 사실이다. 논쟁의 한편에서는 이처럼 국가와 정부에 의해 이루어진 교사대회는 동원의 논리에서 나온 것으로써 다시 소비에트시대로 돌아가는 것일 뿐만 아니라, "민주주의적 분위기에 역행"하는 것이며, 결론적으로 "아래로부터 교사들에 의해" 만들어져야 한다는 주장이 나타난다. 다른 한편에서는 이러한 학술회의는 소련붕괴와 페레스트로이카 시대를 지나면서 "정체성을 잃어버린 역사교육을 회복할 기회"라는 주장이 나타나고 있다. 이들은 결론적으로 "역사학의 이름으로 개최되는 회의"에 대해 회의주의에 빠지기보다는 이것을 활용해 다양한 역사관을 개진하고 역사학에 대한 서로의 견해를 확인할 기회로 삼자는 의견까지 개진하고 있다. 이러한 열띤 토론에서 교사들이 교육현장에서 느껴온, 그리고 느끼고 있는 다양한 입장을 감지할 수 있다. 예컨대, 교육현장에서 일하는 다양한 과목의 교사들을 포함해 역사학자들이 다양하게 참여하는 열린 공간 '인터넷 교육평의회' 사이트 안에서는 매우 수준 높고 진지하며 다양한 교육관련 주제들에 대한 토론이 개진되고 있다는 점은 러시아 역사교육의 향후 발전을 위해 매우 고무적인 일이다.[47]

요컨대, 최근 2~3년 사이에 역사교육 분야에서 일어난 변화들은 현대사 교과서 집필자들에게 영향을 주었고, 이는 냉전시대를 비롯해 한국전쟁 서술에도 일정한 영향을 미쳤다고 유추할 수 있다.

2) 한국전쟁 관련 서술 내용에 대한 분석

그러면, 러시아 현대사 및 세계사 교과서에 한국전쟁 서술이 구체적으로 어떻게 나타나는지 살펴보기로 하자. 우선, 위에서 언급한 2009년판 '계몽' 출판사의 『러시아사』에서 한국전쟁은 "서방블록과 소

련 사이의 군사력에 최초로 빗장을 채웠다"고 서술되어 있다. 특히 저
자들은 식민지로부터의 해방－미소분할점령－단독정부 수립이라는
전쟁 이전의 배경에 대해 자세히 언급하고 있다. 즉, "2차 세계대전 후
에, 소련과 미국은 일본의 식민지－한국을 분할했으며, 북쪽은 김일성
을 중심으로 하는 공산주의자들이 권력을 잡았고, 1948년 한반도는 남
과 북이라는 2개의 나라로 분할되었다." 이 교과서는 소련이 과거에
특별한 관계에 있던 북한에 대한 언급과 함께 한국전쟁이 김일성의
남침에 의한 것임을 분명히 한다. 즉, "소련은 한국농민대중 가운데
좌익사상이 인기가 있다고 예상하고, 북한의 완전한 독립과 소련군대
의 철군을 천명했다. 모든 군사력을 남쪽에서 철군하기를 거부하는
미국에 대한 대응으로 공산주의자들의 지도를 받는 반란이 시작되었
다. 1950년 6월 25일에 김일성은 스탈린과 협의한 후에(после консультаци)
남한으로 자신의 군대를 보냈다"고 기술하고 있다.[48]

교과서는 3년에 걸친 전쟁과정을 지도로 제시함으로써 시간순서에
따른 변화를 일목요연하게 설명하고 있다. 그리고 그 아래에 내전이
국제전으로 변화하는 상황을 서술하였다. "한국에서의 내전은 국제전
으로 발전했다. 한국에서의 사건은 서방세계에 '공산주의의 위협'이
존재한다는 근거가 되어주었다. 미국군대가 한국으로 파병되었고, 유
엔안보리는 그것을 지지해 기본적으로 서방국가들로 구성된 '평화유
지군'을 파병하였다. 미국과 그 동맹국들은 북한 군대를 분쇄하고 북
한의 국경으로 들어갔다. 미국비행기는 만주의 도시들, 그리고 블라디
보스토크에 있는 수호이 레츠카에 소재하는 소련비행장에 해적같이
일격을 가했다. 그 후, '중국인민의용군'이 전투행동에 들어갔다. [⋯]
그들은 사실상 중국인민해방군 제9병단과 제13병단이었다. 소련비행
기는 중공의 군사행동을 지원했고 만주 영공을 봉쇄하였다. 중국의
요청으로, 소련군은 아르투르 항구에 주둔했는데, 한국파병으로 5개

사단이 준비되었다. 1950년 11월 30일자 언론에서 미국의 대통령이 공산주의에 맞선 국제적 군사행동을 호소했다. 미국대통령은 한국의 미군을 지휘한 맥아더 장군에게 핵무기를 이용할 수 있는 전권을 부여할 수 있다고 말했다."[49]

이 교과서는 한국전쟁 개전 책임이 북한군의 남침에 의한 것임을 객관적으로 서술하면서도 미국의 책임에 방점을 찍는 그러한 입장을 취하고 있는 것에 비해, 2009년판 계몽출판사의 『최신세계사』는 한국의 전쟁이 북대서양조약 서명과 독일 분단 이후에, "냉전"이 훨씬 더 강화되어 곧 한국에서 군사적 갈등으로 이끌었다고 적고 있다. '한국전쟁을 냉전의 결과'로 이해하는 시각을 보여준다. 최신 교과서 역시 어떻게 남북이 분열되었는지에 대해 자세히 쓰고 있다. 즉, "1945년, 한국은 일본침략으로부터 해방된 시기에 북부는 소련에 의해, 그리고 남부는 미군에 의해 점령되었다. 소련의 지원을 받아 북한에서는 공산주의자들이 권력을 잡았고, 1948년 그들의 지도하에 북한의 영토에 조선민주주의인민공화국이 수립되었으며, 남한에서는 미국과 관련된 정치 활동가들이 대한민국을 세웠다." 그들 사이의 국경은 38선을 따라 이루어졌다. 이 교과서에서도 마찬가지로 전쟁의 책임은 북한에 있음을 보여준다. "한국 전체를 자신의 권력 아래에 두고 통일하기를 바라면서, 김일성을 중심으로 하는 조선민주주의인민공화국의 지도자들은 소련과 1950년에 건설된 중화인민공화국의 은밀한 승인(негласное одобрение)을 얻자, 남한의 북한 공격준비를 비방한 다음에 남한에 대한 공격을 개시하였다(предпринялинаступление)." 교과서는 매우 짧은 시기에 강행군을 하는 북한의 총력전의 모습을 보여준다. 즉, "2달 보름동안에 북한의 군대는 남한영토의 90%를 점령했으나, 남한 정부를 돕기 위해 미군이 들어왔다."[50] 유엔은 북한을 침략자로 선언했으며, 영국, 프랑스, 캐나다 등 15개 국가가 유엔군에 포함되었다. 교과서는 전쟁이 내전에서 국제전으로 전환하는 과정을 "유엔군-중공군"의 한국 진입을 통해 이루어졌음을 보여준다. 즉, "유엔군은 북한군을 공격해, 1950년 10월 23일에는 북한의 수도 평양을 점령했다. 이틀이 지나 10월 25일에 북한군을 돕기 위해 의용군의 모습을 한 1백만 이상의 중공군 병사와 장교가 전진해왔다." 소련비행사들은 북한 쪽을 위해 싸워주었다. 1951년 1월 즈음, 중공군과 북한군은 상대편을 남북한의 예전의 경계선으로 격퇴시켰다. 군사행동은 중단되었고 긴 외교적 협약이 시작되었다. 1953년 7월 27일에 서울에서 열렸으며, 휴전 이후 이미 50년이 지났다.[51]

〈표 1〉 한국전쟁에 대한 11학년 교과서 서술

서술 내용	2009 러시아역사 (계몽출판사)	2009 최신세계사 (계몽출판사)	2008 러시아와 세계의 역사(러시아어 출판사)	2008 최신역사 (무네모슈네 출판사)
성격	서방블록과 소련의 군사력에 제동을 건 최초의 전쟁	북대서양조약 서명, 독일분단 이후 냉 전의 강화가 한국 에서 갈등 야기	아시아에서 가장 큰 갈등 두 개의 군사블록체제의 군 사상의 충돌	
배경	-1945년 미소 분할 점령 -1948년 남북 단독 정부 수립	-1945년 미소 분할 점령 -1948년 남북단독 정부 수립 -38선이 국경	-1948년 남한 5월 선거후 단독정부수립 -북한 8월 단독정부수립 -남북한 각각 유일한 합법 정부라고 주장	-소련은 북한을 해방 -미국은 남한을 차지 -38선을 따라 경계가 그어짐 -남북 단독정부 수립 -두 체제는 각기 자신 의 길을 감
발발 시점 책임	-1950년 6·25전쟁 발발 -김일성은 스탈린과 협의한 후에 남한 으로 군대 보냄	-소련과 중공의 비 밀스런 승인 -김일성은 남한의 공격준비를 비방한 후에 6월 25일 남 한으로 진격개시	-김일성은 남한이 미국의 도움을 받아 점령준비를 하 고 있다고 확신 -스탈린과 마오쩌둥의 승인 을 받고 북한은 6월 25일 남한진격 개시 -북한이 전쟁을 시작	
초기 과정		-1950년 9월 전까지 북한이 남한영토의 약 90%를 점령		

전쟁 확대	-유엔군의 참가와 중 공군 전쟁에 개입 -내전에서 국제전 으로 전환	-유엔은 북한을 '침 략자'로 선언하고 유엔군 파병 -1950년 10월 23일 유엔군 평양점령	-1950년 10월 25일 중공군 의 한국전쟁 참여	-전쟁에는 외부세력이 참전 -어느 것도 우세하지 않음
군대 규모	-소련군 5개 사단 파병 -소련비행기가 중 공과 북한의 상공 엄호비행	-1950년 10월 25일 중공군 1백만여 명 파병 -소련비행군 지원	-1950년 11월 소련은 엄호 를 위해 중공과 북한 상공 으로 공군 보냄 -소련군 321대 비행기, 2만 6천 명의 군인 보냄 -소련전투기 MIG-15가 미국 전투기보다 우세	
손실			-북한은 250만 명의 인명손 실, 중공은 100만 명, 남한 은 150만 명, 미국은 14만 명(사망자 3만 4천 명, 부상 자 10만 3천 명) -소련군(335대), 중공군(600대), 미군(1182대) 전투기 손실	
분단 형성	-1951년 여름 무렵 38선 근처에서 분 계선 조성 -진지전의 성격	-1951년 1월 즈음 분 계선 조성	-1951년 2월 즈음에 38선을 따라 전선 형성 -전투는 진지전의 형태	
휴전	-1953년 7월 17일 정전회담	-1953년 7월 17일 정전회담		
결과			-소련지도부는 한국갈등에 서 소련개입 규모를 줄이고 양 동맹체계간 전쟁확산을 막으려고 함 -미국정계에 한국전쟁으로 인 해 양블록의 글로벌한 충돌 이 격렬해진다는 확신 퍼짐	-경제적으로 다른 체 제로 발전(북한 국가 중심의 경제/남한 시 장경제) -정치적으로 남북한 권위주의 정치라는 유 사성 존재

* 위의 표는 필자가 논문에서 분석하고 있는 교과서 4종의 내용을 재구성하였음.

위의 『최신세계사』는 이러한 설명에 바로 뒤이어 학생들에게 다음의 부가내용을 제시한다. "학자들과 정치가들의 견해: 냉전의 책임은 누구에게 있는가? 서방의 역사학자들과 정치가들은 보통 사회주의의 영향력을 확대하고자 하는 소련의 열망과 세계혁명이라는 공산주의 독트린을 인용하면서 소련에 그 책임을 물었다. 그와 반대로 소련 역사가들은 많은 점에서 미국과 그 동맹국에 책임을 돌렸다. 그들은 '냉전'의 주요 원인은 세계를 지배하려는 미 제국주의의 열망에 있다고 보았다. 현재, 우리 조국의 역사가들과 해외의 역사가들은 '냉전'은 세계적인 지배권을 얻기 위해 투쟁한 두 개의 최고 국가의 이념적, 지경학적 대치의 결과로서 발발했고, 그 결과 '냉전'에 대한 책임은 양쪽 모두에게 있다는 생각이 지배적이다"라고 기술함으로써, 미국과 소련의 극한 대립이 관철되었던 냉전의 시대가 한국전쟁을 비롯해 세계사의 노정에 중대한 영향을 끼쳤다는 결론을 이끌어내고 있다.

한편, '무네모슈네' 출판사에서 발행한 『최신역사』는 한국전쟁에 대해 비교적 짧게, 단순히 사실만 전하고 있다. 즉, 한국에서 소련군은 북쪽을 일본으로부터 해방하고, 미국은 남쪽을 차지했는데, 38선을 따라 경계가 그어졌으며, 조선인민민주공화국과 대한민국이 수립되었다. 그들 간에 1950~1953년에 걸쳐 일어난 전쟁에는 외부세력이 참가했지만, 어느 쪽도 우세하지 않았다. 각 국가는 계속 자신의 길을 걸어갔다. 북한에서는 국가중심의 경제가 확립되고, 남한에서는 생산수단에 대한 사적 소유권의 기초 위에 있는 시장경제가 확립되었다는 설명이다.[52]

이와 달리 출판사 '러시아어(Русское слово)'에서 출간된 『러시아와 세계의 역사』(2008)는 한국에서의 전쟁과 그 결과에 대해 매우 자세히 쓰고 있다. 이 교과서는 20세기 역사의 교훈이 평화를 지향해야 한다는 것임을 강조하려는 입장에서 특히 전쟁의 진행과정과 휴전 협정 체결 등이 부각되어 있다. 이 교과서는 8판까지 인쇄되었고, 그동안 여러 번에 걸쳐 수정되었기 때문에 가장 내용이 풍부하다. 우선, 교과서 저자들은 "아시아 대륙에서 가장 큰 갈등은 한국에서 일어났다"고 하면서, 미국이 일본군과의 전쟁과정에서 점령한 한국의 남쪽에서 1948년 5월에 선거가 이루어져 서울을 수도로 하여 대한민국이 수립되었고,

소련군에 의해 해방된 북부지역에서는 1948년 8월에 평양을 수도로 하는 조선민주주의인민공화국이 수립되었다고 쓰고 있다. 교과서는 "북한 정부도 남한 정부도 자신들이 모든 한국 인민의 유일한 합법적 대표라고 생각했다"고 강조한다. "북한은 자신의 방어능력을 강화하기 위해 소련과 중국으로부터 상당한 도움을 받았으며, 부분적으로 북한에서는 400명 이상의 외국 군사전문가들이 일을 하였다. 북한의 지도자 김일성(1912~1994)은 남쪽 정부가 미국의 도움을 받아 한반도 전체의 점령을 준비하고 있다고 확신했다." 교과서는 한국전쟁 발발이 스탈린—마오쩌둥—김일성의 책임임을 잘 보여준다. "1950년 6월 25일에 조선인민민주공화국 군인들은 남쪽으로 진격을 시작했다." "대규모 전쟁은, 비록 오랫동안 소비에트 역사학에 의해 그 사실이 부정되기는 했지만, 바로 북한이 시작한 것이다."[53]

위 교과서는 토르쿠노프와 쿠르바노프 등 한국학 연구자들의 성과를 매우 자세히 반영하고 있는데, 한국전쟁이 냉전체제하에서 일어나, "이념이 서로 다른 단독정부가 수립되었고, 유엔군과 중공군에 의해 내전에서 국제전으로 전환하게 되었음"을 비교적 차분하게 설명하고 있다. 미국은 소련 정부가 유엔 안보리에 참석하지 않는다는 점을 이용해 북한을 침략자로 선언하는 결의를 얻어냈으며, 1950년 9월 미국의 군사력과 그 연합국이 유엔의 깃발 아래 북한군의 후방으로 상륙하여 거의 북한 전체를 점령했다는 사실이 설명된다. 교과서는 소련이 한국전쟁과 꽤나 밀접한 연관이 있었음을 보여주고자 한다. "1950년 10월 25일, 중공 정부는 한국으로 의용군을 보낸다는 결정을 채택했다. 11월에, 소련은 엄호를 위해 중공과 북한으로 공군을 보냈다(비행기 321대, 군인 26,000명). 처음에는 공중전에서 소련과 미국의 공군력을 시험하는 것이었다." 미국 쪽은 군사작전에 비행기가 2,400대까지 투입되었다. 미군 사령부는 핵무기 사용에 대해 심각히 고려했다. 1951

년 2월 즈음에 전선은 38선을 따라 형성되었다. 휴전합의 직전까지 전투(군사행동)는 진지전의 성격을 지녔다. 이 교과서는 전쟁의 상처가 참전국들에게 얼마나 가혹한 결과를 미쳤는지를 여실히 보여준다. 즉, "전체적으로 전시에 북한은 250만 명의 인명손실이 있었고, 중공은 100만 명, 남한은 150만 명, 미국은 14만 명(사망 3만 4천 명, 부상 10만 3천 명), 소련은 비행기 335대를 잃었고, 중공군은 600대를 상실했고, 미국은 1,182대를 잃었다." 이어서 교과서 저자들은 전쟁초기에 소련의 제공권이 미국보다 우세했다는 점을 강조한다. "한국에서의 전쟁은 소련의 새로운 제트비행기 MIG15가 미군기보다 분명히 우세함을 보여주었으나, 전시 중에 미국과 소련의 손실의 균형은 8:1에서 2:1로 바뀌었다."[54]

이 교과서의 저자들은 한반도에서의 남북한 군사적 충돌은 미소간의 전쟁시스템에 기초하고 있음을 잘 보여준다. 다시 말해, 미소 간 군사행동의 경우를 예상해 추코트카에 소련부대 편성이 시작되었고, 미국의 알라스카에 군대상륙이 임박했으며, 소련에서는 미국의 해상 우위권을 제압할 수 있는 막강한 위력의 잠수정 건설 프로그램이 채택되었다는 일련의 사실이 지적되고 있다. 저자들은 결론에서, "최근에 간행된 사료들 가운데서 보이듯이, 소비에트정부는 한국전쟁 개입의 규모를 제한하고자 했으며, 양 동맹체제 사이의 전쟁으로 확산되는 것을 예방하고자 했다. 미국에서도 유사한 분위기가 존재했는데, 미국의 정계에서는 그(한국전쟁)로 인해 양대 진영 사이의 국제적 충돌이 격렬해져", 그 이상의 상황으로 갈 수도 있다는 우려가 널리 퍼졌다고 적고 있다.[55]

이상에서와 같이 4종의 교과서를 분석하였다. 그 분석을 통해 한국전쟁의 개전에서 김일성에 의한 남침이라는 역사적 사실이 분명히 명시된다는 점, 한국전쟁에서 스탈린의 역할에 대해 "찬성", "협의", "승인"과 같은 표현을 사용함으로써 전쟁개입을 설명한다는 점, 그리고 남북한 각각에 대한 객관적 설명을 시도한다는 점이 두드러진다. 동시에 특기할 만한 사항은 한국전쟁의 궁극적 원인으로 '냉전체제'와 냉전의 국제적 요인도 강조되고 있다는 점이다.

　이러한 서술 경향에 대해서는 다음과 같은 해석이 가능하다. 1990년대 초반에 옐친 정부하에서 개방된 문서고 자료에 기초해 이루어진 토르쿠노프 등의 연구는 당시의 러시아의 정치적 분위기, 즉 소련체제 붕괴의 원인으로 스탈린체제를 철저히 비판하는 차원과 일정정도 연관이 있다고 해석할 수 있다. 더구나 오랫동안 적대적인 상태에 있었던 한·러 양국관계 개선을 위한 정치적 고려도 빼놓을 수 없다. 그렇지만, 소련해체 20년을 앞둔 시기에 역사교육을 둘러싸고 일정한 변화가 관찰된다. 즉, '계몽'출판사의 2009년판 교과서 서문에 나타나듯이 러시아의 이해관계에 해가 될 수 있는 서술에 대해서는 문제삼을 수 있다는 뉘앙스도 개진되었다는 점을 지적해야 한다. 스탈린의 소련체제는 히틀러의 전체주의 체제와 다르며, 60년대부터 소련해체 직전까지의 소련사회는 전체주의사회가 아니었다는 웅변 속에서 메드베데프 대통령 산하의 '러시아의 이익에 유해한 역사왜곡 시도 저지를 위한 위원회'의 영향력을 연상한다는 것은 그다지 무리는 아닐 것 같다. 1992년에 개방되었던 한국전쟁 관련 문서고가 현재 다시 폐쇄된 상황이나 향후 대통령 산하 '위원회'의 활동이 강화될 가능성이 높다는 점을 염두에 두면, 한국전쟁 서술을 둘러싼 역사전쟁은 지속될 전망이다.

4. 맺음말

이상에서 러시아 대학의 한국사 교재와 중등학교 역사교과서에 나타난 한국전쟁 원인에 대한 서술과 인식을 살펴보았다. 그동안 한국전쟁의 발발 원인에 대해서는 기원론과 개전론으로 나뉘어 설명되었으며, 기원에 대해서는 외적 기원론(스탈린의 지시와 마오쩌둥, 김일성의 치밀한 논의)과 내적 기원론(좌우익 대립), 그리고 전쟁 개전 책임에 대해서는 남침설, 북침설, 남침유도설 등 다양한 논쟁이 있어왔다. 논문에서는 특히 2007~2009년에 출판된 한국사 관련 대학교재 5종과 중등교과서 4종을 분석하였다. 그 과정에서 본 논문은 한국전쟁 관련 서술이 과거 소련 시대에 공산당이 주도하는 도그마적 서술(narrative)에서 분명히 벗어났다는 점을 밝혔다. 아울러 한국전쟁에 관한 역사서술이 북한이라는 창을 통한 설명방식에서 벗어나 사료에 근거하는 치밀한 연구가 진행되고 있으며, 그러한 연구성과가 중등교과서의 서술에도 상당부분 반영되었다는 사실을 확인하였다. 그와 함께 한국전쟁에 관한 서술과 그에 대한 인식의 배경을 이루는 컨텍스트를 두 가지 차원으로 살펴보았으며, 그것이 긴장관계에 있음을 보여주고자 하였다. 그것은 한편으로는 소련해체 이후의 새로운 역사교육과 역사쓰기의 연장선에 있으며, 다른 한편으로는 정치, 사회적 변화와 무관하지 않다는 점이다. 다시 말해, 국가-당의 이데올로기적 지침에서 벗어나 사건에 대한 객관적 서술에 기초하는 균형적인 역사서술의 경향과 함께, 소련 붕괴 직후 옐친 정부의 정치적 고려 또는 메드베데프 정부의 현실주의적 입장이 동시에 작동했다는 점을 주장하고자 하였다.

그런데 2010년 한국전쟁 60주년을 기념해 이루어진 다양한 학술회의와 관련행사들에 대한 보도와 연관해, 한국의 언론에서는 학자들의 풍부한 연구성과에 담긴 역사적 함의를 강조하기보다는 스탈린의 전

쟁책임론이나 북한의 남침설이라는 선정적 주제만 산발적으로 언급하
거나, 그 사실이 러시아 교과서에 서술되었다는 점을 부각시키는 경
향이 있었다. 그렇지만, 본 논문에서 살펴보았듯이, 교과서 서술의 변
화는 정치사회적 변화와 불가분의 관계에 있으며, 복잡한 역사전쟁의
한복판에서 이루어진다는 점에서 역사인식에 대한 중요한 시사점을
준다. 굳이 "모든 역사는 현재의 역사"라는 크로체(Benedetto Croce) 언
명을 빌리지 않더라도, 러시아 대학의 역사학 교재와 중등교과서의
한국전쟁 관련 서술은 러시아의 현재 역사교육 이면에서 이루어진 일
련의 변화를 반영하고 있다.

소련해체 직후 '현실 사회주의' 체제의 실패가 자명해진 순간에도
여전히 사람들의 일상생활과 의식에 소비에트시대의 유산이 잔존하고
있다는 점을 염두에 두면, 그리고 그 극단에 러시아 역사 서술에서
"역사왜곡 시도에 대한 저지"의 이름으로 러시아의 이익을 관철하고자
하는 정부의 노력을 고려하면, 역사만큼 정치적이고 이념적인 성격이
강한 학문도 없으며 러시아 역사학만큼 그러한 성격이 두드러지는 분
야도 없다는 생각을 하게 된다. 동시에, 한반도의 한편에서 벌어지고
있는 '금성교과서', '대안교과서'를 둘러싼 소동 역시 러시아 역사교육
상황과 유비의 관계에 있다는 유추를 하게 해준다. 이러한 상황에서
역사학자들과 교육 현장에서 일하는 교사들의 날카로운 역사의식이
매우 중요하게 다가온다. 페레스트로이카와 소련해체 이후 러시아 교
육은 엄청난 정치, 경제, 사회적 소용돌이 속에서 학교가 문을 닫고
극한 경우 범죄와 폭력의 온상이 되는 상황까지 경험하였고, 소비에
트시대 자체에 대한 철저한 부정에서부터 러시아혁명 이전 시대의 전
통과 유산에 대한 과도한 미화까지 극단적인 역사인식이 거리의 가판
대를 좌우한 시기도 있었다. 그렇지만 2000년대 들어 생겨난 비교적
차분한 역사연구와 역사교육의 분위기는 푸틴 정부 후반과 메드베데

프 정부에서 중요한 기치로 등장한 '현대화' 작업의 일환으로 다시 요
동을 칠 전망이다. 그 어느 때보다도 역사교육 주체들의 입장이 매우
중요하게 부각되는 현재의 러시아의 상황은 우리에게도 현실적인 문
제로 다가온다.

[1] 한국전쟁 60주년을 전후하여 많은 연구성과물이 쏟아져 나왔다. 『歷史學報』 205(2010) 〈특집: 당대사 서술의 쟁점과 과제〉에 실린 기획논문들 참조. 아울러 김영호·강규형·캐스린 위더스비 외, 『6·25전쟁의 재인식: 새로운 자료, 새로운 해석』, 기파랑, 2010 ; 한국역사연구회, 『역사학의 시선으로 읽는 한국전쟁: 사실로부터 총체적 인식으로』, 휴머니스트, 2010.

[2] 민경현, 「러시아의 중등학교 역사 교과서와 소비에트 시대」, 『서양사론』 77, 101~121쪽 ; 박상철, 「러시아 역사교과서 속의 러일전쟁」, 『歷史敎育』 90, 2004 ; 박상철, 「러시아의 역사교육과 교육목표」, 『歷史敎育』 100, 2006 ; 『러시아 교과서 시정조사 활동 보고서』, 한국교육개발원, 2000 ; 『한국·러시아 양국의 이해 증진을 위한 교육의 역할(러시아 교과서 관계자 초청 학술 세미나)』, 한국교육개발원, 1993 ; 『한국·러시아 양국의 이해증진을 위한 역사 교과서 개선 방안 탐색』, 한국교육개발원, 1992 ; 손용택·한관종, 「한반도 주변 주요국 교과서의 한국 관련 지명 왜곡과 오류 실태」, 『사회과교육』 45집 4호, 2006, 83~106쪽 ; 최덕규, 「러일전쟁에 대한 러시아의 역사인식」, 『슬라브학보』 19집 2호, 2006 ; 구자정, 「개발독재 시기 한국 현대사 서술을 통해 본 현대 러시아의 한국 인식과 자기 인식」, 「러시아의 한국 현대사 인식 속에 투영된 현대 러시아의 자화상」, 『국제지역연구』, 2010, 1~26쪽 ; 정세진, 「한·러 수교 이후 러시아의 한국 인식」, 「러시아 대학교재 분석을 중심으로」, 『국제지역 연구』, 2010, 441~468쪽.

[3] 1994년 6월 2일 모스크바 한·러 정상회담을 마친 후, 옐친대통령이 김영삼 대통령에게 한국전쟁 관련 일부 사료를 넘겨주었으며, 7월 20일 이 사실이 한국 언론에 공개되었다. 해제된 러시아 문서자료에 기초한 토르쿠노프의 저작 *Загадоч-ная война: корейский конфликт 1950~1953 годов* (М., Росспэн, 2000)은 『수수께끼의 전쟁: 한국전쟁(1950~1953)』으로 번역되었다(김종서 譯, 에디터, 2003). 러시아문서자료는 이미 번역되어 상당부분이 우드로윌슨센터의 '국제냉전사 프로젝트(Korean War International History Project, KWIHP)의 한국전 배너에 영어로 번역되어 있다(www.cwihp.org, 「러시아 제공 한국전쟁 관련문서: 6·25의 기원은 이렇다」, 『통일한국』 129, 1994, 82~89쪽 ; 김학준, 「6·25전쟁은 스탈린이 일으켰

다」, 『국제정치논총』 42권 1호, 2002, 297~307쪽).

[4] К. Н. Кулматов, "Новые российские учебники по истории корей: Вклад в сотр
удничество между россией и республикой корея," *Российско-Корейский Форум
Чечжудо* (2009년 5월 26일~5월 31일). 쿨마토프 교수는 러시아 외교아카데미 산
하의 현대국제관계연구소(ИАМП)의 부소장이자 키르기스스탄 학술원 위원으로
서 교육 일선에 있는 학자이다.

[5] К. Н. Кулматов, 위의 글, c.2~6.

[6] 이를 위해 2007년 여름 푸틴대통령은 '루스키 미르' 재단 설립에 관한 명령을 공
표했다. 러시아 정부의 이미지 제고 노력에 대해서는 재단 홈페이지 참조(http://
www.russkiymir.ru/russkiymir/ru/).

[7] 박태균, 「당대사 서술의 쟁점과 과제-개설서의 교과서를 중심으로」; 「한국현대
사의 논쟁에 대한 재평가와 교과서 수록 방안」, 『歷史學報』 205, 2010, 77~117쪽.

[8] 타자는 민족과 국가 내부의 차원에서도 있을 수 있고, 대외관계에서도 있을 수
있다. 예컨대, 제국주의 시대에 유럽중심주의 사고에서 나온 오리엔탈리즘이나,
일본에서 단일민족주의론을 강조하기 위해 재일한국인을 타자화하는 것은 좋은
예가 될 수 있을 것이다. 한국의 러시아 인식에서는 역시 자본주의/공산주의, 서
구/동구 등의 이분법을 통한 타자화의 방식이 적용되고 확대된 측면이 있다. 냉
전의 시기를 거치면서, 반공이데올로기에 기초해 성립된 한국 사회에 러시아는
낯선 '타자'로 존재해 왔으며, 그것은 분단의 시대를 살면서 한국인의 '자아' 정체
성의 확립을 위해 의도적으로 또는 필요에 의해 러시아를 낯선 '타자'로 설정하
게 된 역사적 맥락이 있음을 부인할 수 없다.

[9] 쿠르바노프 교수가 러시아의 대학교재 일반에 대해 언급한 11쪽의 짧은 발표문
이 유일하다(『대한민국 건국 60주년 기념 국제학술회의: 한국을 바라보는 타자
의 시선, 각국 교과서와 매체에 나타나는 한국 관련 서술의 변화』, 한국학중앙연
구원 발표집, 2008).

[10] ①『한국의 역사: 고대부터 현대까지』(*История Коре : с древнейших времен до
наших дней*, vol. I~II, 1974). ②『러시아의 한국학 연구: 역사와 현재』(*Корееведе
ние в россии: история и современность* / ответственный редактор, Ванцн, Ю.
В. 2004)(기광서 譯, 『러시아의 한국연구』, 풀빛, 1999). ③『한국의 역사: 새로운
독해』(*История Кореи: новое прочтение*, под редакцией А. В. Торкунова. Уче
бники МГИМО, 2003). ④『한국사 강의: 고대에서 20세기 말까지』(Курбанов С.
О. *Курс лекций по истории Коре : с древности до конца XX века*, 2003년판과
2009년판). ⑤『한반도: 전후 역사의 변화』(Торкунов А. В., Денисов В. И., Ли

Вл. Ф. *Корейский полуостров: Метаморфозы послевоенной истории*, 2008).

[11] *История Кореи : с древнейших времен до наших дней*, vol. I~Ⅱ, 1974.

[12] *История Кореи : с древнейших времен до наших дней*, vol. Ⅱ, 한국전쟁 단원.

[13] *Корееведение в россии : история и современность* / ответственный редактор, Ваннн, Ю. В. 한국전쟁 장.

[14] 토르쿠노프는 1990년대 이후 개방된 스탈린 관련 문서들에 기초하여 『수수께끼의 전쟁: 한국전쟁, 1950~1953』을 비롯해, 우핌쩨프와의 공저인 『한국문제』 등 다수의 저작을 남긴 바 있다. А. В. Торкунов, *Загадочная война: корейский конфликт 1950-1953 годов*, М., Росспэн. 2000 ; А. В. Торкунов, Е. П. Уфимцев, Ко рейская проблема: новый взгляд, М., Анкил. 1995.

[15] *История Кореи: новое прочтение*, под редакциейА. В. Торкунова. cc. 338~343 (뒤에서 *История Кореи*로 약칭).

[16] С. О. Курбанов, *Курс лекций по истории Кореи : с древности до конца XX ве ка*, 2009년판, c.422(이후 *Курс лекций*로 약칭).

[17] *Корейский полуостров: Метаморфозы послевоенной истории*, c.123(뒤에서 *Кор ейский полуостров*로 약칭).

[18] "이 작업을 하게 된 중요한 동기 중 하나는, 내 자신이 학생시절부터 한국에 대해 배우면서 심각한 어려움에 부딪혔다는 점에 있었다. 한국전쟁, 분단, 1950~1980 년대 북한의 정치발전 등 현대사의 제 사건에 대한 해석뿐만 아니라, 공산주의 운동, 1950~1960년대 북한의 분파투쟁 등에 대해서도 연구의 공백이 있었다. 사 건들의 많은 부분이 불분명하고 모순적일 뿐만 아니라, 그 내용은 구미권에서 출판된 영어문헌과 남한에서 출판된 문헌과 전혀 달랐다(*История Кореи*, c.4)."

[19] 토르쿠노프는 '한국전쟁(Корейская война)'이라는 용어보다는 '한국에서의 전쟁 (Война в Корее)'을 쓰는 것을 선호한다. 한국전쟁의 용어 문제에 대해서는, 이 완범, 「6·25전쟁의 명칭과 복합전적 인식」, 『한국학중앙연구원 현대한국연구소 국제학술회의 자료집』, 2010, 105~124쪽.

[20] А. В. Торкунов, *Корейский полуостров*, c.123.

[21] А. В. Торкунов, *Корейский полуостров*, c.124.

[22] А. В. Торкунов, *Корейский полуостров*, c.124.

[23] А. В. Торкунов, *История Кореи*, cc.338~339.

[24] А. В. Торкунов, *История Кореи*, c.340.

[25] А. В. Торкунов, *История Кореи*, cc.340~341.

[26] 즉, "이승만은 남한이 북한을 눌러야 하며, 7월에 진격을 시작해야 한다고 주장

했다."

[27] "우리는 김일성 일파의 일부를 산으로 몰아넣고 그들을 굶겨죽일 것이며 [······] 두만강과 압록강을 따라 우리의 방어선을 설치해야 한다."

[28] А. В. Торкунов, *Корейский полуостров*, с.127.

[29] А. В. Торкунов, *История Кореи*, с.339.

[30] С. О. Курбанов, *Курс лекций*, сс.423~424.

[31] С. О. Курбанов, *Курс лекций*, с.424.

[32] С. О. Курбанов, *Курс лекций*, с.427.

[33] 〈표 2〉 남북의 군사력의 비교(1950년 6월 25일)

정규군	남한	북한
육군	8사단 67,414명	10사단 120,880명
	의용부대 27,558명	의용부대 61,820명
해군	군함 3척	－
	7수비대 7,715명	3수비대 4,700명
보병	2대대 1,166명	상륙부대 9,000명
공군	1비행중대, 7비행기지 1,897명	1비행사단 2,000명
인적총계	105,750명	198,400명
탱크	－	242대
장갑차	27대	54대
그 외	유탄포, 박격포, 대전차용무기, 비행가, 고사포 등	우세

출처: *Война в Корее 1950~1953: взгляд через 50 лет* (М., 2001), с.41~43.

[34] 교육개혁에 대한 설명은 다음을 참조. И. Ф. Шарыгин, "Реформа образования: protив и contra(сочинение на незаданную тему)," Реформа образования ресурс ный on-line центр научно-практической поддержки российского образования, http://reformobr.ru/index.php/1992-1998/54--pro-contra- ; А. В. Шевкин, "Хроника реформы образования: путь в никуда под внешним управлением," Реформа об разования ресурсный on-line центрнаучно-практической поддержки российского образования, http://reformobr.ru /index.php/ 1999-10/56-hronika- reform?showall=1

[35] Joseph Zajda and Rea Zajda, "The Politics of Rewriting History: New History Textbooks And Curriculum Materials in Russia", International Review of Education － *Internationale Zeitschrift für Erziehungswissenschaft*-Revue Internationale de l'Education 49(3-4), 2003, pp. 363~384. 소련 해체 이후 새로운 러시아 정체성을 위한 모델 을 찾는 작업에서 여러 역사적 인물들, 예컨대 표트르대제에서부터 니콜라이 2 세, 트로츠키, 베리야 등 여전히 평가가 엇갈리는 인물들이 학생들에게 제시되

기도 하였고, 이 과정에서 러시아제국의 황제 니콜라이 2세는 민중의 수탈자이
자 학살자가 아니라 수난자로서, 트로츠키는 분파주의자가 아니라 진정한 혁명
가로 평가되었다. 이처럼 새로운 러시아적 정체성이 강조되는 과정에서 러시아
제국의 유산, 러시아의 전통, 애국주의 등이 연계되고 호명되어졌다. 그와 동시
에, 새로운 교과서들은 학생들에게 다양한 시각을 가지고 사건을 바라보며, 역
사에 대한 비판적 의식을 채택할 것이 권유되었다는 점도 강조되어야 한다. 다
시 말해, 새로운 역사교과서들은 소비에트시대의 단일한 교조적인 역사해석과
낡은 이분법적 역사해석이 아니라, 역사의 실제에 대한 풍부한 설명을 담기 시
작했다.

[36] А. И. Уткин, А. В. Филиппов, и др., *История России 1945-2008 гг.* 11 класс
учеб. для учащихся общеобразоват. учреждении, 3-е изд, М., Просвещение,
2008 ; *Всеобщая история Новейщая история.* 11 класс учеб. для учащихся об
щеобразоват. учреждении, В. П. Смирнов, Л. С. Белоусов, О. Н. Докучаева,
М., Просвещение, 2009 ; Н. В. Загладин, Н. А. Симония, *История России и
Мира: в XX - начале XXI века.* 11 класс. 7-е изд(М., Русское слово, 2008) ; Л.
Н. Алексашкина, *Новейшая история: XX век - начало XXI века.* 11 класс учеб.
для учащихся общеобразоват. учреждении, 4-е изд, М., Мнемозина, 2007.

[37] "계몽(Просвещение)" 출판사와 교과서 시장 상황에 대해서는 다음의 신문기사를
참조. Газета *Коммерсантъ* No. 120(2489) от 12.07.2002.

[38] 9학년 과정에서 개괄적 내용을 학습하며, 보통 19세기 말부터 최근까지 시대를
개괄한다.

[39] *Всеобщая история Новейщая история.* 11 класс учеб. для учащихся общеобраз
оват. учреждении, В. П. Смирнов, Л. С. Белоусов, О. Н. Докучаева, М., Прос
вещение, 2009, с.5.

[40] *Всеобщая история Новейщая история* (2009), сс.5~6.

[41] 이 위원회에 대한 대통령 명령. http://www.rg.ru/2009/05/20/komissia-dok.html.

[42] 위원회의 명단은 대통령 명령 하단에 포함됨(http://www.rg.ru/2009/05/20/komissia-
dok.html). 앞서 언급한 위원회는 대통령의 최고 측근인 대통령의 행정관 나리시
킨(С. Е. Нарышкин) 의장을 포함해 총 28명의 위원으로 구성되었으며, 칼리나
(И. И. Калина) 교육 및 과학부차관, 알하노프(А. Д. Алханов) 법무차관, 부시
긴(А.Е. Бусыгин) 문화부차관, 티토프(В. Г. Титов) 외무부차관, 자툴린(К. Ф. З
атулин) 두마 의장을 포함해, 코즐로프(В. П. Козлов) 러시아문서고 총책임자,
마카로프(Н. Е. Макаров) 러시아국방부차관에서부터 사하로프(А. Н. Сахаров)

러시아학술원 러시아사연구소 소장, 추바리얀(А. О. Чубарьян) 러시아학술원 세계사연구소 소장—물론 자발적이기보다는 위원회의 전원일치에 의한 초청의 뉘앙스는 띠고는 있지만— 등 역사학계의 수장들이 광범위하게 참여하고 있다.

[43] http://www.rg.ru/2009/05/20/komissia-dok.html.

[44] 예전 명칭은 '미국슬라브학진흥학회(AAASS)'.

[45] http://www.aseees.org/taubmantomedvedev.pdf, http://www.historians.org/press/Medvedev_Letter_June_17_2009.pdf.

[46] 이 회의에 대한 분석은 향후 별도의 논문에서 다루기로 하겠다. 회의에 대한 내용은 다음 사이트를 참조. http://rgsu.net/science/konf/.

[47] 구글검색 7위에 해당되는 이 사이트는 2006년 1월에 모스크바에서 오픈했으며, 러시아 최대의 교육포탈 사이트이다. http://pedsovet.org/.

[48] *История России 1945-2008 гг.*, с.24.

[49] *История России 1945-2008 гг.*, с.23.

[50] *Всеобщая история Новейщая история.* 11 класс учеб. для учащихся общеобраз оват. учреждении, В. П. Смирнов, Л. С. Белоусов, О. Н. Докучаева(М., Прос вещение, 2009).

[51] *Всеобщая история Новейщая история*, сс.175~176. 한편, 북한의 현대사에 대한 설명에서, 김일성과 김정일의 사진을 추가하고 그 기술 내용이 중국에 70% 정도를 할애하는 반면, 한국에 대한 분량은 극히 적은 사실이다. 그것은 역시 소련과 북한의 전통적 동맹관계를 반영한다고 하겠다(위의 책, сс.263~265).

[52] *Новейшая история: XX век - начало XXI века*, с.223.

[53] *История России и Мира: в XX - начале XXI века*, с.277.

[54] *История России и Мира: в XX - начале XXI века*, с.278.

[55] *История России и Мира: в XX - начале XXI века*, с.279.

러시아의 시각으로 본 박정희 체제에 대한 해석

알렉산드르 보론쪼프

1. 들어가는 글

의심할 나위 없이 박정희는 눈에 띄게 비범했던 인물이다. 대한민국과 한반도 전체의 역사에서 그가 행한 역할은 심오하고, 모순되고, 다차원적이고, 또한 중요하다. 그의 행동에 대한 평가는 아직까지도 극단적이고 감정적인 경우가 많다. 민족사에 미친 기여를 이해하고 정확하게 평가하기 위해서 매우 오랜 시간을 필요로 하는 역사적 활동가들의 범주에 그 역시 속한다. 여기에는 러시아의 위대한 시인인 세르게이 예세닌의 유명한 말이 적절하리라 생각한다. "얼굴을 맞대고 있으면 얼굴이 보이지 않는다. 거리를 두면 크게 보인다(Лицом к лицу лица не увидать, большое видится на расстоянии)."

또 한 명의 유명한 한국인이자 박정희의 영원한 적대자였던 조선민주주의인민공화국 지도자 김일성과 관련하여 러시아 지성의 대표자들 가운데 한 명이고, 저명한 외교관이자 학자였던 카피짜(М. С. Капица)가 한 진술에서 이와 유사한 의미를 유추할 수 있다. (전 소련 외무성 부상이었던) 카피짜가 소련 학술원 동방학연구소장으로 재직하면서 처음으로 대한민국을 방문했을 때 공항에서 남한의 기자들은 "언제 김일성이 죽을 것 같은가?"라고 공격적으로 질문했다. 이에 대해 이 러시아인은 다음과 같이 대답했다. "당신들이 그 사람의 크기를 평가하지 못하는 처지에 있다는 것이 안타깝습니다. 부정적인 감정이 사라지게 되면 한국민들은 세상에 그와 같은 탁월한 정치가가 배출되었다는 것에 자부심을 가지게 될 것이라는 사실을 이해하지 못하고 있습니다." 박정희에 대해서도 이와 같은 방식의 접근이 절대적으로 필요하다고 생각한다. 그는 한국에서도, 외국에서도, 그리고 생존해 있을 당시에도, 사망한 이후에도 엄청나게 많은 이런저런 평가를 받았다. 하지만 이제 모든 것을 제자리에 배치할 시간이 되었다.

이와 관련하여 오랫동안 그를 악마로 치부해 왔던 북한에서 생겨나고 있는 박정희 정권에 대한 인식상의 중대한 변화는 매우 의미심장한 것이다. 필자는 1979~1980년 평양 김일성대학의 견습학생으로 있던 학창시절의 경험이 떠오른다. 나는 판문점의 관람관에서 박정희 대통령이 두 마리의 큰 개와 놀고 있는 모습이 찍혀 있는 미국 저널의 사진 아래 "여기에 세상에서 가장 흉포한 개 세 마리의 모습이 있다"라는 글을 보고는 큰 충격을 받았다. 박정희 대통령이 총격을 받고 사망했을 때 언제나 엄격하고 규율적인 기숙사 '동숙선'에 외국인 학생들이 삼삼오오 모여들어 폭음을 하면서, 모든 한국인들의 적이 죽은 오늘은 그들에게 있어 위대한 기념일이기 때문에 이와 같은 비정상적인 행위를 한다고 변명했던 기억이 난다.

10여년 전부터 조선민주주의인민공화국 지도자 김정일이 박정희의 의심할 바 없는 공적을 인정하고, '새마을운동' 등 그가 이룩한 경제성과를 긍정적으로 평가하고, 국가자본주의 경제체제하에서 '재벌'의 역할과 북한의 경제개혁 과정에 그와 같은 경영구조를 적용할 수 있는지를 주의 깊게 연구하기 시작했을 정도로 남북관계 만큼이나, 북한 자체 그리고 북한 정치엘리트들의 머릿속에서도 중대한 변동이 발생하였다. 2002년 여름 김정일이 박정희의 딸이자 현재 대한민국의 주요 정치인들 중 한 명인 박근혜를 따뜻하게 맞아들인 사실은 주목할 만하다.

필자가 남한에서 대통령 예비선거운동(당내 공천 - 역자 주)이 한창이던 2002년 가을에 묘향산 국제친선관람관을 방문하면서 겪었던 에피소드도 이와 같은 격변을 보여주는 것으로 생각할 수 있다. 그곳의 여행안내원은 대통령선거 직전의 남한 내 정치세력들의 우열에 대한 우리의 평가와 후보자들의 전망에 강한 관심을 보였다. 아마도 남한 정치인이 조선민주주의인민공화국을 방문해 김정일과 만났던 것에 대한 기억으로 인해, 그리고 그녀가 여성이라는 점이 전 남한 대통령 박정희의 딸 박근혜의 승리 가능성에 특히 관심을 불러일으키도록 했던 것으로 보인다.

2. 박정희 체제에 대한 러시아의 재평가

많은 나라의 정치권과 학계에서도 박정희의 활동에 대한 재평가가 이루어지고 있다. 러시아도 예외는 아니다. 일련의 러시아 전문가들은 다음과 같이 생각하고 있다. "소련이 해체된 이후 우리나라의 자유주의 경제학자들과 역사학자들로 인해 박정희에 대한 심한 혐오감은 한국의 경제기적을 이룩한 주요 인물에 대한 관심으로 바뀌었다. 그러나 인권 침해자로서의 박정희의 명성에 대해서는 '그것을 공개적으로 인정'하지 못하도록 했다. 현재 '민주적인' 매스미디어(СМИ)에서는 푸틴 대통령의 행동, 그리고 과거에 혐오했던 피노체트와 박정희의 행동이 주기적으로 분석되고 있다. 이 통치자들이 자기나라의 경제에 어떤 영향을 미쳤는지뿐 아니라, 그들이 채택한 '비민주적' 방식들에 대해서까지 관심을 가지도록 노력하면서 말이다.

박정희와 그의 정책에 대한 진지하고 실제적인 관심은 러시아 분석가들 앞에 목적과 수단, 그리고 '강력한 인물'의 필요성에 대한 문제가 제기되고 있는 최근에야 모습을 나타내기 시작했다. '강력한 인물'의 행동은 국가의 정치력과 경제력 강화를 지향할 것이지만, 그 과정에서 시민권 혹은 개인의 자유 제한으로 이해될 수 있는 방안들의 채택이 수반될 것이다. 기본적으로는 얼마 전의 그리고 오래전의 진부한 상투어들로부터 자유로운 젊은 학자들이 이에 대한 객관적 분석을 시도하기 시작했다."[1]

일정한 단계까지 진행된 분석들은 이 글에서 탐구하는 문제에 대한 러시아 사회의 관심이 변화하고 있음을 반영하고 있다. 위의 인용문이 젊은 학자들의 급진주의와 관련 있는 것이기는 하지만, 우리가 조사한 바에 의하면, 러시아에서 예를 들어 트리구벤코(М. Е. Тригубенко), 톨로라야(Г. Д. Толорая)와 같은 상당히 오래전의 앞선 세대 학자들도 위에 제시된 주제들에 대해 진지하게 고민했음을 볼 수 있다.

박정희 정권에 대한 평가의 진화적 성격은 최근 40여년 동안 수행된 저명한 소련 및 러시아 한국학자들의 연구성과에 대한 비교분석을 통해 추적할 수 있다. 소련 시기 및 현대 러시아 시기와 같이 다양한 시기에 수행된 학문적 탐구가 각각의 시기를 규정하는 대립적 이데올로기의 흔적을 보여줄 수밖에 없다는 점은 극히 자연스러운 것이다. 그럼에도 진지한 학자들은 정치적 양식에 의해 필수적으로 포함되어야 할 부분을 최소화하고, 객관적인 분석의 노선을 견지하기 위해 노력해 왔다.

일련의 학문적 성과들 가운데 이 글에서 처음으로 살펴볼 것은 소련 한국학 학자들의 기본적인 공동연구서인 『한국사(История Кореи)』이다. 이 책은 두 권으로 되어 있으며, 1974년 소련 학술원 동방학연구

소에서 출간되었다. 박정희의 정권을 추구한 과정이 마르크스적 용어
의 틀 속에서 묘사되고 있기는 하지만, 전체적으로는 실제를 반영하
고 있다. "그들은 반공과 민족주의의 깃발을 내걸고 나타나서는 자본
주의에 대한 보다 가식적인 옹호와 정치현상의 계급적 본질에 대한
교묘한 은닉에 매달렸다. 그들은 사회적 과정의 해석에 대한 개인적
권리를 가로채면서 쿠데타를 도모했으며, 그 뒤를 이어 '군사혁명'의
방법 ..... 명백하게 표출된 위기적 현상들은 군부지도자들로 하여금
위장의 방법을 보다 완성시키고, 사회적 선동을 강화하도록 추동했다.
이를 통해 군부지도자들이 추구한 목표는 자신들이 국가적 의지를 구
현하고 있는 일종의 '비당파적이고', '초계급적인 세력'으로서 대중의
눈앞에 나타나는 것이었다. 그들은 자신들이 가지고 있는 외견상의
독립적 지위를 정치로부터 독립적인 군대라는 거짓되지만 매우 지속
적인 관념을 강화하는 데 이용했다.....'[2]

'새마을운동'의 기원에 대한 분석 또한 독자들이 그 기원을 충분히
이해할 수 있도록 한다. "박정희 정부는 협동조합들의 지원을 받으면
서 시골에 새로운 형태의 생산조직을 정착시키고자 하고 있다. 이와
함께 광범위한 협동조합망과 이를 운영하는 기관들의 창설, 협동조
합의 경제 및 정치활동에 대한 정부의 적극적 감독 등은 남한의 농
업을 일종의 국가 자본 부문으로 변화하는 방향으로 나아가게 하고
있다."[3]

러시아의 저명한 한국학 학자인 트리구벤코와 톨로라야는 자신들
의 저서인 『대한민국 경제 개관(Очерки экономики Республики Корея)』에서
이웃한 다른 나라들이 박정희 시기 남한의 근대화 경험을 이용할 가
능성에 대해 흥미로운 결론을 내리고 있다. "대한민국은 양극체제의
'냉전'과 '거대한 이데올로기적 대립'이라는 기형적 상황을 막대한 이
익을 얻어내는 데 활용했다고 말할 수 있다. 그럼에도 불구하고 대한

민국의 시장경제 발전은 현재에 있어서도 그 의미를 상실하지 않고 있다. 전체적이고 독재적인 지배구조의 환경 속에서 시장 구조와 메커니즘을 탄생시킨 경험은 북한을 포함한 유사한 정치체제를 가지고 있는 나라들에 적용될 수 있다. 만성적인 경제위기로부터 벗어나기 위한 유일한 현실적 방안으로서의 열린 시장경제 발전에 대한 북한의 관심이 조만간 그 모습을 나타내게 될 것이다. ……남한의 경험은 공산주의로부터 체제전환한 나라들뿐 아니라, 자신의 사회주의에 '새로운 성격'을 부여하고자 하는 나라들을 대상으로도 국제적인 의미를 가질 수 있다. 경제 부흥 과정에 대한 국가의 통제, 대기업을 포함한 기업들의 주도적 역할을 촉진시키기 위한 국가의 재정정책, 초기와 공업화를 통한 발전단계에서의 수출전략 등이 남한의 발전모델을 연구하는 데 있어 중심이 되는 양상들일 것이다. ……거시경제 발전계획의 수립은 국가 통제의 실질적 수단으로 남아 있다. 1962년부터 정부는 7개의 5개년 계획을 수립했다. 시장경제, 특히 사적 자본주의경제 환경에서는 거시경제 지표의 결정, 국가적 의미를 가지는 대규모 프로그램들의 현실화, 그리고 사기업들의 주요 투자계획에 대한 정부의 지원 등이 국가계획의 항목에 포함된다."[4]

상트페테르부르크의 현대 한국학 선두주자인 쿠르바노프(С. О. Курбанов) 교수는 자신의 대표적 연구성과인 『한국사 강의(Курс лекций по истории Кореи)』에서 박정희 정권의 독재성에 대해 매우 비판적으로 접근하고 있는 반면, 그 시기의 대한민국 경제발전에 대해서는 긍정적인 평가를 하고 있다. 그러면서 그는 성공의 토대가 된 것들 중 하나로 경제에 계획의 요소를 도입한 남한 대통령의 결정을 거론하고 있다. "그렇게 해서 1972년에 남한에서는 이른바 '독재개혁(유신독재)'과 박정희 대통령의 실질적인 '영원한 권력(영구집권)'이 수립되었다."[5]

"남한 사람들이 아직까지도 전율하면서 기억하고 있는 혹독하고 매서운 독재체제가 수립되었음에도 불구하고, 이에 저항하는 세력이 매우 컸기 때문에 마침내는 앞서 언급한 객관적 성격의 원인들과 결합하여 독재체제를 붕괴시킬 수 있었다."[6]

"……박정희는 독재적 통치양식 덕분에 생겨난 국가권력 수단들을 이용하면서 국가의 경제개혁을 시작했고, 국가경제의 계획화(планирова ния народного хозяйства) 체제를 도입했다. 정권을 획득하고 2개월이 지난 1961년 7월에 이미 첫 번째 경제개발5개년계획(1962~1966년)이 발표되었다. 또한 이와 동시에 경제 분야에 있어 사실상의 무제한적인 권한을 행사하고, 채택된 결정에 대해 높은 수준의 책임을 지는 경제기획원(Совет экономического планирования)이 설치되었다. 박정희가 왜 계획경제의 효과성에 착목했는지를 설명하기는 간단치 않다. 한편으로는 계획적 요소를 활용했던 이웃 일본의 긍정적인 경험이 어느 정도 역할을 했을 가능성이 있다. 다른 한편으로는 당시 사회주의 진영 나라들에서 5개년 계획에 의거해 수행했던 경제발전의 실제경험이 어느 정도 긍정적인 결과를 보여주었다. ……다른 말로 하자면, 1970년대 중반기에 새마을운동은 집단주의 전통에 기반을 두고 박정희 독재의 환경에서 경제성장의 사회적 구성요소 중 하나가 되면서 전국가적 운동이 되었다."[7]

러시아의 모든 연구자들이 박정희의 지도 아래 수행된 경제계획(소련과 같은 지시적 경제계획이 아니라 유도적 경제계획이다)의 실질적 적용과 시골의 근대화를 사실상 긍정적으로 평가하고 있다는 점은 특이하다. 이 요소들은 대한민국 경제 기적의 가장 근본적인 것들로 꼽히고 있다.

아스몰로프(К. В. Асмолов)가 발간한 『한국 정치문화: 전통과 변형(Кор ейская политическая культура: традиции и трансформация)』을 통해 제시한 분석은 매우 흥미롭다. "…… 권위적 정체(政體)가 유지되는 가운데 경제

분야의 근대화를 이루었다는 측면에서 박정희 정권을 실용적 보수주의라고 부를 수 있다. 박정희가 자신의 집권 초기에 제시한 6개의 기본 이데올로기적 방침은 반공주의, 서방과 미국 지향적 외교정책, 힘을 바탕으로 한 나라의 통일(국력의 획득), 정부 내 부패 및 여타 사회악의 일소, '새로운 도덕성'의 창시, 경제재건 등을 포함하고 있었다. ......반공주의와 힘을 바탕으로 한 통일 공식은 재론할 필요가 없다. 하지만 미국과의 관계는 보다 강화되었고, 일본은 적에서 동맹으로 바뀌었다. 그 외 '근대화'라는 새롭고 매우 중요한 구호가 덧붙여졌다..... 말하자면 박정희는 경제와 이데올로기의 기본 노선으로 이것을 만들었던 것이다. 조국 근대화, 민족중흥, 경제 성장, 국가 동원 등의 구호는 당시의 한국 정치문화에 있어 눈에 띄는 새로운 요소였다."[8]

한국 정치문화의 변천 자체를 분석하고, 러시아와 한국 역사 속에서 특정한 양상들 간의 역사적 유사성을 밝히는 시도 외에도, 이 연구의 결과는 전술한 한국이라는 주제 혹은 한국과 러시아라는 주제의 범주로부터 도출되는 몇 가지의 공통적 성격을 가지는 결론을 추출할 수 있게 한다.

우선, 이것은 권위주의가 항상 나쁜 것인가라는 질문에 대한 답을 제공한다. 최근에 확산된 견해는 권위주의 사회체제의 존재 이유 자체를 결단코 부정하고 있다. 하지만 한국의 경험은 민주주의와 근대화의 관계를 보여주는 중요한 실례가 되고 있다. 우리는 빈곤과 혼란으로부터 안정과 번영을 이룩해 낸 급속한 돌파가 '국가 동원' 및 이와 연관된 국가 역할의 강화(이는 시민의 자유에 대한 제한을 수반하지 않을 수 없다)가 없었더라면 불가능했을 것이라는 사실을 인정하지 않을 수 없다."[9]

박정희 시기를 포함한 권위주의 시기의 대한민국 발전과 현대 러시아를 비교하고자 한 아스몰로프의 시도는 관심을 불러일으킬 만한 가치를 지니고 있다고 생각된다.

저명한 한국 전문가인 토르쿠노프(А. В. Торкунов), 데니소프(В. И. Денисов), 블라디미르 리(Вл. Ф. Ли) 등이 저술하여 2008년 출간한 『한반도: 전후 역사의 변화(Корейский полуостров: метаморфозы послевоенной истории)』는 한국학에서뿐 아니라, 러시아의 사회과학에 있어서도 매우 탁월한 연구 성과이다.

저자들은 박정희 정권의 성격을 규정하면서 예를 들어 "사실상의 권위적 근대화(авторитарная модернизация в действии)"와 같이 이전과는 다른 용어들을 사용하고 있으며, 대한민국 국민들이 이른바 "무미건조한 앙금 속에서" 남한 지도자의 모든 긍정적인, 그리고 부정적인 측면을 균형 있게 살펴본 후에 매우 긍정적인 결론을 도출해 냈다고 주장하고 있다. "..... 남한의 사회여론에는 여러 차례의 정치적 소용돌이 속에서 살아남아 18년 동안 권력의 정상을 지켰던 매우 가혹하고, 엄격하고, 정당하지 못하고, 성실하고, 근면한 지도자의 형상이 서서히 자리 잡았다. 또한 오래전인 1995년 3월 서울에서 실시되었던 사회학적 설문에서 주민의 2/3 이상이 박정희를 대한민국 창설 이래 '가장 걸출한 정치인'으로 생각하고 있다고 답한 사실은 전혀 우연이 아니다."[10]

저자들은 현대 러시아에서의 평가에 대해 이야기하면서 다음과 같이 구분하고 있다. "일련의 러시아 정치학 연구자들은 탈식민지 사회에서의 가혹한 정치적 권위주의와 근대화의 결합을 일종의 '계몽적 권위주의' 혹은 '근대화의 권위주의'로 규정했다. 그와 같은 평가에 동의할 수는 있지만, 그러기 위해서는 많은 부대조건이 따라야 한다. 왜냐하면 근대화의 사회적 비용이라는 또 하나의 중요한 질문이 제기되기 때문이다. 그 비용이 얼마이건 간에 근대화는 인권에 대한 믿을 수 없는 희생과 침해를 통해 달성될 수 있는 것이 아니다."[11]

저자들이 박정희의 "유신" 개혁을 매우 긍정적으로 평가한다는 것은 주목할 만하다. 이는 과거 소비에트 시기에는 생각할 수도 없는 것이었다. 우리가 알고 있는 바와 같이, 대한민국에서조차 '유신'은 언제나 '긍정적'으로 규정되지는 않고 있다. "..... 박정희 '군사혁명'이 가지고 있는 또 하나의 중요한 특징은 '유신' 독트린의 ..... 규정과 밀접하게 연결되어 있다. '유신' 독트린에는 한국 민족의 민족적 전통과 외국, 그중에서도 특히 일본과 미국 정치문화의 통합적이고 동원적인 요소들이 조직적으로 결합되어 있다. ..... '유신' 독트린은 '군사혁명'의 기본적 목표들을 현실화시키는 데 있어 중요한 동원적 역할을 수행했다. 20세기 중반기 근대화, 부흥, 진보 등의 높고 고결한 목표들은 (버마, 이집트, 인도네시아, 파키스탄 등의) 다른 군사-관료정권들에 의해서도 선포되었다. 하지만 단지 남한에서만 (칠레의 경우 부분적으로) 군사-관료정권이 매우 인상적인 세계 수준의 경제적 및 사회적 성과를 달성했다. 남한에서 '군사혁명'의 성공은 남한의 지도자들이 독창적인 이데올로기를 바탕으로 '경제 기적'의 모든 중요한 과제들을 한 방향으로 결집시키는 데 성공했다는 점을 통해서만 설명되어질 수 있다."[12]

3. 러시아의 경험과 아시아에서의 변용, 그 특수성과 유사성

박정희의 행동이 가져다준 결과에 대한 탐구는 한국과 러시아의 상호인식과 상호이해의 심화를 위한 풍부한 자양분을 제공한다고 생각한다. 이와 같은 탐구의 범주에서는, 비록 언뜻 보기에는 기대했던 만큼은 되지 않을지라도, 이런저런 시기에 이런저런 궤적을 보였던 두 나라의 역사적 발전도정 간의 상호영향, 접촉, 교차의 요소들이 보다 선명하게 모습을 드러낼 것이다.

마르크스 정치경제학이 재능 있는 사람들에 의해 발전되고 창조적으로 적용되면서 전 세계의 학문과 현상을 풍요롭게 만들어 주었음은 더 이상 비밀이 아니다. 최근의 세계적 경제위기를 배경으로 얼마 전에 독일에서 실시된 한 설문조사에서 칼 마르크스가 가장 위대한 독일인으로 인정받은 것은 우연이 아니다.

운명의 아이러니로, 보다 정확하게 말하면 칼 마르크스가 창조한 계획경제의 기반뿐 아니라, 레닌의 농업 협동화 계획 역시 객관적이고 주관적인 요인들이 종합적으로 영향을 미치면서 사회주의가 승리를 거둔 최초의 나라인 소련이 아니라, 비타협적인 반공주의의 입장에 서 있던 일련의 다른 나라들에서 모습을 나타냈다. 소련에서는 레닌이 사망하고 곧 앞서 언급한 원인들로 인해 재능 있고 혁신적인 계획과 논의들이 중단되고, 경제의 계획화는 심하게 지시적인 형태를 띠게 되었으며, 농업의 자발적이고 점진적인 협동화는 신속하고 전면적인 집단화로 변형되고 전환되면서 바람직하지 못한 결과를 초래했다. 그런데 공산주의뿐 아니라, 여타의 어떠한 좌익 이론에 있어서도 이데올로기적으로 타협할 수 없는 적인 박정희 정권(물론 그 하나만 그렇다는 것은 아니다)이 경제 계획화의 합리적 요소들을 정착시키고 이용했던 것이다. 이와 같은 시각은 일련의 다른 러시아 학자들로부터도 지지를 받고 있다. "박정희의 경험은 우리가 역사의 쓰레기장으로 던져버리는 데 익숙했던 사회주의적 유산의 많은 요소들이 그것들의 올바른 적용과 쓸모없는 이데올로기적 외피를 벗어던진 채 엄연히 살아서 승리하고 있음을 보여주고 있다. 요컨대 국가주문(госзаказ), 5개년계획, 주체성 혹은 이데올로기와 문화 분야 정책에서의 몇몇 특수성을 포함하여 나라를 위기로부터 구해내기 위해 박정희가 채택한 대부분의 방법들은 사회주의적 관념에 대한 그의 지향성을 반영하는 것이었다. 그는 사회주의적 운영 및 관리 방식들 중에서 실질적으로 유용한 요소들을 차용하면서 시대가 요구하는 바에 따라 자신의 나라에 창조적으로 적용시킬 수 있었다."[13]

동아시아의 또 하나의 용(龍)인 타이완의 경우에서도 일정한 유사성을 발견할 수 있다. 타이완에 건립된 중화민국의 아버지인 장개석과 그의 아들인 장경국은 소련에 머물면서(특히 장경국은 매우 오랫동안 소련에 머물렀다) 소련의 경험을 주의 깊게 관찰했다. 그들은 사회주의적 관념을 부정하면서도 당 및 군의 건설, 그리고 몇몇 사회경제적 개혁에 있어 소련의 경험을 높이 평가하고 광범위하게 활용했다. "러시아 경제학자들을 포함한 일련의 경제학자들의 견해에 의하면, 타이완은 전면적 집단화를 향한 총체적 전환으로 인해 소련에서 자취를 감추게 되었던 레닌의 농업 협동화 계획이 전면적으로 실현되어 긍정적인 결과를 가져다준 세계에서 유일한 나라였다. 요컨대 타이완에서는 오늘날 주변의 많은 나라들이 수출이라는 측면에서 관심을 가지고 있는 대상인 지금의 중소기업 구조가 출현하는 데 절대적으로 기여했던 소비, 생산 및 다른 형태의 협동조합 체계가 수립되어 광범위하게 발전했다."[14] 몇몇 전문가들이 생각하고 있는 바와 같이, 이렇듯 "세계에서 가장 탄탄한" 중소기업들 덕분에 타이완 경제는 최근에 있었던 두 차례의 경제위기에도 불구하고 견실성을 유지할 수 있었다.

이러한 모든 사실은 우리로 하여금 오늘날의 세계화 시대만이 아니라 매우 다양한 시대에도 세계를 아우르는 광범위한 상호의존성과 통합성이 존재했다는 주장에 동의하도록 하고 있다.

남북대화 분야에서 박정희가 이룩한 또 하나의 중요한 업적을 간과할 수는 없다. 당시 두 개의 한국이 여러 차례에 걸쳐 전쟁의 기로에 섰음에도 불구하고 상호이해의 본질적 요소들이 그 속에서 배태되었다는 것은 참으로 기이한 일이다. 1972년 북쪽과 남쪽 대표들 간에 최초의 역사적인 만남이 있었을 때 합의된 평화통일 3대원칙은 두 개의 한국 수도들에서, 언제나, 그리고 어떤 정부하에서도 인정받고 있는 일련의 성과들 가운데 하나이다. 러시아의 한국학 대가인 바닌(Ю. В. Ванин)이 내린 결론에 동의하지 않기는 어렵다. 그는 2007년에 발간된 논문을 통해 "......올해는 미래 한국의 통일에 적용될 주요 원칙들의 초석이 마련된 최초의 문서인 1972년 7월 4일의 그 유명한 북남 공동성명문이 발표된 지 35년이 되는 해이다."[15]

4. 나가는 글

전술한 바와 같이, 러시아의 적지 않은 연구자들이 일정한 역사적 단계들에서 러시아와 한국이 직면하고 있는 문제들의 동일성에 대해 고민하면서 매우 대담한 결론을 제시하고 있다. "민족중흥, 민족의식의 강화와 민족정기의 고양, 건전한 국민도덕의 기반 확립, 인간의 혁명적 개조 등 박정희의 수많은 정치구호들은 현재의 러시아에서도 현실화되고 있다.

또한 러시아 대통령이 실행하고 있는 많은 방책들은 40년 전에 박정희가 했던 것과 유사하다. 그는 정치적 범죄와 형사범죄를 엄격하게 근절하면서 군과 특수기관의 전투력을 재건하고 있고, 전문가들과의 회의 자리를 빈번하게 마련하고 있으며, 경제권력의 조용한 잠식을 통해 과두정의 저명한 대표자들을 정치의 장에서 배제시키고 있다. 남한의 경험은 민주주의와 근대화의 관계에 있어 중요한 예를 제공하기도 한다. 우리는 국가 위기로부터의 신속한 탈출이 너트의 일정한 조임 없이는 불가능하다는 사실을 인정하지 않을 수 없다. 하지만 단호하게 돌파할 경우에만 그와 같은 통치방식이 보장될 수 있을 뿐, 그 이후에는 다른 위기 탈출 방식으로 전환해야 한다. 지연은 독재로 변질되는 경우가 많다. 또한 일상적 상황에서의 군사통치 방식 역시 마치 전쟁 시기나 심각한 사회적 위기가 발생했을 때 일상적 통치방식을 사용하는 것과 마찬가지로 타당하지 않다. 박정희의 행동에 대한 분석은 서구 민주주의와 유교문화 지역의 특수성이 결합할 수 있는지, 그리고 유럽 문화 속에 살고 있는 사람들이 민주주의 관념을 이해하는 만큼의 민주주의 관념을 한국의 국민대중이 받아들일 준비가 어느 정도나 되어 있는지에 대한 의문을 제기하도록 한다."[16]

(러시아의 사회적 정향의 "주류"를 반영하고 있다고 생각되는) 한국학 연구성과들을 검토하면서 이상에서와 같은 다양한 평가 속에서 박정희의 유산을 보다 평온하고 긍정적으로 평가하려는 추진력이 보여지고 있다는 결론을 내릴 수 있다. 소비에트 시기에는 박정희 정권에 대한 긍정적 평가가 완전히 배제되었던 반면, 현재는 균형 잡히고, 전체적으로는 억압적 정치권력에 대한 비판이 포함된 소극적인(절제된) 긍정의 평가가 주를 이루고 있다.

(번역: 이재훈)

주

[1] К. Асмолов, «Генерал Пак Чон Хи. Очерк политической биографии».// газета «Сеульский вестник», Сеул, 2003, No.77-80.

[2] «История Кореи (с древнейших времен до наших дней)», Том Ⅱ, Москва, 1974, с.390, 391.

[3] *История Кореи (с древнейших времен до наших дней)»*, Том Ⅱ, Москва, 1974, с.423.

[4] М. Е. Тригубенко, Г.Д. Толорая, «Очерки экономики Республики Корея», М. 1993, с. 7, 8, 9.

[5] С. О. Курбанов, «Курс лекций по истории Кореи с древности до конца XX века», Спб., 2002, с.501.

[6] С. О. Курбанов, «Курс лекций по истории Кореи с древности до конца XX века», Спб., 2002, с.502.

[7] С. О. Курбанов, «Курс лекций по истории Кореи с древности до конца XX века», Спб., 2002, с.506-507, 517.

[8] К. В. Асмолов «Корейская политическая культура: традиции и трансформация», М., 2009, с.182.

[9] К. В. Асмолов, «Корейская политическая культура: традиции и трансформация», М., 2009, с.462~463.

[10] А. В. Торкунов, В. И. Денисов, Вл. Ф. Ли, «Корейский полуостров: метамор фозы послевоенной истории», М., 2008, с.248.

[11] А. В. Торкунов, В. И. Денисов, Вл. Ф. Ли, «Корейский полуостров: метамор фозы послевоенной истории», М., 2008, с.253.

[12] А. В. Торкунов, В. И. Денисов, Вл. Ф. Ли, «Корейский полуостров: метамор фозы послевоенной истории», М., 2008, с.264, с.268.

[13] К. Асмолов, «Генерал Пак Чон Хи. Очерк политической биографии», газета Сеульский вестник», Сеул, 2003, No. 77-80.

[14] А. Воронцов, «Дракон, готовится к прыжку», журнал, «Азия и Африка сегодня»,

М., 2003, №6, с.50.

[15] Ю. В. Ванин, «Через призму времени. К 100-летию Гаагской международной мирной конференции, газета «Российские корейцы», М., №. 6, июль 2007г., с.17.

[16] «Генерал Пак Чон Хи. Очерк политической биографии», газета, «Сеульский в естник», Сеул, 2003, №№. 77-80.

개발 독재 시기 한국현대사 서술을 통해 본 현대 러시아의 한국 인식과 자기 인식

러시아의 한국 현대사 인식 속에 투영된 현대 러시아의 자화상

구자정

1. 들어가는 말

한국과 러시아는 지리적으로 인접한 국가이지만 해방 이후의 양국 관계는 "냉전"이라는 국제정치적 현실 속에서 한소 수교 이전까지 거의 교류가 없던, 가까우면서도 먼 사이였다고 할 수 있다. 동서 냉전의 최전선에 자리한 한반도에서 미국의 대(對)소련 봉쇄 전략의 최전선에 선 채 북한과 대결하던 한국과, 사회주의 진영의 수장이자 미국과 더불어 한반도의 분단을 초래한 당사자이던 소련 간의 관계는 결코 우호적일 수 없었다. 특히 1980년대 초반 한·소 관계는 소련 공군기에 의한 한국 국적기의 피격 사건으로 최악의 수준으로까지 치달았던 바 있다. 주지하듯이 이러한 상황은 1988년 서울 올림픽, 그리고 1990년 한소 수교 이후부터 급격히 변화하기 시작했다. 이후 소연방의 해체 및 군사 독재의 몰락과 더불어 "민주화된" 한국과 "탈(脫)소비에

트화(化)한" 러시아 간의 관계는 극적인 전환을 맞이하였고, 오늘날 양국 관계는 경제적으로나 정치적으로나 과거 냉전 시기에는 결코 생각할 수 없었을 만큼 긴밀한 정치적, 경제적 교류를 유지하는 "동반자적"인 관계가 되었다.

이렇듯 "대결"로부터 출발하여 동반자적 "우호" 관계로 귀결되는 한국－러시아 관계의 굴곡은 러시아 한국학계의 한국사 인식의 변화 속에서도 감지되고 있는데, 이 변화를 이해하는 데 가장 중요한 시기 중 하나는 박정희 체제와 박정희 체제를 계승한 전두환 정권의 시대이다. 주지하듯이 박정희 정권과 전두환 정권 치하 대한민국은 동서 냉전의 최전선에서 북한과 대치하고 급격한 산업화를 이루어가던 이른바 "개발독재"의 지배하에 있었다. 동서 냉전에서 사회주의 진영을 이끌던 소비에트 연방의 입장에서 본다면, 이 시기 "개발독재" 치하의 대한민국은 미국과 일본의 준위성국가로 간주되면서 사회주의 진영의 이데올로기적 대척점에 자리하여 민중이 억압되고 민주주의가 압살된 군사 파시즘 체제로서 "해방"의 대상에 불과했다.[1] 한국의 "개발독재"에 대한 현대 러시아의 인식이 흥미로운 것은 바로 이러한 이유에서이다. 소비에트 체제의 후계자임을 자임하며 실제로도 이를 계승하고 있는 오늘날의 "포스트 소비에트" 러시아에서는 이른바 "개발독재" 시기 대한민국의 역사를 어떻게 인식하고 있으며, 소련 붕괴 이후 탈(脫)소비에트화(化)의 경험은 오늘날 러시아의 한국 인식에 어떠한 영향을 미치고 있는가? 본 논문은 바로 이러한 질문에 답하고자 하는 시도이다.

러시아연방의 한국 인식을 이해하기 위한 시도의 일환으로써, 본 논문에서는 현재 러시아의 대학에서 한국사 강의 교재로서 광범위하게 사용되고 있는 3종의 교과서에 주목하였다. 본 논문에서 분석을 위해 선택한 교재는 토르쿠노프(A. V. Torkunov)의 주도 아래 러시아의 한국 학계를 대표하는 7인의 한국 연구자들의 공동 참여로 집필된 『한국사: 새로운 독해』[2]와 쿠르바노프(S. O. Kurbanov)의 『한국사』[3] 마지막으로는 토르쿠노프와 데니소프(V. I. Denisov), 블라디미르 리(V. F. Li)의 총 3인의 한국학 전공자들이 공동 집필한 해방 이후의 한국 현대사 개설서, 『한반도』[4]이다. 세 권 모두 현재의 러시아연방 정치 체제가 소련 붕괴 이후의 혼란에서 벗어나 정치적 안정기에 접어들고 한국 – 러시아 관계가 일정한 궤도에 올라서는 2000년대 푸틴(Putin) 체제 등장 이후, 러시아의 한국학계를 대표하는 역사와 정치, 경제 연구자들에 의해 집필되거나 수정·증보되었다. 따라서 이들 저서들은 현재 시점에서 러시아 한국학계의 최신 연구성과와 동향이 상당 부분 반영된 저작들이라고 할 수 있으며, 이런 점에서 이들 교재들을 현대 러시아의 한국 인식의 변화를 가늠하는 나침판으로 보아도 무방할 것이다.

그러나 이들 3종의 저서가 대학에서 교재로 사용되는 "역사 교과서"라는 사실은 장점인 동시에 단점으로 작용한다. 이는 교과서, 특히 "역사" 텍스트로서의 교과서가 가진 특수한 성격과 이데올로기적 역할 및 상징성 때문이다. 주지하듯이 "기표(Signifier)"와 "기의(Signified)" 간, 또는 "있는 그대로의 실체적 진실"과 "역사가들에 의해 서술 속에서 재구성되는 진실" 간 일치를 부인하고, "역사적 서사(Historical Narrative)"와 "문학(Literature)" 간 경계를 허물며, 텍스트와 컨텍스트(Context) 간 연결의 자의성을 주창하는 "언어로의 전환(Linguistic Turn)"[5] 이후, "있는 그대로의 과거를 서술한다"는 랑케식의 실증적(Positivist) 역사학은 도전받기 시작했다.[6] "언어로의 전환" 이후 객관성을 담보하는 사실(史實) 추구를 지향하던 "역사 과학(Geschichtswissenschaft)"으로서의 역사학은 해체되기 시작했고, 근대성에 도전하는 "탈근대(Postmodern)"와 국민 국가를 해체하는 "초국가(Transnational)"를 이야기하는 현대 역사학계에서, 19세기 유럽 국민 국가의 "국민 만들기" 작업의 정점을 이루었던 역사 교과서[7]는 더 이상 객관성을 담보할 수 있는 대상으로 간주되지 않는다. 오히려 오늘날의 역사학계에서 역사 교과서는, 사회적 헤게모니를 장악한 지배 엘리트가 대중을 상대로 보급하고 대중화시키고 교육시키길 원하는 지배적 이데올로기가 역사적 사건과 인물에 대한 서술 속에서 체계화되고 내면화되어 있는, 언어적이고 담론적인 감옥으로서의 이데올로기적 프로젝트, 푸코(Foucault)의 표현을 빌자면 일종의 "팬옵티콘(Panopticon)"으로 간주되고 있다. 최근 우리나라 한국사학계의 화두가 되고 있는 한국사 교과서 논쟁이나, 과거나 지금이나 한·중·일 관계의 핵심적인 쟁점으로 남아 있는 일본 역사 교과서 분쟁, 그리고 최근 한, 중 관계의 쟁점으로 떠오르고 있는 중국의 "동북 공정"에서 볼 수 있듯이,[8] 역사 교과서가 표방하는 객관성은 주관적으로 구성된 진실이며, 이 진실은 지배 엘리트가 원하는 가치제계와 논리, 관점이 객관성의 이름으로 재구성된 "만들어진 진실"에 다름 아니다.[9]

역사 교과서가 "교과서"로서 은밀하게 내포한 정치적인 성격은 "상상의 공동체"로서의 국민 국가의 역사를 다루는 자국사 서술에서 가장 두르러지게 부각되고 있지만, 타국의 역사, 특히 자국의 역사와 밀접한 정치적, 경제적, 역사적 관련성을 가지는 인접 국가의 역사를 기술하는 경우에도 역사 교육에 내포된 이데올로기적 본질은 결코 사라지지 않는다. 어떤 면에서는 타국에 대한 관찰이야말로 자국사에 내면화된 지배적 가치를 더욱 은밀하게 반영하고 있다고 말할 수 있는데, 이는 "타자"를 보는 시선과 이 "시선"의 바탕이 되는 이데올로기와 담론은 결국 "자아"가 구성되는 방식의 반영물이기 때문이다. 어떤 역사적 스토리와 내러티브를 통해 만들어지는 "타자"의 재구성 속에는 "자신"을 어떻게 구성하고 구성할지에 대한 고민과 기대가 무의식 속으로 내면화되어 있으며 또한 이 고민과 기대를 재구성된 역사적 "경험 공간(Erfahrungsraum)"을 통해 독자에게 내면화시키는 것이 바로 역사

교과서의 역할이다.[10]

　아이러니하게도 본 논문이 분석대상으로 선정한 3종의 대학 강의 교재들이 러시아의 한국 인식을 이해하는 데 더더욱 적절한 분석 시료가 될 수 있는 것은 바로 이 교과서들이 "역사 과학(Istoricheskaia nauka)" 교재로서 가지는 이러한 태생적 한계, 즉 교과서의 "이데올로기적 객관성" 때문이라고 할 수 있다. 어떠한 국민 국가의 역사를 다루는 교과서이든 역사 교과서에는 한 사회 공동체가 상상하는 "경험 공간"과 저자가 내면화하고 독자에게 정당화하거나 부인하고, 설파하거나 논박하고자 하는 현재와 미래의 "기대 지평(Erwartungshorizont)"이 스며들어가 있으며, 이러한 맥락에서 볼 때 "역사 과학" 교과서는 단순히 "과거"를 가르치는 저작이 아니며 그렇게 될 수도 없다. 이는 역사가가 다루는 과거는 과학적으로 재현 불가능하며 오로지 텍스트의 화자가 올바르다고 믿는 과거 현실의 이데올로기적 재구성이기 때문이다. 오히려 역사 교과서는 "상상된 공동체"의 "만들어진 과거"를 빌려 진행 중인 현재를 합리화하고 기대되는 미래상을 이야기하기 위한 고도로 정치적이며 이데올로기적이며 편향적인 기술이다. 자아가 아닌 타자, 자국이 아닌 타국을 다루는 역사 서술 역시 타자 자체의 순수한 이해를 목적으로 하지 않는다. 오히려 교과서는 자국의 "경험 공간"을 타자의 역사 속에 투사시키고 이를 통해 자국이 직면한 현실을 위한 "기대 지평"을 재구성하기 위한 노력에 다름 아니다. 따라서 필자가 러시아의 대학교재 분석을 통해 읽어내려는 것은 단순히 러시아의 "한국 인식"으로 국한되지 않는다. 오히려 필자는 3종의 역사 교재에 나타난 박정희, 전두환 체제 서술로부터, 현 러시아의 한국 인식을 규정하고 있는 현 러시아의 소비에트적 "경험 공간"과 탈(脫)소비에트적 "기대 지평"이 교차하는 이데올로기적 지점에서, 현대 러시아의 자기 인식의 행간 속에 내면화된 가치와 지향점이 무엇인지를 읽어내는 "담론 분석

(Discourse Analysis)"을 시도해 보고자 하는 것이다.

2. 박정희 체제: "한국적 특수성"과 "한국적 유형의 민주주의"

현대 러시아의 한국사 대학교재가 공통적으로 보여주는 특징 중 하나는 박정희 시대의 개발독재를 상당히 우호적인 시선으로 바라보고 있다는 점이다. 토르쿠노프를 비롯한 3인의 한반도 전문가들이 공동으로 집필한 대학교재『한반도』에서는 이러한 관점을 서두에서 공공연하게 밝히고 있는데, 예컨대 첫 페이지에서 이 책의 내용을 소개하는 요약문은『한반도』가 가지는 교과서로서의 가치와 저술 목적을 다음과 같이 규정하고 있다.

> "한반도의 역사를 다루는 러시아 최초의 종합적인 연구서로서 남한
> '경제 기적'의 비밀과 ... 남한의 권위주의적 정치체제의 기저에서 일어
> 난 '한국적 유형의 민주주의'의 탄생과 발전 [과정] ... 에 대해 서술한
> 다...."[11]

다시 말해 1945년 해방 이후 한반도의 역사를 다루는 이 책의 전반적인 기조는 남한의 이른바 "경제 기적"의 기원을 한국의 개발독재에 두고, 이 독재에 의해 성취된 "권위주의적 근대화"[12]를 해명해 보려는 노력에 다름 아니다. 다른 두 권의 저서보다도 산문적이며 간략한 연대기적 기술과 사실의 나열이 주 내용을 이루는『한국 역사』에서도, 박정희와 전두환 시대 서술을 담당한 데니소프(V. I. Denisov)와 트카첸코(V. P. Tkachenko)의 표현을 빌자면, 박정희의 주된 업적은 "한국의 경제 기적을 만들어낸 것"[13]이었고, 그의 치세는 "한국적 형태(Obrazets)의 민주주의로의 이행기"[14]로 규정되고 있다. 밑에서 상술하겠지만,『한

반도』와 『한국 역사』가 공유하는 이러한 시각은 쿠르바노프의 『한국
사』에서 더욱 구체적으로 제시된다. 물론 러시아 교과서들의 박정희
체제에 대한 긍정적 평가 자체는 결코 특기할 만한 사실이 아니다. 주
지하듯이 박정희 시대에 성취된 한국의 급격한 경제 성장 때문에, 인
권에 대한 탄압과 헌정 질서의 유린, 정치 공작 등과 같은 박정희 체
제의 반(反)민주적 성격에도 불구하고 다수의 현대사가들이나 정치학
자들은 박정희 체제가 이룬 경제적 성취 자체에 대해서는 긍정적인
평가에 전혀 인색하지 않기 때문이다.[15] 그러나 러시아 교과서의 긍
정적 평가는 단순히 이 시기에 이뤄진 경제 발전에 근거하여 나온 것
이 아니라는 점에서 더욱 주목할 만하다. 이는 많은 현대사가들이 박
정희 체제를 한국의 경제적 도약이 이뤄진 시기임을 인정하는 동시에
민주적 헌정 질서의 "퇴행"이 일어난 "개발독재"로서 인식하고 있는 것
과는 달리, 러시아의 교과서에서는 "민주주의의 퇴행"의 반대 급부로
이뤄진 "경제 성장"이라는, 기존의 양비론적 틀로서만 박정희 체제를
바라보고 있는 것이 아니기 때문이다. 여기서 러시아의 한국사 교과
서가 일반적인 박정희 체제론과 차별화되는 부분은 바로 한국사의
"특수성 테제"라 할 수 있다.[16]

예컨대 쿠르바노프의 『한국사』에서는 박정희 체제를 민주주의를
희생하여 경제 발전을 일군 일반적 의미로서의 "개발독재"가 아니라,
유럽 역사에 기반한 보편적 발전 모델과 차별화되는 "한국적 특수성"
이 배태한 일종의 대안 체제로서 제시한다. 이 시대를 경험한 한국인
이라면 누구에게나 친숙한 박정희 유신 체제의 슬로건, 이른바 "한국
적 민주주의"를 연상시키는 이러한 시각이 쿠르바노프의 서술 속에서
"한국적 특수성"이라는 개념으로 구체화되어 제시되는 것은 아니다.
그러나 쿠르바노프가 한국 현대사를 보는 기본적인 인식 틀은 박정희
체제가 한국 역사 발전의 어떤 "특수한 조건" 때문에 등장하게 되었으

며 이러한 특수성이 박정희 체제를 한국의 근대화와 경제 성장을 위한 필수 조건으로 만들었다는 것을 "전제"하는 일종의 "특수주의," 즉 "한국적 특수성" 담론에 기초하고 있다. 그렇다면 쿠르바노프에게 한국적 발전 모델의 배경이 된 이 특수성은 과연 무엇이었던가? 쿠르바노프는 이 "특수성"에 대한 답을 직접적으로 제시하기보다는 이 특수성을 기본 전제로 삼아 박정희 체제에 대해 설명하는 방식으로 서술을 구성하고 있기에, 『한국사』의 행간에서 이러한 특수성 테제를 바로 읽어내는 것은 쉬운 작업이 아니다. 그러나 쿠르바노프는 박정희 체제를 다루는 장(章)을 다음과 같은 의미심장한 서두와 더불어 시작한다.

> "...이른바 서유럽적 형태의 민주주의는...연소자와 연장자 간 관계에 기반한 [권위주의적]...전통 문화 때문에...남한에 존재한 적이 없었으며, 이러한 전통이 존재하는 한...아마도 미래에도 존재하지 않을 것이다...."[17]

또한 쿠르바노프는 제3공화국의 치적에 대해 설명하는 부분에서 1963년에 출간된 박정희의 『국가와 혁명과 나』에서 다음과 같은 구절을 인용하고 있다.

> "미국식 민주주의, 서구적 형태의 민주주의는 한국의 현실에 부합하지 않는다."[18]

다시 말해 박정희 체제의 등장 배경을 바라보는 쿠르바노프의 기본 입장은, 전통 속에 내재된 권위주의적 위계와 문화 때문에 한국 사회에는 서구적 의미의 민주주의가 발전할 문화적, 역사적 여건이 갖춰지지 않았다는 것이라고 할 수 있으며, 쿠르바노프는 한국 고유의 문화적, 역사적 요소 속에 뿌리내린 이러한 "한국적 특수성"을 박정희 체제의 등장과 그 필요성을 설명하기 위한 인식의 출발점이자 틀로써 제시한다. 이승만 정권 이후 등장한 장면 정부의 실패 역시 유사한 맥락에서 설명되는데, 『한국사』의 장면 체제를 다루는 장(章)으로부터 쿠르바노프의 설명을 다시 인용하자면,

> "장면의 민주당 정부는 남한 국민의 정치적 경제적 절망을 만족시킬 수 없었다.… 낮은 경제발전 수준과 한국 국민 대다수의 빈곤 때문에 한국에서는 민주적 체제의 모든 장점을 이용할 만한 가능성이 갖추어져 있지 않았다."[19]

그렇다면 이 시기, 쿠르바노프의 표현을 다시 직접 인용하자면, "남한 국민의 정치적 경제적 절망을 만족시킬" 한국의 대안은 과연 무엇이었던가? 쿠르바노프가 제시하는 해답은 분명하다. 그것은 "박정희 체제"였다. 물론 그는 이 대안이 바로 "박정희 체제"였다고 노골적으로 단정하지는 않는다. 그러나 위에서 보았듯이 박정희 체제를 서술하는 장을 전(前) 장(章)에서 민주적이지만 무능한 체제로 묘사하는 장면/윤보선의 제2공화국과의 대비로 시작하면서, 쿠르바노프는 박정희 체제와 5·16군사쿠데타에 대한 긍정적 평가를 예고하고 개발독재의 출현이 한국적 특수성에서 배태되는 한국 현대사의 객관적 발전 수순이었음을 암시한다. 물론 논증보다는 역사적 사건들에 대해 "역사적으로 합의된" 해석을 소개하고 "객관적으로" 설명할 것을 표방하는 대학교재로서의 속성상, 쿠르바노프의 서술 속에서 이러한 "친(親)개발독재적" 시각은 노골적으로 제시되지는 않는다. 예컨대 5·16군사쿠데타의 준비 과정과 진행 과정에 대한 서술 자체로만 본다면 『한국사』의 기술은 시중에서 발견되는 일반적인 한국 통사의 현대사 서술과도 일견 큰 차이가 없어 보인다. 그러나 쿠르바노프의 설명이 가지는 주목

할 만한 차별성은 그가 5·16군사쿠데타의 성공 요인을 선거를 통해 확인되는 쿠데타 주도 세력에 대한 "대중의 지지"와 비(非)헌정적 조치에 대한 국민의 추인 속에서 찾고 이를 반복해서 강조하고 있다는 점에 있다. 다시 말해, 쿠르바노프에게 장면 민주 정부의 붕괴와 5·16 군사쿠데타로 시작되는 군사 독재는 대중의 지지를 받았던 역사적 사건에 다름 아니었던 것이다. 5·16군사쿠데타에 대한 대중적 지지를 강조함으로써 쿠르바노프는 박정희 군사 독재의 독재적이고 탄압적인 성격을 역사적으로 "상대화"시키고 있다고 할 수 있다.

쿠르바노프에게 박정희가 이끈 남한의 "독재"는—적어도 최소한 제 3공화국 시기까지는—"절대적인 의미의 독재"가 아니었다. 쿠르바노프가 이처럼 "독재"를 상대화하는 표면적 이유는 박정희 체제에서도 상대적으로 강력한 야당 세력이 계속 존재했고, 적어도 형식적으로는 선거를 통한 대의제 기반 헌정적 법치가 유지되는 "형식상의 민주주의"가 계속 유지되었다는 점인데, 쿠르바노프는 이 형식상의 민주주의에서도 박정희와 그의 지지 세력이 여러 차례의 선거, 즉 대선에서 유신 헌법 개정 투표에 이르는 일련의 선거에서 대중의 지지를 받으며 계속 승리했음에 주목한다.[20] 달리 말하자면, 쿠르바노프는 박정희 체제가 상당한 "대중적 동의"를 얻었던 상대적인 의미의 독재, 일종의 "민주적 독재 체제"였음을 시사하고 있는 것이다. 만약 쿠르바노프가 서술한 것처럼 "인민들이 진정으로 박정희를 지지했다면"[21] 독재를 지지하게 되는 이러한 대중적 자발성의 기반이 되는 "동의"를 쿠르바노프는 어디에서 찾고 있는 것인가?

얄궂게도 바로 이 시점에서 쿠르바노프의 설명은 "한국적 특수성"을 떠나 박정희 체제의 야누스적 성격에 주목하는 기존의 설명으로 돌아간다. 그가 보기에 권위주의적 개발독재가 한국 인민들의 동의를 얻을 수 있었던 것은 박정희 시대에 이뤄진 일련의 "성취(Dostizhenie),"

즉 "경제 성장"으로 설명될 수 있다. 쿠르바노프는 한국의 경제적 도약과 관련해서 박정희가 이뤄낸 주된 정치적 업적을 경제 성장에 대한 기여도 측면에서 크게 두 가지로 정리한다. 첫 번째는 한국과 일본의 관계 정상화, 두 번째는 베트남전 참전 결정이다. 쿠르바노프는 특히 한국인들의 반일 감정과 국내 야당 세력의 격렬한 반발을 무릅쓰고 박정희 정권이 이뤄낸 남한과 일본의 관계 정상화를—일본 자본을 기반으로 하여 건설된 포스코(포항제철)와 같은 중공업 기반 기업 건설에서 볼 수 있듯이—한국의 경제적 도약의 바탕을 제공한 일본 자본의 유입이라는 측면에서 높이 평가하고 있다. 그에 의하면 일본 자본의 유입과 일본 기술의 도움 없이는 박정희 체제가 구상한 경제 개발 계획, 장기적으로는 "한강의 기적(원문에서는 '한국의 기적')"이 결코 이뤄질 수 없었다.[22] 쿠르바노프가 보는 "한강의 기적"을 만든 또 다른 원동력은 박정희 정권의 "베트남전 참전" 결정으로, 그의 견해에 의하면 역시 국내의 격렬한 반발을 무릅쓰고 내려진 이 단안으로 한국 정부는 미국으로부터 엄청난 군사적 경제적 원조—예컨대, 1966~1970년 사이만 집계해도 최소 6억 2천5백만 달러에서 최대 17억 달러로까지 추산되는—를 이끌어낼 수 있었다. 쿠르바노프가 보기에 미국의 원조는 일본 자본의 유입과 더불어 한국의 급속한 경제 성장을 견인한 또 다른 원동력이었다.[23]

이러한 급격한 경제 성장은 또 다른 부산물, 즉 독재에 대항하는 "민주화 세력"의 성장을 가져왔고, 쿠르바노프가 묘사하는 1960년대의 한국은 다른 한편으로 독재에 대항하는 야당세력과 박정희 정권 간 격렬한 대결로 점철된 무대였다.[24] 이 대결이야말로 쿠르바노프의 견해에 따르면 "유신 체제," 원문의 표현을 그대로 인용하자면 "개인 독재"[25]가 등장하게 된, 행간에 숨겨져 있는 쿠르바노프의 실제 관점을 조금 과장해서 추론해 내자면 "등장했어야 하는" 이유였다. 쿠르바노프에 의하면 유신 체제가 등장하게 된 배경은, "민주주의 발전을 위한 객관적 기반이 되는 인민들의 복지를 항상적으로 증진시키는 조건 속에서 자신의 권력을 지키기 위해, 박정희는 자신의 통치를 더욱 강화시키는 [초법적] 수단에 의존해야만 하는 상황에 처했던 것"[26]에서 찾을 수 있는데, 10월유신의 이러한 헌정 파괴적이고 불법적인 성격에도 불구하고 쿠르바노프는 유신 체제의 출범이 경제 성장을 위해서는 마치 필연적인 단계였던 것처럼 설명한다. 쿠르바노프에게 유신 체제는 "개인 독재"의 형태를 띠지만 실제적으로는 상당한 개혁적 성격을 가진 헌정적 변화에 다름 아니다. 자신의 주장을 정당화하기 위해 쿠르바노프는 일본 메이지유신에서 유래된 "유신"의 본래의 의미, 즉 "복고적 개혁"에 주목하면서 10월유신이 일본의 유신처럼 한국의 근대화에 필수적인 진정한 "개혁적" 시도였던 것처럼 암시한다.[27] 여기서도 쿠르바노프가 반복해서 강조하는 것은 역시 이 "개혁"에 대한 대중의 일관된 지지이다. 91.9%의 유권자가 참여하여 그중 무려 91.5%의 찬성을 얻은 유신 헌법 국민투표의 득표율을 사례로 제시하면서 쿠르바노프는 박정희 "개인 독재"의 수립이 박정희 정권이 시작한 경제 발전 과업의 완수를 위해서는 필수적이었을 뿐만 아니라 실제로도 상당한 국민적 지지를 누린 헌정상의 변화였다는 견해를 제시하고 있는 것이다.[28]

박정희 체제에 대한 긍정적인 평가는 쿠르바노프의 『한국사』에만 한정된 것이 아니며, 유사한 관점은 『한반도』에서도 발견된다. 예컨대 제2공화국의 민주주의를 파괴했던 헌정 파괴적 사건엔 다름 아니던 5·16군사쿠데타를, 『한반도』의 저자들은 단 한차례도 "쿠데타"라는 표현을 사용해서 지칭하지 않는다. "정통성을 가진 정부를 전복하는 불법적 권력 탈취"라는 의미를 내포하고 있는 "쿠데타"라는 표현 대신 『한반도』의 저자들은 5·16쿠데타를 지칭하기 위해 5·16쿠데타 주도

세력들이 스스로에게 붙였던 명칭인 "군사혁명"이라는 명칭을 일관되게 사용한다. 비록 이들이 사용하는 "군사혁명"이라는 표현 속에는 서술의 중립성을 보여주기 위한 "괄호"가 붙어 있지만, 『한반도』의 저자들의 실제 견해는 전혀 가치중립적이지 않다. 오히려 『한반도』는 5·16 군사쿠데타가 실제적으로 한국 사회에 큰 변화를 가져온 "위로부터의 혁명"이었다는 견해를 여러 곳에서 암시하는 바, 박정희 체제를 다루는 『한반도』의 전반적인 서술 기조는 이른바 "5·16군사혁명"이 진정으로 혁명적인 성격을 띤 사건이었으며, 이 "혁명"이 만들어 낸 정치체제인 3공화국과 이의 연장인 1970년대의 유신 체제는 기본적으로 한국적 특수성에 기반한 "한국적 유형의 민주주의"였다는 것이다.

그렇다면 『한반도』의 저자들이 거론하는 "한국적 유형의 민주주의"란 과연 무엇인가? 여기서 『한반도』의 저자들은 서구적 의미의 보편적 민주주의가 한국에서는 실현 불가능했다는 쿠르바노프의 "한국적 특수성 테제"에 적극적으로 동참하며 박정희 체제가 가진 반(反)민주적 성격을 『한국사』의 쿠르바노프와 유사한 방식으로 희석시키는데, 이는 이들이 "한국적 유형의 민주주의"를 "경제적 안정과 사회적 문화적 독립성 및 국민의 계몽을 성취할 수 있는 가능성을 열어주는, [한국의] 전통적 유산과 서구 민주주의의 성취물 간 '종합'"[29]으로 정의하고 있기 때문이다. 이 "종합"은 어떻게 성취되었는가? 그 해답을 『한반도』의 저자들은 권위에 순종하고 체제 순응적이며 개발독재에 쉽게 동원 가능한 국민, 『한반도』의 표현을 그대로 빌자면, "이상적 국민"을 만들어낸 박정희 체제의 "국민 교육"에서 찾는다.[30] 이러한 "국민 교육" 체제에 의해 육성된 새로운 젊은 세대의 한국인은 서구적인 근대 교육의 세례를 받았지만, 근대 시민사회를 구성하는 서구적 국민, 역사적 이념형으로 존재하는 "정치적 인간"으로서의 근대적 국민과는 확연하게 다른 존재였다. 그렇다면 개발독재하 한국의 시민은 어떻게 달랐던 것인가? 여기서 『한반도』의 저자들이 주목하는 것은 유교적 권위주의 전통의 유산과 특히 연장자를 우대하는 전통적 효(孝) 사상의 역할이다. 『한반도』의 저자들은 한국 사회가 연장자를 우대하는 전통적 효(孝) 사상을 계속 견지한 덕택에 권위에 대한 존경심을 유지했고, 이러한 전통적 권위주의의 영향 때문에 젊은 세대의 새로운 한국인들은 "정치"라는 "위험한" 그물 속으로 끌려들어가지 않는, "이상적 한국인"으로 교육될 수 있었다는 평가를 내린다.[31] 『한반도』의 저자들이 보기에는, 서구적 근대적 교육을 받았음에도 유교적 권위주의를 내면화하고 있던 이들 "새로운 한국인"들은 개발독재 국가가 가질 수 있는 국민의 이상형에 다름 아니었다. 이들 "이상적 한국인"은 유신 정권, 『한반도』의 표현을 그대로 빌지면, 한국의 "군사—관료체제"가 위로부터의 근대화를 위해 효율적으로 동원할 수 있는 인적 자원이 되었고, 이러한 "이상적 국민"을 가지지 못했던 이집트나, 미얀마, 인도네시아, 파키스탄에 존재하던 유사 독재 체제와 달리, 박정희 체제는 성공적이며 인상적인 경제적, 사회적 성취와 진보를 이루어낼 수 있었다고 『한반도』의 저자들은 결론 내린다.[32]

3. 박정희 체제하 경제개발에 대한 서술과 견해

러시아 교과서에서 공통적으로 거론하고 있는 한국 경제 성장의 핵심 동인 중 하나는 박정희를 필두로 한 군부 출신의 "군사혁명가"의 리더십이다. 예컨대 『한반도』의 저자들은 박정희의 저서인 『우리 민족의 길』이라든가 『국가와 혁명과 나』 속에 체화된 유교적 가치 및 자기 규율 및 조국과 가족에 대한 헌신 등의 원칙에 주목하면서 이러한 원칙들이 강한 정부와 권력의 집중을 특징으로 하는 "한국적 형태

의 민주주의"의 기반이 되었다고 설명한다.[33] 쿠르바노프 역시 "한국
적 형태의 민주주의"를 "군사혁명가" 리더십과 한국 사회 기저를 관통
하는 권위주의 간 결합이 만들어낸 특수한 결과물로 제시하는데, 전
통 속에 권위주의가 내재화된 한국 사회의 문화적 특수성은 위에서
언급했듯이 쿠르바노프가 유신 체제 이전의 제3공화국을 "독재"로 간
주하지 않는 근본적인 이유이기도 하다. 이러한 특수성 때문에 쿠르
바노프는 제3공화국 시기의 박정희 체제는 굳이 "독재적" 형태의 강제
없이도 사회 경제 생활의 모든 영역에 대해 이미 권력의 완벽한 통제
를 실현할 수 있었다고 암시하며, 제3공화국 시기에 처음 태동하기 시
작한, 국가가 경제 전반을 통제하고 적극적으로 개입하는 계획 경제,
그의 표현을 빌자면 "국민 경제의 계획 체제"의 출현을 이러한 추론의
근거로 제시한다.[34] 『한국사』의 견해를 요약하자면 제3공화국은 사유
재산과 자유 시장이 유지되는 자본주의 경제의 본질을 바꾸지 않고서
도 시장과 자본에 대한 철저한 통제를 기획하고 이를 "국가 자본주의"
의 형태로 관철하는 것에 성공했던 체제였다. 보다 구체적으로 "국가
자본주의"는 박정희 정권이 4차에 걸쳐 일관되게 추진한 경제 개발 계
획에서 출현하였다. "국민 경제 독립을 위한 기반 창출"이라는 목표
속에서 경공업 발전에 주력한 제1차 5개년 계획(1962~1966년)으로부터
중공업 발전의 초석을 놓은 제2차 5개년 계획(1967~1971년), 중화학 공업
분야에 대한 집중적인 자본 투자를 통해 이 중공업 발전을 이어 나간
제3차 5개년 계획(1972~1976년), 이상의 여러 개발계획을 통해 건설된 산
업 기반에서 원료를 수입하고 완성품을 수출하는 수출지향적 경제구
조를 완성한 제4차 5개년 계획(1977~1981년)에 대해 상세히 서술하면서,
쿠르바노프는 박정희 체제가 역사상 유례를 찾아보기 힘든 경제 성장
을 이룰 수 있었던 근본적 동인을, "군사혁명가" 리더십을 경제 영역
에서도 성공적으로 체현해낸 박정희 체제의 "통제 경제 모델"에서 찾

고 있는 것이다.[35]

이러한 "통제 경제"의 기여는 『한반도』에서도 긍정적으로 평가되고 있는데, 『한반도』의 저자들은 일견 상호배타적으로 보이는 자유 시장과 경제 통제가 한국의 국가 자본주의 속에서 어떻게 병존할 수 있었는지를 설명하기 위해 "시장"과 "정부" 간의 관계, 특히 이 관계를 규정하던 박정희 시기의 제도 및 정책, 그리고 이 관계 속에서 태어난 특정한 사회경제적 구성체의 역할에 주목한다.[36] 예를 들어 1962년 처음으로 설립되어 경제 발전 전략 수립과 조정 기능을 이끈 경제기획원은 일견 구(舊) 소련의 고스플란(Gosplan)과 기능적으로 유사해 보이지만, 오로지 시장 경제에 보조적인 역할만을 수행하면서 시장과, 조세, 재정 정책 가격 정책을 전반적인 통괄기능만을 맡았다는 점에서 국가 기관이 세부적으로 경제의 미시 영역까지도 개입하는 구(舊) 소련이나 북한의 유사기관과는 본질적으로 달랐다고 서술한다.[37] 여기서 『한반도』의 저자들이 특히 관심을 보이고 강조하는 박정희 체제의 특징은 자본주의적 시장 경제와는 일견 배타적으로 보이는 강력한 정부의 개입 속에서도 자본주의 시장의 활력이 유지될 수 있었던 "한국적 통제 경제"의 작동 방식이다.

『한반도』의 저자들이 "한국적 통제 경제"의 작동 방식에 보이는 비상한 관심의 기저에는 아마도 시장을 완전히 없애고 국가가 시장의 역할을 대신하던 구(舊) 소비에트 시기 사회주의 계획 경제의 경험이 자리한 것으로 보이는데, 한국의 통제 경제는 자본주의적 시장과 계획 경제의 공존 외에도, 정부가 시장을 조정하는 통제자인 동시에 자신이 "공기업"이나 "국책 은행"의 형태를 통해 개별적인 시장 참여자였다는 점에서 구(舊) 소련 시절의 계획 경제와는 본질적인 차이가 있었다. 『한반도』의 저자들은 바로 이러한 차이가 한국의 경제 도약을 가져온 디딤돌이었음을 시사한다. 이러한 주장의 근거로 『한반도』는 특

히 정부가 한국은행과 수산업협동조합, 중소기업은행 등등의 국책 은
행이나 국영 및 관영 은행 수립을 통해 외환 유출입을 비롯한 금융과
재정에 대한 통제권을 완전하게 장악하고,[38] 한국전기공사라든가 한
국도로공사, 한국가스공사의 수립과 같이 정부가 공기업의 형태로써
시장 규제자의 역할뿐만 아니라 시장 참여자로서도 직접 개입하는 여
러 사례들을 한국식 통제 경제의 성공적인 운영 사례로서 제시한다.[39]
『한반도』의 저자들은 금융과 재정, 제조업, 사회 인프라 사업 등 경제
의 거의 전 부분을 망라하여 관철된 박정희 정권의 적극적 시장 통제
와 개입 정책이야말로 1960년대의 한국이 수출지향적인 "국민 경제
(Narodnoe khozaistvo)"를 발전시킬 수 있었던 것에 결정적인 기여를 하였
다고 평가한다.[40] 이러한 적극적인 국가의 시장 개입 전략은 『국가와
혁명과 나』와 같은 저서들 속에서 이미 예고되어 있었는데, 『한반도』
는 박정희가 기획하고 군사정권에 의해 실행에 옮겨진 계획 통제 경
제와 시장 자본주의 간 결합의 청사진을 경제에 대한 "국가 자본주의
적 통제"로 명명했다.[41]

그렇다면 한국의 이러한 "국가 자본주의적 통제"는 어떠한 형태로
실현되어 "한강의 기적"에 기여했던 것인가? 『한반도』의 설명은 이 부
분에서 구체적이며 여기서 묘사되는 박정희 정권의 발전 전략의 큰
그림은 우리 한국인들에게도 매우 친숙하다. 『한반도』에서 묘사되고
있는 박정희의 경제 발전 전략은 특별한 자본과 인적 자원, 기술을 요
구하지 않는 경공업을 먼저 육성하고 경공업 기반 구조로부터 국민
경제 건설의 기반이 되는 중화학 공업의 육성으로 이행한다는 전략이
었다. 아마도 경공업을 등한시하고 중공업만을 중시했던 소련 체제의
경험 때문인지 『한반도』의 저자들은 박정희 정권이 수립한 경공업에
서 중공업으로의 이행 전략을 높이 평가하며 여기에 상당한 정치적
사회적 의미를 부여한다. 『한반도』의 저자들의 견해에 따르면 이 전

략의 성공은 지속적인 높은 경제 성장률 수치에 대한 경공업 분야의
기여에 의해 예증될 수 있는데, 예컨대 제1차 5개년 계획의 7.8%의 성
장률에 가장 큰 기여를 한 것은 바로 15.1%의 고속 성장을 한 경공업
분야의 발전이었던 것이다.[42] 『한반도』의 저자들은 이러한 경공업 기
반의 발전이 국민 생활수준의 향상은 물론이고 교육과 보건 체제의
개선에 크게 기여했다고 평가하며, 일상생활에서 즉각적으로 가시화
된 경공업 분야의 성취가 박정희 체제에 대한 한국민의 지지를 확대
하고 유지하는 데에도 큰 도움이 되었다고 지적한다.[43] 경공업 분야
에서 얻은 자신감과 발전 전략에 대한 국민 지지를 바탕으로, 박정희
정권은 제2차와 3차 5개년 계획에서 중화학 공업의 건설에 착수했는
데, 『한반도』의 저자들은 박정희 정권의 정치적 반대파가 지적하던
기술 역량과 자본의 부족에도 불구하고 박정희 정권이 중공업 건설에
서 단기간에 이루어 나가는 경제적 성취를 상당히 호의 어린 시선으
로 묘사한다.[44]

　이 성공의 동인을 『한반도』의 저자들은 어디에서 찾고 있는가? 『한
반도』의 저자들이 거론하는 한국의 국가 자본주의 성공의 열쇠는 당
대의 한국에 처음 등장했고 자발적인 자본주의 경제의 시장 참여자인
동시에 정부의 철저한 통제·감독하에 있었던 특수한 "금융－산업 복
합체"의 존재에 있었다.[45] 이들의 존재와 역할은 오늘날의 한국인들
에게도 매우 친숙하기에 『한반도』가 언급하는 이들 "금융－산업 복합
체"가 어떤 집단을 지칭하는 것인지 짐작하기는 어렵지 않다. 『한반도』
저자들이 주목하는 한국의 특수한 "금융－산업 복합체"는 바로 "재벌"
을 의미했다.

　『한반도』는 "재벌"의 존재가, 자본주의적 시장이 정부의 통제 및 개
입과 함께 성공적으로 병존하며 효과적인 자본의 투입과 자원의 분배,
인적 자원의 동원이 이뤄지는 "한국식 통제 경제," 또는 한국의 "국가

자본주의"가 만들어낸 특수한 사례인 동시에 아마도 가장 성공적인 사례였음을 시사한다. 주지하듯이 과거 국가가 직접 경제 영역에 자본을 투입하고 경영에 직접 관여했던 소련식 사회주의 통제 경제와 달리, 표면적으로는 "시장 경제"임을 표방하는 한국의 "통제 경제" 체제에서 자본은 정부에 의해 산업 영역으로 바로 투하될 수 없었다. 또한 개발독재하의 한국 경제는 자본의 활동이 정부의 개입에 제약받지 않거나 개입이 최소화되는 미국식의 방임적 자유시장경제와도 전혀 성격을 달리했는데, 개발독재 치하의 한국이 특수했던 것은 시장 경제하에서 법적으로는 엄연히 자유로운 민간 자본인 재벌이, 바로 정부에 의해 직접 육성되고 발전하며 통제되었던 사실과 바로 이 재벌이라는 "매개체"를 통해 투자를 위한 자본이 시장으로 간접적으로 투입되고 생산으로 전환되었다는 사실에 있었다. 한국의 고유 자본은 물론이고 해외에서 차입된 자본 역시 정부의 직접 투자가 아니라 삼성, 현대, 럭키금성, 한진과 같은 재벌 그룹을 통해 투입되었고, 이러한 재벌 중심의 자본 투입 전략은 『한반도』의 저자들이 일차적으로 꼽고 있는 1970년대 한국 중공업 발전의 주된 특징으로, 이들 재벌들이 1970년대 한국 경제 성장의 중심이 된 금속공업, 자동차산업, 화학, 전기전자 등의 각종 중공업 분야의 발전에서 선도적인 역할을 수행하였던 것은 『한반도』의 저자들이 보기에 결코 우연이 아니었다. 『한반도』는 또한 한국 정부가 재벌 그룹들의 내부 문제에는 개입하지 않았지만 이들의 활동에 대해서는 엄격한 재정적, 기술적 통제를 가하였음에 주목한다. 예컨대 한때 삼성에 뒤이은 재벌 순위 2위를 차지하던 거대 재벌이던 삼호그룹이 1973년 정부에 의해 일순간에 청산/분해된 사례를 거론하며 이들 재벌이 정부의 통제에 따르지 않는 경우에는 정부가 엄격한 처벌과 제재를 가하였음을 강조한다.[46] 『한반도』의 저자들이 보기에 재벌의 존재는 자유 시장 경제에서 자율적인 민간 기업의 장점과 타율적인 정부의 통제가 맞물린 독특한 "한국적 통제 경제"의 특수한 산물이었다. 이러한 일련의 관찰을 통해 『한반도』는 소비에트식의 국가 계획 경제와 미국식의 자유 시장 경제라는 일견 배타적인 두 경제 모델을 "재벌"이라는 특수한 금융−산업 복합체를 통해 통합함으로써 박정희 체제는 자본주의 경제의 역동성과 통제 경제의 계획성을 합친, 성공적인 "국가 자본주의 체제"를 만들어내는 데 성공했다고 평가하고, 이러한 한국의 "통제된 자본주의 시장 경제"야말로 이른바 "한강의 기적"을 만들어낸 박정희 개발독재의 최대 치적이었다는 결론을 내린다.[47]

　"한국식 통제 경제"의 성공을 강조하는 『한반도』의 이러한 시각은 쿠르바노프의 『한국사』에서도 공유되고 있는데, 쿠르바노프 역시 유례없는 한국의 경제적 성장을 "한국적 특수성"의 틀 속에서 설명하며 『한반도』와 지극히 유사한 결론에 도달하고 있다. 쿠르바노프가 보는 한국적 특수성의 첫 번째 의의는 "국가 경제 발전 모델"의 변화였다. 이는 쿠르바노프의 견해에 의하면 한국의 성공적인 경제 발전은 국가가 시장에 적극 개입하여 경제를 완전히 장악하고 통제하는 계획 경제 모델의 대표적 성공 사례였기 때문이다. 『한반도』에서와 마찬가지로 쿠르바노프는 이 성공의 배후에 전자산업과 화학 등 특정 산업 분야에 대한 선택적 집중과 "재벌"과 같은 인위적 "민간 자본 키우기"로 대변되는 자원과 자본 배분의 "불균등성"이 있었다고 기술한다. 즉 정부 개입에 의한 산업 발전의 의도적 불균등 전략, 그로 인한 자본과 자원의 선택적 배분과 집중, 이의 결과물인 "재벌"의 성장을 쿠르바노프 역시 "한국적 특수성"의 대표적 사례로 제시한다. 『한반도』의 저자들처럼 쿠르바노프 역시 한국의 재벌은 서구의 일반적인 대기업과는 달리 정부의 완벽한 통제하에 있었고, 재벌의 생사여탈권을 쥔 한국 정부는 1990년대까지도 재벌을 통해 자원과 자본의 선택적 집중과 배분을 관할했던 것에 주목하면서, 이러한 한국 경제의 특징을 경제 영역에 대한 국가의 개입이 강조되고 자원의 배분과 투자를 결정하는 정부의 역할이 중시되는 "국가 자본주의"의 한 형태, 아마도 가장 성공적인 발전 형태로 평가하고 있다.[48]

쿠르바노프의 설명이 『한반도』의 저자들과 다소 차별성을 가지는 지점은 그가 이러한 국가 자본주의의 발전에 대해 보다 정치적이고 문화적인 측면에서 경제 성장의 "한국적 특수성"을 반복해서 강조하고 있다는 점이라고 할 수 있다. 보다 구체적으로 말하자면, 쿠르바노프는 한국에서 이러한 "국가 자본주의"가 성공할 수 있었던 배경을 크게 두 가지로 제시한다. 첫 번째는 위에서 서술했던 것처럼 국가 권력이 강력한 대중의 지지를 바탕으로 형식상의 민주주의를 유지하면서 강력한 리더십, 군사혁명가의 리더십을 발휘할 수 있었던 박정희 체제의 "한국적 민주주의"였다. 쿠르바노프는 이러한 "한국적 민주주의"가 마치 한국 "국가 자본주의" 발전의 필수불가결한 전제조건이었던 것처럼 암시하는데, 이는 『한국사』 저자의 평가에 따르자면 이 시기의 한국을 외국 자본의 매력적인 투자처로 만든 것은 강력한 카리스마를 가진 박정희 정권의 군사혁명가적 리더십이었기 때문이다.[49] 일단 투자 안정성이 보장되자 해외에서 유입되는 자본은 1950년대의 "무상원조"에서 1960년대 이후에는 "투자"의 성격을 띠기 시작했다. 이러한 해외자본 유입 및 투자 유치와 더불어 한국의 국가 자본주의는 이전의 해외의존적 고립을 벗어나 점차 세계경제 한 부분으로 편입되는 수출지향적 경제를 일구어냈고, 수출지향적 경제의 성공은 더 많은 자본의 유입이라는 선순환 구조를 만들어내었다.[50] 물론 한국의 경제 기적은 "한국적 민주주의"로만 설명될 수 없었다. 여기서 쿠르바노프는 박정희 정권이 성취해낸 인적 자원의 효율적인 동원에 주목하고, 이 동원 기제를 뒷받침하던 박정희 정권의 민족주의적 동원 이데올로기에 큰 찬사를 바친다. 위에서 언급한『한반도』의 저자들이 묘사한 이른바 "이상적 한국인"을 연상시키는 이 대목에서 쿠르바노프는『한반도』의 저자들과 유사하게 "민족 정신"에 기반한 "국민 교육"의 중요성을 강조한다. 쿠르바노프의 관찰에 의하면, 박정희 체제의 교육은 "민족 정신"으로 무장된 우수한 노동력을 공급함으로써 한국 경제의 급격한 성장에 기여했기 때문이다.[51]

4. 전두환 체제:
"한국적 민주주의"에서 "진정한 민주주의"로의 전환기?

박정희 정권에서부터 출발하는 "개발독재"에 대한 러시아 대학 교과서의 긍정적 평가는 12·12사태를 통해 집권한 전두환 정권에 대한 기술까지도 이어지고 있다. 물론 박정희에 대한 서술에서 그러하였듯이, 적어도 표면적으로는 객관적이어야 할 교과서로서의 의무 때문에, 이들 교과서의 서술이 어느 정도 내용상의 균형을 유지하려고 노력하고 있다는 사실은 부인할 수 없다. 예컨대 쿠르바노프의『한국사』와『한반도』의 저자들,『한국 역사』의 데니소프와 트카첸코는 전두환 정권이 인권과 민주주의를 탄압한 "독재"였음을 부인하지 않으며, 전두환 정권이 집권하는 과정에서 일어난 불법성과 비(非)헌정적 절차를 묘사하는 데도 인색하지 않다.[52] 더구나 데니소프와 트카첸코는 박정희 체제가 자신이 거둔 과실인 경제 성장으로 인해 일종의 성장의 "질곡"에 도달했음을 지적하고 있는데, 이는 이들의 표현을 직접 빌자면, "시민의 복지와 시민적 권리 및 자유의 보장은 한국의 경제 성장 수준에 부합하지 않았기 때문이다."[53] 쿠르바노프의『한국사』역시 박정희의 사망 이후 민주 체제의 수립에 대한 기대가 지배했던 이른바 "서

울의 봄"에 대한 기술과 이 무렵 민주체제가 다시 등장할 수 있었던
가능성에 대한 언급 역시 누락하지 않았으며, 이를 진압하고 집권한
전두환 정권의 반(反)민주성, 예를 들자면 전두환 정권이 집권 시 자행
한 탄압과—예를 들어 광주민주항쟁에 대한 탄압—일련의 반(反)민주
적 조치에 대해서도 침묵하지 않고 상당한 분량을 할애하며 충실히
기술하고 있다. 이러한 기술은 역사 개설서, 교과서로서 이들 저서들
이 갖추어야 할 기본적인 객관성과 서술상의 균형을 유지하고자 하는
시도로 보이지만, 그럼에도 불구하고 전두환 정권에 대한 러시아 교
과서의 기본적 입장은 개발독재를 우호적인 시각에서 바라보는 박정
희 정권하 "한국적 특수성" 또는 "필요악"으로서의 독재라는 시각으로
부터 여전히 크게 벗어나지 않는 것으로 보인다.

쿠르바노프가 전두환 정권의 이른바 제5공화국에 대해 암묵적으로
제시하는 설명은—비록 노골적으로 기술하지는 않았지만—이 시기가
경제의 "양적 성장"뿐만 아니라 "질적 성장"이 성취된 시기였다는 것이
다. 쿠르바노프에게 전두환 정권은 "비록 집권 과정은 명백히 비(非)헌
정적이었지만 그의 정당(민주정의당)은 최소한 명목상으로는 한국의 민
주화를 위한 조건의 창출을 목적으로 했던"[54] 정권이었다. 『한반도』에
서는 적어도 이 부분에 있어서는 정부의 역할을 강조하는 쿠르바노프
의 『한국사』와 다소 차별화된 보다 "자발적" 관점을 제시하는데, 이는
『한반도』의 저자들이 반(反)정부 민주화 운동의 확산과 훗날 군사 독
재의 붕괴 이후 이뤄지게 될 정치적 민주화의 기반을 박정희 정권 시
기 이뤄진 경제 성장의 산물인 "신중산층"의 등장과 "지식인 식자층"의
성장에서 찾고 있기 때문이다.[55] 『한반도』에 의하면 이들 새로운 중
산층과 지식인 식자층은 국가의 통제에 무조건적으로 순응하는 수동
적인 집단이 아니라 적극적으로 자신의 목소리를 분출하는 집단이었
고 민주주의에 대한 이들의 갈망은 광주민주항쟁과 같은 민주화 요구

로 분출되었다. 『한반도』에서 묘사되고 있는 1980년 5월의 광주민주
항쟁은 학생들의 시위와 시민들의 가담으로 시작된 비극적 사건으로
군사 독재에 불만을 가진 이들 신중산층들이 주도한 점증하는 민주화
요구가 폭발한 결과였고, 전두환 정권은 이를 "철권"으로 진압하고 질
서를 회복시켰다.[56] 전두환 정권 시기를 다루는 서술의 행간 속에서
쿠르바노프는 다른 저자들보다도 친독재적인 입장을 더욱 분명히 하
는데 이는 그가 실질적으로는 이른바 민주화 조건의 창출에 대한 전
두환 정권의 기여를 "명목상"인 것으로 보지 않기 때문이다. 전두환의
제5공화국이 여러 가지 측면에서 실질적인 개혁이 지속된 시기였음을
시사하면서 쿠르바노프는 전두환 정권의 집권 슬로건인 "대통령 단임
제"와 "정의사회 구현"이라는 목표에 주목한다. 특히 이전 박정희 시
대의 경제 개발 5개년 계획과는 달리 전두환 정권이 새로이 준비한
제5차 5개년 계획 속에 명시된 "사회적 발전"이라는 구절을 강조하면
서 쿠르바노프는 전두환 정권이 이 슬로건을 진정으로 추구했고 전두
환 정권의 집권기는 이 슬로건이 "진정으로" 실현된 시기였다는 관점
을 암시한다.[57]

　이러한 측면에서 쿠르바노프가 주목하는 것은 더욱 강화된 정치적
탄압 속에서도 민주적 "형식"을 유지하던 제5공화국의 여러 법치 제도
들과 법적으로는 엄연히 합법적이던 여러 야당의 존재였다.[58] 이러한
야당의 존재는 『한반도』의 저자들이 전두환의 제5공화국을 "권위주의
와 민주주의 간 표류의 시기"로 규정하는 이유이기도 하다.[59] 두 책의
저자들 모두 "정의사회 구현"이라는 슬로건을 바탕으로 전두환 정권이
출범시킨 "민주정의당" 이외에도 "민주한국당"이라든가 "한국국민당"
과 같은 야당세력의 존재를 언급하고 있지만, 두 책 모두 이러한 소위
"야당"들이 군부세력에 의해 "인위적으로" 만들어진 거수기 정당이었
다는, 우리에게는 잘 알려져 있는 실체적 진실, 또는 실제 반(反)정부

인사들의 절대 다수는 정치 참여가 금지되거나 봉쇄되어 있었다는 이면의 진실에 대해서는 전혀 언급하지는 않는다. 대신 두 책 모두 이러한 "형식상 민주주의"의 존재와 작동을 어느 정도는 실제적인 진전이 이뤄진 민주주의 상의 성취와 자유의 진보로 인식하고 있는 듯이 보이며, 이러한 인식은 서술의 행간 속에서 전두환 체제의 진정성을 암시하는 쿠르바노프의 『한국사』에서 더욱 극명하게 나타난다. 물론 쿠르바노프는 이들 야당들이 참여했던 1981년의 선거 자체의 절차적 공정성의 문제나 그 이면의 정치적 탄압의 가능성에 대해서도 전혀 눈감지 않았다. 그러나 그는 "정의사회 구현"이라는 슬로건 아래 창당된 민주정의당의 정강이 유권자들에게 실제적으로 어필했고 5공화국 집권 세력이 실제로 이 목표의 실현을 위한 정책을 폈으며 이 정책이 대중의 지지를 받았다는 관점을 시사한다. 쿠르바노프가 암시하는 제5공화국에 대한 대중적 지지의 기반의 근저에는 박정희 시대 이래 작동해 온 "한국적 민주주의"의 정치 질서와 "국가 자본주의"의 경제 질서가 전두환 정권에 의해서도 성공적으로 운영되고 경제 성장에 반영되었다는 관측이 깔려 있는 것이다.

쿠르바노프의 설명에 의하면 박정희 정권 이래 일련의 경제개발 계획은 전두환 정권에 의해서도 계속되었는데, 전두환 정권이 전 정권에 대해 가지던 차별성은 이 정권이 "인민들의 삶의 질적 향상"을 목표로 했을 뿐만 아니라 실제로 이 목표를 이루는 데 성공했다는 점에 있었다.[60] 쿠르바노프에 의하면 이러한 성공이 가능했던 것은 전두환 정권이 박정희 시대 이래의 급속한 경제 발전기조를 지속적으로 유지하는 동시에 박정희 체제하 한국 경제의 고질적인 문제이던 "무역수지 불균형"과 "인플레이션"이라는 문제를 동시에 해결했기 때문인데, 이러한 경제적 성공은 수출지향적 한국 경제에 대한 정부 통제가 이전 시기보다도 더욱 강화되었던 것으로 설명할 수 있다. 쿠르바노프는 정부가 재벌을 비롯한 사기업들의 성장이 국가의 경제 발전 계획에 부합하는 한 이들 기업을 위한 우호적 지원을 계속했던 반면, 국가경제 발전에 부합하지 않는 경우에는 강력한 구조조정을 주저하지 않았음에 주목한다. 1986년 1월부터 9월 사이 무려 50개 이상의 대기업들이 정부의 직접 개입하에 문을 닫거나 다른 기업들에게 넘겨진 사례에서 볼 수 있듯이 전두환 정권은 한국의 국민 경제에 대한 완벽하고 철저한 통제력을 가졌다.[61] 이 통제의 결과 쿠르바노프는 제5공화국이 경제 성장을 위한 성공적인 자원의 배분과 노동력의 동원을 이전 시기보다도 더욱 성공적으로 실행할 수 있었음을 암시한다. "정부는 국민들에게 일할 것을 강요했다. 대한민국 헌법에 따라 국가의 모든 시민들은 노동할 의무를 가졌다."[62] 국가 통제의 강화는 경제의 영역에 국한되지 않았다. 이른바 "징의시회구현"을 위한 제5공화국의 또다른 비상 조치인, "삼청교육대"에 대해서도 쿠르바노프는 우호적인 견해와 긍정적인 평가, 심지어 묵시적인 공감을 숨기지 않는데 그의 견해에 의하면 "이 조치에 대한 한국 학계의 평가는 부정적이지만…, 적어도 이 시절을 경험한 한국의 일반 시민들은 삼청교육대를 "만족스럽게 회고하는 데" 이는, 비록 인권 문제와 같은 여러 가지 부작용에도 불구하고 쿠르바노프의 관찰에 의하면 이러한 일련의 비상 조치들이 "실제적으로 범죄율을 대단히 낮추는 데 성공했기 때문이다."[63]

전두환 정권이 이뤄낸 소위 "사회경제적 업적"에 대한 『한반도』의 설명은 차이를 찾기 힘들 만큼 쿠르바노프의 『한국사』와 대동소이한 관점과 기조를 유지하기에 동일한 내용을 여기서 굳이 되풀이할 필요는 없을 것이다. 단지 『한반도』 저자들의 설명은 박정희가 주춧돌을 놓은 "권위주의적 근대화"가 전두환 정권 시기에 어떤 식으로 진화해 갔는지를 설명하는 것에 주된 초점을 맞추고 있다는 것을 언급할 필요가 있다. 그렇다면 『한반도』의 저자들이 시사하는 이 "권위주의적 근대화"의 종착지는 무엇이었던 것일까? 『한반도』의 저자들은 전두환 정권을 박정희 체제를 계승하는 "군사-관료 정권"의 연장선상에서 이 해하며, 동일한 맥락에서 시장에 대한 전두환 정권의 한층 강화된 통제가 1970년대 말에서 1980년 초 "한국이 처한 경제적 상황을 안정시키고 국민 경제의 새로운 구조적 개선을 성취한" 요인이었음을 지적한다.[64] 1980년 초의 정치적 위기에서 벗어나자 한국의 수출 지향적 통제 경제는 이전 시기보다도 더욱 빠른 템포로 지속적으로 성장했다.[65] 개발독재에 대한 장들을 이어 계속되는 노무현·김대중 정권하 "민주화된 한국"에 대한 예찬에서 볼 수 있듯이 전두환 체제에 대해 『한반도』의 저자들이 암시하는 결론은 결과적으로 일종의 아이러니에 다름 아니다. 한국에서 김영삼 정권의 이른바 "문민정부" 이후 꽃 피우게 되는 민주주의 체제와 김대중·노무현 정권하에서 완성되는 "시민 사회"의 초석을 놓은 것은, 바로 그 민주주의와 인권을 탄압하던 개발독재 군사정권이 정치적 탄압과 경제적 통제를 통해 권위주의적 방식으로 추진하여 "경제 성장"이라는 과실을 만들어내게 되는, "권위주의적 근대화"였다는 것이 『한반도』 저자들의 서술 속에 숨겨져 있는 행간의 논점이기 때문이다.

5. 맺음말을 대신하여:
한국 현대사에 투영된 러시아의 "경험 공간"과 "기대 지평"

과거 냉전 시기에 쓰인 소련의 한국현대사 서술에 친숙한 사람이라면, 그리고 냉전 시기 소비에트 연방과 한국 간 관계를 고려한다면, 한국 민주주의의 암흑기인 소위 "개발독재"의 시대 한국의 군사 독재 정권에 대해, 러시아 교과서들이 서술의 행간 속에서 내면화하고 있는 애정 어린 시선은 어떤 이들에게 일견 충격으로 다가올지도 모른다. 그러나 이들 러시아 대학교재들이 내리고 있는 한국의 "개발독재" 발전 모델과 "권위주의적 근대화"에 대한 긍정적 평가, 그리고 이러한 평가의 기저에 깔려 있는 "한국적 특수성" 테제는 어떤 면에서 볼 때 지극히 예측 가능하며 당연한 평가라고도 규정할 수 있다. 이는 이들 대학교재들이 보여주는 한국 현대사 인식 속에 투영된 오늘날의 러시아연방의 정치적 지형 및 지배 이데올로기 때문이다. 적어도 박정희, 전두환 정권 시대, 다시 말해 한국의 "권위주의적 근대화"의 시기에 대한 관찰로 한정한다면, 대학교재로 개발된 이들 저작의 역사 인식 속에는 러시아인들 자신들이 경험해 온 "권위주의적 근대화"에 대한 과거의 "경험 공간"과 현대의 러시아가 당면한 현실과 미래에 대한 "기대 지평"이 교차하여 투시되어 있다고 결론내릴 수 있겠다.

주지하듯이 제정 러시아와 소비에트 러시아를 가로지르는 근현대 러시아의 역사는 국가와 정부, 지도자들의 역할이 강조되고 실제로도 중요했던 "위로부터의 근대화"에 가까웠고, 과거 제정 러시아의 "국가주의 학파" 역사가들은 물론이고 보다 최근의 소비에트 역사를 다루는 역사가들 역시 러시아의 역사에서 국가의 역할, 또는 당 및 지도자의 의지, 역할과 중요성에 주목하였으며, 이러한 "위로부터의 근대화"를 만들어낸 러시아의 특수한 사회경제적 조건과 "강한 정부"의 필요성을 러시아 자국사 서술을 위한 역사 인식의 공통 기반으로 삼아왔다. 이러한 맥락에서 본다면, 이반 4세나 표트르 대제, 예카테리나 여제와 레닌 및 스탈린으로 이어지는 강력한 지도자의 전통과 이들이 이끌었던 "강한 정부"의 전통에 친숙해 있는 러시아인들의 과거 "경험 공간"이, 박정희/전두환 체제로 대변되는 한국의 "권위주의적 근대화"라는 과거사 인식에 어떠한 시선과 이데올로기를 투영하고 있는지를 짐작하는 것은 어렵지 않다. 더구나 푸틴 집권 이후의 러시아는 여러

가지 측면에서 이른바 "개발독재"와 "권위주의적 근대화" 시대의 한국
과 상당한 유사성을 보여주고 있다. 명목상으로는 자유로우나 실제적
으로는 국가 권력에 의해 철저히 규제되는 "자유"시장, 정부의 완전한
통제하에 놓인 국민 경제, 정치적으로는 권력에 철저하게 종속되어
있지만 정부에 도전하지 않는 한 경제적으로는 독점적인 무한 성장을
담보받고 있는 러시아판 재벌, "올리가르히(Oligarkhi)," 강력한 경찰 권
력과 사정 권력의 존재, 경제 발전에 따라 가파르게 성장하고 있는 중
산층과 미약하지만 이들의 목소리를 활동적으로 대변하는 시민 사회,
그리고 엄연히 야당과 선거가 존재하는 다당제 기반의 형식적 민주주
의, 박정희 정권이나 전두환 정권에 비견되는, 사실상의 일당 독재에
기반한 일인 정치권력의 존재 등에서 볼 수 있듯이, 현대의 러시아연
방에서 지배적인 정치 경제 상황은 제3공화국 이래 1990년대 민주화
이전 시기까지 한국을 지배했던 개발독재 시기의 정치, 사회, 경제 체
제와 많은 부분을 공유하고 있다. 가장 결정적으로 이러한 "의사(擬似)
민주주의(Quasi-Democracy)"를 정당화하는 현 러시아 집권세력의 주 논리
는 옛날이나 지금이나 러시아에는 바로 러시아만의 전통과 문화가 존
재하고 러시아의 민주주의와 사회경제적 발전 역시 이러한 러시아적
경로를 밟아가야 한다는 "러시아적 특수성" 주장인데, 이러한 주장은
과거 박정희 정권 시대와 제5공화국을 경험하고 이 시기의 "국민윤리"
를 풍미했던 "한국적 특수성" 테제와 이른바 "한국적 민주주의"에 친숙
한 우리에게는 전혀 낯설지 않은 논리라 할 것이다.

따라서 본 논문에서 분석한 3종의 교과서는 현재를 정당화하는 지
배 이데올로기를 타자와 과거사의 인식 속에 투사시키는 "역사 과학"
교과서로의 역할에 지극히 충실한 저작들이라고 할 수 있다. 적어도
박정희, 전두환 체제에 대한 서술에 한정하자면 러시아 대학교재의
한국 현대사 서술은 러시아의 현실을 한국의 역사라는 타자의 거울에

투영시키면서 현 러시아의 특수한 발전 경로를 한국의 개발독재와의 무의식적 비교를 통해 합리화하고, 이 교훈을 교과서의 독자들에게 내면화시키는 교육적 역할에 충실하기 때문이며, 또한 한국의 경제 성장을 이끈 개발독재에 대한 긍정적 서술을 통해 이들 교과서는 러시아의 독자들에게 이른바 "러시아적 특수성"에 기반한 권위주의 체제의 존립 정당성과 더불어 그 권위주의 체제가 만들어낼 수 있는 러시아의 "민주적 미래"의 가능성에 대해 설파하고 있기 때문이다. 그렇다면 러시아의 교과서 저자들이 꿈꾸는 "러시아의 민주적 미래"라는 기대 지평은 과연 실현가능한 시나리오일 것인가? 필자는 이른바 "한국적 타입의 민주주의"에 대한 쿠르바노프의 평가와 표현을 빌려, 필자 자신의 러시아에 대한 "내면화된 시선"을 고백하면서 이 질문에 대한 답변을 대신하고자 한다.

> "강한 국가와 강한 정부, 강한 지도자로 대변되고 역사적으로 내면화되어 있는 러시아의 권위주의적 정치 문화 때문에 이른바 서유럽적 형태의 민주주의는 러시아에 존재하지 않았고, 권위주의 전통이 존재하는 한 아마도 훗날에도 존재하지 않을 것이다."
>
> ―구자정

▣ 참고문헌

전수연, 「프랑스의 프랑스사 만들기」, 『역사비평』 63호, 2003.

Appleby, Joyce Oldham, Lynn Hunt, *Telling the Truth about History,* New York: Norton,

Iggers & James M. Powell, *Leopold Von Ranke and the Shaping of the Historical Discipline,* New York: Syracuse University Press, 1990.

Iggers, Georg G, *Historiography in the Twentieth Century: From Scientific Objectivity to the Postmodern Challenge.* Middletown, CT: Wesleyan University Press, 2005.

Koselleck, Reinhart(1979). "'Erfahrungsraum' und 'Erwartungshorizont'-zwei historische Kategorien", in Koselleck, *Vergangene Zukunft: Zur Semantik Geschichtlicher Zeiten*, Frankfurt am Main: Suhrkamp Verlag, 1979.

Koselleck, *Futures Past: on the Semantics of Historical Time*, New York: Columbia University Press, 2004.

Kurbanov, S. O, *Istoriia Korei s drevnosti do nachala XXI v*, St. Petersburg: Izdatel'stvo Sankt Peterburskogo universiteta, 2009.

Lee, Byeong-Cheon & Pyŏng-ch'ŏn Yi co-ed, *Developmental Dictatorship and The Park Chung-Hee Era: The Shaping of Modernity in the Republic of Korea*, Paramus, NJ: Homa & Sekey Books, 2005.

Rorty, Richard M. ed. *The Linguistic Turn: Essays in Philosophical Method*, Chicago, University Of Chicago Press, 1992.

Southgate, Beverley, *History: What and Why?: Ancient, Modern and Postmodern Perspectives*. New York: Routledge, 2001.

Torkunov, A. V. ed. *Istoriia Korei: Novoe proshtenie*, Moscow: Moskovskii gosudarstvennyi institut mezhdunarodnykh otnoshenii, 2003.

————, V. I. Denisov, V. F. Li., *Koreiskii poluostrov: Metamorfozy poslevoennoi istorii*, Moscow: Olma Media Grupp, 2008.

Vanin, Iu. V. ed. *Istoriia Korei, s drevneishikh vremen go nashikh dnei*, Moscow: Nauka, 1974.

VanSledright, Bruce, "Narratives of Nation-State, Historical Knowledge, and School History Education", *Review of Research in Education*, Vol. 32, 2008.

주

[1] 이러한 관점을 반영하고 ·있는 대표적인 저작으로는 과거 정권 시기 소련 과학 아카데미에서 출간한 다음의 책을 참고하시오, Iu. V. Vanin, ed. *Istoriia Korei, s drevneishikh vremen go nashikh dnei*, Moscow: Nauka, 1974.

[2] A. V. Torkunov, ed. *Istoriia Korei: Novoe proshtenie*, Moscow: Moskovskii gosudars tvennyi institut mezhdunarodnykh otnoshenii, 2003.

[3] S. O. Kurbanov, *Istoriia Korei s drevnosti do nachala XXI v.*, St. Petersburg: Izdatel'stvo Sankt Peterburskogo universiteta, 2009.

[4] A. V. Torkunov, V. I. Denisov, V. F. Li, *Koreiskii poluostrov: Metamorfozy poslevoennoi istorii*, Moscow: Olma Media Grupp, 2008.

[5] "언어로의 전환"이 일어나게 되는 배경에 대해서는 Richard M. Rorty, ed., *The Linguistic Turn: Essays in Philosophical Method*, Chicago: University of Chicago Press, 1992)를, "언어로의 전환"이 20세기 역사학계에 미친 영향에 대해서는 Georg G. Iggers, *Historiography in the Twentieth Century: From Scientific Objectivity to the Postmodern Challenge*, Middletown, CT: Wesleyan University Press, 2005 ; Joyce Oldham Appleby & Lynn Hunt, *Telling the Truth about History*, New York: Norton, 1994 ; Beverley Southgate, *History: What and Why?: Ancient, Modern and Postmodern Perspectives*, New York: Routledge, 2001.

[6] 역사적 객관성에 대한 믿음을 모토로 한 이른바 "독일 역사 과학"의 등장과 이 역사과학이 내면화한 독일 역사주의의 이데올로기적 성격에 관한 가장 대표적인 논의는, Iggers & James M. Powell, *Leopold Von Ranke and the Shaping of the Historical Discipline* (New York: Syracuse University Press, 1990)에서 찾을 수 있다.

[7] 이러한 역사 창조 작업의 가장 대표적인 실례는 프랑스 혁명을 통해 "프랑스"라고 하는 최초의 유럽 국민 국가를 "발명"해낸 프랑스가 가장 대표적인 사례라 할 것이다. 문화적 언어적 동질성이 희박하던 옥시땅, 브레똥, 코르시카, 알사스-로렌 등의 여러 지역들을 프랑스라고 하는 하나의 국가 공동체로 통합하고, 프랑스적이기보다는 향토적 정체성이 지배적이던 농민들을, 공화주의적 가치를 준

수하며 프랑스어만을 사용하는 국민(Nation), "프랑스인"으로 창조하는 것에는 국민 국가로서의 프랑스 역사, "상상된 공동체"로의 프랑스의 과거를 주입하는 역사 교육이 결정적인 역할을 담당하였다. "프랑스사 만들기"에 대한 구체적인 내용은 전수연, 「프랑스의 프랑스사 만들기」, 『역사비평』 2003년 63호를 참조하라. 프랑스 제3공화국 시기 프랑스 농민들이 프랑스 "국민"으로 통합되는 과정에 대해서는 유진 웨버의 기념비적인 고전, Eugen Weber, *Peasants into Frenchmen: The Modernization of Rural France, 1870~1914* (Stanford, CA: Stanford University Press, 1979) 이래 많은 연구가 진행되어 왔다. 예컨대, 이러한 역사교육 과정을 통해 역사적으로 신성 로마제국에 속했고 일상생활에서는 독일어를 사용했으며 인종적으로는 독일인에 다름 아니던 알사스-렌인들은 알퐁스 도데가 "마지막 수업"에서 창조해낸 가상의 기억을 통해 프랑스 애국주의의 신화적 존재로 거듭나게 된다.

[8] 유사한 역사 분쟁은 우크라이나와 러시아 간에도 벌어지고 있으며 한때 러시아가 승리한 것으로 보이던 이 "전투"는 우크라이나의 독립 후 여전히 안개 속에서 진행 중이다. 예컨대 현대 우크라이나의 수도인 키예프를 중심으로 출현하여 한때 모스크바 러시아의 역사적 선조로 공인되었던 키예프 루시(Kievskaia Rus')의 역사는 도대체 누구의 역사이며 키예프 루시인들은 누구의 선조인가? 국가주의 학파를 계승하는 러시아의 주류 역사학계에서 키예프 루시는 모스크바 러시아의 역사적 선조로 간주되며 이는 러시아사 학계에서는 공인된 정통적 의견에 다름 아니다. 하지만 1918년 독립 우크라이나 공화국의 초대 대통령을 지낸 우크라이나의 국민 역사가, 미하일로 흐루솁스키(Mykhailo Hrushevsky)와 같은 우크라이나 역사학자들에게 키예프 루시는 모스크바 러시아를 구성하는 대러시아인과는 연관성이 희박한 "우크라이나-루시"의 역사적 선조였다. 미완성으로 끝난 흐루솁스키의 10권짜리 역작, "우크라이나 루시의 역사(Mykhailo Hrushevsky, Istoriia Ukraïny-Rusy 10 Vols. [Lviv-Vienna-Kyiv, 1898~1936; reprints: New York, 1954-58; Kyiv, 1991-94])"는 우크라이나인을 위한 역사 교재인 동시에 제정 러시아와의 "역사 전쟁"을 위해 집필되기 시작했는데, 이 우크라이나 역사 교과서의 목적은 명백히 이데올로기적이다. 흐루솁스키의 집필 의도는 키예프 루시-모스크바 러시아-제정 러시아로 이어지는 러시아사의 정통적 역사 계보도를 "해체"하고, 이를 안테스(Antes)에서 키예프 루시-우크라이나 루시로 이어지는 새로운 "우크라이나 역사"로 대체하는 것이었다.

[9] 현 시점에서 역사 교과서를 둘러싼 논쟁이 가장 활발한 나라는 미국이다. 표면적으로는 인종의 도가니를 자처하면서도 실제적으로는 사회가 인종과 성, 종교,

계급에 따라 "분리(Segregated)"되어 있는 미국 사회 내부의 갈등과 딜레마는 미국 교과서에서 전달해야 할 미국적 가치가 어떤 것이 되어야 하는지, 미국이라는 나라의 정체성을 어떻게 규정할지의 문제를 두고 격렬한 논쟁을 불러일으켜왔다. 예컨대 백인, 남성, 양성애자, 개신교 중심으로 서술되어 온 전통적인 미국 역사 교과서는 여성사, 흑인과 라티노(Latino)를 비롯한 소수민족, 동성애자, 카톨릭의 시각을 배제했다는 점에서 진보주의 진영의 공격을 받았고, 이러한 소수의 목소리를 교과서 서술에 담아내려는 시도는 역으로 보수주의자들의 반발을 초래했다. 기존의 미국의 역사 교육과 교과서를 통렬히 "해체"하고 비판한 가장 최근의 사례로는 Bruce VanSledright, "Narratives of Nation-State, Historical Knowledge, and School History Education," *Review of Research in Education*, Vol. 32, No. 1(February, 2008), pp. 109~146을 참조하라. 특히 기독교 근본주의가 정치적인 세력을 형성하고 대두되기 시작한 2000년대 이후부터 역사 교과서와 역사 교육을 둘러싼 미국 사회 내부의 논쟁은 한층 격화되고 있다.

[10] 역사 교과서의 이데올로기적 속성을 설명하기 위해 필자가 사용하는 중추 개념, "경험 공간(*Erfahrungsraum*)"과 "기대 시평(*Erwartungshorizont*)"은 독일 개념사의 거장으로 이 개념의 창안자인 라인하르트 코젤렉에게서 차용해 온 것이다. 이 두 개념에 대한 자세한 내용은 코젤렉 자신의 논문, Reinhart Koselleck, "'Erfahrungsraum' und 'Erwartungshorizont'-zwei historische Kategorien," in Koselleck, *Vergangene Zukunft: Zur Semantik Geschichtlicher Zeiten*(Frankfurt am Main: Suhrkamp Verlag, 1979)과 Koselleck, *Futures Past: on the Semantics of Historical Time* (New York: Columbia University Press, 2004)을 참조하라.

[11] Torkunov, *Koreiskii poluostrov*, p. 4.

[12] *Ibid.*, p. 252.

[13] Torkunov, ed. *Istoriia Korei: Novoe proshtenie*, p. 360.

[14] *Ibid.*

[15] 예컨대, Lee Byeong-Cheon & Pyŏng-ch'ŏn Yi, co-ed., *Developmental Dictatorship and The Park Chung-Hee Era: The Shaping of Modernity in the Republic of Korea*(Paramus, NJ: Homa & Sekey Books, 2005)를 참조하라. 개발독재의 본질적 속성인 "정치적 탄압"을 통한 국민 동원과 이른바 "경제 기적" 간의 상관관계를 해명하는 데 초점을 맞춘 이 책의 기고자들은, 박정희 체제에 대한 비판적 거리를 견지하면서도 한편으로는 한국의 경제 성장에 대한 박정희와 체제의 동원 기제의 기여 자체를 의심하거나 부인하지는 않는다.

[16] 역사학에서 "특수성 테제"의 개념은 다양한 방식으로 사용되고 있다. 러시아의

과거 슬라브주의 계열의 역사학자들이나 인민주의 역사가들에게 "러시아사의 특수성"은 서구화주의자들에 대항하여 러시아의 고유한 슬라브적 발전의 길을 옹호하거나, 서구의 자본주의적 발전 단계를 우회하여 러시아식의 고유한 사회주의에 이르는 "제3의 길"을 옹호하는 이론적 근거로 사용되었다. 반면 현대의 독일 역사가들에게 "특수성 테제"는, 독일 나치즘의 등장을 영국이나 프랑스의 "정상적" 자본주의 발전 경로에서 "이탈"한 비스마르크 시대 이래 독일 근대화의 "비(非)정상적" 발전 과정 속에서 해명해 내려던 "독일의 특수한 길(Sonderweg)" 개념에 다름 아니다. 러시아의 한국 인식 속에서 "특수성 테제"는 러시아인 자신의 "특수성 테제"를 반영하고 있으며, 따라서 후자보다는 전자의 맥락에서 사용되고 있다. 여기서 러시아의 한국 인식과 대비되는 아이러니는 한국사의 특수성 테제에 비판적인 우리나라 한국 근현대사학계 주류의 관점이다. 근대로의 이행이 한국의 내재적 조건 속에서 가능했었다는 이른바 "내재적 발전론"은 한국 근현대사를 "특수한 경로"를 따르는 고유한 역사가 아닌 "보편적 근대"로의 세계사적 발전 과정 속으로 편입시켜 이해하려는 시도이기 때문이다.

[17] Kurbanov, *Istoriia Korei*, pp. 454~455.

[18] *Ibid.*, p. 460.

[19] *Ibid.*, p. 454.

[20] *Ibid.*, p. 459 · pp. 469~469 · 471~472.

[21] *Ibid.*, p. 469.

[22] *Ibid.*, pp. 464~466.

[23] *Ibid.*, p. 468.

[24] *Ibid.*, pp. 470~471.

[25] *Ibid.*

[26] *Ibid.*, p. 472.

[27] *Ibid.*, p. 473.

[28] Ibid., p. 475.

[29] Torkunov, *Koreiskii poluostrov*, p. 266.

[30] *Ibid.*, pp. 267~268.

[31] *Ibid.*

[32] *Ibid.*

[33] *Ibid.*, p. 266.

[34] Kurbanov, *Istoriia Korei*, p. 480.

[35] *Ibid.*, pp. 480~484.

[36] Torkunov, *Koreiskii poluostrov*, pp. 253~254.

[37] *Ibid.*

[38] *Ibid.*, p. 254.

[39] *Ibid.*, pp. 254~255.

[40] *Ibid.*, p. 255.

[41] *Ibid.*, p. 256.

[42] *Ibid.*

[43] *Ibid.*

[44] *Ibid.*, pp. 256~257.

[45] *Ibid.*, p. 258.

[46] *Ibid.*, p. 259.

[47] *Ibid.*

[48] Kurbanov, *Istoriia Korei*, pp. 480~485.

[49] *Ibid.*, p. 486.

[50] *Ibid.*

[51] *Ibid.*, pp. 486~487.

[52] *Ibid.*, pp. 491~496; Torkunov, *Koreiskii poluostrov*, pp. 290~299 ; Torkunov, ed. *Istoriia Korei*, pp. 362~363.

[53] *Ibid.*

[54] Kurbanov, *Istoriia Korei*, p. 498.

[55] Torkunov, *Koreiskii poluostrov*, pp. 292~293.

[56] *Ibid.*, pp. 293~298.

[57] Kurbanov, *Istoriia Korei*, pp. 500~501.

[58] *Ibid.*, p. 498.

[59] Torkunov, *Koreiskii poluostrov*, p. 299.

[60] Kurbanov, *Istoriia Korei*, pp. 500~501.

[61] *Ibid.*, p. 501.

[62] *Ibid.*

[63] *Ibid.*, p. 502.

[64] Torkunov, *Koreiskii poluostrov*, p. 301.

[65] *Ibid.*, pp. 304~305.

4장

미래의 한러관계 비전

1990~2010년 러시아 역사 서술에서 나타난
한국의 현대사 변천

세르게이 쿠르바노프

1990~2010년까지의 20년 동안 한러 양국 간 국가관계뿐 아니라 양국 내부에도 변화가 있었고, 러시아 내 한국학자 및 한국 내 러시아 연구자들의 세대교체도 일어났다. 이 기간 동안에 러시아에서는 많은 양의 단행본과 논문집, 학술저널, 한국어 교재 및 한국 고전 및 현대 문헌에 대한 번역물도 발행되었다.[1]

아래에 언급되는 서적들을 통해서 독자들에게는 지난 20년간의 러시아 역사학 분야에서 남북한의 현대사에 관련된 문제에 접근하는 데 있어서 주요한 학문적 변화의 경향에 대한 설명들을 알 수 있는 기회가 제공될 것이다. 제시하고 싶은 말은 이 모든 저서들은 지난 20년간의 러시아 문헌에 나오는 모든 종의 서적 및 논문들을 완벽하게 다루는 것은 아니라는 사실이다. 그러므로 일부 뛰어난 저작들도 본 논고에서 포함되어 있지 않는다는 점을 미리 밝힌다.

1. 1980년대 소련의 변화와 역사발전론, 그리고 한국에 대한 인식

1991년 소련 붕괴 직전까지 남북한 양국을 기술한 지배적인 사회경제 발전론은 역사적 유물론으로, 이는 변증법적 유물론의 철학적 개념에 근거했다. 이 관점에 따르면, 첫째, 사회의 역사 발전은 논쟁이 필요 없는 법칙이다(다르게 말한다면, 쇠퇴하는 역사과정은 역사 발전 이론에서 자신의 자리를 가질 수 없게 되어 있다). 둘째, 모든 사회의 역사 발전에 있어서 원시사회, 노예제사회(항상 모든 사회에 필수적인 것은 아닐 수도 있는), 봉건사회, 자본주의(가장 최상의 단계는 제국주의), 그리고 역사발전의 가장 높은 단계인 공산주의와 더불어 사회발전의 매우 중요한 구성 요소인 사회주의가 있다. 이러한 관점에 입각한 발전전망에 대한 소련과 북한의 이견과 불일치에도 불구하고 북한의 사회경제 발전 노선은 "올바르고" "진보적인" 것으로 묶인된 반면 "자본주의" 한국은 소련에 대한 적대국가였을 뿐 아니라 "진보적" 사회발전 단계, 즉 사회주의에 아직 도달하지 못한 국가로 평가되었다. 남북한 인식에 대한 이 같은 두 가지 흐름은 1970년대 말까지 출간된 소비에트 문헌에서 쉽게 확인할 수 있다.[2]

한편, 한국의 자본주의, 즉 좀더 완곡한 표현으로 시장경제에 대한 비판은 차츰 중단되기 시작했다. 그리고 한국에 대해 합법적이고 매우 진보적인 사회발전 단계로 인식되기 시작했으며, 사회주의도 아니고 소위 "후기산업" 사회라는 전혀 새로운 형태의 사회경제 발전 단계로 이어지는 합법적이고 매우 진보적인 사회발전 단계로 간주되기 시작했다.

이러한 관점에서 남북한 현대사 서술 과정에 1980년대 말 소비에트 문헌에 나타나기 시작한 변화들은 확연하게 차이를 보이기 시작했다. 북한에 대해서는 비록 "오묘한" 민족주의적 노선을 걷고 있으나, 발전 노선만큼은 "바르다"는 인식이 더 이상 존재하지 않았다. 하지만 강력한 비난은 아직 없었다. 반면에 "그릇된 자본주의" 단계에 위치한 사회로서의 남한에 대한 비판적 인식 역시 점차 사라졌다. 남한 상황에 대한 비판은 줄어들고 한국의 "현황"에 대한 점점 더 많은 긍정적인 요소들이 러시아 한국학자들 사이에 회자되기 시작했다.[3]

1987년 한국의 6월 항쟁, 1987년 10월 27일에 공표된 민주적인 신헌법을 받아들였던 사건, 이에 따라 1987년 12월 16일 민주적인 절차로 이루어진 대통령 선거, 1988년 가을의 서울올림픽, 그리고 당시에 형식적으로는 여전히 사회주의의 동유럽 국가들과의 연이은 수교 체결 등은 1980년대의 광주민주화운동이 벌어졌던 시기와 비교해서 한국에 대한 이미지가 전체적으로 동아시아 블록 등과 더불어 수용될 수 있는 환경이 이루어졌던 것으로 해석되었다. 반면에 북한에 대해서 살펴본다면, 소비에트 붕괴 직전 북한에 대한 연구는 일정 기간의 휴지기가 있었다. 이 사회주의 국가에 대한 발전 전망에서는 특별히 학자들의 관심을 끌지 못하였으며, 북한의 사회-경제 시스템에 대한 날카로운 비판도 나타나지 않았다.

2. 1990년대 러시아 역사 서술에 나타난 한국 현대사

1990년대 러시아의 역사 서술은 러시아 역사발전의 "과도기적" 단계에 대한 서술로 볼 수 있다. 이 기간은 러시아의 시장경제 전환을 위한 많은 개혁을 추진한 시기로 특징지을 수 있다. 이는 2000년대 이전의 옐친 대통령 집권 시기로, 러시아에는 전체적으로 사유화 프로그램이 진행되고 있었고, 사회경제 시스템에도 일정한 변화가 발생하였다. 1998년 금융위기를 통해 국가 금융 시스템도 강화되던 중이었다.

다른 국가들로부터 경제 원조를 받던 러시아도 국제적인 사회-경제 시스템 내에서 주요 경제 파트너로 발전 단계를 밟고 있었다. 이 모든 상황은 21세기 초에서야 이루어졌다.

1990년대 초 중반, 러시아는 사회 경제적 변화를 경험하고 있었는데, 다음과 같은 부분이 가장 큰 변화라고 할 수 있겠다.

첫째, 기존의 러시아 사회 발전에서 현격히 벗어난 정치적인 행위들이다. 사회적 환경하에서 러시아 정치는 부분적으로 지역의 지명 변화를 통해 현실화되었는데, 예를 들면 1991년 6월 12일, 기존의 '레닌그라드' 대신 '상트페테르부르크'로 개명되었다. 이를 통해 소비에트 정치에 대한 강한 비판이 구현되었다. 둘째, 경제 분야에 있어서는 기존의 계획경제 체제에서 시장경제 체제로의 변화를 들 수 있겠다.

1) 1990년대 중반 북한 연구에 대한 새로운 방법론

위에서 언급한 정책 차원에서 볼 때 사회주의 진영 붕괴 이후 "사회주의 건설을 지속"한 몇 안 되는 국가들 중 하나였던 북한에 대해서도 1990년대 한국학 연구자들이 "사회주의 배격" 경향을 추구했던 것은 매우 논리적이고 타당하다.

그 외에 "북한의 배격" 또한 당시 러시아연방 신 외교정책과도 일치했다. 러시아 신 외교정책은 1992~1993년 서방과 한국에 대해서는 가까이하고, 북한에 대해서는 거리를 유지하는 정책을 취했던 코지레프 외무장관이 취했던 노선이다. 1994년에 옐친 대통령은 1961년 소연방과 북한이 체결한 '상호 원조와 친선 우호 조약' 제1항의 무효화를 선언했다. 이 1항은 한 국가가 군사적 침략을 받을 시에는 다른 국가가 군사원조를 시행한다는 내용이다. 즉 러시아는 북한에 대한 군사 원조를 철회한 것이다.[4] 러시아연방의 신 대북정책은 러시아 역사 서술에도 즉각 반영되었다.

북한에 대한 비판적 시각을 다룬 최초의 학술서적 중 하나로 바자노바(Bazhanova)의 단행본『북한의 대외경제 관계. 위기 탈출을 모색하며』를 예로 들 수 있다. 단행본 서문에서 이미 북한의 사회주의적 경제발전 노선을 "모스크바에서 잉태한 후 북한 토양에서 자라온 거짓된 개념에서 비롯된 '북한 지도부의 약점이자 실수'라고 정의하고 있다."[5]

바자노프는 자신의 저서에서 소연방과 동유럽이 건재했던 시기의 북한과 외부세계 간의 대외경제 관계만을 소개하고 있다. 그러나 이러한 관계를 서술함에 있어 본 단행본이 나오기 3년 전에는 불가능했을 것 같은 북한에 대한 평가가 나왔다. 특히 바자노바는 북한과 소련과의 대외무역에 대해 말하면서 "북한 조직들의 활동에서 더부살이의 기운을 느낄 수 있었다"[6]고 쓰고 있다

1990년대 중반에 접어들면서 북한에 대한 비판과 부정적인 인식이 점점 더 많은 한국학 연구자들의 활동에 반영되기 시작했다. 1996년 소연방 붕괴 이후 처음으로 모스크바 극동연구소 한국학 연구자들이 1990년대 초부터 중반까지의 남북한 발전 문제를 조명한『한반도의 현안문제들』이라는 제하의 최초의 논문집이 발간되었다.

즉 이 논문집에는「북한의 경제문제」(V. I. 안드레예프),「북한의 현대 정치시스템의 일부 관점」(E. I. 페트로프),「북한: 과거와 미래 사이」(A. Z. 제빈) 등의 논문과 한반도 문제 전반을 다룬 일부 논문이 수록되었다.

논문 제목들에서 알 수 있듯이, 논저자들은 러시아연방의 새로운 발전 방향 차원에서 북한의 상황을 재평가하고 있다. 안드레예프는 자신의 논문「북한의 경제문제」에서 1990년대 북한이 겪은 모든 난관의 원인을 "낡아빠진 국가 지도부의 국민경제발전을 위한 개념적 접근방법",[7] 즉, 경제 발전 주체를 지나치게 지도부의 손아귀에 집중시

컸다는 점, 2천2백만의 인구를 가지고 있는 북한 사회, "모스크바 지역의 인구보다도 단지 2.5배 정도밖에 되지 않는 북한"[8]의 고립된 국가에 완전히 독자적인 경제를 구축하려는 시도는 시장주의의 배격과 국가의 폐쇄 정책[9]으로 그 원인을 돌리면서 비판적 관점을 견지하였는데, 그래도 "기술 자체를 아주 냉소적인 표현을 견지한 것은 아니었다."[10]

이와 관련, 안드레예프의 논문에서 보여준 대북 비판은 다른 저자들의 논문들과 마찬가지로 매우 절제되고 올바른 것이었다. 하지만 1990년대 중반의 대북 비판은 항상 절제된 것만은 아니었다. 1995년 모스크바에서『북한: 어제와 오늘』이라는 A.N. 란코프의 논문집이 발간되었다. 이는 북한에 대한 비판적인 내용을 다룬 초기 논문집인데, 저자 자신이 북한에 대한 기술에서 도를 넘은 비판을 표시하고 있는 것은 사실이지만, 그 자신은 북한 당국에 대해 무비판적으로 비난하는 것에 대해서는 반대의 입장을 가지고 있었다. 그러나 이 논문집은 다분히 감정적으로 서술되어 있다고 하는 것이 타당하다.

란코프에 따르면 김일성은 "우연히" 권력을 잡게 되었으나 후에 "그러한 삶에 맛들여 권력에 익숙해져 갔으며",[11] 그 후에는 "정치적 음모에 노련한 선수가 되었다."[12] 이와 같이 북한 지도자의 이미지는 러시아 독자들에게는 "교육수준이 그다지 높지는 않으나 교활하고 권력에 사로잡힌 독재자",[13] 단일 권력과 "적극적인 자아자찬 캠페인"[14]의 표현 등으로 국민의 이익에 앞선 독재자로 그려졌다. 러시아 독자들의 북한 전반에 대한 입장 또한 극단적으로 부정적이지 않을 수 없다.

란코프는 북한에 독특한 국가 창설을 이끈 객관적인 역사적 단계에 대해서는 논하지 않았는데 이는 충분히 이해할 만하다. 이미 언급한 바와 같이 러시아의 역사서술 방법론에서는 이미 유물론적 방법론이 사실상 전면 사라지고, 역사적 유물론을 대치할 만한 공인된 이론이 전혀 나타나지 않았다. 그 결과 객관적 요인에 따라 역사적 변화를 야기한 방법론을 대신하여 역사상 개인의 역할을 강조한 방법론이 자리 잡았다. 여기서 개인은 많은 역사적 변화를 개인의 강한 의지와 특별한 기법으로 설명한다.

2) 1990년대 남한 연구에 대한 새로운 방법론

1990년대 대 북한 연구에서와 마찬가지로 러시아 자체의 변화, 즉 러시아가 시장경제 틀 내에서 새로운 국가 발전 방안을 모색함으로써, 대 한국 인식에 대한 러시아 역사서술 과정에도 일정한 영향을 받게 되었다.

주지하듯, 사회주의하에서는 사회경제 발전에 대한 주도적인 역할을 국가가 담당했다. 1990년대의 신 러시아는 소비에트 연방으로부터 일종의 제동장치로, 혹은 반면에 새로운 사회경제관계의 잠재적인 참여자로서, 거대한 국가라는 자동차를 유산으로 물려받았다.

한국 경제 및 사회생활에서의 국가의 역할은 상당히 비대했다. 바로 박정희 대통령의 군사독재는 국가가 시장주의적 사회경제 관계에 머무르면서 소위 "경제기적"을 이룩하는 힘으로 발전했다. 한국의 긍정적 경험은 시장경제로의 체제 전환기에 새롭고 적절한 발전 방안을 모색 중이던 러시아에 일면 본보기가 되었다.

따라서 상기 언급한 1996년 극동연구소에서 펴낸 『1990년대 한반도 관련 최초의 논문집』 중 첫 번째 논문은 안드리아노프의 「한국의 지속 가능한 발전의 역동적인 모델 구축에 있어서 국가의 역할」이었다.

본 논문에서는 소비에트 시대에 기존에 기술된 한국학 내용과는 다르게 한국은 매우 긍정적으로 소개되고 있으며, 한국의 경험은 신생 러시아가 본받을 만한 것으로 묘사되었다. 안드리아노프는 강력한 메

커니즘을 작동해 경제 시스템을 통제하면서, "국가의 지속 가능한 성
장을 위한 안정적 모델 구축에 과거 이래 계속해서 주된 역할을 하고
있는 한국의 경험은 매우 시사적이다"[15]고 쓰고 있다. 동 논문은 러시
아에는 이미 익숙한 계획적 시장경제 메커니즘 활용에 대한 긍정적인
측면과 재벌의 긍정적인 측면 또한 간단하지만 제법 풍부하게 묘사하
고 있다(러시아에서 재벌과 유사한 것을 찾는다면, 사유화 이후 민간기업이 된 소련
의 대기업을 들 수 있다). 중요한 것은 국가의 규제와 시장의 자율 규제장
치 간 성공적인 결합에 있다.

　　이러한 방식으로 1990년대부터, 한국은 러시아가 배우고 따라가야
할 모범적인 나라로 인정되었고, 일정한 기간 동안 실제적으로 러시
아의 대외 국익 분야에 있어서 북한을 완전히 대치하는 파트너로 부
상하게 되었다.

　　전체적으로, 1990년대 중반부터는 러시아의 한국학 서술에서는 새
로운 발전 모델을 구축하고자 했던 러시아에 한국의 경제 분야가 매
우 인상적인 국가 모델로 받아들여질 수 있었다.

　　1997년 수슬리나(S. S. Suslina)의 단행본 『(80년대말~90년대초) 후기산
업사회 발전단계의 한국』이 출판되었다. 이 책에서 수슬리나는 "산업
화, 현대 포스트구조주의 단계, 즉 '구조의 개혁' 과정과 현대화와 그
결과는 경제 분야 전문가들의 관심을 이끌어낼 것이며, 한국과의 경
제 교류를 추진하는 조직과 기업들에서도 동일하게 이루어질 것임을
저자는 바라고 있다"[16]고 밝히고 있다.

　　기본적으로 소연방 붕괴 이후 한국에 대한 러시아의 관점은 근본적
으로 변화하였고, 페레스트로이카 이전이며 브레즈네프 시기였던 1979
년 이미 수슬리나에 의해 출간된 『한국 산업 분야에 대한 외국 자본
의 확대』를 하나의 예로 들겠다.

　　당시 1945~1970년대 한국경제는 극단적으로 부정적인 평가가 이 책

을 통해 내려졌다. 수슬리나는 "한국의 외국자본의 확대는 '신식민주의', 혹은 '식민주의정책의 현대화'라고 말하고 있는데, 당시는 '마르크스-레닌주의'[17]의 전통적 해석이 지배적이었다. 제국주의 국가들의 정책을 정당화하기 위해 한국의 이코노미스트들은 부분적으로 '통계자료를 가진 다양한 속임수'[18]에 의존하였다고 강조되며, 서구학자들은 미국이 북한을 전적으로 원조하는 어떤 실체적인 진실에는 눈을 감고 있다"[19]고 수슬리나는 지적하고 있다.

소련 붕괴 후 6년이 지난 시점에서 러시아의 한국경제 전문가인 수슬리나 교수는 1990년대 중반까지의 한국경제에 대한 전면 재분석을 통해서 한국 경제 성장을 경제활동 분야의 모델로 새롭게 소개하고 있다.

1990년대 러시아 내 한국학에서 한국역사 발전 과정에 대한 재분석은 비단 경제분야에서뿐 아니라 정치분야에서도 시행되었다. 한국은 소비에트적 관점에서는 오도된 자본주의 발전 경로를 추구하는 국가이며, 선진국의 "제국주의 정책"의 범주에 포함되어 있었으나 1990년대에 야당의 저항과 집권 엘리트들의 노력에 의해 실제적인 민주 사회로 정착해 나가는 국가로 평가되었다.

러시아 역사 서술에서 상기에서 언급된 한국 정치사에 대한 인식 변화 추세를 묘사한 가장 대표적인 저작은 1996년 출간된 마주로프 (V.M. Mazurov)의 『권위주의에서 민주주의로: 한국과 필리핀의 예를 중심으로』이다.

마주로프에 따르면, 민주주의로의 한국의 발전은 자연적인 결과이다. 한국의 정치 지평은 '진화'[20]의 과정을 통과했다. 먼저 집권층에서는 비즈니스 발전에 적합한 정책을 구사하였고, 이는 생산 관계 시스템의 변화를 이끌어낼 수 있었다. 이런 결과로 "산업 활동의 일정한 성공"[21]이 지속적으로 이루어졌으며, 그렇게 민주주의 사회로의 변화가 가능한 산업 기반이 조성되었다. 즉 이것은 한국 역사에 있어서 긍정적인 측면이며, "한국의 강압적인 정치 상황은 상호 협력의 견고성으로 이어졌던 것"[22]인데, 즉 여당과 야당의 상호 협력도 동반되었다.[23] 저자 마주로프에 따르면 "한국의 현대화 방안은 궁극적으로 시장과 민주주의의 통합에 있다. ……의회민주주의 발전에 앞서 경제자유의 확대가 이루어졌다"[24]고 언급되고 있다.

이처럼 1990년대 중반에서 말까지의 러시아 한국학에 비친 한국은 경제적 정치적 난관을 극복하고 다른 나라들이 모델로 삼을 만한 충분한 번영을 이룩한 "이상적인 나라"이다.

그러나 북한은 반대로 역사적으로 "그릇된" 경로를 걸어가는 일종의 상징적 모델로 묘사되었다. 1980년대 말부터 1990년대에 러시아는 한반도의 하나의 국가와만 긴밀한 협력관계를 고수하였다. 동시에 남북한과 동시에 상호 협력 관계를 가지는 메커니즘이 가동되지 못했다. 1990년대 초 북한이 러시아의 적극적인 대외정책 범위에서 이탈한 후 그 자리를 고스란히 한국이 차지하게 되었다.

2000년도 러시아의 對 극동지역 외교정책은 근본적으로 변화하여 러시아 한국학의 현대 한반도 연구 방법론에도 영향을 미치게 되었다.

3. 2000년대 러시아 역사서술에서 한국에 대한 인식

1990년대 말 러시아연방은 북한과의 관계회복(정상화)과 함께 남한과의 전방위적 관계발전을 위한 대책을 강구하였다. 2000년 2월 9일 평양에서 신 '북러 선린우호협력 조약'이 서명되었으며, 2000~2001년에 러시아연방 푸틴 대통령은 북한과 한국을 공식 방문했다. 푸틴 대통령은 2001년 2월 26~28일에 한국을 공식 방문하고, 2004년 9월에는 노무현 대통령이 러시아를 국빈 방문했다.

이처럼 2000년부터 러시아연방의 對 한반도 정책에는 새로운 노선이 채택되었다, 즉 남북한 양국과의 균형적인 관계를 유지하려는 시도가 이루어졌다. 러시아 정부의 대외정책 관련 부분에서도 러시아의 한국학에서는 부분적으로는 남북한의 현대적 상황에 맞게 남북한 균형 정책이 기술되었다.

1) 2000년대 남북한 양국에 대한 균형적인 서술 경향

(1) 한국사 공동 연구

2002년도에는 러시아의 한국학 연구자들이 남북한 현대사를 서술함에 있어 새롭고 균형 잡힌 "중립적인" 방법론이 시도된 여러 권의 단행본이 출간된 해로 러시아의 對 한반도 정책의 최신 경향을 객관적으로 반영하고 있다.

상트페테르부르크 국립대학 출판사에서는 필자의 『고대에서 20세기 초까지의 한국사 강좌』(아래에서 『한국사강좌』로 줄임)라는 제목의 학술교재가 발간되었다. "강좌"라는 타이틀을 붙인 이유는 단행본이 "교재"이기 때문이 아니라 25년 만에 나온 첫 한국사 교재로서 종합적인 검증을 받지 못한 상태이고,[25] 또 저자 자신이 단행본에 "한국사"라는, 어떻게 생각하면 굉장히 의미가 깊은 단어를 선택할 수 없는 이유가 그러한 명칭을 부여할 만한 권한이 없다는 생각이 들었기 때문이다.[26]

남북한 관련 내용들을 서술함에 있어 필자는 양국 현대사의 다음과 같은 주요 항목을 반영하고자 했다.

첫째, 역사적 발전 개념이다. 『한국사강좌』에서 필자는 역사 유물

론을 더 이상 추구하지 않는 한편 역사적 과정은 필연적이며 개인의
의지는 사회·경제 발전의 객관적 경향에 의해 제한적이라는 입장에
있다. 따라서 필자는 이승만과 박정희의 독재[27]나 김일성, 김정일 정
권의 특징 또한 그들 개인의 어떤 "욕망"이나 "음모"로 말미암아 이루
어졌다기보다는 많은 점에서 당시 한반도 양국 모두의 시대적인 상황
에서 형성될 수밖에 없었던 객관적인 조건 등을 더욱더 강조하였다.

둘째, 남북한 양국의 동양적 특징을 강조하였다. 남북한 양국의 현대
사를 기술함에 있어 많은 저자들, 특히 서방 측 저자들은 흔히 이들
양국이 동방 국가라는 사실을 망각하곤 한다. 이로써 양국의 발전 과
정에서 발생한 다양한 사건과 흐름을 잘못 해석하는 경우가 잦다.

셋째, 다양한 역사적 과정 서술에 있어 다양한 인사들의 활동을 평
가함에 있어 감정적 표현을 배제하였다.

넷째, 양국 현대사의 동일 사건에 대한 다양한 시각을 소개하고자
하였다. 그럼으로써 저자는 이러한 시도를 통해서 남북한 양국 역사
를 가능하면 최대한 "중립적이고", "객관적인" 서술을 하기 위해 노력
했다.

이듬해 2003년도에 모스크바 국제경제 및 국제관계대학(MGIMO)에서
『러시아 최초의 한국사 교재』[28]가 발간되었는데, 여러 저자들이 공
동[29]으로 참여하였다. 본 교재는 '한국사: 새로운 독해'라는 타이틀로
출판되었다. 그런데 (1945년 이후) 한국 현대사에 대한 서술은 72페이지
로 제한되고, 그 대신 통일문제와 남북한 관계, 그리고 (연구 정도가
미진하고 서술이 매우 어려운) 남북한 양국의 문화에 대해서는 매우
상세하게 기술하고 있다. MGIMO에서 발간된『한국사: 새로운 독해』
는 양국 역사를 보다 균형 있고, 가능한 한 "중립적으로" 서술하려고
시도하였다.

1950~1953년 한국전쟁의 기원에 대해 저자들은[30] 북측이 먼저 군사

작전을 개시했다는 사실을 부인하지 않으면서도 "한국전은 사실상 1949년 봄부터 시작되었으며, 미국은 이승만의 '북침계획'을 자제시키지 못했으며,[31] 따라서 사실상 양측 모두가 전쟁을 준비하고 있었다"[32]고 서술하고 있다. 전쟁 결과와 관련하여 저자들은 "전쟁은 양측 국민 모두에게 엄청난 고통을 안겨줬다"[33]고 기술하면서 저자들은 남북한 어느 쪽도 특별히 선호하지 않으며, 양국은 저자들에게 모두 매우 중요하다는 점이 강조되고 있다.

1943~2000년까지의 북한 역사(북한의 업적과 난관)에 대해서는 감정적인 치우침 없이 매우 중립적이고, 학술적 근거에 바탕을 두어 기술되었다. 1953~2000년까지의 한국사 기술상의 특성도 주목할 만하다. 소비에트 시기 가장 강력한 비난의 대상이었던 한국사 쟁점들이 MGIMO의 『한국사: 새로운 독해』에서는 매우 신중하게 기술되거나 일부 쟁점들은 새롭게 평가되었다.

예를 들면, 박정희의 군사 쿠데타와 뒤이은 집권에 대해 위 책의 저자들은 단 두 차례에 걸쳐 "군사정변"[34]이라는 용어를 사용한 반면 박정희 대통령의 집권에 대해서는 전반적으로 긍정적으로 평가하였다. "그의 18년간의 통치는 한국과 한국민들에게 큰 변화를 의미하였다. 그의 가장 중요한 업적은 연이어 '경제 기적'을 창출하였다는 데에 있다. 자신의 통치 기간에 박정희는 '한국형 민주주의'에 이르는 군사 독재의 과정을 거쳤던 것이다".[35]

MGIMO의 『한국사: 새로운 독해』는 박정희 정권이 붕괴하게 된 객관적 이유를 이렇게 정의하고 있다: "박정희 대통령의 권위적인 억압 정권은 대통령 자신의 경제정책이 가져온 국가 경제성장과 점차 대치하게 되었다"[36](즉, 순서적으로 대통령의 경제 정책으로 상쇄되었다는 의미이다).

이처럼 MGIMO의 『한국사: 새로운 독해』는 독자들에게 남북한 양국에 대한 균형 잡힌 시각을 제공하고 북한에 대해서는 불쾌함을 야기하지 않고, 한국이 이룩한 성과에 대해서는 경외심을 불어넣어주고 있다.

이러한 내용으로 위의 책은 독자들에게 한반도의 두 개 나라에 대한 균형 있는 시각을 제공하고 있으며, 북한과의 관계에서 불편한 서술을 하지 않을뿐더러 한국이 성취한 업적에 대해서도 존경심을 표시하고 있다. 이 책은 2002~2003년 초에 출간되도록 준비되었는데, 이 기간은 김대중 대통령의 임기 마지막 해로, 김 대통령의 "햇볕정책"이 시행되던 상황이었다. 상기에 언급한 두 나라의 역사에 관한 "균형"의 표현은 매우 논리정연한 서술이다(2000년대 한반도에서의 러시아의 신정책에 대해서는 이미 기술된 바 있다).

그러나, 본 역사 교과서는 한국의 최현대사에 관한 가장 중요하고 풍부한 사건을 전반적으로 다루지는 못했다. 그래서 2008년 토르쿠노프(A.V. Torkunov), 데니소프(V.I. Denisov), 리(V. F. Li) 등 위의 『한국사: 새로운 독해』 저자들 중 일부는 1945~2008년까지의 한국사 전반을 다룬 544쪽의 방대한 규모의 단행본 『한반도: 전후 역사의 변화』를 발간했다. 동 단행본 역시 대학생들을 위한 참고서로 권장되고 있으며, 2003년에 출간된 『한국사』처럼 남북한 양국 "역사의 균형적 기술" 개념하에 기술되었다. 더욱이, 김대중 대통령의 뒤를 이은 노무현 대통령은 총체적으로 전임 대통령의 "햇볕정책"을 계승하였다.

북한에 관해서는, 특별히 2000년대 초, 출간된 이러한 책들에서는 비교적 긍정적으로 기술되었다. 예를 들면, 20세기와 21세기 "북한의 대외정책은 실용주의 및 현실적인 요소로 진행되었다"[137]고 강조되고 있다. "북한은 평화와 안정을 위한 UN의 역할과 강화를 위해 정책을 펼쳐나간 것"[138]이다. "북한은 국제 테러리즘과의 전쟁을 추구하는 국제사회의 과정을 지지하고 있다"[139]고 언급되어 있다.

토르쿠노프, 데니소프, 블라디미르 리의 공동 저서에서 한국은 긍정적으로 기술되고 있다. 즉 과거의 권위주의 체제에서 민주주의와 "시민 공동체"로 이행하는 한국의 상황을 기술하고 있다(2장 9절). 한국이 북한과의 전방위적인 교류와 협력을 추진하는 정책에 대해서는 여러 번 긍정적인 평가가 뒤따랐다. "한국의 집권 권력층은 과거 북한과의 관계를 제한했던 여러 가지 금기 사항 등을 철폐했는데, 이 가운데에는 북한에서 발행된 책, 신문, 잡지에 접근할 수 있는 권한이 주어지며, 북한의 인터넷 사이트 등을 이용할 수 있도록 조치가 이루어졌다."[40]

(2) 남북한 양국 역사의 개별적인 문제 및 현대성

위에 열거한 출판물 외에 남북한 양국의 역사 기술에서 "균형적인" 원칙을 견지한 단행본과 논문집 및 참고서 등이 많이 있다.

그들 중 특히 주목을 끄는 것은 바닌(Yu. V. Vanin)의 단행본으로 한민족의 아킬레스건인 한국전쟁을 조명, 해석한 책이다.[41] 이 책에서 바닌은 다음과 같이 쓰고 있다: "남북한 양국 정부 공히 수차례에 걸쳐 자신들의 평화 의지를 밝힌 바 있다. 아울러 양국 정부는 통일 한국을 복원하기 위해 무력을 동원할 준비가 돼 있음을 숨기지 않았다. 물론 통일은 각자의 주도로 이루어지기를 당연시했다."

나의 관점으로는, 현대 한국에 대해 가장 균형감을 지키면서 일목요연하게 서술된 것은 『도브로예 우트로, 카레야!』(좋은 아침의 나라, 한반도!)로 사진첩으로 발행되었다. 이는 2006년에 발렌틴 박(Valentin B.)이 출간하였으며, 한국과 북한의 사진이 수록되어 있는데, 『서로 간의 충만한 우정, 그리고 미소를』[42]이라는 제목이 붙여져 있다.

위에 언급한 남북한 현대사에 대한 균형 잡힌 해석 외에도 2000년대 러시아의 역사기술에는 북한을 강경하게 비판한 기술도 등장하였다.

2) 2000년대 러시아 한국학의 북한 현실에 대한 비판적 기술

2008년 초, 이명박 대통령이 집권하기까지 북한과의 관계에 있어서 강한 비판을 제기한다는 것은 21세기 초 러시아 한국학 분야에 있어 서의 원칙보다도 더 예외적인 일이 되었다.

그러한 방식으로, 상기에 언급한 "균형적" 시각이라는 경향을 통해 2006년에 모스크바에서 북한 관련 저명한 전문가인 제빈(A.Z. Zhebin)이 『국제 환경 속에서의 북한의 정치 시스템의 진화』라는 책을 출판했 다. 이 책에서는 21세기 초의 북한의 상황에 대한 학적 체계의 진실뿐 만 아니라, 일부 북한 정치가들의 "저열한 성향"을 다루기도 하고, 동 시에 공자 및 과거 조상들의 신화(단군신화) 등의 전통까지도 기술하고 있다.[43] 제빈은 21세기 초, 북한의 실제적인 상황들을 긍정적으로 서 술하고 있다. "북한 사회에서 시작된 여러 변혁들은 북한의 경제 발전 의 새로운 단계의 요구에 부합하는 사회 환경적 차원에서 포스트 전 체주의 사회로 전환하는 일정한 자유화를 제기하고 있다."[44]

줄곧 해외에 거주해온 란코프(A.N. Lankov)는 2000년대 들어서 대북 강경 비난을 계속했다. 란코프는 1995년 발간된 자신의 단행본을 2005 년도에 상당 부분 개정하여 『조선민주주의 인민공화국: 어제와 오늘. 북한 야사』라는 새로운 제목으로 재발간했다. 북한에 대한 그의 시각 이 러시아 내 다른 한국학 연구자들의 시각과 정면으로 배치된다는 점은 한국전에 대한 그의 평가를 통해서 알 수 있다: "평양 정권은 한 국전, 1950~1960년대 대대적인 탄압 및 1996~1999년의 기아에 책임이 있다."[45]

란코프는 2009년 '스탈린주의 역사' 시리즈 차원에서 『1956년 8월. 북한의 위기』라는 제하의 단행본을 발간했는데, 이는 1995년 북한에 대한 자신의 첫 단행본에 발표한 1956년 위기에 대한 논문의 내용을

확장시킨 것이다. 란코프는 동 저서에서 북한 체제를 "민족적 스탈린
이즘"으로 정의하고 있는데, 이는 학문적인 분석에서뿐 아니라 북한
관련 실질적인 조치에서 보다 효율적인 방안 모색에 도움이 될 만한
북한 내 현실적인 요소를 찾아내고자 노력하는 러시아 내 한국학자들
의 노력과는 상치하는 것이다.[46]

그러나 이 경우 란코프의 책들이 러시아연방에서 출판되어 상당한
인기를 끌고 있음에도 불구하고 그의 저작물들을 전적으로 러시아 한
국학의 범주로 분류할 수는 없을 것이다. 이유는 그가 1992년 이래 줄
곧 해외에서 거주하며 러시아 측의 역사서술을 대변하기보다는 서방
이나 한국 측 시각을 대변한다고 볼 수 있기 때문이다.

3) 2000년대 러시아 한국학의 한국의 현황에 대한 긍정적 비판적 서술

21세기 첫 10년 동안 러시아 내 한국학에서는 경제,[47] 정치,[48] 문
화[49] 등 한국의 다양한 현황 연구에 대한 긍정적인 접근 방안이 지속
되거나 혹은 더욱 확대되었다. 본고의 지면 부족으로 출판된 단행본
이나 논문집 중 가장 흥미로운 것조차도 상세하게 소개할 수 없을 뿐
이다.

그러나 2000년대는 러시아 독자들에게 한국의 긍정적인 경험을 알
리는 전문 서적들만 출간된 것이 아니라 흥미롭고 생생하게 현대 한
국을 알리는 책들도 출간되었다. 특히 2000년도에 출간된 심비르쩨바
(T.M. Simbirtseva)의 『시대의 전환기에서의 한국』, 2000년도에 출간된 란
코프의 『한국: 일상과 명절』, 2006년도에 출간된 란코프의 『한국인 되
기』 등을 들 수 있다.

이와 같이 2000년대 러시아 독자들은 전문서적 및 학술 – 대중 문
헌들을 통해서 현대 한국의 보다 더 매력적인 모습을 접할 수 있게

되었다.

　한편 위에서 열거한 한국에 대한 긍정적인 서술과는 다른 예외 또한 있는 바 이는 저자의 삶과 활동에서 비롯된 특성과 관련이 있다. 예를 들면 20003년도에 출간된 가르부센코(T.E. Garbusenko)의 『이해하기 어려운 한국인들』을 들 수 있다. 저자는 이 책을 통해 한국의 문화가 발전하지 않았으며, 뭔가 이상하고 매력 없는 나라로 묘사하고 있다.[50] 이 책에서는 흥미롭고, 매우 생생한 필체로 기술되었지만, 문화와 언어학적 관점에서는 수준이 낮다. 즉 그는 책에 묘사된 사람들을 불유쾌한 필체로 기술하였다. 이러한 형태의 서술이 이루어진 것은 저자가 사실상 줄곧 해외에 거주함으로써 그의 시각이 러시아의 한국학 발전의 전반적인 경향을 담아내지 못한 결과로 풀이할 수 있다. 그 외에 동 저서에서는 지역학적인 오류 또한 자주 발견되고 있다.[51]

4. 결론

　한러 외교수립 20년 만에 러시아 내 한국 역사 서술에는 큰 변화가 있었으며, 사회발전 방안에 대한 시각이 달라졌다. 소비에트 시대 "과거의 잔재"로 여겨졌던 (자본주의적 시장경제)가 올바른 사회경제 발전 방안으로 평가되기 시작했다. 진보적이라 간주되었던 (사회주의체제)는 막다른 골목의 관점으로 부각되었다. 이에 따라 러시아 한국학 서술에는 남북한의 역사적 발전 노선에 대한 재평가가 이루어졌다.

　한편 러시아 한국학 역사서술에는 지난 20년 동안 변화를 거듭해온 러시아의 대외정책상 우선과제 또한 영향을 미쳤다.

　그 결과 2010년까지 러시아에는 적지 않은 단행본과 논문집이 출간되었으며,[52] 이를 통해 현대 남북한 양국의 현황이 종합적이고 상세하게 독자들에게 소개되었다.[53] 최근 들어 활발한 지난 10년간의 한국학 연구로 한반도에서의 평화와 번영이 도모되었으며, 남북한 및 러시아가 매우 가까운 이웃으로 발전하는 데 필수적인 일이 되었다.

(번역: 정세진)

주 ───

[1] Концевич Л.Р. Избранная библиография литературы по Корее на русском и за падноевропейских языках(с XIX века по 2007 год) // Российское корееведение в прошлом и настоящем. Том шестой. М., 2008.

[2] Грязнов Г.В, Социалистическая индустриализация в КНДР (1945-1960 гг.). М., Наука, 1966 ; Нам С.Г. Формирование народной интеллигенции в КНДР. М., Наука, 1970. 이 책의 마지막 부분은 다음과 같이 서술되어 있다. "북한의 사회 문화 건설은 문화 혁명에 관한 마르크스-레닌주의의 위대하고 삶의 확증적인 증 거들 중의 하나"이다(3쪽). 한국에 관한 극단적인 비판을 담은 저서로는 В.М. М азурова, 『Южная Корея и США(1950-1970-е гг)』 (М., Наука, 1971)가 있는데, 이 저서에는 부분적으로 다음과 같은 표현이 강조되어 있다. "부르주아 민주주 의의 탄생" "사회적 압제의 탄생" "한국에서의 정치적 반동의 강화"(11쪽).

[3] В.И. Шипаева «Южная Корея в системе мирового капиталистического хозяйства» (М., Наука, 1986). 본 저서의 한국에 관한 기술에서 저자는 한국학 저술에서 나타 나고 있는 표현들, 즉 "한국경제의 발전"(234쪽), "국가의 경제 성장"(244쪽) 등으 로 한국을 묘사하고 있는데, 한국의 역사적 발전 과정을 중점적으로 강조하였다.

[4] Чичин Д.В, Основные направления военного сотрудничества России с Респуб ликой Корея и КНДР в 1990 - 2000 гг. / Вопросы истории Кореи СПб., 2004, с.186.

[5] Бажанова Н.Е, Внешнеэкономические связи КНДР. В поисках выхода из тупика. М., Восточная литература, 1993, с. 3.

[6] 위의 책, с.65.

[7] Андреев. В.И, Экономические проблемы КНДР // Актуальные проблемы Коре йского полуострова. М., Институт Дальнего Востока, 1996, с. 29.

[8] 위의 글, с.30.

[9] 위의 글, с.35 · с.43.

[10] Ланьков А.Н, Северная Корея: вчера и сегодня. М., Восточная литература, 1995, с. 3.

[11] 위의 책, c.23.

[12] 위의 책, c.27.

[13] 위의 책, c.27~28.

[14] 위의 책, c. 8.

[15] В.Д. Адрианов. Роль государства в создании динамичной модели устойчивого развития в Южной Кореи // Актуальные проблемы Корейского полуострова. М., Институт Дальнего Востока, 1996, c. 7.

[16] Суслина С.С, Республика Корея на постиндустриальной стадии развития (конец 80-х ‑ начало 90-х годов). М., Восточная литература, 1997, c.13.

[17] 위의 책, c.5.

[18] 위의 책, c.9.

[19] 위의 책, c.9.

[20] Мазуров В.М, От авторитаризма к демократии (практика Южной Кореи и Филиппин). М., Восточная литература, 1996, c. 153.

[21] 위의 책, c.151.

[22] 위의 책, c.155.

[23] 위의 책, c.155.

[24] 위의 책, c.164.

[25] 1970년대까지 한국사를 다룬 통사가 러시아에서 마지막으로 출간된 저서는 1974년에 출판되었다(История Кореи, Т. 1-2. М., Наука, 1974).

[26] 상기의 저서를 새로운 내용으로 수정 보완하여 2009년에 ‘고대부터 21세기 초까지의 한국사’라는 제목으로 재출간되었다. 『История Кореи с древности до начала XXI века』(СПб., Издательство Санкт-Петербургского университета, 2009).

[27] 독재라는 용어는 이승만, 박정희 대통령 시절에 있었던 한국 역사서에 나오는 표현을 사용한 것이다.

[28] История Кореи (Новое прочтение). М., РОССПЭН, 2003, c.2.

[29] А.В. Торкунов, С.В, Волков, А.Н. Ланьков, Вл.Ф. Ли, В.И. Дениов, В.П. Ткаченко, В.Е. Сухини.

[30] Авторами раздела, посвященного Корейской войне были В.П. Ткаченко и В.И. Денисов.

[31] История Кореи (Новое прочтение). М., РОССПЭН, 2003, c.340.

[32] 위의 책, c.339.

[33] 위의 책, c.342.

[34] 위의 책, c. 359.

[35] 위의 책, c. 360.

[36] 위의 책, c. 362.

[37] Торкунов А.В., Денисов В.И., Ли Вл. Ф. Корейский полуостров: метаморфозы послевоенной истории. М., ОЛМА Медиа Групп, 2008, c.420.

[38] 위의 책, c.421.

[39] 위의 책, c.421.

[40] 위의 책, c.382.

[41] Ванин Ю.В, Корейская война (1950~1953) и ООН. М., Институт востоковедения РАН, 2006.

[42] Пак В. Доброе утро, Корея! Фотоальбом. Владивосток, Дальпресс, 2006, c.204.

[43] Жебин А.З. Эволюция политической системы КНДР в условиях глобальных перемен. М., Русская панорама, 2006, c.15-21.

[44] 위의 책, c.150

[45] А.Н. Ланьков, Объединение Кореи: реальность и демагогия (вместо заключения) // КНДР вчера и сегодня. Неформальная истории Северной Кореи. М., Восток Запад, 2005, c.383.

[46] Жебин А.З. Эволюция политической системы КНДР в условиях глобальных перемен. М., Русская панорама, 2006 ; Курбанов С.О. Конфуцианский классический 'Канон сыновней почтительности' в корейской трактовке. Корейское восприятие универсальной категории 'почтительности к родителям'. СПб., Издательство Санкт-Петербургского университета, 2007 ; Асмолов К.В, Корейская политическая культура: традиции и трансформация. М., ИД РАН, 2009.

[47] Суслина С.С. Экономика Республики Корея в свете глобализации. М., Институт Дальнего Востока, 2002; Федоровский А.Н. Феномен чэболь. Государство и крупный бизнес в Республике Корея. М., Стратегия, 2008 и т.п.

[48] Толстокулаков И.А. Развитие демократического процесса в Южной Корее в период VI Республики. Владивосток, Издательство Дальневосточного университета, 2003.

[49] Марков В.М. Искусство Республики Корея второй половины XX века. Владивосток, 2002 ; Роль религиозного фактора в жизни корейского общества. Владивосток, Издательство Дальневосточного университета, 2004 등.

[50] Габрусенко Т.Е, Эти непонятные корейцы. М., Муравей, 2003, c.162.

[51] 예를 들면, 93쪽에 저자는 "한국인들은 러시아인들과는 다르게 어떤 자존심을 가
지고 언급하는데, 즉 자신들의 가족들은 언제나 먹는 것을 절제한다"는 표현을
썼는데, 사실상 이것은 실제적으로 현대 한국인들에게는 맞지 않는 사실이다.
이렇게 인용한 부분은 B.D. 페소츠키 연대의 제1 보병부대에서 보고서로 발간된
1913년의 하바로프스크의 상신 내용에서 인용한 것으로 보인다. 이 보고서 제목
은 '아무르에서의 조선인 문제. 아무르 지역 원정의 최상위 명령에 따른 임무'이
다. 『Корейский вопрос в Приамурье. Труды командированной по высочайшему
повелению Амурской Экспедиции. Приложение к выпуску XI』.

[52] Из научных корееведческих периодических изданий хотелось бы выделить сл
едующие: 1) 『Вестник Центра корейского языка и культуры』. Издается в Сан
кт-Петербургском государственном университете с 1995 г. Зарегистрирован
как периодическое издание под номером ISSN 1810-8008. К настоящему времени
из печати вышло 11 номеров; 2) Альманах 『Российское корееведение』. Вышло
из печати 5 выпусков. Издание Альманаха прекращено; 3) 『Вестник Центра
корееведческих исследований Дальневосточного государственного университета』.

[53] С перечнем большей части монографических публикаций по современной Корее
можно ознакомиться в 『Избранной библиографии литературы по Корее на рус
ском и западноевропейских языках』, подготовленной Л.Р. Концевичем и опуб
ликованной в томе № VI серии 『Российское корееведение в прошлом и насто
ящем』 (М., Первое марта, 2008).

김대중 · 노무현 정부 시기 러시아의 한국 인식

러시아 대학교재 분석을 중심으로

정세진

1. 서론

2010년은 한국과 러시아가 수교를 맺은 지 20주년이 되는 해이다. 1990년 9월30일 한러수교 협정 이후, 러시아는 한국을 어떠한 역사적 시각으로 바라보고 있었을까? 본 글은 한러수교 이후, 특히 김대중, 노무현 정부 시기의 러시아의 한국 인식에 관한 내용을 한국사를 기술하는 러시아 대학교재를 중심으로 분석하는 시도이다. 일반적으로 역사 교과서 분석은 상대 국가의 중고등학교 교재를 중심으로 대다수 파악되어왔다. 예를 들면, 일본의 중고등학교 역사교과서 분석과 같은 부분이다. 그러나 본 글은 러시아의 영향력 있는 대학교에서 교재로 선택된 한국사 관련 내용을 중점 분석한다. 본 글에서 채택한 러시아 대학교재는 다음의 3종이다.

첫째, А. В. Торкунов, В.И. Денисов, В. Л. Ли, Корейский полуостров: метаморфозы послевоенной истории (Москва: Олма Медиа Групп, 2008)

둘째, С. О. Курбанов, *История Кореи с древности до начала XXI в.* (Санкт Петербурски: Издатель Санкт Петербурскийуниверситета, 2009) 이는 2003년판 С. О. Курбанов, *История Кореи с древности до конца XX в.* (Санкт Петербурский: Издатель Санкт Петербурскийуниверситета, 2003)

셋째, Под редакцией профессора А. В. Торкунова, *История Кореи Новое прочтение* (Москва: РОССПЭН, 2003)

상기에 언급한 교재에는 한국사의 대부분의 시기가 다루어지고 있는데, 본 글은 특히 1990년 한러수교 이후 시기만을 중점적으로 분석한다. 특히 그중에서도 김대중 정부, 노무현 정부 시기를 중심으로 러시아의 한국 인식을 고찰하고자 한다. 러시아의 대학교재에 서술되는 역사 인식은 전반적으로 한국에 대한 러시아의 정치, 사회, 그리고 경제 분야의 러시아의 대 한국 담론이라고 할 수 있다. 본 글의 역사 인식의 대상은 한국의 최현대사이다. 그러나 3종의 저서를 선택한다고 하더라도, 이 저서 속에 기술된 내용이 객관적 역사성을 가진다고 보기는 어렵다. 본 저서에서 서술되고 있는 역사의 담론은 아직도 한국 사회에서 여전히 진행되고 있는 사건이며, 어떠한 역사적 해석을 규정적으로 내리기가 어려운 대상이기 때문이다. 한러수교 이후 다양한 역사적 사건을 역사학의 대상으로 목적화 시키기에는 시기적으로 너무 가깝다는 것도 지적하지 않을 수 없다. 그러므로 한러수교 이후의 러시아의 대 한국 인식을 분명한 핀으로 뽑아내는 일은 아직도 현재진행형의 사건이 중첩적으로 얽혀 있고 실체적 진실이 파악되지 않는 부분이 있어 난감한 측면이 있다. 본 글은 최현대사 부분에 대한 역사교과서 분석이므로 더욱더 신중한 접근을 요하고 있다. 이는 그만큼 교재에 나타나고 있는 역사 인식이라는 부분은 특정한 시대 및 국제환경의 영향을 받지 않을 수 없기 때문이다.[1] 그것은 본 논고가 최현대

사를 다루고 있기 때문에 갖는 한계일 것이다. 그러므로 이러한 부분
은 러시아의 입장에서 한국이 가지고 있는 특수성들, 즉 한국 민주주
의 체제와 한국의 대북한관계, 한국의 대외관계와 관련된 몇 가지 이
슈를 중심으로 역사 인식의 준거틀을 가지고 분석되어야 할 것이다.

노무현 전 대통령이 퇴임한 시기로부터 불과 몇 년의 시간이 경과
된 이 시기의 러시아의 대 한국 인식을 일정한 담론의 틀을 통해 해석
한다는 것은 매우 지난(至難)한 작업이 될 것이다. 그러나 역사적 경과,
역사적 시간을 통해 지속되어온 러시아의 대 한국 인식은 최현대사
시기를 다룬 교과서를 통해서도 그 일맥의 흐름이 존재한다. 특히 김
대중 대통령과 노무현 대통령의 집권 시기와 일치하는 러시아의 통치
체제기는 옐친 집권 거의 마지막 후반기와 푸틴 대통령의 집권시기와
일치한다. 특히 푸틴 전 러시아연방 대통령은 매우 강력한 리더십을
발휘하면서 러시아를 다시 세계의 강국의 반열에 올려놓았다. 21세기
정치적 격변기에 있었던 러시아 최현대사의 정치적, 사회적 흐름은
한국 최현대사의 진보 시기와 겹친다는 사실은 매우 흥미롭다. 왜냐
하면, 러시아의 강력한 권위주의 체제시기에 기술된 한국사에 관한
역사 교재이기 때문이다.

한러수교 이후 국내 최현대사에 대한 러시아의 한국 인식을 고찰하
는 것은 매우 시의적절한 연구 작업이 될 것이다. 러시아의 대학교재
에 나타난 한국 최현대사에 대한 러시아의 역사적 인식이 어떠한 흐
름을 보여주는지를 파악하는 것은 여전히 주변 열강에 둘러싸여 있는
한국의 정치적 상황을 감안할 때, 매우 중요한 일이다. 즉 이명박 정
부 출범 이후 한미동맹 강화로 어려운 상황에 놓여 있는 한러 외교관
계의 상호 인식을 위해서도 본 연구가 필요한 일이기도 하다. 한러수
교 이후 소연방이 해체되고 푸틴 대통령 시기까지, 러시아의 격변기
체제 이행의 시기를 경험한 러시아 지식인들은 한국의 새로운 정치적

질서의 실험 무대를 어떠한 시각에서 바라보았을까? 본 글은 기본적으로 한러 간의 인식적 지평과 모형을 가늠할 수 있는 방향성의 키를 추적할 수 있는 그러한 내용이 될 것이다.

본 논고에서는 다음과 같은 질문에 대한 해답을 찾는 방향성으로 전개된다. 소비에트 체제가 무너진 이후 러시아의 대학교재에 나타난 한국에 대한 역사적 기술의 방향성은 어떤 측면으로 이루어져 가는가? 마르크스-레닌주의의 역사적 해석에 강력한 영향을 받은 러시아 지식인들의 대 한국 서술은 어떠한 방향성을 가지고 있는가? 러시아는 한국 사회에 대해 전반적으로 어떤 인식을 가지고 있을까? 한러관계는 어떠한 시각에서 바라보아야 하는가? 러시아 역사교과서에 나타나는 대 한국 이미지는 어떠한 모습을 가지고 있는 것인가?

모든 역사 교과서가 특정한 역사적, 정치적 체제의 산물[2]이라고 한다면, 본 러시아 역사 교과서도 이러한 형태의 이론적 영향력을 가질 수밖에 없을 것이다. 즉 교과서에 나타난 한러수교 이후의 대 한국 역사 인식의 근저에는 저자 자신의 역사 해석의 주관성이라는 측면이 부각될 수 있을 것이다. 결국, 대학교재를 기술한 저자들은 러시아 정치 체제의 우산 속에 있다는 점이 고려되어야 한다. 즉 이 책들이 서술된 시점이 푸틴 대통령 집권 시기였다는 것을 감안할 때에 본 교재에 대한 기술적 방향성도 러시아의 정치적 권위주의의 영향을 받지 않을 수 없었을 것이다. 역사교과서는 일정한 시대적 상황과 관련되어 있기 때문이다.[3] 러시아 대학교재로 사용되는 역사교과서 분석은 현재의 러시아 사회의 대 한국 인식과 가깝게 연결되어 있다. 어떤 측면에서든지 한국을 분석하고 있는 역사 교과서는 러시아가 한국을 바라보는 내면화된 의식이 존재하고 있다고 하겠다. 본 글의 2장에서는 러시아 대학교재에서 나타나는 한국 민주주의와 정치 체제에 대한 러시아의 인식을 살펴보며, 3장에서는 한러수교 이후 남북한 관계에 대

한 러시아의 인식을 규명한다. 4장에서는 한러수교 이후 한국경제와
한국의 대외정책 부분을 고찰하는 내용으로 이루어진다.

2. 한국 민주주의와 정치 체제에 대한 러시아의 인식

1) 한국 민주주의와 정치 체제 인식: 토르쿠노프의 저서를 중심으로[4]

한러수교 이후 한국의 정치 체제에도 다양한 변화가 있어 왔다. 노
태우 대통령의 뒤를 이어 김영삼 문민정부, 김대중 국민정부, 노무현
참여정부에 이르기까지 한국의 민주주의에 일정한 변화와 발전이 있
어왔다. 러시아 대학교재는 이에 대해 어떤 인식을 가지고 있을까?

먼저 토르쿠노프는 노태우 대통령과 김영삼 정부를 거쳐 한국의 진
보적인 정치 체제를 이룩한 김대중, 노무현 정부의 민주주의 발전과
그 체제에 긍정적 입장을 가진다. 그는 김영삼 문민정부의 의의를 "신
한국" 독트린으로 규정하면서, 김영삼 정부가 한국병을 치유하기 위한
정책으로 상층 지도자층의 청렴화, 금권정치의 근절, 정치 파벌의 입
김으로부터 독립된 중립화된 정부를 창조하겠다는 의지를 가진 정부
라고 강조한다.[5] 그러나 김영삼 정부의 신한국 독트린 정책은 절반의
성공, 절반의 실패로 규정되었다. 그러나 전반적으로 그는 노태우 대
통령까지 지속된 군사 통치, 그리고 이후에 이루어진 문민정부에 이
르기까지의 한국형 민주주의 발전과정을 높게 평가하고 있다. 즉 행
정부 내에서 군인 출신들이 대거 축출되면서 민주주의 발전은 자연스
럽게 이루어졌다고 토르쿠노프는 기술하고 있다. 저자는 전두환, 노태
우 전 대통령에 대한 사법처리, 군부 엘리트 출신의 권력계보로부터
의 이탈, 새로운 중산층의 강화, 선거법 위반자에 대한 사법적 조치

등을 통하여 민주주의를 강화한 측면은 높게 평가하고 있지만, 여전히 뇌물 관행 등 전통적인 한국병을 치료하는 데는 일정한 한계가 있었다고 지적한다. 전반적으로 김영삼 정부의 민주주의 체제에 대한 러시아의 역사 인식은 러시아의 전통적인 국가주의의 영향으로 분석될 수 있다. 즉 러시아 사회의 모든 영역에 국가는 적극적으로 개입해왔다. 한국의 민주주의를 이러한 국가주의적 전통에서 본다면, 저자에게 한국 민주주의는 역사의 진보성으로 설명될 수 있을 것이다. 옐친 정부로부터 푸틴 대통령을 거쳐 현재의 메드베데프 대통령 시기까지 진행되는 러시아 민주주의 체제를 국가주의라는 담론으로 해석해본다면, 한국 민주주의 발전 체제도 박정희 체제의 개발독재로부터 김대중-노무현 진보정부까지 러시아 민주주의 정치 체제의 궤적과 연결될 수 있는 것이다.

그렇다면 국민정부와 참여정부로 대변되는 김대중, 노무현 대통령 시기의 민주주의 체제에 대한 러시아의 인식은 어떠했을까? 토르쿠노프의 민주주의 인식은 이 두 명의 대통령을 역사적 진보성이라는 관점에서 바라보고 있다는 것이다. 박정희 개발독재 시기와 이어진 군사 통치 시기와 문민정부, 참여정부는 역사 발전의 진보적 개념으로 저자에게 인식되고 있다. 이러한 관점에서 김대중 대통령에 대해서는 그의 개인적이고 인간적인 삶을 민주주의 발전과 연계하여 높게 평가한다.[6]

저자는 김대중, 노무현 대통령의 대통령 선거 과정을 비교적 자세하게 기술함으로써, 진보정치의 의미를 새롭게 해석한다. 특히 청장년층이 적극적으로 새로운 선거세대로 참여, 두 명의 대통령을 선출, 민주주의 발전을 성취하였다는 점을 강조하였다. 이런 점에서 저자가 김대중, 노무현 대통령 후보자의 선거 승리를 역사적 발전의 필연성으로 규정하는 것은 자연스러운 역사 인식의 귀결로 보인다. 진보, 자유주의, 민주주의는 역사적 과정이다. 그는 한국에서의 진보정치의 성장은 전통적인 한국 정치의 우파에 대한 국민들의 심판이며, 한국사회의 민주화와 자유화의 전방위적 성장으로 해석하고 있는 것이다. 즉 역동적인 청년세대의 정치적 신념이 새로운 국가 발전의 방향성으로 모색되고 있다는 것을 자신의 관점으로 제시하고 있다.[7] 1997년 선거로 인해 한국에서는 2가지 경향의 기묘한 정치적 지형도가 그려졌다. 필자는 김대중 대통령을 한국 정치 그룹의 중도좌파의 핵심 인물로 수용하고 있고, DJP 연합의 또 다른 한 축인 김종필 총리는 우파 경향의 그룹으로 인식한다. 김대중 대통령에 대해서는 김종필 당시 자민련 총재와의 DJP 연합, 그리고 선거 이후 의회내각제로 개헌할 것을 두 정치 지도자가 합의한 상황을 소개하고 있다. DJP 연합 이전에는 당시 집권 한나라당의 이회창 후보에 밀리던 김대중 대통령 후보가 강력한 야당 연대를 가지지 못하였지만, 그의 노련한 정치적 역정으로 김종필 후보와의 연합전선으로 대통령이 될 수 있었다는 점이 강조되었다. 저자는 노무현 대통령 후보도 우파 그룹에 승리하고 대통령이 되었다고 강조한다.

그러므로 진보적 관점에서 한국 정치와 민주주의는 박정희 개발독재 시대의 연장선상에서 그 진정한 역사성의 미학으로 발전된다. 그는 군사쿠데타를 성공시킨 박정희 시대의 산업화 세력이던 5·16혁명 세대와 민주화 세력이 연합하여 국민정부가 탄생하였다는 점에 방점을 찍는다. 한강의 산업화 세력과 민주주의의 산증인이 연합하여 민주주의 발전이 쟁취되었다는 것에 의미를 부여하고 있다.[8] 그러므로 저자의 한국 민주주의 인식의 중심에는 5·16혁명 세대가 배제되지 않고 있다는 점이 특징적이다.

그렇다면 저자는 한국 중도좌파의 진보적 세력을 어떻게 평가하고 있는가? 저자의 논조에서 분명 진보정부의 탄생과 그 의의, 민주주의 발전 과정이 긍정적 담론으로 전개되고 있다. 한국 민주주의 발전사에 있어서 군사 독재, 개발독재 통치를 필수적 의례 절차로 간주하는 시각이 엿보인다. 그러나 토르쿠노프는 5·16혁명의 주체 세력인 김종필 국민정부 총리는 단지 1961년 쿠데타 때 군사력을 강제, 민주화 세력에 대한 빚을 태생적으로 가지고 있을 뿐이라는 의미로 서술함으로써 한국 민주주의 발전에 대한 그의 인식적 측면에 논쟁의 여지를 남겨놓고 있다. 그러므로 이러한 인식을 가지고 있는 토르쿠노프로서는 국민정부에 민주주의자, 자유주의자, 그리고 동시에 민주화와 반대적 정향성에 위치해 있는 군사쿠데타 세력의 직접적인 책임자가 국정의 핵심 권력을 공유하고 있다는 점에 매우 주목하고 있는 것이다.[9]

2000년 2월에 자민련은 김대중 정부를 반대하는 입장으로 돌아섰다. 특히 김종필 총리가 공동정부에서 사임한 사건을 다른 원인에서 찾기보다는 김 총리가 김대중 대통령의 대 북한 관계 개선의 정치적 성향을 수용하지 못했기 때문이라고 기술함으로써, 저자는 여전히 한국적 민주주의가 일정한 특수성을 가지고 있다는 인식을 보여주고 있으며, 이를 한국의 대 북한 관계에서 모색하고 있다.[10] 즉 저자는 김대중 정부가 북한과 비밀 협정을 체결하였기 때문에, 김종필 총리가 공동정부에서 사임했다는 부분을 강조함으로써, 한국 정치에 대한 인식을 북한과 관련되어 해석하고자 하는 의도를 보여준다. 김대중 정부는 한국 국가정책의 핵심 전략은 북한과의 관계 개선임을 강조하고 있다. 햇볕정책은 그에게 매우 뛰어나고 합리적인 국가정책이다. 그러므로 저자는 21세기 밀레니엄 시기에 중도좌파 지도자들이 새로운 역사적 역할과 전지적 비전을 가진 국가건설에 나서고 있는 점을 높게 평가하고 있는 것이다. 즉 국민정부는 대 북한 관계에 있어서 평화적 대화 및 우호적 관계의 건설에 나설 수 있으며, 이로써 민주주의 체제의 발전과 북한은 하나의 동일한 기동축으로 저자의 인식 가운데 나타나고 있다.

그러나 한국 민주주의 체제는 북한과의 관련성에서 그 정치적 의미가 담보된다는 식의 역사적 인식은 본 교재가 기본적으로 역사 교과서라는 점에서 일정한 논쟁이 될 수도 있을 것이다. 이러한 시각을 가진 토르쿠노프에게 있어 김대중 대통령은 한국 민주주의 발전의 핵심적 인물로 부각된다. 특히 자신의 아들 문제를 비롯, 친인척 문제에 대해서 엄격한 법적 잣대를 가지고 있기 때문에 한국의 민주주의가 성장했다는 것이 그의 해석이다. 그러므로 저자는 한국 민주화의 걸림돌이던 뇌물 부패 문제를 청산하는 혁신적 인물이 김대중 대통령이었다고 목소리를 높이고 있다.[11] 김대중 대통령이 3남인 김홍걸, 차남인 김홍업 씨의 뇌물 문제 등 자신의 주변 문제로 집권 말기에 정치적 내홍을 겪었지만, 이 문제를 단호히 처리했다는 것이 그의 생각이다. 이러한 시각에서 그는 한반도의 남쪽에서 새롭고도 건전한 시민 공동체가 발전할 수 있었다는 개인적 신념을 표출하고 있다.[12]

그렇다면 노무현 정부 시기의 한국 민주주의 체제에 대한 토르쿠노프의 인식은 어떠한 것일까? 노무현 참여정부는 기본적으로 김대중 정부의 정치적 계승자로 인식된다. 참여정부가 출범할 수 있었던 노무현 대통령의 정치적 이념은 무엇이었을까? 민주주의 체제는 닫혀져 있는 시스템이 아니다. 민주주의는 열린 체제이며, 민주주의의 광장에는 다양한 시민과 대중이 참여하는 공동의 정부가 존재한다. 소비에트 체제를 거친 토르쿠노프의 역사적 인식에는 이러한 대중, 민중이 토대가 된 사회 시스템에 대한 긍정적 보호자로서의 인식이 담겨 있다. 대중의 이익을 국가의 우선적 책무로 인식한 소비에트 체제의 국가적 담론이 한국 민주주의 체제에 대한 평가로 연결되고 있는 것이다. 즉 민주주의 통치는 평등의 지평선에서 펼쳐져야 한다는 인식이다.[13]

그러므로 이러한 인식의 준거틀 아래 노무현 정부의 등장은 한국정치사의 새로운 시대의 서곡으로 수용된다. 한나라당과의 지지 계층이 많이 갈리는 부분이 청년과 노년층이라고 언급되었다. 당시 노무현 후보는 '21세기 국민연합'의 정몽준 후보와 연대하면서 청년층의 지지를 끌어내기 위한 시도를 하였다고 강조된다. 그리고 노대통령이 기득권 세력의 가문 출신이 아니고 평범하고 가난한 집 출신으로 정상적인 대학 교육을 받지 않았기 때문에, 상류층 계층이나 가문 등의 문벌이나 학벌과 관계없이 순전히 자신의 노력과 재능으로 대통령의 자리에 오른 입지전적 사람으로 서술되고 있다. 대통령 후보로 당선된 이후에 정권인수위원회의 활동도 언급하고 있는데, 이는 새로운 시대에 미래의 비전을 창출하기 위한 활동으로 평가받고 있다. 그리고 대통령에 취임하자마자 노대통령은 정부 행정 조직을 재편성하였는데, 이는 부패와 국정의 비효율성을 제거하고 국민, 특히 청년세대에 더 가까이 나가기 위한 목적으로 시행되었다고 평가한다. 이 정부에 참여한 국정 책임자들은 대부분 전문가 계층으로 민주적, 자유적 경향의 학자와 지식인들이 참여하였다. 즉 가장 최우선의 국정 과제는 정부 지도자와 공무원들의 도덕적인 자기규정이라고 할 수 있다. 그러므로 원칙이 중시되는 정부, 원칙과 믿음이 진보적인 사회를 구성하는 가장 기본적인 구성 요소로 강조되는 정부가 참여정부라고 토르쿠노프는 보고 있다.

노무현 대통령의 지지자는 청장년층이며, 저자에게 청년세대는 민주화와 사회 정의의 세대이다. 노무현 정부는 한나라당과 변별적인 존재성, 그리고 이념의 대칭성으로 받아들여졌다.[14] 한국 민주주의에 있어서의 좌파적 정치 그룹의 성장이라는 대 전제가 토르쿠노프의 역사적 인식에 녹아 있다. 이러한 일련의 역사 인식의 흐름은 소비에트 체제를 경험한 저자의 세계관으로 판단된다. 토르쿠노프는 이러한 견지에서 한국 좌파 그룹의 성장을 민주노동당의 대선 참여라는 프리즘을 통해 바라보았다. 즉 민주노동당의 대통령 선거 참여는 한국 민주주의 체제의 신경향으로 해석되었던 것이다.[15]

> 민주노동당의 정치적 아젠다는 급진적인 민주주의와 사회적 급진 정책이며, 이 정당은 무상 교육 시스템의 도입, 서구 선진국의 세금 체계의 도입을 주장한다.[16]

민주노동당은 자본주의 사회의 진보적인 정치 활동 단체이다. 토르쿠노프에게 인지된 이 진보정당은 사회적 정당성을 지지하는 그룹이다. 즉 노무현 정부와 민주노동당은 대중적이고 일반 국민의 복지를 지향하고 있다는 점에서 한국 민주주의에는 역사의 진보성이 나타난다고 하겠다. 노무현 정부 시기 한국 민주주의 체제는 저자의 인식에서 매우 긍정적이다. 즉 한국 민주주의, 대 북한 정책, 세종 신도시 문제, 탄핵 사건 등을 저자는 기술하고 있는데, 탄핵과 관련된 부분은 한국 민주주의 절차와 관련이 있는 것으로 평가되었다.[17] 대통령 탄핵은 민주주의 절차를 따른 헌법재판소의 판결로 최종 결정이 내려졌다는 점이 강조되고, 국민의 지지로 탄핵 정국이 돌파되었다고 기술하는데, 서술의 마지막을 다음과 같은 내용으로 끝을 맺고 있다.[18] 즉 이 부분은 헌법재판소의 기각판결에 관한 것으로 아주 짧은 멘트이다.

> 40분간의 헌법재판소의 판결 낭독 시간으로 과거 한국의 부르주아 정치적 시스템에 의해 가동된 수개월 동안의 정치 드라마는 종식되었다.

저자에게 한국의 탄핵 과정은 민주화의 심화, 건전한 시민공동체 강화, 의회 기능 시스템의 활성화로 수용되었다. 이 탄핵 사태는 한국 헌정사의 특별한 현상이었다. 토르쿠노프는 특히 헌법재판소의 탄핵 기각 결정 이전의 4·15국회의원 총선에 주목하고 있다. 즉 저자는 열린우리당이 선거에서 압승을 거두었다는 평가를 내리고 있는데, 저자의 핵심적 키워드는 시민사회였다. 근본적으로 대한민국의 민주주의 체제가 성숙된 과정에 있었고, 시민사회가 노무현 대통령을 지지하였다는 사실이다. 즉 이는 국내학자들이 보는 것처럼 한국의 투표는 저항투표의 성격이 강하기 때문에 정부와 집권당의 승리로 귀결된 4·15 선거 결과는 탄핵 소추에 대한 저항이 노무현 대통령의 실정에 대한 저항보다 더 컸기 때문이었다.[19]

저자에게 노무현 정부의 민주주의 체제는 '선(善)'이다. 심지어 대통령 탄핵사건은 '평화번영정책'이라는 대 북한 정책을 성공적으로 이끈 견인차 역할을 하였다고 평가하고 있는 것이다.[20] 그러나 그의 역사 인식에는 일종의 편향성도 드러나고 있다. 2004년 3월 12일, 대한민국 제16대 국회는 당시 야당이던 민주당의 주도하에 한나라당이 동조하는 형식으로 찬성 193표, 반대 2표로 노무현 대통령 탄핵 소추안을 통과시켰다. 저자는 탄핵 과정이 진행되던 2004년 4월 15일 국회 총선에 대해 언급하는데, 한나라당에 대해서 매우 부정적인 입장을 개진하고 있다. 즉 한나라당의 새 지도자인 박정희 전대통령의 딸인 박근혜의 존재가 아니었다면, 총선에서 한나라당은 거의 궤멸(сокрушительный)되는 수준에 이르렀을 것이라는 서술을 함으로써, 한국사 교재로서의 객관성에 혼돈을 가져다줄 수 있는 여지를 남겨두고 있다. 토르쿠노프는 국내 민주주의 체제에 대한 글을 2007년 12월 대통령 선거로 보수파인 이명박 후보의 당선을 간단히 언급하는 것으로 끝을 맺고 있다.

2) 쿠르바노프의 한국 민주주의와 정치 체제 인식

쿠르바노프 저서에 나타난 대 한국 인식은 서론에서 언급한 "한국의 역사: 고대에서 21세기 초까지"(История Кореи с древности до начала XXI в.) 교재를 분석하여 고찰하고자 한다. 쿠르바노프는 먼저 노태우 대통령의 6공화국에 대해서 군사독재의 종식과 민주주의의 합법적 선거라는 측면으로 평가하였다.[21] 그러나 그는 1980년대 말의 한국 민주주의는 서구식 민주주의 체제는 아니라고 강조하였다. 그런데, 이 부분에서 쿠르바노프는 민주주의 가치의 다양한 범주를 강조하는 인식을 보인다. 즉 1987년 민주화 항쟁과 직선제 쟁취 이후에 1,000개 이상의 노조가 설립된 부분이었는데, 그는 이를 1960년대 이후 노동운동사의 기록적인 사건으로 평가하며, 한국 사회가 엄청난 변화에 직면하였다고 지적하고 있다. 즉 노태우 대통령의 통치 기간은 한국 민주주의의 실제적 발전의 시기로 평가되었다.[22] 그리고 김영삼 정부를 민주주의 실현을 위한 민주개혁의 시기로 규정하고 있다.[23]

그렇다면 쿠르바노프의 저서에 나타난 김대중 진보정부의 민주주의와 정치 체제 인식은 어떠한 것일까? 김대중 정부를 그는 '국민정부' 혹은 '시민정부'로 명명하였다.[24] 『한국의 역사 : 고대에서 21세기 초까지』의 저서 5장은 김대중 정부 이후의 시기를 상정하고 있는데, 특이하게도 그는 한국 노동자들에 대한 언급으로부터 시작한다. 한국의 사회 · 경제 발전과 국민 복지의 고양 등으로 노동 현장에서의 근무 시간이 단축되었다는 내용이 소개된다. 이러한 사회 경제적 발전 과정은 한국 국민 스스로가 참여해 쟁취한 것으로 볼 수 있다는 것이 저자의 관점이다. 김대중 정부 시기 2000년에 5일 근무제가 도입되고, 2000년 10월 23일, 기업체 대표, 노조, 정부가 참여한 합동위원회에서는 2001년 말까지 5일제 근무에 주 40시간제를 합의하였다는 내용이 먼저 거론되었다.[25] 쿠르바노프의 김대중 정부 서술에 이렇게 노동자의 근로 조건을 먼저 언급하는 이유는 무엇일까? 우리는 쿠르바노프의 기술에서도 토르쿠노프와 마찬가지로 러시아의 전통적인 국가주의의 일단을 보게 된다. 즉 노동자들을 위한 정책 고안과 노동자들의 지위 향상이 가장 중요한 민주주의 체제의 동인으로 설명된다는 점이다. 저자 자신이 프롤레타리아 계급의 사회 – 경제 발전을 추구한 소비에트 체제의 구성원이며, 이러한 관점에서의 역사적 인식으로 판단될 수 있는 부분이다.

쿠르바노프는 한러수교 이후 역대 대통령들에 대해 개인적 약력과 대통령 선출 과정을 비교적 객관적으로 서술한다.[26] 저자에게 한국 민주주의는 노태우 대통령 이후 지속적으로 발전된 단계로 인식된다. 토르쿠노프와 동일하게 김대중 정부 시기 한국 민주주의의 성숙을 쿠르바노프는 대통령의 친인척 문제를 통해 강조하였다. 즉 김대중 대통령은 대국민성명을 통해 아들의 뇌물수수 문제로 새천년민주당에서 탈퇴할 것이며, 아들에 대한 성역 없는 수사가 진행되어야 한다는 내용을 기술함으로써, 김대중 대통령과 한국의 법치적 민주주의를 연결하여 해석하고 있다. 쿠르바노프는 이러한 기술을 통해 권력 구도적 측면에서 한국형 민주주의의 성장을 강조하고 있는 듯하다. 그가 특히 박정희 시대에 대해서도 "한국적 특수성"으로 해석하고 있다는 점은 러시아의 국가주의의 전통이 그의 역사적 인식에 존재한다는 것으로 해석될 수 있는 것이다.

토르쿠노프와 마찬가지로 쿠르바노프에게도 한국 민주주의 체제를 남북관계에서 고찰하고자 하는 의도는 자연스러운 역사 인식으로 보인다. 그는 2002년 대통령 선거 상황에 대해서 집중적으로 조명하고 있다. 저자는 이회창 후보와 노무현 후보의 정치적 성향이 근본적으로 이질적이라는 점을 인정하면서, 양 후보는 대 북한 관계에서 서로 다른 이념과 노선을 가지고 있다는 점을 언급한다. 특히 이 후보는 북한을 부정적으로 간주하고 있다는 점이 부각되고 있으며, 이러한 저자의 인식은 노무현 후보의 입장을 은연중에 지지하고 있다는 인상을 주고 있는 것이다.[27] 특히 노무현 후보가 국민연합 21의 정몽준 후보와의 단일화를 성공시켰고, 20~30대의 지원으로 대통령으로 선출되었다는 점을 강조하고 있다. 이러한 기술은 한국 정치에서 진보정부의 탄생을 지지하고 있다는 저자의 인식이라고 할 수 있다. 쿠르바노프는 한국 국민들이 노대통령을 50년 동안 한국 내에서 존재한 정치적 질서를 타파하고 '새정치'를 구현한 인물로 간주하고 있다고 기술하고 있으며, 김대중·노무현 대통령의 진보정부를 긍정적 시각으로 해석하고 있다. 노 후보가 당선되는 데는 행정수도인 세종시 건설 계획이 충청도민들에게 긍정적인 방향으로 유권자들의 지지를 받을 수 있었는데, 한국 전체의 인구 중 11~12%가 되는 충청도 주민들의 지지를 확보할 수 있었다고 분석한다. 역사 교재로서 객관성을 유지해야 하는 어려움이 있다고 하더라도 행간의 숨은 뜻을 파악해 본다면, 쿠르바노프의 시각 자체도 북한과의 관계 개선을 공약으로 추진하고 있는 노무현 후보를 더 긍정적으로 평가하고 있다. 이회창 후보는 무엇보다도 대한민국 민주주의 발전에 집중해야 하는 것이 가장 시급한 국가현안이라는 입장이다.

토르쿠노프의 기술처럼, 쿠르바노프는 2004년의 노무현 대통령 탄핵 사건을 집중적으로 조명함으로써 한국적 민주주의의 특수성을 헌정사에서 유례가 없던 탄핵 사건으로 해석하는 의도를 보이고 있다.[28] 쿠르바노프는 '한국적 특수성'으로 박정희 시대를 해석하였지만, 특이하게도 박정희 전대통령의 딸인 박근혜 한나라당 대표가 국민들에게 탄핵 심판에 있어서 한나라당을 지지하고 '또 한 번의 기회'를 허락해줄 것을 요청하는 기자회견을 가졌다는 점을 이례적으로 서술하고 있다. 그리고 이에 반대의 의미로 노무현 대통령 지지 촛불집회가 개최되었다는 점을 강조하였다. 이러한 저자의 인식은 한국 민주주의의 가장 강력한 주체 세력은 국민이라는 점을 상기시키고 있는 듯하다. 쿠르바노프의 역사적 인식에는 국가의 중심이 대중이며 대중이 주체가 되는 국가 경영이 가장 핵심적인 민주주의의 지표임을 자신의 저서를 통해 강조하고 있는 것이다. 헌법재판소는 노대통령의 탄핵 심판을 기각했다. 노대통령은 다음 날 대국민성명을 통해 향후 17대 국회에서의 정치적 아방가르드의 비전을 선포하였다. 헌법재판소의 결정 이전, 2004년 4월 15일 총선에서 열린우리당은 152석, 한나라당은 121석을 얻음으로써, 우리당이 과반수 이상 확보한 다수당이 되었다는 점이 사실적으로 서술된다. 국회의원 선거에서 승리를 거둔 노대통령은 이러한 정치적 승리를 바탕으로 그해 가을에 국가보안법 폐지 법안 통과를 위한 정치적 투쟁을 벌였다고 기술함으로써 저자는 노대통령을 진보적인 정치 투쟁가로 묘사하고 있다는 점이다.[29]

　노대통령은 '참여 정부'로 대중들에게 더 가까이 나아가는 정부, 열린 정부를 지향하였다는 것이 쿠르바노프의 시각이다. 즉 노대통령은 민주주의 구현을 매우 중요한 정치적 목표로 설정하였고 국민들이 같이 더불어 사는 그러한 평등한 사회를 국정의 목표로 지정하고 '동북아시아의 시대'를 선포하고 '평화번영 정책'을 추구하는데, 쿠르바노프의 견해로는 이러한 노대통령의 정치 철학은 김대중 정부의 정책을 근본적으로 계승하고 있다는 것으로 해석된다.

3. 남북관계에 대한 러시아의 역사 인식

1) 토르쿠노프의 남북관계에 대한 역사 인식

러시아가 바라보는 한국과 북한의 관계는 어떤 인식으로 남아있을까? 한국사를 다루는 러시아 대학교재에는 한국의 국내 정치 체제에 관한 내용과 더불어 남북관계에 대한 내용이 상당히 많이 기술되어 있다. 과거 소련과 북한은 특수한 외교관계를 맺고 있었으며, 러시아 대학교재에 북한에 관한 서술이 많은 것도 이와 무관하지 않다. 러시아의 전통적 우방은 북한이다. 그러나 소연방 붕괴 이후 한러관계가 급속히 가까워지면서, 러북관계는 한때 소원해졌다. 그러나 1990년대 중반, 한러관계가 어려움에 봉착되면서 다시 러시아와 북한 관계는 많이 복원되었다.

그렇다면 토르쿠노프가 인식하는 남북관계는 무엇일까? 토르쿠노프는 김대중 대통령 시기 한국의 대북한유화정책의 적극적 추진을 긍정적으로 평가한다. 그의 평가처럼 김대중 국민정부는 남북관계에 우호적 입장이었다. 그러한 국가 정책의 비전을 가지고 김대중 대통령은 북한과의 화해협력정책을 적극 추진했다. 저자의 서술은 한국 정부의 대북한정책이 김대중 정부 이후 매우 급진적으로 변하고 있다는 사실에 주목하고 있다. 남북관계가 우호적인 관계를 가진다는 것은 저자의 입장에서 북한에 관한 일정한 인식적 정향성을 유지할 수 있다는 점을 의미하기도 한다. 즉 자신의 개인적, 자연적인 역사 인식의 발로로 남북관계가 해석될 수 있다는 것이다. 이런 견지에서, 토르쿠노프에게 있어 김대중 정부의 햇볕정책은 매우 건설적이다.[30] 2000년 6월 김대중 대통령과 김정일 국방위원장과의 정상회담은 전 세계가 주목하였으며, 남북관계는 이제 새로운 세기로 접어들었다고 평가하면서,[31] 심지어 전세계 여론이 김대중 대통령의 외교적 예술로 충격에 빠졌다고 강조하고 있다.[32] 김대중, 노무현 정부 시기에 한국은 대미 종속외교에서 일정 수준 벗어나 대외정책에서 '자율성'과 '균형성'을 강조[33]했는데, 이는 남북관계에서 실제적으로 증명되었다. 김대중 대통령이 추구한 대북정책이었던 햇볕정책은 대북화해협력정책이었다.

김대중 정부에 대한 저자의 이러한 시각은 노무현 정부에도 동일하게 투사된다. 즉 노무현 정부도 김대중 정부의 햇볕정책 계승을 대 북한 기본 노선으로 설정하고 있다는 것이다. 심지어 노무현 정부는 37,000명에 달하는 주한미군의 철수 문제에 관한 협상을 미국정부와 적극적으로 추진하였다는 표현도 기술되었다. 인도주의적 관점에서 북핵 문제는 남북 화해라는 큰 틀에서 조정되어야 하며, 무역 및 투자 분야의 확대와 기술적 지원을 통해 남북 교류를 확대하는 것이 북핵 문제 해결의 우선 정책이 되어야 한다는 노무현 정부의 입장도 서술되고 있다.

토르쿠노프는 노무현 대통령의 대북 접근을 휴머니즘적인 논조로 일관한다. 즉 노무현 대통령에게서 풍기는 정치적 휴먼에 대해서 토르쿠노프는 일방성과 전체성으로 해석하지는 않는다. 즉 당시 한국은 대 북한 관계를 단순히 '승리'나 '패배'로 이분법적으로 단정하지 않았다고 기술한다. 그리고 노 대통령은 대 북한 관련 정책을 일방적으로 구사하지 않았다고 서술되었다. 노무현 대통령의 대북정책은 유연성과 부드러움을 갖추고 있다는 인식이 토르쿠노프의 관점이다. 노대통령의 인간성과 비전은 동시에 대 북한 정책에 반영되고 있다는 것이 저자의 판단이며, 그의 역사적 인식은 대통령의 그러한 측면에 머무르고 있다. 동시대 사회에서 증오보다는 사랑과 관용성의 측면, 즉 톨레랑스의 지향점을 보이는 관점이 대 북한 관련 정책에 구사되었다는 것이 저자의 시각이다. 이러한 부분은 저자의 역사적 인식이 노무현 대통령이 '기독교적 휴머니즘'과 공동단결 정신으로 대 북한 관련 국가 정책을 구사하고 있다는 판단에서도 나타나고 있다. 노무현 대통령의 기본적인 대북정책은 한반도 평화 증진과 남북공동번영의 실현에 있었다. 이러한 목적을 실현하기 위해 내세운 정책이 '평화번영정책'이었다. 토르쿠노프의 노무현 정부의 남북정책의 평가에서 한국 내에서 노무현 정부 시기에 활발히 거론되어온 남북 평화와 협력 체제에 저자가 강한 동감 의식을 가지고 있다는 것을 엿볼 수 있다.

김대중-노무현 정부의 대북포용정책의 실제적인 성과는 분단 이후 최초로 2000년과 2007년의 남북정상회담의 개최로 과거에 지속되던 전쟁, 대결, 단절, 대립의 남북관계가 평화, 화해, 교류, 협력의 관계로 전환되는 실질적인 토대가 마련되었다는 점이다. 그리고 김대중-노무현 정부 이전에 이루지 못한 남북대화의 지속적, 정례적인 제도화를 이룸으로써 한반도에 위기 상황이 닥치더라도 남북관계 발전의 동력을 이어갈 수 있게 되었다는 점을 들 수 있다.[34]

이러한 역사적 인식을 통한 저자의 방점은 어디에 있는 것일까? 러시아의 전통적 우방인 북한에 대한 러시아 국가의 관심이 강하게 응축되어 있다는 것. 북한은 사회주의 국가이며, 그 사회가 추구하는 정치적 대상은 북한 인민이며, 이러한 견지에서 노무현 대통령의 정치적 태도가 저자의 내면세계로 농축되어 있다. 노무현 대통령은 바로 대중을 위하는 정치가로서의 국정 책임자였다는 것이다. 북핵 문제도 토르쿠노프의 인식에는 남북관계 속에서의 분쟁적 요소가 발생하는 것이 아니라, 정치적 타협, 그리고 화해 정신이라는 대 전제가 선행되어야 한다는 입장으로 해석된다. 이러한 시각에서 본다면 남북한의 무역과 경제 협력의 확대, 투자와 기술의 교환 및 인도적 차원의 유대를 통해 북핵 현안을 해결하자는 것이 결론적으로 노대통령과 저자의 공동의 관점으로 인식되는 것이다.

토르쿠노프는 러시아적 인식에서 대중의 국가, 대중의 통치를 노무현 정부를 통해 발견하고자 한다. 그러므로 노무현 정부는 김대중 정부보다 더 열려 있는 국가를 지향하며, 대 북한 정책도 보다 더 진보적 개념으로 다가간다. 김대중 대통령의 "햇볕정책"을 지속하면서, 노 대통령이 추구한 국가정책의 주요한 정강은 한국 경제의 부흥, 사회복지의 향상, 이웃 국가와의 선린관계, 북한과의 평화적 관계의 성취이다. 그러므로 이러한 저자의 인식 속에 '평화번영정책'의 실현, 남북한 간의 평화 협정 체결, 단일한 한반도 경제 존의 창설은 매우 바람직한 한국의 국가정책 요소이다. 저자에게 노무현 정부의 정치적 기준에 대한 평가는 '진보'의 관점에서 바라보는 정치적 신호이다.[35]

2) 쿠르바노프의 남북관계에 대한 인식

쿠르바노프는 토르쿠노프와 마찬가지로 노태우 대통령 시기에 남북한이 동시에 UN에 가입한 부분을 서술한다. 한국의 UN 가입은 노태우 대통령의 대외 정책 중 가장 중요한 업적의 하나로 언급되었다.[36] 쿠르바노프도 토르쿠노프의 저서와 마찬가지로 남북관계에 있어 김대중 대통령과 노무현 대통령 시기를 매우 주목하고 있다. 국민정부에 있어서 가장 큰 쟁점은 '햇볕정책'이었다. 쿠르바노프는 이 정책이 새롭고도 역사적인 남북관계를 열어 놓았다고 평가하였다. 저자는 김대중 대통령의 주요한 사명은 남북통일이 아니라 양국 유대 관계의 보통화임을 강조하는데, 토르쿠노프의 역사 인식처럼, 그도 대북한 유화 정책이나 남북 교류의 활성화 등을 지지하고 있다는 역사 인식을 보여준다. 이는 러시아의 지식인이 가지고 있는 사회주의 국가인 북한 사회에 대한 정치적 친밀성의 표현으로 보인다. 이러한 그의 인식은 김 대통령이 북한을 흡수하는 남북통일을 추진하는 정책을 구사하지 않는다는 점을 강조하고 있는 데서 드러난다. 그는 김 대통령의 대북정책은 정경 분리 정책이 기본적 방침이라고 언급한다.[37]

그러므로 저자에게 남북 협상 과정은 매우 중요한 이슈가 된다. 그것은 저자의 인식 속에 북한은 국가적인 실체이며 역사적으로도 구체성을 가진 단위이기 때문이다. 이러한 견지에서 쿠르바노프는 김대중 대통령과 김정일 국방위원장의 정상회담 이후의 남북한의 각종 고위급 회담 등을 25페이지에 걸쳐 아주 상세히 소개하고 있는 것이다.[38] 이에는 남북한 장관급 회담이나 이산가족 상봉 실무회담 등이 포함된다. 양국 간의 인도적인 협상은 2000년 8월에 서울과 평양에서 남북한 이산가족 상봉에 관한 실무회담이 열리게 되었다. 두 번째 남북한 장관급회담은 같은 해 8월 29~31일에 개최되었다. 저자는 남북한의 관계에 있어서 남북의 회동에 초점을 맞추어서 서술하고 있는데, 이는 남북한 간의 대화 재개와 회담 자체를 한반도 평화를 위한 긍정적인 조치로 판단하고 있다는 것으로 해석할 수 있는 대목이다. 저자는 이후에도 남북 장관급 회담 등에 주목하면서 북한이 협상 테이블에 적극적으로 동참하고 있다는 부분을 강조하고 있다. 남북한 협상에는 주로 남북 이산가족 문제 등 인도주의적인 부분과 남북 철도 개설에 관한 협상이 2000년도에는 중심적으로 제기되었다. 2001년 초에는 남북문제에 관해 김대중 대통령은 한국이 북한과의 협상을 주도적으로 이끌어나갈 수 있도록 미국의 부시 행정부가 용인해줄 것을 요청하는 기자회견을 가졌다.[39]

소련 연방의 붕괴 이후 북소 우호조약이 폐기된 적도 있었다. 그러나 옐친 정부 중반기에 러시아는 대 북한 관계를 복원시켰다. 그것은 한국의 대 러시아 외교 정책의 미숙이 가져다준 결과물이었다. 1994년 한국과 러시아 간 새로운 건설적 동반자관계가 선언되었지만, 자발적

우호세력인 러시아를 능동적이고 효율적으로 관리하지 못한 한국정부의 대러 정책 실패 때문이었다.[40] 이 시기 러시아 측의 입장은 러시아가 남북한 정책에 있어서 남한 중시정책을 펼쳤다는 점을 강조하고 한반도 관련 이슈 영역에서 친한 입장을 견지하고 북한과의 군사동맹 관계를 규정짓던 "러-조 우호 협력조약 및 상호 원조조약"을 폐기하였음에도 불구하고 한국의 대 러시아정책은 실질적으로 러시아에 도움이 되지 않았다는 불만이 팽배해 있었다.[41] 일반적으로 양국관계조정시기(1996~1998년)로 간주되는 이 시기에 러시아는 북한에 대한 영향력을 행사하면서까지 한국에 대한 지속적 지지를 표명했지만, 북핵위기를 마무리하는 한반도평화체제 논의구조에서 배제되면서 러시아 당국을 매우 실망하게 만들었던 시기였다. 당시 러시아 내의 여론도 남한일변도정책 및 한러관계의 한계와 관련되어 강한 비판이 제기되던 시기였다.[42] 그리고 푸틴 정부 시기에도 러시아와 북한은 3차례의 정상회담을 통해 북핵사태 해결을 위해 러시아가 의미 있는 역할을 할 수 있다는 입장을 보이고 있다.[43]

이러한 관점에서 본다면 쿠르바노프의 대학교재에 나타나는 한국 현대사 서술도 러시아가 바라보는 남북한에 대한 역사 인식이 투영되어 있다. 쿠르바노프가 바라보는 김대중 대통령의 대 북한 관계는 어떤 인식일까? 저자는 남북관계에 대한 기술에서 2000년 8월에 한국의 언론 방송 관계자 46명이 북한을 방문, 김정일 위원장과 면담을 가진 부분을 부각시키고 있다. 이 자리에서 김국방위원장은 남북 이산가족 상봉에 대한 협상을 남북당국이 2000년 8월과 9월에 개최한다고 밝히면서 북한의 핵무기 보유에 대한 이유를 언급했다. 강대국이 약소국을 지배하는 수단이 핵무기 소유이기 때문에 약소국은 강대국의 세계 지배에 대항하기 위해서라도 핵 소유가 필요하다는 입장이다. 쿠르바노프가 2000년 8월은 남북의 현안이 평화적으로 해결한 토대가 마련된 시기라고 특별히 평가하는데, 이 같은 저자의 인식은 그가 북한 지도부의 입장을 상당히 고려한다는 부분으로 해석된다.

쿠르바노프의 이러한 관점은 대북한정책을 구사하는 한미 관계를 평가하는 입장에서도 자연스럽게 나타난다. 즉 2001년 3월에 김 대통령은 부시 대통령을 방문했는데, 쿠르바노프는 당시 한미 공동 합의문은 북한을 견제하는 의미를 담고 있다고 해석하고 있다. 양국 합의 사항은 첫째, 한반도 안보는 한미의 전통적인 유대 관계로 확인되며, 둘째, 한반도에서의 평화와 안보확립이 남북관계의 핵심 사항이다. 부시 대통령은 또 한반도의 당면 현안 문제 해결을 위해 김 대통령이 주도권을 가질 것을 지지한다고 밝혔는데, 쿠르바노프는 양국 간의 이러한 합의문으로 햇볕정책은 효력 상실이 되었다고 자신의 견해를 밝히고 있다.[44] 이러한 시각은 9·11사건 이후 부시 행정부 내 네오콘 세력이 북한에 대한 강경한 정책을 구사한 데 대한 저자의 일단의 시각을 엿보게 하는 부분이라고 할 수 있다.

그렇다면 쿠르바노프는 어떠한 시각으로 노무현 정부와 북한과의 관련성을 인식하고 있을까? 쿠르바노프의 남북관계에 대한 인식은 노무현 정부에 대해서도 동일한 관점으로 나타난다. 그는 노무현 정부의 국가정책 중 대 북한 관계 개선 정책은 국가 현안의 핵심 사항임을 규정하고 있다. 특히 아무런 조건 없이 인도주의 원조를 북한에 해야 한다는 것이 노무현 정부의 기본적 입장이라는 점을 강조, 노 대통령을 한반도 안보의 안정을 추구하는 지도자로 묘사한다. 그는 덧붙여 노무현 정부 출범 이후 북한과의 경제 협력 관계를 지속하던 '현대 아산'에 대한 이슈를 사실적으로 기술한다.[45] 특히 정몽헌 현대 그룹 회장의 자살 사건으로 북한 관련 이슈가 한국 국내정치의 핵심 쟁점이 되었다고 서술하였다. 쿠르바노프는 김대중 정부에 이어 노무현 정부에서도 북핵 문제 해결이 가장 시급한 국가 현안인 점을 강조하였다.

노무현 대통령이 집권한 2003년부터 북핵 문제는 미국을 비롯한 세계의 주목을 끌었다. 저자는 북핵 문제와 오버랩되어 있는 6자회담의 당사자로서 러시아의 전략적 중요성을 감안해서인지, 노무현 정부의 최대 현안이 북핵 문제임을 단언적으로 서술하고 있다.[46] 그리고 북핵 문제 이외에 김대중 국민정부 시기부터 거론되던 국가보안법 폐지 문제를 다루고 있는데, 한국의 보수파 단체를 중심으로 국가보안법 폐지 반대 여론이 워낙 강해 실제적으로 이는 이루어지지 않았다고 기술하였다.

저자는 김대중, 노무현 대통령이 통치한 진보정부의 대북한정책을 일란성 쌍생아로 인식하고 있다는 것으로 간주되고 있는데, 노 대통령이 전임 김대중 대통령의 정책을 기본적으로 계승하고 있다고 강조한다. 사실상 김대중-노무현 대통령은 대북포용정책을 대북 관계에서 매우 중요한 전략으로 설정했었다. 적대와 대결의 남북관계를 평화와 공동의 공동번영의 남북관계로 전환시킨 것은 진보정보의 매우 중요한 업적이었다.[47] 노 대통령은 유럽 공동체(EU)와 유사한 개념으로서 동북아 공동체 구상을 취임식 때 밝혔는데, 경제 허브로서의 한반도의 역할은 매우 지대하다고 강조하였다. 특히 동북아 공동체의 개념하에 단순히 남북의 평화적 공존뿐만 아니라 남북통일 쟁취가 노 대통령의 비전과 목표로 쿠르바노프는 이해하고 있는데, 이러한 그의 인식은 매우 파격적이다.[48] 당시 김대중-노무현 정부의 대북포용정책의 기본적 목표와 비전은 선(先) 남북관계개선, 후(後) 통일실현이 기본적 인식의 실현이었는데,[49] 노 대통령의 대북 목표를 통일을 지향하는 것으로 인식될 수 있기 때문이다.

쿠르바노프의 북한에 대한 인식은 북한의 사상적 측면에까지 강조되고 있다. 그것은 바로 '주체'와 '선군정치'의 개념이다. 쿠르바노프는 이에 대해 소개하면서, 외세 개입이 아니라 주체적 입장에서 남북관계가 지속되어야 한다는 입장이 노무현 정부 시기에 형성되었다고 강조하면서, '우리 민족끼리'라는 북한의 주장과 남북의 주체적 통일 개념을 서술하고 있다. 쿠르바노프가 북한의 주장을 언급하는 부분은 구체적으로 미국의 한반도 개입을 어느 정도 억지하고자 하는 저자의 신념으로 인식되고 있다.

이러한 입장에서 본다면, 쿠르바노프의 역사 인식적 담론은 친북의 입장에 가깝게 경도되어 있다는 인상을 주고 있다. 사실상 쿠르바노프의 이러한 인식은 러시아 정부 당국자들의 정치적 인식과 상통한다. 한러수교 이후 한국이 견지한 대러관계의 기본 노선이 러시아의 이해관계와 적절히 조율되지 못했으며, 한국정부는 대러관계에서 러시아를 북한에 대한 영향력을 행사할 수 있는 지렛대로만 간주하는 편협한 태도를 보임으로써, 한러관계가 포괄적 협력관계를 구축하지 못한 것은 한국정부에도 일단의 책임이 있다고 할 수 있다.[50] 그러나 러시아의 대학생들이 사용하는 역사 교재라는 측면에서는 쿠르바노프의 역사 인식이 객관적 거리를 유지하지 못한다는 판단이 드는 것도 사실이며, 비록 최현대사에 대한 서술이라고 할지라도 러시아의 국가적 이익이 첨부된 역사 인식적 접근이라고 할 수 있으며, 이는 저자의 남북관계에 대한 인식이 객관적이고 등거리를 유지하는 데 일정한 문제를 드러내고 있다고 할 수 있는 것이다.

쿠르바노프는 남북 군사 문제에 대한 접근에서는 매우 복잡하고 난해한 측면이 있다고 인정하고 있다. 그러나 이러한 인식에서도 저자의 진보정부에 대한 입장은 긍정적이다. 즉 남북은 과거의 군사적 대치에서 평화와 유대 관계로 변화의 길을 모색하고 있다는 점을 높게 평가하면서, 남북 군사 협상을 거론하고 있다. 또 하나의 대비되는 측면에서 저자는 남북 군사 충돌에 대해서 기술한다. 김대중 정부 시기 2000년 상반기에 남북정상회담 개최로 표면적으로 군사적 충돌은 양국 관계의 콘텍스트 속에 포함되지도 않았으며, 부정적으로 작동하지 않았다는 게 저자의 전언이다. 남북한 지도자들이 무엇보다도 양국의 견고한 안보 및 안정을 위해 상호 인식하고 있었다는 것이다. 2002년의 서해 연평도 교전에 대해서는 사실 위주로 기술되고 있는데, 북한이 NLL 북방 한계선을 넘어 들어와 한국 측에 먼저 교전을 시작한 것으로 전하고 남북 양쪽에서 각각 5명, 10명의 희생자가 발생하였다고 기술하고 있다. 교전의 일차적 원인 제공자는 북한이었음을 저자는 밝히고 있는데, 이러한 군사 충돌은 미리 계획되어 발생한 것은 아니라고 서술, 북한의 입장을 이해한다는 측면을 보인다. 결론적으로 그는 노무현 정부 시기, 2004년의 몇 차례의 군사 충돌도 미리 계획되어 발생한 것은 아니라는 점을 강조하였다. 그리고 대체적으로 2000년에서 2005년 사이의 남북관계는 긍정적이고 발전적인 관계를 거쳤다고 결론을 맺고 있다.

4. 한국경제와 한국의 대외관계에 대한 인식

1) 토르쿠노프의 한국경제 및 대외관계 인식

토르쿠노프의 한국경제에 대한 인식은 한국의 개발독재 시대의 경제 발전의 연장선상에서의 이해적 관점이다. 러시아는 역사적, 정치적, 경제적으로 국가주의를 강조하고 있다. 그러므로 한국 경제의 발전 과정은 박정희 시대의 개발독재 시기로부터 노태우 6공화국 정부, 김영삼 문민정부, 그리고 김대중, 노무현의 진보정부에 이르기까지의 연속선상에서 해석되어져야 한다는 입장이 제기되었다. 토르쿠노프는 문민정부인 김영삼 정부의 한국경제를 '신경제' 시스템으로 서술한다.

7공화국은 김영삼 정부의 가장 강력한 지지 세력이던 새로운 중산층
이 등장한 경제 시스템으로 설명되었다. 그러므로 그에게 7공화국의
경제 발전 과정과 경제 시스템은 한국 경제를 해석하는 기본적인 이
정표로 작용하였다. 즉 이러한 차원에서 저자는 기본적으로 김영삼
정부 시기 관료 기관과 대기업 간의 갈등을 중점적으로 부각하며, 결
론적으로 한국 경제와 산업은 전반적으로 위기에 봉착하였다는 점을
제시하고 있다. 그것은 소기업을 중심으로 하는 국민기업들이 전반적
으로 약화되고 재벌이 급속히 확장하는 가운데 필연적으로 발생할 수
밖에 없었다고 토르쿠노프는 서술하고 있다. 즉 그의 관점에 따르면,
하나의 재벌 시스템 속에서 다수의 회사가 운영되는 방식은 매우 부
정적이다. 이러한 관점에서 본다면, 김영삼 정부는 올리가르히적 자본
의 모순과 부패 고리를 차단하지도 못하면서 국가의 법치성에 손상을
입혔다는 평가이다. 그리고 이는 실패한 경제정책으로 간주하고 있
다.[51] 이러한 그의 한국 경제에 대한 인식은 박정희 시대의 개발독재
로부터 발전적 경로를 거쳐 온 한국경제의 한계점으로 인식된다.

　그러나 토르쿠노프는 김영삼 정부 이후의 김대중 국민정부, 그리고
노무현 참여정부에 대해서는 긍정적으로 한국 경제 발전을 거론하고
있다. 토르쿠노프는 노무현 정부 때 한국이 경제대국 8위로 성장하였
다고 서술하였다.[52] 즉 한국의 경제 성장 배경에는 보호관세주의가
발동하는 시장 경제 체제가 아니라 자유 시장 경제의 기능에 맡기는
열린 경제 체제를 지향하였기 때문이라고 설명하고 있다. 이러한 관
점에서 그는 한국경제가 보호주의의 경향을 가져서는 아니 된다는 점
을 지적한다. 저자가 이를 특별히 강조하는 것은 현재 러시아가 직면
하고 있는 경제 체제와도 관련된 부분으로 해석된다. 즉 국가가 개입
하는 시장 경제는 한국 경제의 전반적 약화를 초래할 것이라는 저자
의 한국경제에 대한 인식은 최근의 세계경제의 글로벌화와 연관되어

있다고 볼 수 있는 해석이다. 전임 옐친 시기 때에 엄청난 특혜를 누린 올리가르히에 대해 푸틴 정부가 강력히 대처했던 러시아 국내의 상황과 연관된 인식으로 해석할 수 있다. 이러한 관점에서 한국 경제가 시급히 해결해야 할 현안을 저자는 외국 자본의 유입 문제, 세계적 추세인 낮은 관세 적용, 대외경제 인프라 시스템의 강화 등으로 지적하고 있는 것이다. 한국의 대외관계에 있어서 토르쿠노프는 가장 중요한 핵심적 주제를 "한국형 민주주의"와 "자유민주주의", 그리고 북한의 "북한식 사회주의"를 대비하여 설명하고 있는데, 비교적 개관적인 자세를 유지하면서 남북분단 이후의 남북한의 독창적 정치 체제를 언급한다. 북한에 대해서는 김일성 주석 사망 후 일종의 군사통치(армия и присущие ей методы управления)가 지속되고 있다고 언급하고 있는 점은 특이하다.[53] 저자는 한러수교 이후의 한국의 대 러시아, 일본, 중국, 미국, 북한과의 관계를 경제적 부분과 정치적 부분으로 나누어 설명하고 있는데, 경제 분야에서는 상호 무역 관계 등을 객관적 자료를 중심으로 언급하고 있다.[54]

2) 쿠르바노프의 한국경제 및 대외관계 인식

쿠르바노프의 한국경제를 바라보는 입장은 정치적 상황과 무관하지 않다. 그의 저술에는 김대중, 노무현 정부 시기의 한국경제는 토르쿠노프와 유사하게 박정희 개발독재시대의 연장선상에서의 역사적 인식이 전개된다.[55] 그의 사고 속에는 역사 발전 단계로서의 한국경제가 부각되고 있으며, 이러한 견지에서 해석한다면 한국경제는 진보적인 역사 발전 과정의 철로이다. 그는 진보정부 시기에 노동자 계층이 한국사회의 주요한 사회 계급으로 등장하였다고 강조한다. 전반적으로 한국의 사회·경제 성장 분야에는 고부가가치 비즈니스 업종이 비

약적인 발전을 하였다는 점이 서술되고 특히 모바일 시장 분야가 한
국의 비약적인 경제 발전을 선도했다는 점이 강조되었다.[56]

특히 쿠르바노프는 진보정부의 대북한정책에 대해 긍정적이었던
만큼, 자신의 저서에서 진보정부의 경제 정책과 경제 환경을 상세하
게 기술한다. 이러한 시각에서 쿠르바노프는 무엇보다도 남북한의 경
제 환경을 매우 주목하고 있다. 즉 한반도에서의 남북한의 경제적 활
동의 특성과 사적 자본 부분에 대해 언급한다. 사적 자본 부분은 한국
에만 적용되는데, 북한에는 공기업 이외의 사기업이 존재하지 않는다.
그러나 쿠르바노프는 한국과의 공동 기업 활동을 위해 설립된 북한의
공기업은 실제적으로는 사회주의식 공기업의 성격이 아니라는 점이
고려되어야 한다고 주장하고 있다. 즉 남북 공동 합작 기업은 사적 자
본의 특성을 가지고 있다는 것이 그의 입장이다. 즉 저자는 사회주의
노선을 걸어온 북한 경제는 한국과는 이질적인 경제 발전 경향과 시
스템을 도입하였다는 사실을 설명하고 있다. 저자의 이러한 남북경제
에 대한 인식은 그가 서술하고 있는 한국경제의 가장 핵심적인 부분
을 남북의 경제협력 부분에서 강조되고 있다는 사실이다. 남북한 경
제 협력 부분에 있어서 저자가 첫 번째로 강조하는 부분은 남북철도
사업이다. 2000년 남북정상회담 이후 상호 경제 협력의 분위기가 무르
익었다는 것이 그의 견해이며, 이러한 인식하에 철도 건설과 도로 건
설에 관해 양국이 협의하였다는 내용을 상세히 설명하였다.[57]

저자는 남북한 경제 협력 부분에 있어서, 남북한 공동 협정 및 공동
사업으로 이루어지는 부분을 긍정적으로 제시하고 있다. 즉 남북한의
공동 사업 프로젝트에 대해 상당히 호의적으로 이를 주목하고 있는데,
2000년도 남북정상회담 이후에 남북한 간에 개성공단이나 금강산 관
광 산업 등 대규모 경제 프로젝트뿐만 아니라 상호 경제 협력관계 시
스템에 대해 주목하고 있다. 남북관계 경협에 초점을 맞춘 그의 이러

한 인식은 그가 러시아의 전통적인 국가주의의 영향을 받고 있어 한
국 경제발전에 대한 기술에서도 북한의 입장을 상당히 고려하고 있다
는 점이다. 노무현 정부 시기에도 여러 차례의 남북경제협력추진위원
회가 개최되었다. 저자는 금강산 관광, 동해선의 철도와 도로 사업에
대한 공동 추진 합의를 강조하면서 남북의 상호 경제 협정을 매우 중
시하는 논조를 유지하고 있다. 남북경제협력추진위원회의 개최에 관
련된 내용도 상세히 소개하고 있다. 특히 개성공단의 기반건설은 2004
년 상반기에 시작되었는데, 저자는 개성공단에 대한 남북 공동 건설
을 강조하고 있다. 한국 측에서는 개성공단의 발전을 위해 북핵문제
가 가장 시급하게 해결되어야 한다고 강조되었다. 양국관계의 실제적
인 시스템의 창출은 2000년 9월에 이루어졌는데, 투자 보장 협정이나
이중관세 방지 협정 부분이 논의되었다. 그리고 이후의 5년 동안에 거
의 매년 5차례의 회담을 거쳐 이러한 공동의 남북관계가 증진되는 다
양하고 실제적인 협상이 진행되었다고 저자는 강조한다. 이러한 실제
적인 결과들은 양국의 건전한 관계의 초석을 쌓는 데 큰 역할을 하였
다는 것이 저자의 관점이다.

대외관계 영역에서는 전체적으로 동북아에서의 정치적 안정 등이
강조되고 있으며, 러시아도 동북아 평화 구축에 관심을 가지게 되었
다는 점이 기술되었으며, 특히 한러 외교에 관련되어서 객관적인 서
술을 하고 있다. 김대중 정부 시기인 2001년 2월 26일부터 28일까지
푸틴 러시아 대통령의 한국 방문을 서술하고 있다. 양국 간 건설적이
고 상호 보완적인 동반자 관계의 심화와 발전을 추진하기로 한 한러
공동선언이 발표되었다. 쿠르바노프는 노무현 정부 시기인 2004년 9
월 20~22일에는 노 대통령의 러시아 공식 방문에 대해서도 언급한다.
이 방문은 쿠르바노프가 정확하게 인식하듯이, 양국간 실질적인 협력
을 담보하는 다양한 합의사항이 있었으며, 쿠르바노프도 이러한 견지

에서 이 회담이 매우 중요한 한러관계가 되었다는 견해를 피력한다. 즉 노 대통령의 대 북한 관계 등 정치적 인식으로 말미암아 한러관계가 더 긴밀한 협조 체제를 구축하였다는 저자의 평가로서 받아들여질 수 있다. 그리고 한국의 대 중국, 미국 관계에 대해서는 사실적 위주로 기술되고 있다. 2003년 7월 7일부터 10일까지 노무현 대통령은 중국을 국빈 방문하였다. 양국의 현안 중 가장 핵심적인 부분은 북한 핵문제의 평화적 해결을 위한 협상이었다. 양국은 동북아시아의 경제 공동체 창설을 위해 협력 관계를 지속하기로 합의하였는데, 북한 핵문제와 더불어 경제 자원 문제 해결이 매우 중요한 양국의 현안 해결 과제로 인식되었다. 한국과 대 미국 관계에 대해서는 2000년 12월 28일 김대중 대통령의 공식 미국 방문에 관한 내용이 나중에 포함되어 있는데, 양국은 군사 부분에서의 협력을 공고히 하고, 특히 이 분야에 있어서의 한국의 위상을 강화하는 것을 골자로 하는 협정에 서명했다. 그리고 2002년 2월 19일에서 21일까지 조지 부시 미국대통령이 한국을 공식 방문하였는데, 한국과 미국의 전통적인 유대 관계 및 테러와의 전쟁, 한국 및 동북아에서의 정치적 현안 문제와 양국 간의 무역 및 경제적 관계에 관한 협정, 그리고 북한 핵무기에 관련된 의제 등을 다루었다. 2003년 5월 12~17일에는 노무현 대통령이 미국을 공식 방문한 내용도 기술하고 있다. 당시 한미 양국의 현안이던 미 제2사단의 감축 문제를 노 대통령은 철회해 줄 것을 요청하였다는 사실이 언급되고 있다는 점이 특징이다. 쿠르바노프에게 있어서는 한미관계의 가장 중요한 현안은 북핵 문제임이 강조되고 있다.

5. 결론

러시아가 바라보는 한국은 어떤 나라일까? 그들이 바라보는 한국은 남북통일을 이루지 못한 나라, 그래서 북핵문제의 해결이 주변 열강 세력의 국제관계에 의해서 이루어질 수밖에 없는, 근력이 약한 국가의 위상에 불과한 것인가? 크렘린 지도부가 반복적으로 거듭해 온 전언은 기본적으로 러시아는 한반도 문제의 중요한 이해당사자라는 사실이다.[58] 70년간의 공산주의 체제를 경험했던 러시아의 한국에 대한 역사 인식은 어떻게 해석해야 하는 것일까? 러시아 대학교재의 역사적 인식에 대한 이해를 정확히 하기 위해서는, 본 글이 최현대사를 그 대상으로 한다는 점을 감안한다면, 역사적, 정치적 상황 분석이 매우 필요하다는 것이 강조되어야 할 것이다. 역사 대상에 대한 역사학적 방법론은 다양하다. 본 글에서 서술되고 있는 한러수교 이후의 러시아의 한국 인식은 러시아 대학생들이 사용하고 있는 대학교재를 대상으로 하였는데, 전체적으로 역사적 인식에 대한 객관성과 주관성이 혼재되어 나타나고 있다는 점을 지적하고자 한다. 본 논고는 한국사의 전체적인 내용을 텍스트로 분석하지 않고 최현대사 부분만을 분석 대상으로 삼고 있기 때문에 매우 신중한 역사적 접근을 필요로 하였다.

전체적으로 토르쿠노프와 쿠르바노프의 저서에 나타나고 있는 내용에는 러시아의 전통적인 국가주의의 영향이 나타나고 있다. 지난 20년간 엄청난 격변기의 러시아 사회를 고려해본다면, 여전히 이러한 국가주의의 전통은 역사적 해석에도 이어져 오고 있다는 것을 알 수 있다. 즉 러시아의 한국 인식은 한러관계사의 전통성과 개별적으로 떨어질 수 없는 범주이다. 그러므로 한러수교 이후의 러시아의 대 한국인식의 범주는 객관적인 사실 위주라는 씨줄과 동시에 러시아의 전통적인 역사적 인식이 그 바탕에 깔려 있다고 할 수 있다.

소련식 공산주의를 경험한 소비에트 체제의 역사적 인식의 공간 속에 존재하고 있는 저자들의 대 한국 인식은 러시아 국익의 측면에서 한국을 바라본다는 전제가 있으며, 이러한 관점에서 김대중, 노무현 대통령의 진보정부에 대한 긍정성은 자연스러운 역사 인식이 될 수 있을 것이다. 전체적인 논조는 객관적 사실과 진보정치 10년에 대한 긍정적 평가이다. 특히 노무현 대통령은 전임자인 김대중 대통령과 유사한 진보적 이념으로서의 민주주의 체제를 옹호하고 이러한 체제를 긍정한다. 저자들의 이러한 인식은 마르크스－레닌주의의 사회－경제 발전의 진보적 개념과 유기적으로 연결되는 바, 높은 수준의 정치적 과정, 그리고 정치적 민주화는 한국적 특수성으로 해석되며, 특히 민주주의 체제의 발전과 북한과의 관련성은 전임 김대중 정부의 연속선상에서의 확대된 담론으로 수용되고 있다. 김대중, 노무현 정부 시기에 한국은 국내적으로나, 국제관계적으로나 일정한 자율적인 통치가 이루어졌다. "자주 및 균형"이라는 김대중, 노무현 정부의 대외교 정책은 러시아의 인식에서는 진보적이고, 한국사에 있어서 가장 극적이고 새로운 역사 발전 단계로 해석할 수 있는 충분한 개연성이 있는 것이다. 이러한 바탕하에서 지속적 경제 발전이 진행된다는 논지가 전개되었다.

이 3권의 책에서 기술되는 내용을 통해 저자들은 진보 정체성의 핵심이었던 김대중, 노무현 정부에 대해 긍정적인 시각을 유지하고 있다. 본 저서들이 가지고 있는 대 한국 인식은 매우 중요한 시대적 관점을 제시해 주고 있다. 기본적으로 4강 외교의 핵심인 러시아의 대 한국 인식에 대한 담론은 한국의 미래적 발전 전망에도 일정한 유익이 될 것으로 판단된다. 한러수교 20년의 시점에서 러시아 대학생들을 위한 교재에 수록되어 있는 한국사에 대한 인식은 러시아의 국익

이라는 큰 범주 속에서 그 내용이 전개되고 있으며, 이러한 시각에서
러시아의 한국 인식이 표출되고 있다. 고문서의 먼지가 쌓이지 않은
한러수교 이후의 러시아 교과서에 대한 분석은 어떤 측면에서는 한러
외교사, 한국의 국내정치와 대북관계, 한국경제와 국제관계를 바라보
는 러시아의 일반적 인식을 이해할 수 있는 바로미터가 될 것이다.

◙ 참고문헌

고재남, 「한-러 정치-외교 관계: 회고와 전망」, 『한국정치외교사논총』 V.23 N.1,
　　　2001.
──────, 「북핵 문제 및 6자 회담: 러의 입장 및 활용 방안」, 『한국북방학회논집』
　　　V.11, 2004.
박명림, 「헌법, 헌법주의, 그리고 한국 민주주의 : 2004년 노무현 대통령 탄핵 사
　　　태를 중심으로」, 『한국정치학회보』 제39권 제1호, 2004.
박홍영, 「한일간 과거사 쟁점 소고- 기존 논의 검토 및 쟁점구도」, 『한일군사문
　　　화연구』 제5집, 2007.
성경륭, 「김대중 노무현 정부와 이명박 정부의 대북정책 추진전략 비교: 한반도
　　　평화와 공동번영 정책의 전략, 성과, 미래과제」, 『한국동북아논총』 제48
　　　집, 2008.
신범식, 「한-러 '전략적(협력)동반자관계'에 대한 비판적 검토: 공유이익과 실현
　　　전략의 관점에서」, 『한국과 국제정치』 제26권 제1호, 통권 68호, 2010.
이병련, 「역사 교과서의 의미와 서술기준 그리고 분석의 기준에 관하여」, 『史叢』
　　　제52집, 2000.
최덕규, 「러일전쟁에 대한 러시아의 역사인식-러시아 중등역사교과서를 중심
　　　으로」, 『슬라브연구』 제19권 제2호, 2003.
홍완석, 「러시아의 한반도 평화체제 구축 구상과 전략」, 『슬라브연구』 제22권
　　　제2호, 2006.
──────, 「이명박 대통령의 러시아 방문: 의미, 평가, 과제」, 『슬라브연구』 제25
　　　권 제1호, 2009.

_____, 「한 · 러 수교 20주년 : 평가와 제언」, 『한 · 러 정치, 국제관계 : 평가 및 제언 (1)』 KRD 사무국 '한 - 러 대화' 〈정치와 국제관계〉 분과 워크샵 프로시딩, 2010.

А. В. Торкунов, В.И. Денисов, В. Л. Ли, *Корейский полуостров: метаморфозы послевоенной истории,* Москва: Олма Медиа Групп, 2008.

С. О. Курбанов, *История Кореи с древности до конца XX в,* Санкт Петербурский: Издатель Санкт Петербурскийуниверситета, 2003.

С. О. Курбанов, *История Кореи с древности до начала XXI в,* Санкт Петербурский: Издатель Санкт Петербурскийуниверситета, 2009.

Под редакцией профессора А. В. Торкунова, *История Кореи Новое прочтение,* Москва: РОССПЭН, 2003.

[1] 예를 들면, 한일간 과거사 쟁점 부분에 있어서, 이러한 부분을 기술하고 있는 연구자들도 한일관계도 미국이 주도하는 동북아 질서 속에서 역사적 해석이 파악되고 있기 때문에 논점을 이끌어내기가 난해하다는 인식이 존재하는 것이다. 이에 대해서는 박홍영, 「한일간 과거사 쟁점 소고 - 기존 논의 검토 및 쟁점구도」, 『한일군사문화연구』 제5집, 2007, 29쪽.

[2] 이병련, 「역사 교과서의 의미와 서술기준 그리고 분석의 기준에 관하여」, 『史叢』 제52집, 2000, 183쪽.

[3] 이와 관련해서 지적해야 할 사항은 소비에트 체제에서는 마르크스주의 고전들이 제시하는 역사발전원리와 소련의 정치적 현실이 제시하는 역사노선을 추종할 수밖에 없는 입장이었다. 현재는 이러한 마르크스주의의 역사해석적 방법론이 퇴색하였지만, 역사 교과서 서술은 시대적·정치적 상황과 무관할 수 없다. 최덕규, 「러일전쟁에 대한 러시아의 역사인식 - 러시아 중등역사교과서를 중심으로」, 『슬라브연구』 제19권 제2호, 2003, 112쪽.

[4] 이곳에 언급된 토르쿠노프는 *Корейский полуостров: метаморфозы послевоенной истории* (한반도 : 전후 역사의 변형) 저서를 의미한다. 토르쿠노프가 감수한 다른 저서 *История Кореи Новое прочтение, под редакцией А. В. Торкунова* (МГИМО, 2003) 부분은 상기의 책과 유사한 역사적 인식을 다루고 있다.

[5] 김영삼 정부의 신한국 독트린에 대해서는 А. В. Торкунов, В.И. Денисов, В. Л. Ли, *Корейский полуостров: метаморфозы послевоенной истории*, Москва: Олма Медиа Групп, 2008, pp. 343~359.

[6] 그는 김대중 대통령을 한국의 만델라에 비교하고, 그의 인생을 러시아의 인권주의자 안드레이 사하로프와 오버랩한다. 그리고 그의 인생역정과 유사한 인물로 중국의 등소평을 예로 들었다. 토르쿠노프는 김대중 대통령을 중도 좌파 시각을 가진 정치적 인물로 묘사한다. 김대중 대통령의 주요 경력으로 해방 이후에 다수 공산주의자들의 지도자들이 이끌고 있던 인민위원회 모임에 정기적으로 출석하였다는 부분과 1970년대 대한민국의 대통령 선거에 참여하면서 민주화운동

을 주도한 지도자로 표현한다. 특별히 러시아와의 각별한 인연도 강조하는데, 1994년 외무성 아카데미에서 박사학위를 취득한 부분도 소개하고 있다. 김대중은 경제학자 및 정치학자로 평가되면서 그의 교육 수준은 국제적인 다양한 경험을 통하여 이루어진 것이라고 강조하였다.

[7] 이에 대해서는 А. В. Торкунов, В.И. Денисов, В. Л. Ли, 앞의 책, pp. 372~377 · 390~397 참조.

[8] А. В. Торкунов, В.И. Денисов, В. Л. Ли, 위의 책, pp. 380~381.

[9] 토르쿠노프는 이념이 다른 세력이 결집되면서, 통치 그룹에는 여러 가지 불협화음이 일어났다는 점을 덧붙이고 있다.

[10] 토르쿠노프는 김대중 국민정부의 국내 정치적인 측면도 비교적 상세하게 서술하고 있는데, 2000년 4월 13일 국회의원선거에서 새천년민주당은 34.8%의 득표율로 115석을 차지했고, 이는 4년 전의 25.3%에 79석의 의석을 획득한 것에 비해서는 진일보한 선거결과였다고 기술한다. 한나라당은 6석을 잃으면서 133의석을 차지하였다. 여전히 한나라당이 의회에서는 다수당이었다. 이러한 상황에서 새천년민주당과 한나라당은 제3의 세력을 자파로 끌어당기기 위한 정치적 노력을 가하기 시작했다.

[11] 김대중 대통령 시절에 뇌물이나 형사상의 문제로 거론되었던 인물 중에 79명이 김대중 대통령 시절 대통령의 측근으로 관직을 거친 사람들이었다. 김홍걸은 185만 달러, 김홍업은 190만 달러의 뇌물을 받은 혐의로 처벌되었다는 부분이 강조되었다. А. В. Торкунов, В.И. Денисов, В. Л. Ли, 앞의 책, p. 384.

[12] 이러한 관점에서 토르쿠노프는 군사정부 시절에는 대통령 친인척이나 측근들이 대통령 재임 시기에 법적인 제재를 받을 수 있는 것은 상상도 할 수 없었던 일이라고 강조하면서, 국민정부 시대에 이루어진 시민사회의 성장을 매우 긍정적으로 평가한다. 김대중 대통령도 대국민 담화를 통하여 아들 문제는 대통령 자신이 비난받아야 할 일이라고 강조하였고 법을 준수하지 못한 부분에 대해 국민들에게 용서를 구하였다는 점이 강조되었다.

[13] 토르쿠노프는 글로벌 시기에는 동양의 공자 정신과 서구 문명의 통합성이 유효하며, 이를 통해 주권재민의 민주주의 체제가 성립된다고 인식한다. 노무현 후보가 대통령으로 당선될 수 있었던 것도 그가 권위주의와 민주주의에 대해 엄격한 구분을 지었기 때문이라는 것이다. 이러한 정치적 선택이 국민의 지지로 표출되었다. 노대통령의 승리는 새로운 시대의 서곡이며, 야당이 된 한나라당에 정서적 타격이었다.

[14] А. В. Торкунов, В.И. Денисов, В. Л. Ли, 앞의 책, pp. 395~396.

[15] 권영길 민주노동당 후보는 2002년 대통령선거에서 3.9%의 지지율을 획득했다.

[16] А. В. Торкунов, В.И. Денисов, В. Л. Ли, 앞의 책, p. 392.

[17] 세종신도시 건설에 대해 서울시와 충남 주민들로부터 광범위한 지지를 받았다고 단정하고 있다.

[18] 즉 노대통령이 1천2백만 명이나 서울에 집중된 인구를 분산하고 각종 행정적 손실을 방지하기 위해 세종 신도시를 건설하도록 결정하였다는 것이다. 2012년까지 기록적인 시간 내에 신도시를 건설하도록 하는데, 450억 달러의 예산이 집행된다고 언급하고 있다. 18개 내각 부처 중에서 12개 부처, 수백 개의 국가 기관 및 민간기관, 산업 단지가 입주, 전체 50만 명의 인구가 거주하는 행정도시 건설을 추진하는 확고함을 보였다고 강조하고 있다. 서울에는 대통령의 업무와 관련된 행정 부처, 그리고 의회, 외국 대사관 등이 유지된다. 이 신도시 건설은 서울시와 그리고 충청남도 주민들로부터도 지지를 받았다고 강조함으로써 노무현 대통령의 추진력과 업무 성과를 긍정적으로 평가하고 있다. 이 새로운 건설 사업은 수만 개의 새로운 직업이 창출될 수 있다는 효용가치가 있고, 경제 수단의 창출과 더불어 거대 도시에 집중된 인구 활동을 지방으로 분산할 수 있다는 장점을 가지고 있다는 것이 지적되었다. 또 토르쿠노프는 2002년의 대통령선거를 전후하여, 대한민국 사회는 전통적인 문제점이었던 지역감정이 많이 해소된 것으로 평가하고 있다. 한나라당의 근거지는 경상북도, 경상남도, 부산, 대구 등지이며, 새천년민주당은 전라남북도, 광주, 전주 등 호남이라고 언급한다. 그러나 노대통령 후보가 부산, 대구, 경상남북도에서 상당한 지지를 받았다고 강조하고 구체적인 수치까지 기록하고 있다. 그리고 충청권에서도 과반수 이상의 지지를 받은 부분도 언급하고 있다.

[19] 박명림, 「헌법, 헌법주의, 그리고 한국 민주주의: 2004년 노무현 대통령 탄핵 사태를 중심으로」, 『한국정치학회보』 제39권 1호, 2004, 257쪽.

[20] 이 탄핵은 먼저 대한민국 국회에서 통과되어 헌법재판소로 결정권이 넘어갔다는 점이 지적되었는데, 결국 국민의 여론이 노대통령 편으로 돌아서고 동정적이었기 때문에 헌법재판소에서 통과되지 못한 것으로 인식되었다. 여론 조사에 의하면 국민의 70%가 탄핵은 올바르지 못한 행동이었다고 나타났다는 점을 부각하였고, 이 사건으로 한국 정부의 경제적 가치가 많이 손상되었으며, 특히 연기금 지수가 4% 정도 하락하였다고 기술함으로써, 탄핵 사건으로 한국 사회가 경제적 손실을 입었다는 부분을 강조하였다. 그리고 탄핵 사건의 와중에 벌어진 2004년 국회의원 선거에서 299석 중에서 집권당인 열린우리당이 152석의 과반수

를 차지하는 역대 정치사에서 보기 드문 승리를 거두었다는 점을 부각하였다. 그리고 민주노동당의 약진도 강조하는데, 10명의 의원이 당선되었으며, 이는 한국 의회 역사에 처음 있었던 일로 소개하고 있다.

[21] С. О. Курбанов, *История Кореи с древности до начала XXI в.*, Санкт Петербу рски: Издатель Санкт Петербурскийуниверситета, 2009, p. 504. 그는 대통령 선거 이후 있었던 88년 국회의원 선거에서 과반수 이상의 의석을 확보한 정당이 없음으로 일방적 독재가 여당에 의해 이루어지지 않았다고 평가하였다.

[22] С. О. Курбанов, 위의 책, p. 510.

[23] С. О. Курбанов, 위의 책, pp. 515~522.

[24] С. О. Курбанов, 위의 책, p. 525.

[25] С. О. Курбанов, 위의 책, p. 573.

[26] 시간적으로 김대중 대통령의 친인척 문제를 거론하는데, 3남인 김홍일 의원의 부정부패와 김대중 대통령의 대국민 담화 내용을 거론하다가 노대통령의 후보 과정을 설명하는 식으로 서술을 이어간다. 이는 두 대통령을 단일하게 연결하여 설명하는 것보다는 시간별로 한국의 국내 정치를 설명하는 과정으로 해석된다.

[27] 이회창 후보는 남북한의 현안인 국가보안법 폐지를 수용할 수 없다는 입장이다. 김대중 대통령과 김정일 국방최고위원장의 역사적인 정상회담 이후에 남북관계가 진전되지 않고 있다고 저자는 언급하는데, 북한과의 관계 개선이 매우 중요하다는 점을 저자는 기술적으로 표현하고 있는 것이다.

[28] 국회 탄핵 표결 때 참여한 국회의원은 195명이었는데, 193명의 표결로 탄핵이 국회를 통과하였다는 점, 그러나 국민은 정치가들의 의도와 반대되게 한국사에 있어 매우 드문 행동을 보여주었는데, 그것은 촛불집회로 시작되는 현 대통령을 지지하는 국민들의 시위가 출현하였다는 사실, 이에 반해 보수 단체들은 노대통령을 반대하는 시위를 개최하였다고 기술한다. 2004년 3월 17일까지 행해진 여론조사에서는 59%가 다가오는 국회의원 선거에서 집권당인 열린우리당을 선택할 것이라고 응답하고, 71%가 노무현 대통령의 탄핵을 반대한다는 점을 강조하면서 전 국민적인 집회로 현 정부를 지지한다는 논조를 중점적으로 강조하는데, 이러한 내용을 쿠르바노프가 신정부의 입장을 지지한다는 논조로 행간의 뜻으로 파악해도 될 것이다.

[29] 그리고 2004년 10월 21일 헌법재판소는 '신행정수도건설특별법'이 위헌이라고 결정했는데, 기본적으로 노대통령의 탄핵 심판에 이어 헌법재판소는 노대통령의 정치적 결정에 대한 중대한 법률적 심의를 진행함으로써 노대통령에게는 항상

험난한 정치적 여정이 진행되었다는 것을 강조하는 기술로 이루어졌다.

[30] 그는 이러한 차원에서 2000년도 국회의원선거를 앞두고 김정일 국방위원장과의 정상회담에 관한 가능성 등이 언론에 보도되었다는 것까지도 자세하게 소개하고 있다. 김대중 정부의 '햇볕정책'이 단순한 수사학적 언급이 아니라, 실제적이고 실현 가능한 대북한외교정책으로 인식되고 있다는 것이 강조되었다. 이는 남북 유대 관계의 강화에 도움을 줄 것으로 평가되었다. 토르쿠노프는 김대중 정부는 오랫동안 북한과의 정치적 긴장을 유발한 국가보안법을 완화시키는 정책을 펼쳤는데, 특히 2000년도에는 국가보안법에 적용되어 처벌받은 경우는 4명 정도에 불과하였다고 언급하고 있다. 또한 북한에 관한 금서(禁書)도 대폭적으로 해제되었다. 이러한 대 북한 관련 여러 조치는 미래의 북한과의 건설적인 방향성에 긍정적으로 작용하였다고 밝히고 있다. А. В. Торкунов, В.И. Денисов, В. Л. Ли, 앞의 책, p. 382.

[31] А. В. Торкунов, В.И. Денисов, В. Л. Ли. 위의 책, p. 382.

[32] 김대중 대통령은 동양의 공자 사상과는 다르게, 김정일 위원장보다도 더 나이가 많음에도 불구하고 평양을 친히 방문하였다는 점을 언급하였다. 그리고 노벨상 후보에 13번 올랐다가 이번에 노벨상을 받았다는 점을 강조한다. А. В. Торкунов, В.И. Денисов, В. Л. Ли. Ibid., p. 382.

[33] 홍완석, 「이명박 대통령의 러시아 방문 : 의미, 평가, 과제」, 『슬라브연구』 제25권 제1호, 2009, 3쪽.

[34] 이에 대해서는 성경륭, 「김대중 노무현 정부와 이명박 정부의 대북정책 추진전략 비교: 한반도 평화와 공동번영 정책의 전략, 성과, 미래과제」, 『한국동북아논총』 제48집, 2008, 298~300쪽.

[35] 노무현 정부에 들어와서도 김대중 대통령 시절, 북한과의 정상회담을 위하여 5천억 원을 북한에 지원하였다는 부분이 여전히 해결되지 않은 문제로 남아 있었다. 김대중 대통령은 평양에 대규모의 자금을 지원했다는 사실을 부인하지는 않았다. 그러나 이 자금은 '현대 그룹'과 북한 당국의 경제 관계에 의한 민간 차원의 지원금이었다고 주장하였다는 부분도 기술하였는데, 이는 대학교재의 측면에서는 김대중, 노무현 정부의 진보적인 활동으로 평가될 수 있는 여지가 많은 부분이라고 할 수 있다. 퇴임 직전인 2003년 2월 14일에 김 대통령은 법의 원칙을 어기고 이러한 행위를 한 것에 대해 국민들에게 사과하였다는 부분도 기술하였는데, 저자는 김대중 대통령의 대 북한 관계에서 나타나는 이러한 요소는 평화와 한민족의 이익을 위한 목적이었다고 밝힌 점도 주목하고 있다.

[36] С. О. Курбанов, 앞의 책, p. 512.

[37] 햇볕정책의 가장 기본적인 지향성 3가지는 첫째, 한반도에서의 군사적 도발행위 금지, 둘째, 북한에 대한 흡수 통일 반대, 셋째, 남북한 유대 관계의 강화 등이다.

[38] 2000년 6월 13~15일까지 남북정상회담이 개최되었다. 이는 남북관계의 획기적인 사건이다. 그해 여름에 삼성과 LG는 북한에 기계조립제품 생산 확대 계획을 발표하였다. 이후 2000년 7월 29~31일에 남북한 장관급 회의가 정상회담 후속으로 개최되었다. 양국은 남북 연락사무소를 개소하고 남북 철도 개통 협상 등을 지속해 나가는 등, 남북 정상회담 의제를 실현의 과정이 기술되고 있다.

[39] 이에 대해서는 C. O. Курбанов, 앞의 책, pp. 625~651 참조.

[40] 홍완석, 「한 · 러 수교 20주년 : 평가와 제언」, 『한 · 러 정치, 국제관계 : 평가 및 제언 (1)』 KRD 사무국 '한-러 대화' 〈정치와 국제관계〉 분과 워크샵 프로시딩, 2010, 24쪽.

[41] 고재남, 「한-러 정치-외교 관계: 회고와 전망」, 『한국정치외교사논총』 V.23, N.1, 2001, 300~302쪽.

[42] 신범식, 「한-러 '전략적(협력)동반자관계'에 대한 비판적 검토 : 공유이익과 실현 전략의 관점에서」, 『한국과 국제정치』 제26권, 제1호, 통권 68호, 2010.240~241쪽.

[43] 고재남, 「북핵 문제 및 6자 회담 : 러의 입장 및 활용 방안」, 『한국북방학회논집』 V.11, 2004, 59쪽.

[44] 쿠르바노프는 2002년 5월의 박근혜 한나라당 대표의 북한 방문을 기술하고 있다. 이는 어떤 측면에서는 한국 정치가들이 북한에 대단한 관심을 가지고 있다는 것을 행간에서 강조하는 것처럼 보이기도 한다. 김정일 국방위원장은 개인 자격으로 박근혜 대표를 면담하였다고 밝히고 있다.

[45] C. O. Курбанов, 앞의 책, p. 578.

[46] C. O. Курбанов, 위의 책, pp. 584~585.

[47] 성경륭, 앞의 글, 285쪽.

[48] 쿠르바노프는 노 대통령은 김대중 정부의 대북한정책을 계승하면서, 새롭게 '평화번영' 정책을 실천하는 바, 이의 실현을 위해 4가지의 기본 개념을 설정하고 있다고 기술한다. 첫째, 대화를 통한 협상. 둘째, 상호 신뢰와 상호 이익에 기초한 관계 정립. 셋째, 남북한의 원칙에 입각한 민족의 유대. 넷째, 평화번영 정책을 실현하기 위한 민중들의 참여 등이다. 이 정책을 위하여 3가지의 기본적인 방향성이 정해졌는데, 첫째, 단기간의 목표로 북한 핵문제 해결. 둘째, 중기 목표로, 한반도에서의 견고한 평화 확립. 셋째, 동북아의 경제 중심으로 남북한의 발전이다.

[49] 성경륭, 앞의 글, 291쪽.

[50] 신범식, 앞의 글, 239~240쪽.

[51] 김영삼 정부의 신경제에 관련된 내용은 А. В. Торкунов, В.И. Денисов, В. Л. Ли, 앞의 책, pp. 360~371.

[52] А. В. Торкунов, В.И. Денисов, В. Л. Ли, 위의 책, pp. 402~404. 그리고 한국 경제 성장의 기조 유지는 대기업 중심의 경제 발전 구조를 혁신해야 한다는 입장이 견지되었다. 한국경제는 심각한 자본 투자의 결핍 현상이 있었는데, 이는 기술 발전의 정체로 이어지기도 한다. 그러므로 한국 경제는 이러한 근본적인 문제로 인해 일본, 중국 상품뿐만 아니라 서방의 상품과도 과도하게 경쟁해야 하는 상황에 처하게 되는데, 한국의 모든 경제 구조의 현대화가 절실히 필요로 헌 시점이었다.

[53] Под редакцией профессора А. В. Торкунова, *История Кореи Новое прочтение*, Москва: РОССПЭН, 2003, pp. 367~369.

[54] Под редакцией профессора А. В. Торкунова, 위의 책, pp. 362~401.

[55] С. О. Курбанов, 앞의 책, pp. 592~597 · 637~650.

[56] 2000년도를 기준으로 한국경제는 세계 13위의 경제 규모이며, 당시 국민총생산은 4천67억 달러로 세계 13위였다. 인구 규모로는 4,685만 명으로 세계 25위이다. 김대중 정부에 경제 개혁 프로그램은 지속적으로 가동되었다. 경제 개혁으로 2000년 11월에 11개 기업이 법정관리에 들어갔다. 2000년도 현재 한국의 자동차 생산은 세계 4위 규모이다. 2002년 은행 시스템의 전면적 변환이 이루어졌고, 몇 개의 은행이 합병의 과정을 거쳤다.

[57] С. О. Курбанов, 앞의 책, pp. 637~642.

[58] 홍완석, 「러시아의 한반도 평화체제 구축 구상과 전략」, 『슬라브연구』 제22권 제2호, 2006, 4쪽.

찾아보기

기타

필자약력

▌김영수

동북아역사재단 연구위원.

성균관대 역사교육과 및 사학과 대학원을 졸업하고, 모스크바국립대학교에서 역사학 박사학위를 받았다. 전공분야는 한국근대사 및 한러관계사이다. 성균관대학교 동아시아역사연구소 연구교수를 거쳐 현재 동북아역사재단 연구위원으로 있다. 대표저서로는 『미텔의 시기: 을미사변과 아관파천』(경인문화사, 2012) 외에 다수의 저작이 있다.

▌박벨라 보리소브나

러시아학술원 동방학연구소 책임연구원.

이르쿠츠크 국립대 역사학부를 졸업하고, 레닌그라드국립대학(현 상트페테르부르크대학)에서 석사를 마쳤으며, 2006년에 「1876~1898년 러시아의 외교와 조선」으로 박사학위를 받았다. 「러시아외교관 베베르와 러시아-조선의 1884년 조약」 논문을 포함해, 구한 말 조선의 국내정책, 한러관계사, 러시아의 한인 디아스포라의 역사와 관련된 다수의 연구저작이 있다.

▌최덕규

동북아역사재단 연구위원.

러시아학술원 상트페테르부르크 역사연구소에서 박사학위를 받았다. 대표저작으로 『제정러시아의 한반도정책, 1891-1907』(경인문화사, 2008)이 있으며, 대표논문으로 「고종황제와 안중근의 하얼빈의거,1909-1910」, 『한국민족운동사연구』 73호(2012) 등 다수의 저작이 있다.

▮ 반병률

한국외국어대학교 사학과 교수. 국제한국사학회 상임대표.

서울대학교 국사학과 및 한양대학교 사학과 대학원을 졸업하고, 미국 하와이 주립대학교 역사학과에서 학위논문 「러시아 원동과 북간도 지역에서의 한인민족운동(Korean Nationalist Activities in the Russian Far East and North Chientao, 1905-1921)」으로 박사학위(역사학)를 받았다. 한국근현대사를 전공분야로 하고 있으며, 세부전공분야는 한국독립운동사, 한인이주사, 해외동포사, 한－러 관계사이다. 대표저서로 '월봉저작상'을 수상한 『성재 이동휘 일대기』(범우사, 1998)가 있다.

▮ 홍웅호

동국대 대외교류연구원 연구교수.

성균관대 사학과에서 학사와 석사를 거쳐, 모스크바 대학에서 「1927~1929년 러시아 농촌에서 신경제정책 시장 메카니즘의 폐지」로 박사학위를 받았다. 성균관대 동아시아학술원 연구교수, 동국대 대외교류연구원 연구교수를 거쳐 현재 동국대에서 〈러시아지역 한인 디아스포라 연구: 역사와 문화, 삶과 정체성의 재조명〉을 주제로 한국학 진흥사업을 진행하고 있다. 주요 연구로는 『수교와 교섭의 시기 한러관계: 근대 한러관계 연구』(선인, 2008) 등의 저서를 비롯해 다수의 연구저작이 있으며, 『러시아문서 번역집(선인, 2011)』 등 자료총서를 번역하였다.

▮ 박노자

오슬로대학 문화예술학과 교수.

상트페테르부르크대학 동방학부를 거쳐 모스크바대학에서 한국현대사로 박사학위를 받았다.

대표저작으로 『하얀 가면의 제국』(한겨레출판사, 2003), 『하나의 대한민국, 두 개의 현실』(시대의 창, 2007), 『러시아는 우리에게 무엇인가』(신인문사, 2011)(편저) 등 다수의 저서와 논문이 있다.

▌기계형

한양대학교 아태지역연구센터 HK연구교수.

고려대 노문학과를 거쳐 서울대 대학원 서양사학과에서 석사와 박사를 마쳤다. 러시아 근대성의 해명에 관심을 가지고 1861년 러시아농노제 폐지 이후 러시아농민의 농업경영에 나타난 변화를 주제로 박사학위를 받았다. 최근에는 다양한 역사적 행위자들 사이에 근대성이 확산되는 과정에 집중하여, 일상생활에 미치는 공간의 규정성, 공간의 젠더화, 제국과 식민지 도시공간의 성격을 연구 중이다. 주요 저작으로는『몸으로 역사를 읽다』(푸른 역사, 2011)(공저) 외에,「타슈켄트 도시공간의 구조와 러시아제국 권력의 재현」,「소비에트 시대 초기의 일상생활과 콤무날카 공간의 성격」등 다수의 논문이 있다.

▌알렉산드르 보론쪼프

러시아학술원 동방학연구소 한-몽골과 학과장.

모스크바국립대학 중앙아시아 아프리카 연구소 역사-문학과를 졸업하고, 김일성대학에서 수학했으며, 1985년「1970-80년대 미·일·한 관계」를 주제로 역사학 석사를 받았다. 주요 연구 분야는 한반도를 둘러싼 동북아 태평양 여러 국가들 사이의 국제관계, 한국 현대사, 한반도 핵문제 등에 집중되고 있으며,「북한의 핵실험: 평양의 시각」등을 비롯해 최근의 한반도를 둘러싼 국제적 현안에 관한 다수의 연구저작이 있다.

▌구자정

대전대학 역사문화학과 조교수.

연세대학 사학과에서 학사, 석사를 마치고, 버클리대학에서「코사크 모더니티: 1917~1920년 쿠반에서의 nation-building」으로 박사학위를 받았다. 주 연구 분야는 러시아/유라시아 민족민족 문제, 우크라이나 역사, 러시아 혁명사, 소련사, 포스트 맑시즘 및 포스트 구조주의로, 주로 근현대 유럽의 주변부 지역을 중심으로 "이식된 근대"와 "식민지 근대성"의 문제에 천착하고 있다. 대표 저작으로는『유라시아의 생활양식과 정체성』(민속원, 2011)(공저) 외에,「나로드니끄'

에서 '싸모스찌이니끄'로−쉬체르비나의 까자끄 이데올로기와 까자끄 정체성의 보편주의적 전환」 이외에 다수의 연구논문이 있다.

▌세르게이 쿠르바노프

상트페테르부르크대학 동방학부 극동국가 역사학과 교수, 한국어문화센터 소장
레닌그라드대학(현 상트페테르부르크대학)을 졸업하고 2005년에 역사학 박사
학위를 받았으며, 2008년부터 동방학부 교수로 재직 중이다.

한국의 역사, 사회사상, 문화, 민족정책, 경제 등과 관련된 80여 편의 논문과
저작이 있다.

현재『한국어문학센터 통보』의 책임편집인이며, 러한친선협회회장 및 러시아
대학한국학회 회장(2005~2008)을 지냈다.

▌정세진

한양대학교 아태지역연구센터 HK교수.

러시아 및 유라시아 역사, 종교문화사 연구자. 한국외국어대학 노어과에서
학사와 석사를 마치고, 잠시 한국경제신문사를 거쳐 모스크바대학에서 「19세기
전반기 북카프카즈의 카프카즈전쟁과 이슬람요소」 역사학 박사학위를 받았다.
한국외국어대, 연세대, 한동대에서 강의하였고, 저서로『중앙아시아 민족정체성
과 이슬람』(한양대출판부, 2012),『유라시아 지역의 국가 민족 정체성』(한울,
2010)(공저) 등이 있다.